CW01084324

SCRIPTORVM CLASSICORVM

BIBLIOTHECA OXONIENSIS

OXONII

E TYPOGRAPHEO CLARENDONIANO

CORNELII TACITI

ANNALIVM

AB EXCESSV DIVI AVGVSTI LIBRI

RECOGNOVIT
BREVIQVE ADNOTATIONE CRITICA INSTRVXIT

C. D. FISHER

OXONII

E TYPOGRAPHEO CLARENDONIANO

OXFORD
UNIVERSITY PRESS

Oxford University Press, Great Clarendon Street, Oxford OX2 6DP

Oxford University Press is a department of the University of Oxford.
It furthers the University's objective of excellence in research, scholarship,
and education by publishing worldwide in

Oxford New York

Auckland Cape Town Dar es Salaam Hong Kong Karachi Kuala Lumpur
Madrid Melbourne Mexico City Nairobi New Delhi Shanghai Taipei Toronto

With offices in

Argentina Austria Brazil Chile Czech Republic France Greece
Guatemala Hungary Italy Japan South Korea Poland Portugal
Singapore Switzerland Thailand Turkey Ukraine Vietnam

Oxford is a registered trade mark of Oxford University Press
in the UK and in certain other countries

Published in the United States
by Oxford University Press Inc., New York

© Oxford University Press

First published 1906

ISBN 978-0-19-814633-9

44

Printed in Great Britain on acid-free paper by
CPI Group (UK) Ltd., Croydon, CR0 4YY

PRAEFATIO

TACITI Annalium priores sex libri (quinque olim distin-
guebantur) ex uno solum fonte codice Laurentiano (plut.
lxviii. 1) posteris nobis innotuerunt. Hunc codicem mem-
branaceum, qui Mediceus primus vocatur, circa medium
ix saeculi litteris ad carolino-romanae scripturae formam
figuratis exaratum esse constat[1]. Diu latuit sed in Cor-
beiensi monasterio tandem inventus ineunte xvi saeculo
Romam perlatus est, et mox anno MDXV Leonis x pontificis
iussu Beroaldus 'libros nuper repertos' in publicum emisit.
Editionis Beroaldinae ratio haec fuit ut quae 'nulla temeri-
tatis nota emendari poterant' emendaret, quae 'maiorem
in corrigendo difficultatem habere videbantur' appositis
stellulis relinqueret. Continuavere opus sic incohatum
plerique editorum veterum quorum nomina extremae prae-
fationi apposita invenies.

Libros xi–xvi etiam uno codice, Mediceo altero, superstites habemus, qui Langobardicis litteris scriptus in eadem
Laurentiana bibliotheca (plut. lxviii. 2) hodie conservatur.
Scripturam in monasterio Casiniensi circa medium saeculi xi usurpatam exhibet codex, saeculo certe xi exaratum esse consentiunt omnes. Scriptura cum ipsa difficilis
tum multis locis evanida, errorumque utraque res fons.
Auxilium sane interdum deteriores codices suppedi-
tant, quorum tamen lectiones nisi sicubi calami errores

---

[1] Rostagno pp. 2-8 in praefatione ad codices photographice
depictos : idem quae Hochart (de l'authenticité des Annales et des
Histoires de Tacite) ingeniose finxit iure refutavit.

corrigunt coniecturarum loco iure aestimaveris. De deteriorum codicum origine ambigitur. Ex ipso Mediceo
altero descriptos omnis non veri simile, sed ex illo fonte
per apographa quin derivati sint vix dubitandum est. In
familias porro sunt qui dividant, Romanam et Genuensem,
sed parum interest, cum saeculi xv sint et hi et illi parvique
momenti. De Editione Spirensi, quae editio princeps
vocatur, anno MCCCCLXX edita, hoc solum dicendum, un-
decumque fluxerit[1], ita nullo emendandi studio evulgatam,
ut, quod Walther censuit, instar codicis Msti recte habeatur.

Equidem in hac editione conficienda quantum potui codices Mediceos secutus sum. Inspexi ipse codices Florentiae
atque eosdem photographice depictos, curante Scatone de
Vries Bibliothecae Vniversitatis Leidensis praefecto, semper
mecum ante oculos habui. In hac cura quantum me adiu-
verint Georgii Andresen studia fateri iuvat, quo nemo
ipsos codices quibusque vitiis laborent sollertius exploravit[2].
Ipsius librarii correctiones is primus agnovit, et ego, quamquam duobus[3] saltem locis errare mihi videntur, eas
correctiones (in apparatu critico M^1) semper maximi[4] feci.
Ex editoribus, ut taceam antiquissimos, Lipsius, Walther,
Ritter, Baiter-Orelli (cuius apparatus criticus plenissimus
et plerumque accuratissime curatus est), Nipperdey,
Nipperdey-Andresen, Dräger-Becher, Halm, Furneaux me
maxime adiuverunt. Relationes quoque annuas Georgii
Andresen (*Jahresberichte der Zeitschrift für Gymnasial-
wesen*) perlegi. In hac editione, ut supra dixi, codices

[1] e Vaticanis 1863, 1864 ortam sunt qui dicant.
[2] *In Taciti Historias studia critica et palaeographica* 1899, 1900, et *de
Codicibus Annalium Taciti* 1892. Rostagno quoque (op. cit.) multa de
codicibus rettulit : necnon memoratu digna Heraei *studia critica in
Mediceos Taciti codices* 1846.
[3] xii. 26 augusta M^1 ; xiv. 15 scenas M^1.
[4] Cf. ii. 72 ostendisse ; iv. 49 simulque ; xv. 28 laetioris ibi rei.

ipsos Mediceos quantum potui sum secutus, et non numquam contra ceterorum morem praetuli[1]; sed haud scio
an etiam nunc coniecturis nimis abundet quem edidi
textus. Medicei auctoritatem scilicet in hisce locis invitus
repudiavi: i. 4 exulem, 41 et externae, vi. 15 ambigens,
xi. 37 superbia egebat, xii. 26 fortunae maeror, 41 triumphalium veste, xiii. 3 dissereret, 32 quem ovasse de B.
rettuli, xiv. 34 fero, 37 postquam propius suggressus
hostis, 60 per tybias, xv. 5 aberat, 42 temperare, 44 coniuncti, xvi. 5 severamque retinentis Italiam.

Bis tantum meas ipsius emendationes inferre ausus,
altera (xi. 23) locum desperatissimum, altera (xvi. 22)
difficillimum sanare conatus sum. Vno loco (i. 53) inter-
punctionem in melius novatam spero probaturos esse
lectores.

In libris i–vi emendationes quarum auctoris nulla est
in apparatu critico mentio Beroaldo, in libris xi–xvi
similiter codicibus deterioribus tribuendas volui. Signo
autem '*dett.*' non tam omnium quam aliquot codicum
deteriorum consensum indicavi.

Restat ut gratias agam amico meo Sidneio G. Owen qui
benevolus me adhuc discipulum patitur.

[1] Cf. i. 69 ponti (poti *M*); iii. 2 munia; vi. 3 neque dicta imperatoris neque praemia nisi ab imperatore; 35 acies (Becher); xi. 32
eripiuntur; xii. 17 quae (quippe Nipperdey); 26 perintempestiva
(cf. xv. 45 persimplici; xvi. 26 perornavisisset); xiii. 3 quae deceret;
34 illuc magis ad servitium; xiv. 20 decurias . . . expleturos; xv. 41
et quo.

C. D. F.

Dabam Oxonii
   Mense Maio M DCCCC VI.

SIGLA

---

[1] 'ubi iam sit nescio' Walther. Lipsii tamen Nic. Heinsii Ryckii Iac. Gronovii venit in manus et saepenumero felicitate coniecturarum insignis est.

[2] In libris xi–xvi Puteolanum plerumque sequitur.

CORNELII TACITI

AB EXCESSV DIVI AVGVSTI

ANNALIVM

LIBER I

1. Vrbem Romam a principio reges habuere ; libertatem et consulatum L. Brutus instituit. dictaturae ad tempus sumebantur; neque decemviralis potestas ultra biennium, neque tribunorum militum consulare ius diu valuit. non Cinnae,
5 non Sullae longa dominatio ; et Pompei Crassique potentia cito in Caesarem, Lepidi atque Antonii arma in Augustum cessere, qui cuncta discordiis civilibus fessa nomine principis sub imperium accepit. sed veteris populi Romani prospera vel adversa claris scriptoribus memorata sunt ; temporibus-
10 que Augusti dicendis non defuere decora ingenia, donec gliscente adulatione deterrerentur. Tiberii Gaique et Claudii ac Neronis res florentibus ipsis ob metum falsae, postquam occiderant recentibus odiis compositae sunt. inde consilium mihi pauca de Augusto et extrema tradere,
15 mox Tiberii principatum et cetera, sine ira et studio, quorum causas procul habeo.

2. Postquam Bruto et Cassio caesis nulla iam publica arma, Pompeius apud Siciliam oppressus exutoque Lepido, interfecto Antonio ne Iulianis quidem partibus nisi Caesar
20 dux reliquus, posito triumviri nomine consulem se ferens et ad tuendam plebem tribunicio iure contentum, ubi militem donis, populum annona, cunctos dulcedine otii pellexit, insurgere paulatim, munia senatus magistratuum legum in se trahere, nullo adversante, cum ferocissimi per acies aut pro-
25 scriptione cecidissent, ceteri nobilium, quanto quis servitio promptior, opibus et honoribus extollerentur ac novis ex

rebus aucti tuta et praesentia quam vetera et periculosa mallent. neque provinciae illum rerum statum abnuebant, suspecto senatus populique imperio ob certamina potentium et avaritiam magistratuum, invalido legum auxilio quae vi ambitu postremo pecunia turbabantur.   5

3. Ceterum Augustus subsidia dominationi Claudium Marcellum sororis filium admodum adulescentem pontificatu et curuli aedilitate, M. Agrippam, ignobilem loco, bonum militia et victoriae socium, geminatis consulatibus extulit, mox defuncto Marcello generum sumpsit; Tiberium Neronem 10 et Claudium Drusum privignos imperatoriis nominibus auxit, integra etiam tum domo sua. nam genitos Agrippa Gaium ac Lucium in familiam Caesarum induxerat, necdum posita puerili praetexta principes iuventutis appellari, destinari con-sules specie recusantis flagrantissime cupiverat. ut Agrippa 15 vita concessit, Lucium Caesarem euntem ad Hispaniensis exercitus, Gaium remeantem Armenia et vulnere invalidum mors fato propera vel novercae Liviae dolus abstulit, Druso-que pridem extincto Nero solus e privignis erat, illuc cuncta vergere: filius, collega imperii, consors tribuniciae potestatis 20 adsumitur omnisque per exercitus ostentatur, non obscuris, ut antea, matris artibus, sed palam hortatu. nam senem Augustum devinxerat adeo, uti nepotem unicum, Agrippam Postumum, in insulam Planasiam proiecerit, rudem sane bonarum artium et robore corporis stolide ferocem, nullius 25 tamen flagitii conpertum. at hercule Germanicum Druso ortum octo apud Rhenum legionibus inposuit adscirique per adoptionem a Tiberio iussit, quamquam esset in domo Tiberii filius iuvenis, sed quo pluribus munimentis insisteret. bellum ea tempestate nullum nisi adversus Germanos super- 30 erat, abolendae magis infamiae ob amissum cum Quintilio

12 tum *Wolfius*: dum *M*   14 destinari *Ryckius*: destinare *M*
24 proiecerit *Ritter*: proiceret *M*: proiceret *Beroaldus*   29 munimentis *Lipsius*: monumentis *M*

Varo exercitum quam cupidine proferendi imperii aut dignum
ob praemium. domi res tranquillae, eadem magistratuum
vocabula; iuniores post Actiacam victoriam, etiam senes
plerique inter bella civium nati: quotus quisque reliquus
5 qui rem publicam vidisset?

    4. Igitur verso civitatis statu nihil usquam prisci et inte-
gri moris: omnes exuta aequalitate iussa principis aspectare,
nulla in praesens formidine, dum Augustus aetate validus
seque et domum et pacem sustentavit. postquam provecta
10 iam senectus aegro et corpore fatigabatur aderatque finis et
spes novae, pauci bona libertatis in cassum disserere, plures
bellum pavescere, alii cupere. pars multo maxima inmi-
nentis dominos variis rumoribus differebant: trucem Agrippam et ignominia accensum non aetate neque rerum
15 experientia tantae moli parem, Tiberium Neronem maturum
annis, spectatum bello, sed vetere atque insita Claudiae
familiae superbia, multaque indicia saevitiae, quamquam
premantur, erumpere. hunc et prima ab infantia eductum
in domo regnatrice; congestos iuveni consulatus, triumphos;
20 ne iis quidem annis quibus Rhodi specie secessus exul
egerit aliud quam iram et simulationem et secretas libidines meditatum. accedere matrem muliebri inpotentia:
serviendum feminae duobusque insuper adulescentibus qui
rem publicam interim premant quandoque distrahant.

25   **5.** Haec atque talia agitantibus gravescere valetudo Augusti, et quidam scelus uxoris suspectabant. quippe rumor
incesserat paucos ante mensis Augustum, electis consciis
et comite uno Fabio Maximo, Planasiam vectum ad visendum Agrippam; multas illic utrimque lacrimas et signa
30 caritatis spemque ex eo fore ut iuvenis penatibus avi redderetur: quod Maximum uxori Marciae aperuisse, illam

---

    8 nulla in praesens *Beroaldus* : nullam praesens *M*   20 exul
Muretus : exulcm *M*   21 aliud *Nipperdey* : aliquid *M* : aliud quid
Dräger

Liviae. gnarum id Caesari; neque multo post extincto Maximo, dubium an quaesita morte, auditos in funere eius Marciae gemitus semet incusantis quod causa exitii marito fuisset. utcumque se ea res habuit, vixdum ingressus Illyricum Tiberius properis matris litteris accitur; neque satis 5 conpertum est spirantem adhuc Augustum apud urbem Nolam an exanimem reppererit. acribus namque custodiis domum et vias saepserat Livia, laetique interdum nuntii vulgabantur, donec provisis quae tempus monebat simul excessisse Augustum et rerum potiri Neronem fama eadem 10 tulit.

6. Primum facinus novi principatus fuit Postumi Agrippae caedes, quem ignarum inermumque quamvis firmatus animo centurio aegre confecit. nihil de ea re Tiberius apud senatum disseruit : patris iussa simulabat, quibus 15 praescripsisset tribuno custodiae adposito ne cunctaretur Agrippam morte adficere quandoque ipse supremum diem explevisset. multa sine dubio saevaque Augustus de moribus adulescentis questus, ut exilium eius senatus consulto sanciretur perfecerat : ceterum in nullius umquam suorum 20 necem duravit, neque mortem nepoti pro securitate privigni inlatam credibile erat. propius vero Tiberium ac Liviam, illum metu, hanc novercalibus odiis, suspecti et invisi iuvenis caedem festinavisse. nuntianti centurioni, ut mos militiae, factum esse quod imperasset, neque im- 25 perasse sese et rationem facti reddendam apud senatum respondit. quod postquam Sallustius Crispus particeps secretorum (is ad tribunum miserat codicillos) comperit, metuens ne reus subderetur, iuxta periculoso ficta seu vera promeret monuit Liviam ne arcana domus, ne consilia 30 amicorum, ministeria militum vulgarentur, neve Tiberius vim principatus resolveret cuncta ad senatum vocando :

eam condicionem esse imperandi ut non aliter ratio constet quam si uni reddatur.

7. At Romae ruere in servitium consules, patres, eques. quanto quis inlustrior, tanto magis falsi ac festinantes, vul-
5 tuque composito ne laeti excessu principis neu tristiores primordio, lacrimas gaudium, questus adulationem misce-bant. Sex. Pompeius et Sex. Appuleius consules primi in verba Tiberii Caesaris iuravere, aputque eos Seius Strabo et C. Turranius, ille praetoriarum cohortium praefectus, hic
10 annonae ; mox senatus milesque et populus. nam Tiberius cuncta per consules incipiebat tamquam vetere re publica et ambiguus imperandi : ne edictum quidem, quo patres in curiam vocabat, nisi tribuniciae potestatis praescriptione posuit sub Augusto acceptae. verba edicti fuere pauca et
15 sensu permodesto : de honoribus parentis consulturum, neque abscedere a corpore idque unum ex publicis mune-ribus usurpare. sed defuncto Augusto signum praetoriis cohortibus ut imperator dederat ; excubiae, arma, cetera aulae ; miles in forum, miles in curiam comitabatur. litteras
20 ad exercitus tamquam adepto principatu misit, nusquam cunctabundus nisi cum in senatu loqueretur. causa prae-cipua ex formidine ne Germanicus, in cuius manu tot legi-ones, immensa sociorum auxilia, mirus apud populum favor, habere imperium quam exspectare mallet. dabat et famae
25 ut vocatus electusque potius a re publica videretur quam per uxorium ambitum et senili adoptione inrepsisse. postea cognitum est ad introspiciendas etiam procerum voluntates inductam dubitationem : nam verba vultus in crimen detor-quens recondebat.

30 8. Nihil primo senatus die agi passus *est* nisi de supre-

---

2 reddantur *M*   5 tristiores *Beroaldus* : tristior *M*   6 adulationem *Heinsius* : adulatione *M*   7 Appuleius *Beroaldus* :
apuleius *M*   28 indutam *I. Fr. Gronovius*   30 est *add.*
Nipperdey

mis Augusti, cuius testamentum inlatum per virgines Vestae
Tiberium et Liviam heredes habuit. Livia in familiam
Iuliam nomenque Augustum adsumebatur ; in spem secundam nepotes pronepotesque, tertio gradu primores civitatis scripserat, plerosque invisos sibi sed iactantia gloriaque 5
ad posteros. legata non ultra civilem modum, nisi quod
populo et plebi quadringenties tricies quinquies, praetoriarum cohortium militibus singula nummum milia, *urbanis
quingenos*, legionariis aut cohortibus civium Romanorum
trecenos nummos viritim dedit. tum consultatum de hono- 10
ribus ; ex quis *qui* maxime insignes visi, ut porta triumphali
duceretur funus Gallus Asinius, ut legum latarum tituli
victarum ab eo gentium vocabula anteferrentur L. Arruntius
censuere. addebat Messala Valerius renovandum per annos
sacramentum in nomen Tiberii ; interrogatusque a Tiberio 15
num se mandante eam sententiam prompsisset, sponte
dixisse respondit, neque in iis quae ad rem publicam pertinerent consilio nisi suo usurum vel cum periculo offensionis : ea sola species adulandi supererat. conclamant
patres corpus ad rogum umeris senatorum ferendum. re- 20
misit Caesar adroganti moderatione, populumque edicto
monuit ne, ut quondam nimiis studiis funus divi Iulii tur-
bassent, ita Augustum in foro potius quam in campo Martis,
sede destinata, cremari vellent. die funeris milites velut
praesidio stetere, multum inridentibus qui ipsi viderant 25
quique a parentibus acceperant diem illum crudi adhuc
servitii et libertatis inprospere repetitae, cum occisus dictator Caesar aliis pessimum aliis pulcherrimum facinus
videretur : nunc senem principem, longa potentia, provisis

---

3 Augustum *Iac. Gronovius* : augustu *M* : augustae *M²* 8 urbanis quingenos *add. Sauppe* 9 aut] ac *Nipperdey* 11 qui
add. Bezzenberger visi *secl. Wopkens* : visu *Morawskis* 27
inprospere repetitae *Lipsius* : in prospera repitita *M* : repetitum
marg.

etiam heredum in rem publicam opibus, auxilio scilicet
militari tuendum, ut sepultura eius quieta foret.

9. Multus hinc ipso de Augusto sermo, plerisque vana
mirantibus quod idem dies accepti quondam imperii prin-
5 ceps et vitae supremus, quod Nolae in domo et cubiculo in
quo pater eius Octavius vitam finivisset. numerus etiam
consulatuum celebrabatur, quo Valerium Corvum et C. Marium simul aequaverat ; continuata per septem et triginta
annos tribunicia potestas, nomen inperatoris semel atque
10 vicies partum aliaque honorum multiplicata aut nova. at
apud prudentis vita eius varie extollebatur arguebaturve.
hi pietate erga parentem et necessitudine rei publicae, in
qua nullus tunc legibus locus, ad arma civilia actum quae
neque parari possent neque haberi per bonas artis. multa
15 Antonio, dum interfectores patris ulcisceretur, multa Lepido
concessisse. postquam hic socordia senuerit, ille per libidines pessum datus sit, non aliud discordantis patriae remedium fuisse quam *ut* ab uno regeretur. non regno tamen
neque dictatura sed principis nomine constitutam rem pu-
20 blicam ; mari Oceano aut amnibus longinquis saeptum imperium ; legiones, provincias, classis, cuncta inter se conexa ;
ius apud civis, modestiam apud socios ; urbem ipsam magnifico ornatu ; pauca admodum vi tractata quo ceteris
quies esset.

25 10. Dicebatur contra : pietatem erga parentem et tempora rei publicae obtentui sumpta : ceterum cupidine dominandi concitos per largitionem veteranos, paratum ab
adulescente privato exercitum, corruptas consulis legiones,
simulatam Pompeianarum gratiam partium ; mox ubi decreto
30 patrum fascis et ius praetoris invaserit, caesis Hirtio et
Pansa, sive hostis illos, seu Pansam venenum vulneri ad-
fusum, sui milites Hirtium et machinator doli Caesar abstu-

---

11 vitae|eius *M*   15 dum *Muretus*: tunc *M*   ulcisceretur
Beroaldus: ulciscerentur *M*   18 ut *add. Ferrettus*

7

lerat, utriusque copias occupavisse; extortum invito senatu
consulatum, armaque quae in Antonium acceperit contra
rem publicam versa; proscriptionem civium, divisiones
agrorum ne ipsis quidem qui fecere laudatas. sane Cassii
et Brutorum exitus paternis inimicitiis datos, quamquam 5
fas sit privata odia publicis utilitatibus remittere : sed Pompeium imagine pacis, sed Lepidum specie amicitiae deceptos;
post Antonium, Tarentino Brundisinoque foedere et nuptiis
sororis inlectum, subdolae adfinitatis poenas morte exsol-
visse. pacem sine dubio post haec, verum cruentam : 10
Lollianas Varianasque cladis, interfectos Romae Varrones,
Egnatios, Iullos. nec domesticis abstinebatur : abducta
Neroni uxor et consulti per ludibrium pontifices an con-
cepto necdum edito partu rite nuberet; †que tedii et†
Vedii Pollionis luxus; postremo Livia gravis in rem publi- 15
cam mater, gravis domui Caesarum noverca. nihil deorum
honoribus relictum cum se templis et effigie numinum per
flamines et sacerdotes coli vellet. ne Tiberium quidem
caritate aut rei publicae cura successorem adscitum, sed
quoniam adrogantiam saevitiamque eius introspexerit, com- 20
paratione deterrima sibi gloriam quaesivisse. etenim Augustus paucis ante annis, cum Tiberio tribuniciam potestatem
a patribus rursum postularet, quamquam honora oratione,
quaedam de habitu cultuque et institutis eius iecerat quae
velut excusando exprobraret. ceterum sepultura more per- 25
fecta templum et caelestes religiones decernuntur.

11. Versae inde ad Tiberium preces. et ille varie disserebat de magnitudine imperii sua modestia. solam divi
Augusti mentem tantae molis capacem : se in partem curarum ab illo vocatum experiendo didicisse quam arduum, 30
quam subiectum fortunae regendi cuncta onus. proinde in

12 Iullos *Andresen* : Iulios *M* : Iulos *Lipsius*   14 que tedii et
del. Mommsen : nuberetque tedii et *M* : Q. Tedii et *Victorius* : quae
edito *Nipperdey*   15 gravis *Beroaldus* : gravius *M*   27 varie
disserebat *Beroaldus* : variae disserebat *M* : varia edisserebat *Linker*

civitate tot inlustribus viris subnixa non ad unum omnia deferrent: plures facilius munia rei publicae sociatis laboribus
exsecuturos. plus in oratione tali dignitatis quam fidei erat ;
Tiberioque etiam in rebus quas non occuleret, seu natura
5 sive adsuetudine, suspensa semper et obscura verba : tunc
vero nitenti ut sensus suos penitus abderet, in incertum et
ambiguum magis implicabantur. at patres, quibus unus
metus si intellegere viderentur, in questus lacrimas vota
effundi ; ad deos, ad effigiem Augusti, ad genua ipsius
10 manus tendere, cum proferri libellum recitarique iussit.
opes publicae continebantur, quantum civium sociorumque
in armis, quot classes, regna, provinciae, tributa aut vectigalia, et necessitates ac largitiones. quae cuncta sua manu
perscripserat Augustus addideratque consilium coercendi
15 intra terminos imperii, incertum metu an per invidiam.

12. Inter quae senatu ad infimas obtestationes procum-
bente, dixit forte Tiberius se ut non toti rei publicae parem,
ita quaecumque pars sibi mandaretur eius tutelam suscepturum. tum Asinius Gallus ' interrogo ' inquit, ' Caesar, quam
20 partem rei publicae mandari tibi velis.' perculsus inprovisa
interrogatione paulum reticuit : dein collecto animo respondit nequaquam decorum pudori suo legere aliquid aut evitare
ex eo cui in universum excusari mallet. rursum Gallus
(etenim vultu offensionem coniectaverat) non idcirco inter-
25 rogatum ait, ut divideret quae separari nequirent sed ut sua
confessione argueretur unum esse rei publicae corpus atque
unius animo regendum. addidit laudem de Augusto Tibe-
riumque ipsum victoriarum suarum quaeque in toga per tot
annos egregie fecisset admonuit. nec ideo iram eius lenivit,
30 pridem invisus, tamquam ducta in matrimonium Vipsania
M. Agrippae filia, quae quondam Tiberii uxor fuerat, plus

25 sed ut *Lipsius* : sed et *M* : sed et sua confessione ut *Müller*
30 Vipstania *M*

quam civilia agitaret Pollionisque Asinii patris ferociam retineret.

13. Post quae L. Arruntius haud multum discrepans a Galli oratione perinde offendit, quamquam Tiberio nulla vetus in Arruntium ira : sed divitem, promptum, artibus egre- 5 giis et pari fama publice, suspectabat. quippe Augustus supremis sermonibus cum tractaret quinam adipisci principem locum suffecturi abnuerent aut inpares vellent vel idem possent cuperentque, M'. Lepidum dixerat capacem sed aspernantem, Gallum Asinium avidum et minorem, L. Arruntium 10 non indignum et si casus daretur ausurum. de prioribus consentitur, pro Arruntio quidam Cn. Pisonem tradidere ; omnesque praeter Lepidum variis mox criminibus struente Tiberio circumventi sunt. etiam Q. Haterius et Mamercus Scaurus suspicacem animum perstrinxere, Haterius cum dixis- 15 set 'quo usque patieris, Caesar, non adesse caput rei publicae ?' Scaurus quia dixerat spem esse ex eo non inritas fore senatus preces quod relationi consulum iure tribuniciae potestatis non intercessisset. in Haterium statim invectus est ; Scaurum, cui inplacabilius irascebatur, silentio tramisit. 20 fessusque clamore omnium, expostulatione singulorum flexit paulatim, non ut fateretur suscipi a se imperium, sed ut negare et rogari desineret. constat Haterium, cum deprecandi causa Palatium introisset ambulantisque Tiberii genua advolveretur, prope a militibus interfectum quia Tiberius casu an 25 manibus eius inpeditus prociderat. neque tamen periculo talis viri mitigatus est, donec Haterius Augustam oraret eiusque curatissimis precibus protegeretur.

14. Multa patrum et in Augustam adulatio. alii parentem, alii matrem patriae appellandam, plerique ut nomini 30 Caesaris adscriberetur 'Iuliae filius' censebant. ille moderan-

1 polionisque *M* 4 quamquam *Beroaldus* : quam *M* 9 M' *Lipsius* : M. *M* 16 caput *Rhenanus* : aput tē *M* 28 eiusque *Lipsius* : et usque *M*

10

dos feminarum honores dictitans eademque se temperantia
usurum in iis quae sibi tribuerentur, ceterum anxius invidia
et muliebre fastigium in deminutionem sui accipiens ne
lictorem quidem ei decerni passus est aramque adoptionis
5 et alia huiusce modi prohibuit. at Germanico Caesari proconsulare imperium petivit, missique legati qui deferrent,
simul maestitiam eius ob excessum Augusti solarentur. quo
minus idem pro Druso postularetur, ea causa quod designatus consul Drusus praesensque erat. candidatos praeturae
10 duodecim nominavit, numerum ab Augusto traditum; et
hortante senatu ut augeret, iure iurando obstrinxit se non
excessurum.

15. Tum primum e campo comitia ad patres translata
sunt: nam ad eam diem, etsi potissima arbitrio principis,
15 quaedam tamen studiis tribuum fiebant. neque populus
ademptum ius questus est nisi inani rumore, et senatus
largitionibus ac precibus sordidis exsolutus libens tenuit,
moderante Tiberio ne plures quam quattuor candidatos
commendaret sine repulsa et ambitu designandos. inter
20 quae tribuni plebei petivere ut proprio sumptu ederent
ludos qui de nomine Augusti fastis additi Augustales voca-
rentur. sed decreta pecunia ex aerario, utque per circum
triumphali veste uterentur: curru vehi haud permissum. mox
celebratio annua ad praetorem translata cui inter civis et
25 peregrinos iurisdictio evenisset.

16. Hic rerum urbanarum status erat, cum Pannonicas
legiones seditio incessit, nullis novis causis nisi quod mutatus princeps licentiam turbarum et ex civili bello spem prae-
miorum ostendebat. castris aestivis tres simul legiones
30 habebantur, praesidente Iunio Blaeso, qui fine Augusti et
initiis Tiberii auditis ob iustitium aut gaudium intermiserat

2 iis *Muretus*: his *M* 24 annua *Lipsius*: annū *M*: annum
secl. Nipperdey ex Ritteri coniectura: eum ad *Heraeus* 31 aut
gaudium *secl. Muretus*

CORNELII TACITI

solita munia. eo principio lascivire miles, discordare, pessimi cuiusque sermonibus praebere auris, denique luxum et
otium cupere, disciplinam et laborem aspernari. erat in
castris Percennius quidam, dux olim theatralium operarum,
dein gregarius miles, procax lingua et miscere coetus hi- 5
strionali studio doctus. is imperitos animos et quaenam
post Augustum militiae condicio ambigentis inpellere paulatim nocturnis conloquiis aut flexo in vesperam die et dilapsis
melioribus deterrimum quemque congregare.

17. Postremo promptis iam et aliis seditionis ministris 10
velut contionabundus interrogabat cur paucis centurionibus paucioribus tribunis in modum servorum oboedirent.
quando ausuros exposcere remedia, nisi novum et nutantem
adhuc principem precibus vel armis adirent? satis per tot
annos ignavia peccatum, quod tricena aut quadragena sti- 15
pendia senes et plerique truncato ex vulneribus corpore
tolerent. ne dimissis quidem finem esse militiae, sed apud
vexillum tendentis alio vocabulo eosdem labores perferre.
ac si quis tot casus vita superaverit, trahi adhuc diversas
in terras ubi per nomen agrorum uligines paludum vel 20
inculta montium accipiant. enimvero militiam ipsam gravem, infructuosam: denis in diem assibus animam et corpus
aestimari: hinc vestem arma tentoria, hinc saevitiam centurionum et vacationes munerum redimi. at hercule verbera
et vulnera, duram hiemem, exercitas aestates, bellum atrox 25
aut sterilem pacem sempiterna. néc aliud levamentum quam
si certis sub legibus militia iniretur, ut singulos denarios mere-
rent, sextus decimus stipendii annus finem adferret, ne ultra
sub vexillis tenerentur, sed isdem in castris praemium
pecunia solveretur. an praetorias cohortis, quae binos 30
denarios acceperint, quae post sedecim annos penatibus suis

---

8 dilapsis *Muretus*: delapsis *M*   11 contional.undus *Beroaldus*:
conditionabundus *M*   18 tendentes *Iac. Gronovius*: t..|tentes *M*
31 acceperint *Beroaldus*: accepit *M*.

12

reddantur, plus periculorum suscipere? non obtrectari a se
urbanas excubias: sibi tamen apud horridas gentis e contuberniis hostem aspici.

18. Adstrepebat vulgus, diversis incitamentis, hi verberum
5 notas, illi canitiem, plurimi detrita tegmina et nudum corpus
exprobrantes. postremo eo furoris venere ut tres legiones
miscere in unam agitaverint. depulsi aemulatione, quia
suae quisque legioni eum honorem quaerebant, alio vertunt
atque una tres aquilas et signa cohortium locant; simul con-
10 gerunt caespites, exstruunt tribunal, quo magis conspicua
sedes foret. properantibus Blaesus advenit, increpabatque
ac retinebat singulos, clamitans 'mea potius caede imbuite
manus: leviore flagitio legatum interficietis quam ab imperatore desciscitis. aut incolumis fidem legionum retinebo aut
15 iugulatus paenitentiam adcelerabo.'

19. Aggerabatur nihilo minus caespes iamque pectori
usque adcreverat, cum tandem pervicacia victi inceptum
omisere. Blaesus multa dicendi arte non per seditionem et
turbas desideria militum ad Caesarem ferenda ait, neque
20 veteres ab imperatoribus priscis neque ipsos a divo Augusto
tam nova petivisse; et parum in tempore incipientis principis curas onerari. si tamen tenderent in pace temptare
quae ne civilium quidem bellorum victores expostulaverint,
cur contra morem obsequii, contra fas disciplinae vim medi-
25 tentur? decernerent legatos seque coram mandata darent.
adclamavere ut filius Blaesi tribunus legatione ea fungeretur
peteretque militibus missionem ab sedecim annis: cetera
mandaturos ubi prima provenissent. profecto iuvene modicum otium: sed superbire miles quod filius legati orator
30 publicae causae satis ostenderet necessitate expressa quae
per modestiam non obtinuissent.

20. Interea manipuli ante coeptam seditionem Naupor-

16 aggerabatur *malebat Walther* · aggerebatur *M*   17 usque
Beroaldus : eiusque *M*

tum missi ob itinera et pontes et alios usus, postquam
turbatum in castris accepere, vexilla convellunt direptisque
proximis vicis ipsoque Nauporto, quod municipii instar erat,
retinentis centuriones inrisu et contumeliis, postremo verberibus insectantur, praecipua in Aufidienum Rufum prae- 5
fectum castrorum ira, quem dereptum vehiculo sarcinis
gravant aguntque primo in agmine per ludibrium rogitantes
an tam immensa onera, tam longa itinera libenter ferret.
quippe Rufus diu manipularis, dein centurio, mox castris
praefectus, antiquam duramque militiam revocabat, vetus 10
operis ac laboris et eo inmitior quia toleraverat.

21. Horum adventu redintegratur seditio et vagi circumiecta populabantur. Blaesus paucos, maxime praeda onustos,
ad terrorem ceterorum adfici verberibus, claudi carcere
iubet; nam etiam tum legato a centurionibus et optimo 15
quoque manipularium parebatur. illi obniti trahentibus,
prensare circumstantium genua, ciere modo nomina singulorum, modo centuriam quisque cuius manipularis erat,
cohortem, legionem, eadem omnibus inminere clamitantes.
simul probra in legatum cumulant, caelum ac deos obte- 20
stantur, nihil reliqui faciunt quo minus invidiam misericordiam metum et iras permoverent. adcurritur ab universis,
et carcere effracto solvunt vincula desertoresque ac rerum
capitalium damnatos sibi iam miscent.

22 Flagrantior inde vis, plures seditioni duces. et Vibu- 25
lenus quidam gregarius miles, ante tribunal Blaesi adlevatus
circumstantium umeris, apud turbatos et quid pararet
intentos 'vos quidem' inquit 'his innocentibus et miser-
rimis lucem et spiritum reddidistis: sed quis fratri meo
vitam, quis fratrem mihi reddit? quem missum ad vos a 30
Germanico exercitu de communibus commodis nocte proxima iugulavit per gladiatores suos, quos in exitium militum

10 vetus *Lipsius* : intus *M* : intentus *Vertranius*

14

habet atque armat. responde, Blaese, ubi cadaver abieceris:
ne hostes quidem sepultura invident. cum osculis, cum
lacrimis dolorem meum implevero, me quoque trucidari
iube, dum interfectos nullum ob scelus sed quia utilitati
5 legionum consulebamus hi sepeliant.'

23. Incendebat haec fletu et pectus atque os manibus
verberans. mox disiectis quorum per umeros sustinebatur,
praeceps et singulorum pedibus advolutus tantum conster-
nationis invidiaeque concivit, ut pars militum gladiatores,
10 qui e servitio Blaesi erant, pars ceteram eiusdem familiam
vincirent, alii ad quaerendum corpus effunderentur. ac ni
propere neque corpus ullum reperiri, et servos adhibitis
cruciatibus abnuere caedem, neque illi fuisse umquam
fratrem pernotuisset, haud multum ab exitio legati aberant.
15 tribunos tamen ac praefectum castrorum extrusere, sarcinae
fugientium direptae, et centurio Lucilius interficitur cui
militaribus facetiis vocabulum 'cedo alteram' indiderant,
quia fracta vite in tergo militis alteram clara voce ac rursus
aliam poscebat. ceteros latebrae texere, uno retento Cle-
20 mente Iulio qui perferendis militum mandatis habebatur
idoneus ob promptum ingenium. quin ipsae inter se
legiones octava et quinta decuma ferrum parabant, dum
centurionem cognomento Sirpicum illa morti deposcit,
quintadecumani tuentur, ni miles nonanus preces et adver-
25 sum aspernantis minas interiecisset.

24. Haec audita quamquam abstrusum et tristissima
quaeque maxime occultantem Tiberium perpulere, ut Drusum filium cum primoribus civitatis duabusque praetoriis
cohortibus mitteret, nullis satis certis mandatis, ex re con-
30 sulturum. et cohortes delecto milite supra solitum firmatae.
additur magna pars praetoriani equitis et robora Germano-

1 abieceris *Beroaldus* : ablegeris *M*   5 hi *Lipsius* : ii *M*
6 incendebat *Beroaldus* : incedebat *M*   18 fracta vite *Beroaldus* :
facta vitae *M*

rum, qui tum custodes imperatori aderant; simul praetorii
praefectus Aelius Seianus, collega Straboni patri suo datus,
magna apud Tiberium auctoritate, rector iuveni et ceteris
periculorum praemiorumque ostentator. Druso propin-
quanti quasi per officium obviae fuere legiones, non laetae, 5
ut adsolet, neque insignibus fulgentes, sed inluvie deformi
et vultu, quamquam maestitiam imitarentur contumaciae
propiores.

25. Postquam vallum introiit, portas stationibus firmant,
globos armatorum certis castrorum locis opperiri iubent : 10
ceteri tribunal ingenti agmine circumveniunt. stabat Drusus silentium manu poscens. illi quoties oculos ad multitudinem rettulerant, vocibus truculentis strepere, rursum
viso Caesare trepidare ; murmur incertum, atrox clamor et
repente quies ; diversis animorum motibus pavebant terre- 15
bantque. tandem interrupto tumultu litteras patris recitat,
in quis perscriptum erat, praecipuam ipsi fortissimarum
legionum curam, quibuscum plurima bella toleravisset; ubi
primum a luctu requiesset animus, acturum apud patres de
postulatis eorum ; misisse interim filium ut sine cunctatione 20
concederet quae statim tribui possent; cetera senatui servanda quem neque gratiae neque severitatis expertem haberi par esset.

26. Responsum est a contione mandata Clementi centurioni quae perferret. is orditur de missione a sedecim 25
annis, de praemiis finitae militiae, ut denarius diurnum stipendium foret, ne veterani sub vexillo haberentur. ad ea
Drusus cum arbitrium senatus et patris obtenderet, clamore
turbatur. cur venisset neque augendis militum stipendiis
neque adlevandis laboribus, denique nulla bene faciendi 30
licentia ? at hercule verbera et necem cunctis permitti.
Tiberium olim nomine Augusti desideria legionum frustrari

9 introiit *Lipsius* : introit *M*   13 rettulerant *Beroaldus* : sed-
tulerant *M*

16

solitum : easdem artis Drusum rettulisse. numquamne ad
se nisi filios familiarum venturos ? novum id plane quod
imperator sola militis commoda ad senatum reiciat. eundem
ergo senatum consulendum quotiens supplicia aut proelia
5 indicantur : an praemia sub dominis, poenas sine arbitro
esse ?

27. Postremo deserunt tribunal, ut quis praetorianorum
militum amicorumve Caesaris occurreret, manus intentantes,
causam discordiae et initium armorum, maxime infensi Cn.
10 Lentulo, quod is ante alios aetate et gloria belli firmare
Drusum credebatur et illa militiae flagitia primus aspernari.
nec multo post digredientem cum Caesare ac provisu periculi hiberna castra repetentem circumsistunt, rogitantes quo
pergeret, ad imperatorem an ad patres, ut illic quoque
15 commodis legionum adversaretur ; simul ingruunt, saxa
iaciunt. iamque lapidis ictu cruentus et exitii certus adcursu multitudinis quae cum Druso advenerat protectus est.

28. Noctem minacem et in scelus erupturam fors lenivit :
nam luna claro repente caelo visa languescere. id miles
20 rationis ignarus omen praesentiam accepit, suis laboribus
defectionem sideris adsimulans, prospereque cessura qua
pergerent si fulgor et claritudo deae redderetur. igitur
aeris sono, tubarum cornuumque concentu strepere ; prout
splendidior obscuriorve laetari aut maerere ; et postquam
25 ortae nubes offecere visui creditumque conditam tenebris,
ut sunt mobiles ad superstitionem perculsae semel mentes,
sibi aeternum laborem portendi, sua facinora aversari deos
lamentantur. utendum inclinatione ea Caesar et quae
casus obtulerat in sapientiam vertenda ratus circumiri ten-

1, 2 ad se nisi *Lipsius* : nisi ad se *M*   12 cum *Beroaldus* :
eum *M*   16 exitii *Beroaldus* : exitu *M*   19 claro repente
Lipsius : clamore pena *M*   20 suis *Freinsheim* : asuis *M* : ac
suis *Beroaldus*   21 cessura qua *Halm* : cessura quae *M* : cessurum qua *Nipperdey*   27 portendi *Beroaldus* : potandi *M*
aversari *Rhenanus* : adversari *M*

17

toria iubet; accitur centurio Clemens et si alii bonis artibus
grati in vulgus. hi vigiliis, stationibus, custodiis portarum
se inserunt, spem offerunt, metum intendunt. 'quo usque
filium imperatoris obsidebimus? quis certaminum finis?
Percennione et Vibuleno sacramentum dicturi sumus? Per- 5
cennius et Vibulenus stipendia militibus, agros emeritis
largientur? denique pro Neronibus et Drusis imperium
populi Romani capessent? quin potius, ut novissimi in
culpam, ita primi ad paenitentiam sumus? tarda sunt quae
in commune expostulantur: privatam gratiam statim me- 10
reare, statim recipias.' commotis per haec mentibus et
inter se suspectis, tironem a veterano, legionem a legione
dissociant. tum redire paulatim amor obsequii: omittunt
portas, signa unum in locum principio seditionis congregata
suas in sedes referunt.   15

29. Drusus orto die et vocata contione, quamquam rudis
dicendi, nobilitate ingenita incusat priora, probat praesentia;
negat se terrore et minis vinci: flexos ad modestiam si
videat, si supplices audiat, scripturum patri ut placatus
legionum preces exciperet. orantibus rursum idem Blaesus 20
et L. Aponius, eques Romanus e cohorte Drusi, Iustusque
Catonius, primi ordinis centurio, ad Tiberium mittuntur.
certatum inde sententiis, cum alii opperiendos legatos atque
interim comitate permulcendum militem censerent, alii for-
tioribus remediis agendum: nihil in vulgo modicum; ter- 25
rere ni paveant, ubi pertimuerint inpune contemni: dum
superstitio urgeat, adiciendos ex duce metus sublatis seditionis auctoribus. promptum ad asperiora ingenium Druso
erat: vocatos Vibulenum et Percennium interfici iubet.
tradunt plerique intra tabernaculum ducis obrutos, alii cor- 30
pora extra vallum abiecta ostentui.

30. Tum ut quisque praecipuus turbator conquisiti, et
pars, extra castra palantes, a centurionibus aut praetoriarum

cohortium militibus caesi : quosdam ipsi manipuli documentum fidei tradidere. auxerat militum curas praematura
hiems imbribus continuis adeoque saevis, ut non egredi
tentoria, congregari inter se, vix tutari signa possent, quae
5 turbine atque unda raptabantur. durabat et formido caelestis irae, nec frustra adversus impios hebescere sidera,
ruere tempestates : non aliud malorum levamentum, quam
si linquerent castra infausta temerataque et soluti piaculo
suis quisque hibernis redderentur. primum octava, dein
10 quinta decuma legio rediere : nonanus opperiendas Tiberii
epistulas clamitaverat, mox desolatus aliorum discessione
imminentem necessitatem sponte praevenit. et Drusus non
exspectato legatorum regressu, quia praesentia satis consederant, in urbem rediit.

15 **31.** Isdem ferme diebus isdem causis Germanicae legiones turbatae, quanto plures tanto violentius, et magna spe
fore ut Germanicus Caesar imperium alterius pati nequiret
daretque se legionibus vi sua cuncta tracturis. duo apud
ripam Rheni exercitus erant : cui nomen superiori sub
20 C. Silio legato, inferiorem A. Caecina curabat. regimen
summae rei penes Germanicum agendo Galliarum censui
tum intentum. sed quibus Silius moderabatur, mente ambigua fortunam seditionis alienae speculabantur : inferioris
exercitus miles in rabiem prolapsus est, orto ab unetvicesi-
25 manis quintanisque initio, et tractis prima quoque ac vicesima legionibus : nam isdem aestivis in finibus Vbiorum
habebantur per otium aut levia munia. igitur audito fine
Augusti vernacula multitudo, nuper acto in urbe dilectu,
lasciviae sueta, laborum intolerans, implere ceterorum rudes
30 animos : venisse tempus quo veterani maturam missionem,
iuvenes largiora stipendia, cuncti modum miseriarum ex-
poscerent saevitiamque centurionum ulciscerentur. non

13 consederant *Rhenanus* : considerant *M*   18 tracturis
Freinsheim : tracturus *M*

unus haec, ut Pannonicas inter legiones Percennius, nec
apud trepidas militum auris, alios validiores exercitus
respicientium, sed multa seditionis ora vocesque : sua in
manu sitam rem Romanam, suis victoriis augeri rem publicam, in suum cognomentum adscisci imperatores.   5

32. Nec legatus obviam ibat : quippe plurium vaecordia
constantiam exemerat. repente lymphati destrictis gladiis
in centuriones invadunt : ea vetustissima militaribus odiis
materies et saeviendi principium. prostratos verberibus
mulcant, sexageni singulos, ut numerum centurionum adae-   10
quarent : tum convulsos laniatosque et partim exanimos
ante vallum aut in amnem Rhenum proiciunt. Septimius
cum perfugisset ad tribunal pedibusque Caecinae advolveretur, eo usque flagitatus est donec ad exitium dederetur.
Cassius Chaerea, mox caede Gai Caesaris memoriam apud 15
posteros adeptus, tum adulescens et animi ferox, inter ob-
stantis et armatos ferro viam patefecit. non tribunus ultra,
non castrorum praefectus ius obtinuit : vigilias, stationes,
et si qua alia praesens usus indixerat, ipsi partiebantur.
id militaris animos altius coniectantibus praecipuum indi- 20
cium magni atque inplacabilis motus, quod neque disiecti
nec paucorum instinctu, set pariter ardescerent, pariter
silerent, tanta aequalitate et constantia ut regi crederes.

33. Interea Germanico per Gallias, ut diximus, census
accipienti excessisse Augustum adfertur. neptem eius 25
Agrippinam in matrimonio pluresque ex ea liberos habebat,
ipse Druso fratre Tiberii genitus, Augustae nepos, set
anxius occultis in se patrui aviaeque odiis quorum causae
acriores quia iniquae. quippe Drusi magna apud populum Romanum memoria, credebaturque, si rerum potitus 30
foret, libertatem redditurus ; unde in Germanicum favor
et spes eadem. nam iuveni civile ingenium, mira comitas et

---

10 sexagenis *Thiersch*   22 nec *Grotius* : nil *M* : aut *I. H.*
Nolte : quod disiecti nil neque paucorum instinctu *Heraeus*

diversa ab Tiberii sermone vultu, adrogantibus et obscuris.
accedebant muliebres offensiones novercalibus Liviae in
Agrippinam stimulis, atque ipsa Agrippina paulo commotior, nisi quod castitate et mariti amore quamvis indomi-
5 tum animum in bonum vertebat.

34. Sed Germanicus quanto summae spei propior, tanto
impensius pro Tiberio niti. Sequanos proximos et Belgarum civitates in verba eius adigit. dehinc audito legionum
tumultu raptim profectus obvias extra castra habuit, de-
10 iectis in terram oculis velut paenitentia. postquam vallum
iniit dissoni questus audiri coepere. et quidam prensa
manu eius per speciem exosculandi inseruerunt digitos ut
vacua dentibus ora contingeret ; alii curvata senio membra
ostendebant. adsistentem contionem, quia permixta vide-
15 batur, discedere in manipulos iubet : sic melius audituros
responsum ; vexilla praeferri ut id saltem discerneret cohortis : tarde obtemperavere. tunc a veneratione Augusti
orsus flexit ad victorias triumphosque Tiberii, praecipuis
laudibus celebrans quae apud Germanias illis cum legioni-
20 bus pulcherrima fecisset. Italiae inde consensum, Galliarum
fidem extollit ; nil usquam turbidum aut discors. silentio
haec vel murmure modico audita sunt.

35. Vt seditionem attigit, ubi modestia militaris, ubi
veteris disciplinae decus, quonam tribunos, quo centuriones
25 exegissent, rogitans, nudant universi corpora, cicatrices ex
vulneribus, verberum notas exprobrant ; mox indiscretis
vocibus pretia vacationum, angustias stipendii, duritiam
operum ac propriis nominibus incusant vallum, fossas,
pabuli materiae lignorum adgestus, et si qua alia ex neces-
30 sitate aut adversus otium castrorum quaeruntur. atrocissi-
mus veteranorum clamor oriebatur, qui tricena aut supra

---

1 ab *Weissenborn* : ad *M*   7 Sequanos *Beroaldus* : seque| *M* :
seque et *Haase* : Sequanos proximas et *Nipperdey*   25 universi
Lipsius : universa *M*

stipendia numerantes, mederetur fessis, neu mortem in isdem laboribus, sed finem tam exercitae militiae neque inopem requiem orabant. fuere etiam qui legatam a divo Augusto pecuniam reposcerent, faustis in Germanicum ominibus ; et si vellet imperium promptos ostentavere. 5 tum vero, quasi scelere contaminaretur, praeceps tribunali desiluit. opposuerunt abeunti arma, minitantes, ni regrederetur ; at ille moriturum potius quam fidem exueret clamitans, ferrum a latere diripuit elatumque deferebat in pectus, ni proximi prensam dextram vi attinuissent. ex- 10 trema et conglobata inter se pars contionis ac, vix credibile dictu, quidam singuli propius incedentes feriret hortabantur ; et miles nomine Calusidius strictum obtulit gladium, addito acutiorem esse. saevum id malique moris etiam furentibus visum, ac spatium fuit quo Caesar ab amicis in tabernacu- 15 lum raperetur.

36. Consultatum ibi de remedio ; etenim nuntiabatur parari legatos qui superiorem exercitum ad causam eandem traherent ; destinatum excidio Vbiorum oppidum, imbutasque praeda manus in direptionem Galliarum erupturas. 20 augebat metum gnarus Romanae seditionis et, si omitteretur ripa, invasurus hostis : at si auxilia et socii adversum abscedentis legiones armarentur, civile bellum suscipi. periculosa severitas, flagitiosa largitio : seu nihil militi sive omnia concedentur in ancipiti res publica. igitur volutatis 25 inter se rationibus placitum ut epistulae nomine principis scriberentur : missionem dari vicena stipendia meritis, exauctorari qui sena dena fecissent ac retineri sub vexillo ceterorum inmunes nisi propulsandi hostis, legata quae petiverant exsolvi duplicarique. 30

37. Sensit miles in tempus conficta statimque flagitavit.

---

2 laboribus obirent *Ernesti, Nipperdey*   5 promptos *Rhenanus* :
promtas *M* : promptas res *Walther*   9 deripuit *Beroaldus*   24
sive *Iac. Gronovius* : sibi *M*   25 concederentur *Rhenanus*

missio per tribunos maturatur, largitio differebatur in hiberna
cuiusque. non abscessere quintani unetvicesimanique donec isdem in aestivis contracta ex viatico amicorum ipsius-
que Caesaris pecunia persolveretur. primam ac vicesimam
5 legiones Caecina legatus in civitatem Vbiorum reduxit
turpi agmine cum fisci de imperatore rapti inter signa
interque aquilas veherentur. Germanicus superiorem ad
exercitum profectus secundam et tertiam decumam et sextam decumam legiones nihil cunctatas sacramento adigit.
10 quartadecumani paulum dubitaverant: pecunia et missio
quamvis non flagitantibus oblata est.

  38. At in Chaucis coeptavere seditionem praesidium
agitantes vexillarii discordium legionum et praesenti duorum militum supplicio paulum repressi sunt. iusserat id
15 M'. Ennius castrorum praefectus, bono magis exemplo
quam concesso iure. deinde intumescente motu profugus
repertusque, postquam intutae latebrae, praesidium ab audacia mutuatur: non praefectum ab iis, sed Germanicum
ducem, sed Tiberium imperatorem violari. simul exter-
20 ritis qui obstiterant, raptum vexillum ad ripam vertit, et si
quis agmine decessisset, pro desertore fore clamitans, reduxit
in hiberna turbidos et nihil ausos.

  39. Interea legati ab senatu regressum iam apud aram
Vbiorum Germanicum adeunt. duae ibi legiones, prima
25 atque vicesima, veteranique nuper missi sub vexillo hiemabant. pavidos et conscientia vaecordes intrat metus venisse patrum iussu qui inrita facerent quae per seditionem
expresserant. utque mos vulgo quamvis falsis reum sub-
dere, Munatium Plancum consulatu functum, principem
30 legationis, auctorem senatus consulti incusant; et nocte
concubia vexillum in domo Germanici situm flagitare occi-
piunt, concursuque ad ianuam facto moliuntur foris, extra-

2 unt etvicessimanique *M*   15 M' Ennius *Nipperdey*: mennius
M   20 obstiterant *Beroaldus*: obsisterant *M*

ctum cubili Caesarem tradere vexillum intento mortis metu
subigunt. mox vagi per vias obvios habuere legatos, audita
consternatione ad Germanicum tendentis. ingerunt contumelias, caedem parant, Planco maxime, quem dignitas
fuga impediverat; neque aliud periclitanti subsidium quam 5
castra primae legionis. illic signa et aquilam amplexus
religione sese tutabatur, ac ni aquilifer Calpurnius vim
extremam arcuisset, rarum etiam inter hostis, legatus populi
Romani Romanis in castris sanguine suo altaria deum
commaculavisset. luce demum, postquam dux et miles et 10
facta noscebantur, ingressus castra Germanicus perduci ad
se Plancum imperat recepitque in tribunal. tum fatalem
increpans rabiem, neque militum sed deum ira resurgere,
cur venerint legati aperit; ius legationis atque ipsius
Planci gravem et immeritum casum, simul quantum de- 15
decoris adierit legio, facunde miseratur, attonitaque magis
quam quieta contione legatos praesidio auxiliarium equitum
dimittit.

40. Eo in metu arguere Germanicum omnes quod non
ad superiorem exercitum pergeret, ubi obsequia et contra 20
rebellis auxilium : satis superque missione et pecunia et
mollibus consultis peccatum   vel si vilis ipsi salus, cur
filium parvulum, cur gravidam coniugem inter furentis et
omnis humani iuris violatores haberet ? illos saltem avo et
rei publicae redderet. diu cunctatus aspernantem uxorem, 25
cum se divo Augusto ortam neque degenerem ad pericula
testaretur, postremo uterum eius et communem filium
multo cum fletu complexus, ut abiret perpulit. incedebat
muliebre et miserabile agmen, profuga ducis uxor, parvulum sinu filium gerens, lamentantes circum amicorum 30
coniuges quae simul trahebantur nec minus tristes qui
manebant.

41. Non florentis Caesaris neque suis in castris, sed velut
in urbe victa facies gemitusque ac planctus etiam militum

auris oraque advertere: progrediuntur contuberniis. quis
ille flebilis sonus? quod tam triste? feminas inlustris, non
centurionem ad tutelam, non militem, nihil imperatoriae
uxoris aut comitatus soliti: pergere ad Treviros [et] exter-
5 nae fidei. pudor inde et miseratio et patris Agrippae,
Augusti avi memoria, socer Drusus, ipsa insigni fecunditate,
praeclara pudicitia; iam infans in castris genitus, in contubernio legionum eductus, quem militari vocabulo Caligulam
appellabant, quia plerumque ad concilianda vulgi studia eo
10 tegmine pedum induebatur. sed nihil aeque flexit quam
invidia in Treviros: orant obsistunt, rediret maneret, pars
Agrippinae occursantes, plurimi ad Germanicum regressi.
isque ut erat recens dolore et ira apud circumfusos ita
coepit.
15 42. 'Non mihi uxor aut filius patre et re publica cariores
sunt, sed illum quidem sua maiestas, imperium Romanum
ceteri exercitus defendent. coniugem et liberos meos, quos
pro gloria vestra libens ad exitium offerrem, nunc procul a
furentibus summoveo, ut quidquid istud sceleris imminet,
20 meo tantum sanguine pietur, neve occisus Augusti pronepos, interfecta Tiberii nurus nocentiores vos faciant. quid
enim per hos dies inausum intemeratumve vobis? quod
nomen huic coetui dabo? militesne appellem, qui filium
imperatoris vestri vallo et armis circumsedistis? an civis,
25 quibus tam proiecta senatus auctoritas? hostium quoque
ius et sacra legationis et fas gentium rupistis. divus Iulius
seditionem exercitus verbo uno compescuit, Quirites vocando qui sacramentum eius detrectabant: divus Augustus
vultu et aspectu Actiacas legiones exterruit: nos ut nondum
30 eosdem, ita ex illis ortos si Hispaniae Syriaeve miles aspernaretur, tamen mirum et indignum erat. primane et

2 quod] quid *Heinsius Nipperdey-Andresen*   4 et *secl. Halm*: et
externam fidem *Nipperdey*   11 obsistunt *Beroaldus*: absistunt *M*
21 faciant *Ritter*: faciat *M*

B

vicesima legiones, illa signis a Tiberio acceptis, tu tot
proeliorum socia, tot praemiis aucta, egregiam duci vestro
gratiam refertis? hunc ego nuntium patri laeta omnia aliis
e provinciis audienti feram? ipsius tirones, ipsius veteranos
non missione, non pecunia satiatos: hic tantum interfici 5
centuriones, eici tribunos, includi legatos, infecta sanguine
castra, flumina, meque precariam animam inter infensos
trahere.

43. 'Cur enim primo contionis die ferrum illud, quod
pectori meo infigere parabam, detraxistis, o inprovidi 10
amici? melius et amantius ille qui gladium offerebat. ceci-
dissem certe nondum tot flagitiorum exercitu meo conscius;
legissetis ducem, qui meam quidem mortem inpunitam
sineret, Vari tamen et trium legionum ulcisceretur. neque
enim di sinant ut Belgarum quamquam offerentium decus 15
istud et claritudo sit subvenisse Romano nomini, compres-
sisse Germaniae populos. tua, dive Auguste, caelo recepta
mens, tua, pater Druse, imago, tui memoria isdem istis cum
militibus, quos iam pudor et gloria intrat, eluant hanc
maculam irasque civilis in exitium hostibus vertant. vos 20
quoque, quorum alia nunc ora, alia pectora contueor, si
legatos senatui, obsequium imperatori, si mihi coniugem et
filium redditis, discedite a contactu ac dividite turbidos: id
stabile ad paenitentiam, id fidei vinculum erit.'

44. Supplices ad haec et vera exprobrari fatentes orabant 25
puniret noxios, ignosceret lapsis et duceret in hostem:
revocaretur coniunx, rediret legionum alumnus neve obses
Gallis traderetur. reditum Agrippinae excusavit ob inmi-
nentem partum et hiemem: venturum filium: cetera ipsi
exsequerentur. discurrunt mutati et seditiosissimum quem- 30
que vinctos trahunt ad legatum legionis primae C. Caetro-
nium, qui iudicium et poenas de singulis in hunc modum

2 aucta tam egregiam *Seyffert* : aucta hanc tam egregiam *Nipperdey-
Andresen*

exercuit. stabant pro contione legiones destrictis gladiis :
reus in suggestu per tribunum ostendebatur : si nocentem
adclamaverant, praeceps datus trucidabatur. et gaudebat
caedibus miles tamquam semet absolveret; nec Caesar
5 arcebat, quando nullo ipsius iussu penes eosdem saevitia
facti et invidia erat. secuti exemplum veterani haud multo
post in Raetiam mittuntur, specie defendendae provinciae
ob imminentis Suebos ceterum ut avellerentur castris truci-
bus adhuc non minus asperitate remedii quam sceleris
10 memoria. centurionatum inde egit. citatus ab imperatore
nomen, ordinem, patriam, numerum stipendiorum, quae
strenue in proeliis fecisset, et cui erant, dona militaria
edebat. si tribuni, si legio industriam innocentiamque ad-
probaverant, retinebat ordinem : ubi avaritiam aut crudeli-
15 tatem consensu obiectavissent, solvebatur militia.

45. Sic compositis praesentibus haud minor moles supererat ob ferociam quintae et unetvicesimae legionum,
sexagesimum apud lapidem (loco Vetera nomen est)
hibernantium. nam primi seditionem coeptaverant : atro-
20 cissimum quodque facinus horum manibus patratum ; nec
poena commilitonum exterriti nec paenitentia conversi iras
retinebant. igitur Caesar arma classem socios demittere
Rheno parat, si imperium detrectetur, bello certaturus.

46. At Romae nondum cognito qui fuisset exitus in
25 Illyrico, et legionum Germanicarum motu audito, trepida
civitas incusare Tiberium quod, dum patres et plebem,
invalida et inermia, cunctatione ficta ludificetur, dissideat
interim miles neque duorum adulescentium nondum adulta
auctoritate comprimi queat. ire ipsum et opponere maie-
30 statem imperatoriam debuisse cessuris ubi principem longa
experientia eundemque severitatis et munificentiae summum vidissent. an Augustum fessa aetate totiens in Ger-

---

12 dona *P. Victorius* : donaria *M*   14 ordinem *Kiessling* :
ordines *M*

manias commeare potuisse: Tiberium vigentem annis sedere
in senatu, verba patrum cavillantem? satis prospectum urbanae servituti: militaribus animis adhibenda fomenta ut
ferre pacem velint.

47. Immotum adversus eos sermones fixumque Tiberio 5
fuit non omittere caput rerum neque se remque publicam
in casum dare. multa quippe et diversa angebant: validior
per Germaniam exercitus, propior apud Pannoniam; ille
Galliarum opibus subnixus, hic Italiae inminens: quos
igitur anteferret? ac ne postpositi contumelia incenderentur. 10
at per filios pariter adiri maiestate salva, cui maior e longinquo reverentia. simul adulescentibus excusatum quaedam
ad patrem reicere, resistentisque Germanico aut Druso
posse a se mitigari vel infringi: quod aliud subsidium si
imperatorem sprevissent? ceterum ut iam iamque iturus 15
legit comites, conquisivit impedimenta, adornavit navis:
mox hiemem aut negotia varie causatus primo prudentis,
dein vulgum, diutissime provincias fefellit.

48. At Germanicus, quamquam contracto exercitu et
parata in defectores ultione, dandum adhuc spatium ratus, 20
si recenti exemplo sibi ipsi consulerent, praemittit litteras ad
Caecinam, venire se valida manu ac, ni supplicium in malos
praesumant, usurum promisca caede. eas Caecina aquili-
feris signiferisque et quod maxime castrorum sincerum erat
occulte recitat, utque cunctos infamiae, se ipsos morti exi- 25
mant hortatur: nam in pace causas et merita spectari, ubi
bellum ingruat innocentis ac noxios iuxta cadere. illi temptatis quos idoneos rebantur, postquam maiorem legionum
partem in officio vident, de sententia legati statuunt tempus,
quo foedissimum quemque et seditioni promptum ferro 30
invadant. tunc signo inter se dato inrumpunt contubernia,
trucidant ignaros, nullo nisi consciis noscente quod caedis
initium, quis finis.

49. Diversa omnium, quae umquam accidere, civilium

armorum facies. non proelio, non adversis e castris, sed
isdem e cubilibus, quos simul vescentis dies, simul quietos
nox habuerat, discedunt in partis, ingerunt tela. clamor
vulnera sanguis palam, causa in occulto ; cetera fors regit.
5 et quidam bonorum caesi, postquam intellecto in quos sae-
viretur pessimi quoque arma rapuerant. neque legatus aut
tribunus moderator adfuit : permissa vulgo licentia atque
ultio et satietas. mox ingressus castra Germanicus, non
medicinam illud plurimis cum lacrimis sed cladem appellans,
10 cremari corpora iubet.

Truces etiam tum animos cupido involat eundi in hostem,
piaculum furoris; nec aliter posse placari commilitonum manis quam si pectoribus impiis honesta vulnera accepissent.
sequitur ardorem militum Caesar iunctoque ponte tramittit
15 duodecim milia e legionibus, sex et viginti socias cohortis, octo equitum alas, quarum ea seditione intemerata modestia fuit.

50. Laeti neque procul Germani agitabant, dum iustitio
ob amissum Augustum, post discordiis attinemur. at Roma-
20 nus agmine propero silvam Caesiam limitemque a Tiberio
coeptum scindit, castra in limite locat, frontem ac tergum
vallo, latera concaedibus munitus. inde saltus obscuros
permeat consultatque ex duobus itineribus breve et solitum
sequatur an inpeditius et intemptatum eoque hostibus in-
25 cautum. delecta longiore via cetera adcelerantur : etenim
attulerant exploratores festam eam Germanis noctem ac sollemnibus epulis ludicram. Caecina cum expeditis cohortibus praeire et obstantia silvarum amoliri iubetur : legiones
modico intervallo sequuntur. iuvit nox sideribus inlustris,
30 ventumque ad vicos Marsorum et circumdatae stationes
stratis etiam tum per cubilia propterque mensas, nullo metu,
non antepositis vigiliis : adeo cuncta incuria disiecta erant

neque belli timor, ac ne pax quidem nisi languida et soluta inter temulentos.

‘51. Caesar avidas legiones quo latior populatio foret quattuor in cuneos dispertit; quinquaginta milium spatium ferro flammisque pervastat. non sexus, non aetas miseratio- 5 nem attulit : profana simul et sacra et celeberrimum illis gentibus templum quod Tanfanae vocabant solo aequantur. sine vulnere milites, qui semisomnos, inermos aut palantis ceciderant. excivit ea caedes Bructeros, Tubantes, Vsipetes, saltusque, per quos exercitui regressus, insedere. quod 10 gnarum duci incessitque itineri et proelio. pars equitum et auxiliariae cohortes ducebant, mox prima legio, et mediis impedimentis sinistrum latus unetvicesimani, dextrum quintani clausere, vicesima legio terga firmavit, post ceteri sociorum. sed hostes, donec agmen per saltus porrigeretur, 15 immoti, dein latera et frontem modice adsultantes, tota vi novissimos incurrere. turbabanturque densis Germanorum catervis leves cohortes, cum Caesar advectus ad vicesimanos voce magna hoc illud tempus obliterandae seditionis clamitabat : pergerent, properarent culpam in decus vertere. 20 exarsere animis unoque impetu perruptum hostem redigunt in aperta caeduntque : simul primi agminis copiae evasere silvas castraque communivere. quietum inde iter, fidensque recentibus ac priorum oblitus miles in hibernis locatur.

52. Nuntiata ea Tiberium laetitia curaque adfecere : gau- 25 debat oppressam seditionem, sed quod largiendis pecuniis et missione festinata favorem militum quaesivisset, bellica quoque Germanici gloria angebatur. rettulit tamen ad senatum de rebus gestis multaque de virtute eius memoravit, magis in speciem verbis adornata quam ut penitus sentire credere- 30 tur. paucioribus Drusum et finem Illyrici motus laudavit,

7 Tanfanae *Beroaldus* : tāfanae *M* : Tamfanae *alii*   11 *post* proelio *add.* paratus *Otto*   12 *ante* auxiliariae *Nipperdey excidisse* *numerum velut* x *suspicatur*   22 primis *M*

30

sed intentior et fida oratione. cunctaque quae Germanicus
indulserat servavit etiam apud Pannonicos exercitus.

53. Eodem anno Iulia supremum diem obiit, ob impudicitiam olim a patre Augusto Pandateria insula, mox oppido
5 Reginorum, qui Siculum fretum accolunt, clausa. fuerat in
matrimonio Tiberii florentibus Gaio et Lucio Caesaribus
spreveratque ut inparem ; nec alia tam intima Tiberio causa
cur Rhodum abscederet. imperium adeptus extorrem, infamem et post interfectum Postumum Agrippam omnis spei
10 egenam inopia ac tabe longa peremit, obscuram fore necem
longinquitate exilii ratus. par causa saevitiae in Sempronium
Gracchum, qui familia nobili, sollers ingenio et prave facun-
dus, eandem Iuliam in matrimonio Marci Agrippae temera-
verat. nec is libidini finis : traditam Tiberio pervicax adulter
15 contumacia et odiis in maritum accendebat ; litteraeque quas
Iulia patri Augusto cum insectatione Tiberii scripsit a Graccho compositae credebantur. igitur amotus Cercinam, Africi
maris insulam, quattuordecim annis exilium toleravit. tunc
milites ad caedem missi invenere in prominenti litoris nihil
20 laetum opperientem. quorum adventu breve tempus petivit
ut suprema mandata uxori Alliariae per litteras daret, cer-
vicemque percussoribus obtulit ; constantia mortis haud in-
dignus Sempronio nomine vita degeneraverat. quidam non
Roma eos milites, sed ab L. Asprenate pro consule Africae
25 missos tradidere auctore Tiberio, qui famam caedis posse in
Asprenatem verti frustra speraverat.

54. Idem annus novas caerimonias accepit addito soda-
lium Augustalium sacerdotio, ut quondam Titus Tatius reti-
nendis Sabinorum sacris sodalis Titios instituerat. sorte
30 ducti e primoribus civitatis unus et viginti : Tiberius Drusus-
que et Claudius et Germanicus adiciuntur. ludos Augustalis
tunc primum coeptos turbavit discordia ex certamine histrionum. indulserat ei ludicro Augustus, dum Maecenati obtem-

22 *sic interpunxi* : obtulit, constantia . . . nomine : vita degeneraverat. *vulgo*   29 Titios *Vertranius* : tatios *M*

31

perat effuso in amorem Bathylli; neque ipse abhorrebat talibus studiis, et civile rebatur misceri voluptatibus vulgi. alia,
Tiberio morum via: sed populum per tot annos molliter
habitum nondum audebat ad duriora vertere.

55. Druso Caesare C. Norbano consulibus decernitur 5
Germanico triumphus manente bello; quod quamquam in
aestatem summa ope parabat, initio veris et repentino in
Chattos excursu praecepit. nam spes incesserat dissidere
hostem in Arminium ac Segestem, insignem utrumque perfidia in nos aut fide. Arminius turbator Germaniae, Segestes 10
parari rebellionem saepe alias et supremo convivio, post
quod in arma itum, aperuit suasitque Varo ut se et Arminium et ceteros proceres vinciret: nihil ausuram plebem
principibus amotis; atque ipsi tempus fore quo crimina et
innoxios discerneret. sed Varus fato et vi Armini cecidit: 15
Segestes quamquam consensu gentis in bellum tractus discors
manebat, auctis privatim odiis, quod Arminius filiam eius
alii pactam rapuerat: gener invisus inimici soceri; quaeque
apud concordes vincula caritatis, incitamenta irarum apud
infensos erant. 20

56. Igitur Germanicus quattuor legiones, quinque auxiliarium milia et tumultuarias catervas Germanorum cis
Rhenum colentium Caecinae tradit; totidem legiones, du-
plicem sociorum numerum ipse ducit, positoque castello
super vestigia paterni praesidii in monte Tauno expeditum 25
exercitum in Chattos rapit, L. Apronio ad munitiones
viarum et fluminum relicto. nam (rarum illi caelo) sicci-
tate et amnibus modicis inoffensum iter properaverat, im-
bresque et fluminum auctus regredienti metuebantur. sed
Chattis adeo inprovisus advenit, ut quod imbecillum aetate 30
ac sexu statim captum aut trucidatum sit. iuventus flumen

---

15 armeni *M* (*cf.* ii. 88. xi. 16)   18 gener invisus, inimici
soceri. *Halm*: g. invisus, inimicus soceri *Nipperdey*   29 metuebantur *Lipsius*: metuebatur *M*

Adranam nando tramiserat, Romanosque pontem coeptantis
arcebant. dein tormentis sagittisque pulsi, temptatis frustra
condicionibus pacis, cum quidam ad Germanicum perfu-
gissent, reliqui omissis pagis vicisque in silvas disperguntur.
5 Caesar incenso Mattio (id genti caput) aperta populatus
vertit ad Rhenum, non auso hoste terga abeuntium laces-
sere, quod illi moris, quotiens astu magis quam per formidinem cessit. fuerat animus Cheruscis iuvare Chattos, sed
exterruit Caecina huc illuc ferens arma ; et Marsos congredi
10 ausos prospero proelio cohibuit.

57. Neque multo post legati a Segeste venerunt auxilium
orantes adversus vim popularium a quis circumsedebatur,
validiore apud eos Arminio quoniam bellum suadebat :
nam barbaris, quanto quis audacia promptus, tanto magis
15 fidus rebusque motis potior habetur. addiderat Segestes
legatis filium, nomine Segimundum : sed iuvenis conscientia
cunctabatur. quippe anno quo Germaniae descivere sacerdos apud aram Vbiorum creatus ruperat vittas, profugus ad
rebellis. adductus tamen in spem clementiae Romanae
20 pertulit patris mandata benigneque exceptus cum praesidio
Gallicam in ripam missus est. Germanico pretium fuit
convertere agmen, pugnatumque in obsidentis, et ereptus
Segestes magna cum propinquorum et clientium manu.
inerant feminae nobiles, inter quas uxor Arminii eademque
25 filia Segestis, mariti magis quam parentis animo, neque
victa in lacrimas neque voce supplex ; compressis intra
sinum manibus gravidum uterum intuens. ferebantur et
spolia Varianae cladis, plerisque eorum qui tum in deditionem veniebant praedae data : simul Segestes ipse, ingens
30 visu et memoria bonae societatis inpavidus.

58. Verba eius in hunc modum fuere : 'non hic mihi
primus erga populum Romanum fidei et constantiae dies.

<hr />

1 tramiserat *Acidalius* : tramiserit *M*   15 rebusque **motis**
Lipsius : reb; commotis *M*   26 evicta *Spengel*

ex quo a divo Augusto civitate donatus sum, amicos inimi-
cosque ex vestris utilitatibus delegi, neque odio patriae
(quippe proditores etiam iis quos anteponunt invisi sunt),
verum quia Romanis Germanisque idem conducere et
pacem quam bellum probabam. ergo raptorem filiae meae, 5
violatorem foederis vestri, Arminium apud Varum, qui tum
exercitui praesidebat, reum feci. dilatus segnitia ducis,
quia parum praesidii in legibus erat, ut me et Arminium et
conscios vinciret flagitavi : testis illa nox, mihi utinam
potius novissima ! quae secuta sunt defleri magis quam 10
defendi possunt : ceterum et inieci catenas Arminio et a
factione eius iniectas perpessus sum. atque ubi primum
tui copia, vetera novis et quieta turbidis antehabeo, neque
ob praemium, sed ut me perfidia exsolvam, simul genti
Germanorum idoneus conciliator, si paenitentiam quam 15
perniciem maluerit. pro iuventa et errore filii veniam precor : filiam necessitate huc adductam fateor. tuum erit
consultare utrum praevaleat quod ex Arminio concepit an
quod ex me genita est.' Caesar clementi responso liberis
propinquisque eius incolumitatem, ipsi sedem vetere in pro- 20
vincia pollicetur. exercitum reduxit nomenque imperatoris
auctore Tiberio accepit. Arminii uxor virilis sexus stirpem
edidit : educatus Ravennae puer quo mox ludibrio conflictatus sit in tempore memorabo.

59. Fama dediti benigneque excepti Segestis vulgata, ut 25
quibusque bellum invitis aut cupientibus erat, spe vel
dolore accipitur. Arminium super insitam violentiam rapta
uxor, subiectus servitio uxoris uterus vaecordem agebant,
volitabatque per Cheruscos, arma in Segestem, arma in
Caesarem poscens. neque probris temperabat : egregium 30
patrem, magnum impeiatorem, fortem exercitum, quorum
tot manus unam mulierculam avexerint. sibi tres legiones,

---

3 invisi sunt *Beroaldus* : invisunt *M*   20 vetere *M²* et *Lipsius* :
vetera *M* : Vetera *Iac. Gronovius* : veterem *Beroaldus*

totidem legatos procubuisse ; non enim se proditione neque
adversus feminas gravidas, sed palam adversus armatos
bellum tractare. cerni adhuc Germanorum in lucis signa
Romana, quae dis patriis suspenderit. coleret Segestes
5 victam ripam, redderet filio sacerdotium hominum : Germanos numquam satis excusaturos quod inter Albim et
Rhenum virgas et securis et togam viderint. aliis gentibus
ignorantia imperi Romani inexperta esse supplicia, nescia
tributa : quae quoniam exuerint inritusque discesserit ille
10 inter numina dicatus Augustus, ille delectus Tiberius, ne
inperitum adulescentulum, ne seditiosum exercitum pavescerent. si patriam parentes antiqua mallent quam dominos et colonias novas, Arminium potius gloriae ac libertatis
quam Segestem flagitiosae servitutis ducem sequerentur.

15   60. Conciti per haec non modo Cherusci, sed conter-
minae gentes, tractusque in partis Inguiomerus Arminii
patruus, vetere apud Romanos auctoritate ; unde maior
Caesari metus. et ne bellum mole una ingrueret Caecinam
cum quadraginta cohortibus Romanis distrahendo hosti per
20 Bructeros ad flumen Amisiam mittit, equitem Pedo praefectus finibus Frisiorum ducit. ipse inpositas navibus
quattuor legiones per lacus vexit ; simulque pedes eques
classis apud praedictum amnem convenere. Chauci cum
auxilia pollicerentur, in commilitium adsciti sunt. Bru-
25 cteros sua urentis expedita cum manu L. Stertinius missu
Germanici fudit ; interque caedem et praedam repperit unde-
vicesimae legionis aquilam cum Varo amissam. ductum
inde agmen ad ultimos Bructerorum, quantumque Amisiam
et Lupiam amnis inter vastatum, haud procul Teutobur-
30 giensi saltu in quo reliquiae Vari legionumque insepultae
dicebantur.

   61. Igitur cupido Caesarem invadit solvendi suprema

5 hominem *M¹* : hostium *Nipperdey ex Halmii coniectura*   17
vetere *Wesenberg* : veteri *M*   23 classis *Lipsius* : classes *M*

militibus ducique, permoto ad miserationem omni qui aderat exercitu ob propinquos, amicos, denique ob casus bellorum et sortem hominum. praemisso Caecina ut occulta saltuum scrutaretur pontesque et aggeres umido paludum et fallacibus campis inponeret, incedunt maestos 5 locos visuque ac memoria deformis. prima Vari castra lato ambitu et dimensis principiis trium legionum manus osten-tabant; dein semiruto vallo, humili fossa accisae iam reli-quiae consedisse intellegebantur: medio campi albentia ossa, ut fugerant, ut restiterant, disiecta vel aggerata. adiace- 10 bant fragmina telorum equorumque artus, simul truncis arborum antefixa ora. lucis propinquis barbarae arae, apud quas tribunos ac primorum ordinum centuriones macta-verant. et cladis eius superstites, pugnam aut vincula elapsi, referebant hic cecidisse legatos, illic raptas aquilas; 15 primum ubi vulnus Varo adactum, ubi infelici dextera et suo ictu mortem invenerit; quo tribunali contionatus Armi-nius, quot patibula captivis, quae scrobes, utque signis et aquilis per superbiam inluserit.

62. Igitur Romanus qui aderat exercitus sextum post 20 cladis annum trium legionum ossa, nullo noscente alienas reliquias an suorum humo tegeret, omnis ut coniunctos, ut consanguineos, aucta in hostem ira, maesti simul et infensi condebant. primum extruendo tumulo caespitem Caesar posuit, gratissimo munere in defunctos et praesentibus 25 doloris socius. quod Tiberio haud probatum, seu cuncta Germanici in deterius trahenti, sive exercitum imagine caesorum insepultorumque tardatum ad proelia et formido-losiorem hostium credebat; neque imperatorem auguratu et vetustissimis caerimoniis praeditum adtrectare feralia 30 debuisse.

63. Sed Germanicus cedentem in avia Arminium secu-

6 deformis *Beroaldus* : deformides *M*   20 igitur romalnis *M* *unde Andresen an* omnis (*cf.* 61. 2) *legendum sit dubitat*

tus, ubi primum copia fuit, evehi equites campumque quem
hostis insederat eripi iubet. Arminius colligi suos et
propinquare silvis monitos vertit repente : mox signum
prorumpendi dedit iis quos per saltus occultaverat. tunc
5 nova acie turbatus eques, missaeque subsidiariae cohortes et
fugientium agmine impulsae auxerant consternationem ;
trudebanturque in paludem gnaram vincentibus, iniquam
nesciis, ni Caesar productas legiones instruxisset : inde
hostibus terror, fiducia militi ; et manibus aequis abscessum.
10 mox reducto ad Amisiam exercitu legiones classe, ut ad-
vexerat, reportat ; pars equitum litore Oceani petere Rhenum
iussa ; Caecina, qui suum militem ducebat, monitus, quamquam notis itineribus regrederetur, pontes longos quam
maturrime superare. angustus is trames vastas inter palu-
15 des et quondam a L. Domitio aggeratus, cetera limosa,
tenacia gravi caeno aut rivis incerta erant ; circum silvae
paulatim adclives, quas tum Arminius inplevit, compendiis
viarum et cito agmine onustum sarcinis armisque militem
cum antevenisset. Caecinae dubitanti quonam modo
20 ruptos vetustate pontes reponeret simulque propulsaret
hostem, castra metari in loco placuit, ut opus et alii proelium inciperent.

64. Barbari perfringere stationes seque inferre munito-
ribus nisi lacessunt, circumgrediuntur, occursant : miscetur
25 operantium bellantiumque clamor. et cuncta pariter Romanis adversa, locus uligine profunda, idem ad gradum
instabilis, procedentibus lubricus, corpora gravia loricis ;
neque librare pila inter undas poterant. contra Cheruscis
sueta apud paludes proelia, procera membra, hastae in-
30 gentes ad vulnera facienda quamvis procul. nox demum
inclinantis iam legiones adversae pugnae exemit. Germani

---

10 legiones ... reportat *secl. Nipperdey*   23 seque *Beroaldus* :
sequi *M*   28 librare *Beroaldus* : liberare *M*   30 nox *ed. Fro-
beniana* : mox *M*   31 iam *Freinsheim* : tam *M* : tum *Beroaldus*

CORNELII TACITI

ob prospera indefessi, ne tum quidem sumpta quiete, quantum aquarum circum surgentibus iugis oritur vertere in subiecta, mersaque humo et obruto quod effectum operis duplicatus militi labor. quadragesimum id stipendium Caecina parendi aut imperitandi habebat, secundarum ambiguarumque rerum sciens eoque interritus. igitur futura volvens non aliud repperit quam ut hostem silvis coerceret, donec saucii quantumque gravioris agminis anteirent; nam medio montium et paludum porrigebatur planities, quae tenuem aciem pateretur. deliguntur legiones quinta dextro lateri, unetvicesima in laevum, primani ducendum ad agmen, vicesimanus adversum secuturos.

65. Nox per diversa inquies, cum barbari festis epulis, laeto cantu aut truci sonore subiecta vallium ac resultantis saltus complerent, apud Romanos invalidi ignes, interruptae voces, atque ipsi passim adiacerent vallo, oberrarent tentoriis, insomnes magis quam pervigiles. ducemque terruit dira quies : nam Quintilium Varum sanguine oblitum et paludibus emersum cernere et audire visus est velut vocantem, non tamen obsecutus et manum intendentis reppulisse. coepta luce missae in latera legiones, metu an contumacia, locum deseruere, capto propere campo umentia ultra. neque tamen Arminius quamquam libero incursu statim prorupit : sed ut haesere caeno fossisque impedimenta, turbati circum milites, incertus signorum ordo, utque tali in tempore sibi quisque properus et lentae adversum imperia aures, inrumpere Germanos iubet, clamitans 'en Varus eodemque iterum fato vinctae legiones !' simul haec et cum delectis scindit agmen equisque maxime vulnera ingerit. illi sanguine suo et lubrico paludum lapsantes excussis rectoribus disicere obvios, proterere iacentis. plurimus circa aquilas labor, quae neque ferri adversum ingruentia

18 Quintillium *M*   28 eodemque *Ritter*: et eodemque *M*: et eodem *Lipsius*   vinctae *M littera n puncto notata*: victae *Beroaldus* 32 "adversum" ferri *signa transpositionis manu recentiore M*

38

tela neque figi limosa humo poterant. Caecina dum sustentat aciem, suffosso equo delapsus circumveniebatur, ni prima legio sese opposuisset. iuvit hostium aviditas, omissa caede praedam sectantium, enisaeque legiones vesperascente die in aperta et solida. neque is miseriarum finis. struendum vallum, petendus agger, amissa magna ex parte per quae egeritur humus aut exciditur caespes ; non tentoria manipulis, non fomenta sauciis ; infectos caeno aut cruore cibos dividentes funestas tenebras et tot hominum
10 milibus unum iam reliquum diem lamentabantur.

66. Forte equus abruptis vinculis vagus et clamore territus quosdam occurrentium obturbavit. tanta inde consternatio inrupisse Germanos credentium ut cuncti ruerent ad portas, quarum decumana maxime petebatur, aversa hosti
15 et fugientibus tutior. Caecina comperto vanam esse formidinem, cum tamen neque auctoritate neque precibus, ne manu quidem obsistere aut retinere militem quiret, proiectus in limine portae miseratione demum, quia per corpus legati eundum erat, clausit viam : simul tribuni et centu-
20 riones falsum pavorem esse docuerunt.

67. Tunc contractos in principia iussosque dicta cum silentio accipere temporis ac necessitatis monet. unam in armis salutem, sed ea consilio temperanda manendumque intra vallum, donec expugnandi hostis spe propius succe-
25 derent ; mox undique erumpendum : illa eruptione ad Rhenum perveniri. quod si fugerent, pluris silvas, profundas magis paludes, saevitiam hostium superesse ; at victoribus decus gloriam. quae domi cara, quae in castris honesta, memorat ; reticuit de adversis. equos dehinc,
30 orsus a suis, legatorum tribunorumque nulla ambitione fortissimo cuique bellatori tradit, ut hi, mox pedes in hostem invaderent.

68. Haud minus inquies Germanus spe, cupidine et

7 per quae egeritur *Rhenanus* : perq; geritur *M*

39

diversis ducum sententiis agebat, Arminio sinerent egredi
egressosque rursum per umida et inpedita circumvenirent
suadente, atrociora Inguiomero et laeta barbaris, ut vallum
armis ambirent : promptam expugnationem, plures captivos,
incorruptam praedam fore. igitur orta die proruunt fossas, 5
iniciunt cratis, summa valli prensant, raro super milite et
quasi ob metum defixo. postquam haesere munimentis,
datur cohortibus signum cornuaque ac tubae concinuere.
exim clamore et impetu tergis Germanorum circumfun-
duntur, exprobrantes non hic silvas nec paludes, sed aequis 10
locis aequos deos. hosti facile excidium et paucos ac
semermos cogitanti sonus tubarum, fulgor armorum, quanto
inopina tanto maiora offunduntur, cadebantque, ut rebus
secundis avidi, ita adversis incauti. Arminius integer, Inguiomerus post grave vulnus pugnam deseruere : vulgus 15
trucidatum est, donec ira et dies permansit. nocte demum
reversae legiones, quamvis plus vulnerum, eadem ciborum
egestas fatigaret, vim sanitatem copias, cuncta in victoria
habuere.

69. Pervaserat interim circumventi exercitus fama et 20
infesto Germanorum agmine Gallias peti, ac ni Agrippina
inpositum Rheno pontem solvi prohibuisset, erant qui id
flagitium formidine auderent. sed femina ingens animi
munia ducis per eos dies induit, militibusque, ut quis inops
aut saucius, vestem et fomenta dilargita est. tradit C. 25
Plinius, Germanicorum bellorum scriptor, stetisse apud
principium ponti laudes et grates reversis legionibus ha-
bentem. id Tiberii animum altius penetravit : non enim
simplicis eas curas, nec adversus externos *studia* militum
quaeri. nihil relictum imperatoribus, ubi femina manipu- 30
los intervisat, signa adeat, largitionem temptet, tamquam

---

13 offunduntur *Rhenanus* : offenduntur *M*   14 Inguiomerus
Beroaldus : Ingoiomerus *M*   27 ponti *Beroaldus* : poti *M* : pontis
vulgo   29 studia *add. Döderlein* : militem *Beroaldus* : nervos
militum *Polster*

parum ambitiose filium ducis gregali habitu circumferat
Caesaremque Caligulam appellari velit. potiorem iam apud
exercitus Agrippinam quam legatos, quam duces; conpressam
a muliere seditionem, cui nomen principis obsistere non qui-
5 verit. accendebat haec onerabatque Seianus, peritia morum
Tiberii odia in longum iaciens, quae reconderet auctaque
promeret.

70. At Germanicus legionum, quas navibus vexerat,
secundam et quartam decimam itinere terrestri P. Vitellio
10 ducendas tradit, quo levior classis vadoso mari innaret vel
reciproco sideret. Vitellius primum iter sicca humo aut
modice adlabente aestu quietum habuit: mox inpulsu
aquilonis, simul sidere aequinoctii, quo maxime tumescit
Oceanus, rapi agique agmen. et opplebantur terrae: eadem
15 freto litori campis facies, neque discerni poterant incerta ab
solidis, brevia a profundis. sternuntur fluctibus, hauriuntur
gurgitibus; iumenta, sarcinae, corpora exanima interfluunt,
occursant. permiscentur inter se manipuli, modo pectore,
modo ore tenus extantes, aliquando subtracto solo disiecti
20 aut obruti. non vox et mutui hortatus iuvabant adversante
unda; nihil strenuus ab ignavo, sapiens ab inprudenti, consilia a casu differre: cuncta pari violentia involvebantur.
tandem Vitellius in editiora enisus eodem agmen subduxit.
pernoctavere sine utensilibus, sine igni, magna pars nudo
25 aut mulcato corpore, haud minus miserabiles quam quos
hostis circumsidet: quippe illic etiam honestae mortis usus,
his inglorium exitium. lux reddidit terram, penetratumque
ad amnem [Visurgin], quo Caesar classe contenderat. in-
positae dein legiones, vagante fama submersas; nec fides
30 salutis, antequam Caesarem exercitumque reducem videre.

71. Iam Stertinius, ad accipiendum in deditionem Segi-

20 non] nox *M*   21 ab inprudenti *Lipsius*: a prudenti *M*
26 circumsidebat *Urlichs*   26 illis *M²*   28 Visurgin *secl.*
Mercerus: Vnsingim *Alting*

41

merum fratrem Segestis praemissus, ipsum et filium eius in
civitatem Vbiorum perduxerat. data utrique venia, facile
Segimero, cunctantius filio, quia Quintilii Vari corpus inlu-
sisse dicebatur. ceterum ad supplenda exercitus damna
certavere Galliae Hispaniae Italia, quod cuique promptum, 5
arma equos aurum offerentes. quorum laudato studio Germanicus, armis modo et equis ad bellum sumptis, propria
pecunia militem iuvit. utque cladis memoriam etiam comitate leniret, circumire saucios, facta singulorum extollere ;
vulnera intuens alium spe, alium gloria, cunctos adloquio et 10
cura sibique et proelio firmabat.

72. Decreta eo anno triumphalia insignia A. Caecinae,
L. Apronio, C. Silio ob res cum Germanico gestas. nomen
patris patriae Tiberius, a populo saepius ingestum, repudia-
vit ; neque in acta sua iurari quamquam censente senatu 15
permisit, cuncta mortalium incerta, quantoque plus adeptus
foret, tanto se magis in lubrico dictitans. non tamen ideo
faciebat fidem civilis animi ; nam legem maiestatis re-
duxerat, cui nomen apud veteres idem, sed alia in iudicium
veniebant, si quis proditione exercitum aut plebem sedi- 20
tionibus, denique male gesta re publica maiestatem populi
Romani minuisset : facta arguebantur, dicta inpune erant.
primus Augustus cognitionem de famosis libellis specie
legis eius tractavit, commotus Cassii Severi libidine, qua
viros feminasque inlustris procacibus scriptis diffamaverat ; 25
mox Tiberius, consultante Pompeio Macro praetore an
iudicia maiestatis redderentur, exercendas leges esse respondit. hunc quoque asperavere carmina incertis auctoribus vulgata in saevitiam superbiamque eius et discordem
cum matre animum. 30

73. Haud pigebit referre in Falanio et Rubrio, modicis
equitibus Romanis, praetemptata crimina, ut quibus initiis,

quanta Tiberii arte gravissimum exitium inrepserit, dein repressum sit, postremo arserit cunctaque corripuerit, noscatur. Falanio obiciebat accusator, quod inter cultores
Augusti, qui per omnis domos in modum collegiorum habe-
5 bantur, Cassium quendam mimum corpore infamem adsci-
visset, quodque venditis hortis staṭuam Augusti simul man-
cipasset. Rubrio crimini dabatur violatum periurio numen
Augusti. quae ubi Tiberio notuere, scripsit consulibus
non ideo decretum patri suo caelum, ut in perniciem civium
10 is honor verteretur. Cassium histrionem solitum inter
alios eiusdem artis interesse ludis, quos mater sua in memoriam Augusti sacrasset ; nec contra religiones fieri quod
effigies eius, ut alia numinum simulacra, venditionibus hortorum et domuum accedant. ius iurandum perinde aesti-
15 mandum quam si Iovem fefellisset : deorum iniurias dis
curae.

74. Nec multo post Granium Marcellum praetorem Bithyniae quaestor ipsius Caepio Crispinus maiestatis postulavit, subscribente Romano Hispone : qui formam vitae
20 iniit, quam postea celebrem miseriae temporum et audaciae
hominum fecerunt. nam egens, ignotus, inquies, dum occultis libellis saevitiae principis adrepit, mox clarissimo
cuique periculum facessit, potentiam apud unum, odium
apud omnis adeptus dedit exemplum, quod secuti ex pau-
25 peribus divites, ex contemptis metuendi perniciem aliis ac
postremum sibi invenere. sed Marcellum insimulabat
sinistros de Tiberio sermones habuisse, inevitabile crimen,
cum ex moribus principis foedissima quaeque deligeret accusator obiectaretque reo. nam quia vera erant, etiam dicta
30 credebantur. addidit Hispo statuam Marcelli altius quam
Caesarum sitam, et alia in statua amputato capite Augusti
effigiem Tiberii inditam. ad quod exarsit adeo, ut rupta
taciturnitate proclamaret se quoque in ea causa laturum

sententiam palam et iuratum, quo ceteris eadem necessitas
fieret. manebant etiam tum vestigia morientis libertatis.
igitur Cn. Piso 'quo' inquit 'loco censebis, Caesar? si
primus, habebo quod sequar : si post omnis, vereor ne
inprudens dissentiam.' permotus his, quantoque incautius ₅
efferverat, paenitentia patiens tulit absolvi reum criminibus
maiestatis : de pecuniis repetundis ad reciperatores itum est.

75. Nec patrum cognitionibus satiatus iudiciis adsidebat
in cornu tribunalis, ne praetorem curuli depelleret ; multaque eo coram adversus ambitum et potentium preces consti- ₁₀
tuta. set dum veritati consulitur, libertas corrumpebatur.
inter quae Pius Aurelius senator questus mole publicae viae
ductuque aquarum labefactas aedis suas, auxilium patrum
invocabat. resistentibus aerarii praetoribus subvenit Caesar
pretiumque aedium Aurelio tribuit, erogandae per honesta ₁₅
pecuniae cupiens, quam virtutem diu retinuit, cum ceteras
exueret. Propertio Celeri praetorio, veniam ordinis ob
paupertatem petenti, decies sestertium largitus est, satis
conperto paternas ei angustias esse. temptantis eadem alios
probare causam senatui iussit, cupidine severitatis in iis ₂₀
etiam quae rite faceret acerbus. unde ceteri silentium et
paupertatem confessioni et beneficio praeposuere.

76. Eodem anno continuis imbribus auctus Tiberis
plana urbis stagnaverat ; relabentem secuta est aedificiorum
et hominum strages. igitur censuit Asinius Gallus ut libri ₂₅
Sibyllini adirentur. Renuit Tiberius, perinde divina hu-
manaque obtegens ; sed remedium coercendi fluminis Ateio
Capitoni et L. Arruntio mandatum. Achaiam ac Mace-
doniam onera deprecantis levari in praesens proconsulari
imperio tradique Caesari placuit. edendis gladiatoribus, ₃₀
quos Germanici fratris ac suo nomine obtulerat, Drusus
praesedit, quamquam vili sanguine nimis gaudens ; quod *in*

20 causam *Beroaldus* : causa *M* : causas *Sirker*   32 praesedit
M² : praesidit *M*   in *add. in marg*

vulgus formidolosum et pater arguisse dicebatur. cur abs-
tinuerit spectaculo ipse, varie trahebant ; alii taedio coetus,
quidam tristitia ingenii et metu conparationis, quia Augustus comiter interfuisset. non crediderim ad ostentandam
5 saevitiam movendasque populi offensiones concessam filio
materiem, quamquam id quoque dictum est.

77. At theatri licentia, proximo priore anno coepta, gravius tum erupit, occisis non modo e plebe set militibus et
centurione, vulnerato tribuno praetoriae cohortis, dum pro-
10 bra in magistratus et dissensionem vulgi prohibent. actum
de ea seditione apud patres dicebanturque sententiae, ut
praetoribus ius virgarum in histriones esset. intercessit
Haterius Agrippa tribunus plebei increpitusque est Asinii
Galli oratione, silente Tiberio, qui ea simulacra libertatis
15 senatui praebebat. valuit tamen intercessio, quia divus
Augustus immunis verberum histriones quondam respond-
erat, neque fas Tiberio infringere dicta eius. de modo
lucaris et adversus lasciviam fautorum multa decernuntur ;
ex quis maxime insignia, ne domos pantomimorum senator
20 introiret, ne egredientis in publicum equites Romani cin-
gerent aut alibi quam in theatro spectarentur, et spectan-
tium immodestiam exilio multandi potestas praetoribus
fieret.

78. Templum ut in colonia Tarraconensi strueretur Au-
25 gusto petentibus Hispanis permissum, datumque in omnis
provincias exemplum. centesimam rerum venalium post
bella civilia institutam deprecante populo edixit Tiberius
militare aerarium eo subsidio niti ; simul imparem oneri rem
publicam, nisi vicesimo militiae anno veterani dimitterentur.
30 ita proximae seditionis male consulta, quibus sedecim
stipendiorum finem expresserant, abolita in posterum.

6 quoque *Lipsius* : quod *M*   8 sed *in marg.* : et *M* : etiam
Pfitzner   21 sectarentur *Wolfflin*   22 exilio *Beroaldus* :
exitio *M*   24 Tarraconensi *Beroaldus* : terra conensi *M*

79. Actum deinde in senatu ab Arruntio et Ateio an ob moderandas Tiberis exundationes verterentur flumina et lacus, per quos augescit ; auditaeque municipiorum et coloniarum legationes, orantibus Florentinis ne Clanis solito alveo demotus in amnem Arnum transferretur idque ipsis 5 perniciem adferret. congruentia his Interamnates disseruere : pessum ituros fecundissimos Italiae campos, si amnis Nar (id enim parabatur) in rivos diductus superstagnavisset. nec Reatini silebant, Velinum lacum, qua in Narem effunditur, obstrui recusantes, quippe in adiacentia 10 erupturum ; optume rebus mortalium consuluisse naturam, quae sua ora fluminibus, suos cursus utque originem, ita finis dederit ; spectandas etiam religiones sociorum, qui sacra et lucos et aras patriis amnibus dicaverint : quin ipsum Tiberim nolle prorsus accolis fluviis orbatum minore 15 gloria fluere. seu preces coloniarum seu difficultas operum sive superstitio valuit, ut in sententiam Pisonis concederetur, qui nil mutandum censuerat.

80. Prorogatur Poppaeo Sabino provincia Moesia, additis Achaia ac Macedonia. id quoque morum Tiberii fuit, 20 continuare imperia ac plerosque ad finem vitae in isdem exercitibus aut iurisdictionibus habere. causae variae traduntur : alii taedio novae curae semel placita pro aeternis servavisse, quidam invidia, ne plures fruerentur ; sunt qui existiment, ut callidum eius ingenium, ita anxium iudicium ; 25 neque enim eminentis virtutes sectabatur, et rursum vitia oderat : ex optimis periculum sibi, a pessimis dedecus publicum metuebat. qua haesitatione postremo eo provectus est ut mandaverit quibusdam provincias, quos egredi urbe non erat passurus. 30

81. De comitiis consularibus, quae tum primum illo prin-

6 Interamnates *Beroaldus* : ante manates *M*   8 diductus *Beroaldus* : deductus *M*   13 sociorum] maiorum *Nipperdey*   17 Cn *add. Nipperdey*   concederetur *Lipsius* : concederet *M*   27 sibi *Victorius* : sibi sibi *M*

cipe ac deinceps fuere, vix quicquam firmare ausim : adeo
diversa non modo apud auctores, sed in ipsius orationibus
reperiuntur. modo subtractis candidatorum nominibus
originem cuiusque et vitam et stipendia descripsit ut qui
5 forent intellegeretur ; aliquando ea quoque significatione sub-
tracta candidatos hortatus ne ambitu comitia turbarent,
suam ad id curam pollicitus est. plerumque eos tantum apud
se professos disseruit, quorum nomina consulibus edidisset ;
posse et alios profiteri, si gratiae aut meritis confiderent :
10 speciosa verbis, re inania aut subdola, quantoque maiore
libertatis imagine tegebantur, tanto eruptura ad infensius
servitium.

LIBER II

1. SISENNA Statilio [Tauro] L. Libone consulibus mota
Orientis regna provinciaeque Romanae, initio apud Parthos
15 orto, qui petitum Roma acceptumque regem, quamvis gentis
Arsacidarum, ut externum aspernabantur. is fuit Vonones,
obses Augusto datus a Phraate. nam Phraates quamquam
depulisset exercitus ducesque Romanos, cuncta venerantium
officia ad Augustum verterat partemque prolis firmandae
20 amicitiae miserat, haud perinde nostri metu quam fidei
popularium diffisus.

2. Post finem Phraatis et sequentium regum ob internas
caedis venere in urbem legati a primoribus Parthis, qui
Vononem vetustissimum liberorum eius accirent. magni-
25 ficum id sibi credidit Caesar auxitque opibus. et accepere
barbari laetantes, ut ferme ad nova imperia. mox subiit
pudor degeneravisse Parthos : petitum alio ex orbe regem,
hostium artibus infectum ; iam inter provincias Romanas
solium Arsacidarum haberi darique. ubi illam gloriam

13 Tauro *secl. Ritter*

47

trucidantium Crassum, exturbantium Antonium, si mancipium Caesaris, tot per annos servitutem perpessum, Parthis
imperitet? accendebat dedignantis et ipse diversus a maiorum institutis, raro venatu, segni equorum cura; quotiens
per urbes incederet, lecticae gestamine fastuque erga patrias 5
epulas. inridebantur et Graeci comites ac vilissima utensilium anulo clausa. sed prompti aditus, obvia comitas,
ignotae Parthis virtutes, nova vitia; et quia ipsorum moribus aliena perinde odium pravis et honestis.

3. Igitur Artabanus Arsacidarum e sanguine apud Dahas 10
adultus excitur, primoque congressu fusus reparat viris re-
gnoque potitur. victo Vononi perfugium Armenia fuit, vacua
tunc interque Parthorum et Romanas opes infida ob scelus
Antonii, qui Artavasden regem Armeniorum specie amicitiae inlectum, dein catenis oneratum, postremo interfe- 15
cerat. eius filius Artaxias, memoria patris nobis infensus,
Arsacidarum vi seque regnumque tutatus est. occiso Artaxia per dolum propinquorum datus a Caesare Armeniis
Tigranes deductusque in regnum a Tiberio Nerone. nec
Tigrani diuturnum imperium fuit neque liberis eius, quam- 20
quam sociatis more externo in matrimonium regnumque.

4. Dein iussu Augusti inpositus Artavasdes et non sine
clade nostra deiectus. tum Gaius Caesar componendae
Armeniae deligitur. is Ariobarzanen, origine Medum, ob
insignem corporis formam et praeclarum animum volentibus 25
Armeniis praefecit. Ariobarzane morte fortuita absumpto
stirpem eius haud toleravere; temptatoque feminae imperio,
cui nomen Erato, eaque brevi pulsa, incerti solutique et
magis sine domino quam in libertate profugum Vononen
in regnum accipiunt. sed ubi minitari Artabanus et parum 30
subsidii in Armeniis, vel, si nostra vi defenderetur, bellum
adversus Parthos sumendum erat, rector Syriae Creticus

3 moribus *Muretus* : maioribus *M*

Silanus excitum custodia circumdat, manente luxu et regio nomine. quod ludibrium ut effugere agitaverit Vonones in loco reddemus.

5. Ceterum Tiberio haud ingratum accidit turbari res
5 Orientis, ut ea specie Germanicum suetis legionibus abstraheret novisque provinciis impositum dolo simul et casibus obiectaret. at ille, quanto acriora in eum studia militum et aversa patrui voluntas, celerandae victoriae intentior, tractare proeliorum vias et quae sibi tertium iam annum
10 belligeranti saeva vel prospera evenissent. fundi Germanos acie et iustis locis, iuvari silvis, paludibus, brevi aestate et praematura hieme; suum militem haud perinde vulneribus quam spatiis itinerum, damno armorum adfici; fessas Gallias ministrandis equis; longum impedimentorum agmen
15 opportunum ad insidias, defensantibus iniquum. at si mare intretur, promptam ipsis possessionem et hostibus ignotam, simul bellum maturius incipi legionesque et commeatus pariter vehi; integrum equitem equosque per ora et alveos fluminum media in Germania fore.

20 **6.** Igitur huc intendit, missis ad census Galliarum P. Vitellio et C. Antio. Silius et Anteius et Caecina fabricandae classi praeponuntur. mille naves sufficere visae properataeque, aliae breves, angusta puppi proraque et lato utero, quo facilius fluctus tolerarent; quaedam planae
25 carinis, ut sine noxa siderent; plures adpositis utrimque gubernaculis, converso ut repente remigio hinc vel illinc adpellerent; multae pontibus stratae, super quas tormenta veherentur, simul aptae ferendis equis aut commeatui; velis habiles, citae remis augebantur alacritate militum in speciem
30 ac terrorem. insula Batavorum in quam convenirent praedicta, ob facilis adpulsus accipiendisque copiis et transmit-

---

15 oportunum *M et sic plerumque*   21 C. Antio *Ursinus* : cantio
M   A. (*vel* T.) Anteius *Ritter* : et Anteius *secl. Urlichs*   27
quos *Ernesti*

tendum ad bellum opportuna. nam Rhenus uno alveo
continuus aut modicas insulas circumveniens apud principium agri Batavi velut in duos amnis dividitur, servatque
nomen et violentiam cursus, qua Germaniam praevehitur,
donec Oceano misceatur : ad Gallicam ripam latior et pla- 5
cidior adfluens (verso cognomento Vahalem accolae dicunt),
mox id quoque vocabulum mutat Mosa flumine eiusque
inmenso ore eundem in Oceanum effunditur.

7. Sed Caesar, dum adiguntur naves, Silium legatum
cum expedita manu inruptionem in Chattos facere iubet : 10
ipse audito castellum Lupiae flumini adpositum obsideri,
sex legiones eo duxit. neque Silio ob subitos imbris aliud
actum quam ut modicam praedam et Arpi principis Chattorum coniugem filiamque raperet, neque Caesari copiam
pugnae opsessores fecere, ad famam adventus eius dilapsi : 15
tumulum tamen nuper Varianis legionibus structum et
veterem aram Druso sitam disiecerant. restituit aram ho-
norique patris princeps ipse cum legionibus decucurrit ;
tumulum iterare haud visum. et cuncta inter castellum
Alisonem ac Rhenum novis limitibus aggeribusque per- 20
munita.

8. Iamque classis advenerat, cum praemisso commeatu
et distributis in legiones ac socios navibus fossam, cui
Drusianae nomen, ingressus precatusque Drusum patrem
ut se eadem ausum libens placatusque exemplo ac memoria 25
consiliorum atque operum iuvaret, lacus inde et Oceanum
usque ad Amisiam flumen secunda navigatione pervehitur.
classis Amisiae *ore* relicta laevo amne, erratumque in eo
quod non subvexit *aut* transposuit militem dextras in
terras iturum ; ita plures dies efficiendis pontibus absumpti. 30
et eques quidem ac legiones prima aestuaria, nondum ad-
crescente unda, intrepidi transiere : postremum auxiliorum

10 Chatos *M* (c. xxv. 3 Chattos, c. xli. 7 cattis)   28 Amisiae
sed. Nipperdey   ore *add. M. Seyffert*   29 subvexit *secl. Nipperdey*
aut *add. Wurm*   transposuit *secl. Ernesti*

ANNALIVM LIBER II

agmen Batavique in parte ea, dum insultant aquis artemque nandi ostentant, turbati et quidam hausti sunt. metanti castra Caesari Angrivariorum defectio a tergo nuntiatur : missus ilico Stertinius cum equite et armatura levi igne et
5 caedibus perfidiam ultus est.

9. Flumen Visurgis Romanos Cheruscosque interfluebat. eius in ripa cum ceteris primoribus Arminius adstitit, quaesitoque an Caesar venisset, postquam adesse responsum est, ut liceret cum fratre conloqui oravit. erat is in exercitu
10 cognomento Flavus, insignis fide et amisso per vulnus oculo paucis ante annis duce Tiberio. tum permissu * * progressusque salutatur ab Arminio ; qui amotis stipatoribus, ut sagittarii nostra pro ripa dispositi abscederent postulat, et postquam digressi, unde ea deformitas oris interrogat fra-
15 trem. illo locum et proelium referente, quodnam praemium recepisset exquirit. Flavus aucta stipendia, torquem et coronam aliaque militaria dona memorat, inridente Arminio vilia servitii pretia.

10. Exim diversi ordiuntur, hic magnitudinem Romanam,
20 opes Caesaris et victis gravis poenas, in deditionem venienti paratam clementiam ; neque coniugem et filium eius hostiliter haberi : ille fas patriae, libertatem avitam, penetralis Germaniae deos, matrem precum sociam ; ne propinquorum et adfinium, denique gentis suae desertor et proditor quam
25 imperator esse mallet. paulatim inde ad iurgia prolapsi quo minus pugnam consererent ne flumine quidem interiecto cohibebantur, ni Stertinius adcurrens plenum irae armaque et equum poscentem Flavum attinuisset. cernebatur contra minitabundus Arminius proeliumque denuntians ; nam
30 pleraque Latino sermone interiaciebat, ut qui Romanis in castris ductor popularium meruisset.

3 angrivoriorum *M* : Ampsivariorum *Giefers*   11 *Nipperdey signum lacunae posuit* : permissum *Beroaldus* : permisso praesidio *Müller*

51

11. Postero die Germanorum acies trans Visurgim stetit.
Caesar nisi pontibus praesidiisque inpositis dare in discrimen legiones haud imperatorium ratus, equitem vado tramittit.   praefuere Stertinius et e numero primipilarium
Aemilius, distantibus locis invecti, ut hostem diducerent. 5
qua celerrimus amnis, Chariovalda dux Batavorum erupit.
eum Cherusci fugam simulantes in planitiem saltibus cir-
cumiectam traxere : dein coorti et undique effusi trudunt
adversos, instant cedentibus collectosque in orbem pars
congressi, quidam eminus proturbant.   Chariovalda diu 10
sustentata hostium saevitia, hortatus suos ut ingruentis catervas globo perfringerent, atque ipse densissimos inrumpens,
congestis telis et suffosso equo labitur, ac multi nobilium
circa : ceteros vis sua aut equites cum Stertinio Aemilioque
subvenientes periculo exemere.   15

12. Caesar transgressus Visurgim indicio perfugae cognoscit delectum ab Arminio locum pugnae ; convenisse et
alias nationes in silvam Herculi sacram ausurosque noctur-
nam castrorum oppugnationem.   habita indici fides et cernebantur ignes, suggressique propius speculatores audiri 20
fremitum equorum inmensique et inconditi agminis murmur
attulere.   igitur propinquo summae rei discrimine exploran-
dos militum animos ratus, quonam id modo incorruptum
foret secum agitabat.   tribunos et centuriones laeta saepius
quam comperta nuntiare, libertorum servilia ingenia, amicis 25
inesse adulationem ; si contio vocetur, illic quoque quae
pauci incipiant reliquos adstrepere.   penitus noscendas
mentes, cum secreti et incustoditi inter militaris cibos spem
aut metum proferrent.

13. Nocte coepta egressus augurali per occulta et vigili- 30
bus ignara, comite uno, contectus umeros ferina pelle, adit

---

5 diducerent *Rhenanus* : deducerent *M*   12 perfringerent
Bezzenberger : fringerent *M* : frangerent *Lipsius*   ipse *Weissenborn* :
ipsis *M* : ipse in *Beroaldus*

castrorum vias, adsistit tabernaculis fruiturque fama sui,
cum hic nobilitatem ducis, decorem alius, plurimi patientiam, comitatem, per seria per iocos eundem animum
laudibus ferrent reddendamque gratiam in acie faterentur,
5 simul perfidos et ruptores pacis ultioni et gloriae mactandos.
inter quae unus hostium, Latinae linguae sciens, acto ad
vallum equo voce magna coniuges et agros et stipendii in
dies, donec bellaretur, sestertios centenos, si quis transfu-
gisset, Arminii nomine pollicetur. intendit ea contumelia
10 legionum iras : veniret dies, daretur pugna ; sumpturum
militem Germanorum agros, tracturum coniuges ; accipere
omen et matrimonia ac pecunias hostium praedae destinare. tertia ferme vigilia adsultatum est castris sine con-
iectu teli, postquam crebras pro munimentis cohortes et
15 nihil remissum sensere.

14. Nox eadem laetam Germanico quietem tulit, viditque
se operatum et sanguine sacri respersa praetexta pulchriorem
aliam manibus aviae Augustae accepisse. auctus omine,
addicentibus auspiciis, vocat contionem et quae sapientia
20 provisa aptaque inminenti pugnae disserit. non campos
modo militi Romano ad proelium bonos, sed si ratio adsit,
silvas et saltus ; nec enim inmensa barbarorum scuta,
enormis hastas inter truncos arborum et enata humo virgulta
perinde haberi quam pila et gladios et haerentia corpori
25 tegmina. denserent ictus, ora mucronibus quaererent : non
loricam Germano, non galeam, ne scuta quidem ferro ner-
vove firmata, sed viminum textus vel tenuis et fucatas colore
tabulas ; primam utcumque aciem hastatam, ceteris praeusta
aut brevia tela. iam corpus ut visu torvum et ad brevem im-
30 petum validum, sic nulla vulnerum patientia : sine pudore
flagitii, sine cura ducum abire, fugere, pavidos adversis,
inter secunda non divini, non humani iuris memores. si tae-

3 eundem in animum *Nipperdey*   17 sacro *Beroaldus*   20
provisa *Io. Fr. Gronovius* : praevisa *M*

dio viarum ac maris finem cupiant, hac acie parari : propiorem iam Albim quam Rhenum neque bellum ultra, modo se patris patruique vestigia prementem isdem in terris victorem sisterent.

15. Orationem ducis secutus militum ardor, signumque 5 pugnae datum. nec Arminius aut ceteri Germanorum proceres omittebant suos quisque testari, hos esse Romanos Variani exercitus fugacissimos qui ne bellum tolerarent, seditionem induerint ; quorum pars onusta vulneribus terga, pars fluctibus et procellis fractos artus infensis rursum ho- 10 stibus, adversis dis obiciant, nulla boni spe. classem quippe et avia Oceani quaesita ne quis venientibus occurreret, ne pulsos premeret : sed ubi miscuerint manus, inane victis ventorum remorumve subsidium. meminissent modo avaritiae, crudelitatis, superbiae : aliud sibi reliquum quam tenere 15 libertatem aut mori ante servitium ?

16. Sic accensos et proelium poscentis in campum, cui Idistaviso nomen, deducunt. is medius inter Visurgim et collis, ut ripae fluminis cedunt aut prominentia montium resistunt, inaequaliter sinuatur. pone tergum insurgebat 20 silva, editis in altum ramis et pura humo inter arborum truncos. campum et prima silvarum barbara acies tenuit : soli Cherusci iuga insedere ut proeliantibus Romanis desuper incurrerent. noster exercitus sic incessit : auxiliares Galli Germanique in fronte, post quos pedites sagittarii ; 25 dein quattuor legiones et cum duabus praetoriis cohortibus ac delecto equite Caesar ; exim totidem aliae legiones et levis armatura cum equite sagittario ceteraeque sociorum cohortes. intentus paratusque miles ut ordo agminis in aciem adsisteret. 30

17. Visis Cheruscorum catervis, quae per ferociam proruperant, validissimos equitum incurrere latus, Stertinium

9 terga *Muretus* : tergū *M*   18 idista viso *M* : Idisiaviso *Iac.* Grimm

cum ceteris turmis circumgredi tergaque invadere iubet, ipse
in tempore adfuturus. interea pulcherrimum augurium, octo
aquilae petere silvas et intrare visae imperatorem advertere.
exclamat irent, sequerentur Romanas avis, propria legionum
5 numina. simul pedestris acies infertur et praemissus eques
postremos ac latera impulit. mirumque dictu, duo hostium
agmina diversa fuga, qui silvam tenuerant, in aperta, qui
campis adstiterant, in silvam ruebant. medii inter hos Cherusci collibus detrudebantur, inter quos insignis Arminius
10 manu voce vulnere sustentabat pugnam. incubueratque
sagittariis, illa rupturus, ni Raetorum Vindelicorumque et
Gallicae cohortes signa obiecissent. nisu tamen corporis et
impetu equi pervasit, oblitus faciem suo cruore ne nosce-
retur. quidam adgnitum a Chaucis inter auxilia Romana
15 agentibus emissumque tradiderunt. virtus seu fraus eadem
Inguiomero effugium dedit: ceteri passim trucidati. et
plerosque tranare Visurgim conantis iniecta tela aut vis fluminis, postremo moles ruentium et incidentes ripae operuere.
quidam turpi fuga in summa arborum nisi ramisque se
20 occultantes admotis sagittariis per ludibrium figebantur,
alios prorutae arbores adflixere.

18. Magna ea victoria neque cruenta nobis fuit. quinta
ab hora diei ad noctem caesi hostes decem milia passuum
cadaveribus atque armis opplevere, repertis inter spolia
25 eorum catenis quas in Romanos ut non dubio eventu
portaverant. miles in loco proelii Tiberium imperatorem
salutavit struxitque aggerem et in modum tropaeorum
arma subscriptis victarum gentium nominibus imposuit.

19. Haut perinde Germanos vulnera, luctus, excidia
30 quam ea species dolore et ira adfecit. qui modo abire
sedibus, trans Albim concedere parabant, pugnam volunt,
arma rapiunt; plebes primores, iuventus senes agmen

1 tergaque *Lipsius*: tergave *M*   8 in campis *Nipperdey*

Romanum repente incursant, turbant. postremo deligunt
locum flumine et silvis clausum, arta intus planitie et umida:
silvas quoque profunda palus ambibat nisi quod latus unum
Angrivarii lato aggere extulerant quo a Cheruscis dirime-
rentur. hic pedes adstitit : equitem propinquis lucis texere 5
ut ingressis silvam legionibus a tergo foret.

20. Nihil ex his Caesari incognitum : consilia locos,
prompta occulta noverat astusque hostium in perniciem ipsis
vertebat. Seio Tuberoni legato tradit equitem campumque ; peditum aciem ita instruxit ut pars aequo in silvam 10
aditu incederet, pars obiectum aggerem eniteretur ; quod
arduum sibi, cetera legatis permisit. quibus plana evenerant, facile inrupere : quis inpugnandus agger, ut si murum
succederent, gravibus superne ictibus conflictabantur. sensit
dux inparem comminus pugnam remotisque paulum legio- 15
nibus funditores libritoresque excutere tela et proturbare
hostem iubet. missae e tormentis hastae, quantoque conspicui magis propugnatores, tanto pluribus vulneribus de-
iecti. primus Caesar cum praetoriis cohortibus capto vallo
dedit impetum in silvas ; conlato illic gradu certatum. 20
hostem a tergo palus, Romanos flumen aut montes claude-
bant : utrisque necessitas in loco, spes in virtute, salus ex
victoria.

21. Nec minor Germanis animus, sed genere pugnae et
armorum superabantur, cum ingens multitudo artis locis 25
praelongas hastas non protenderet, non colligeret, neque
adsultibus et velocitate corporum uteretur, coacta stabile ad
proelium ; contra miles, cui scutum pectori adpressum et
insidens capulo manus, latos barbarorum artus, nuda ora
foderet viamque strage hostium aperiret, inprompto iam 30
Arminio ob continua pericula, sive illum recens acceptum
vulnus tardaverat. quin et Inguiomerum, tota volitantem

acie, fortuna magis quam virtus deserebat. et Germanicus
quo magis adgnosceretur detraxerat tegimen capiti ora-
batque insisterent caedibus : nil opus captivis, solam inter-
nicionem gentis finem bello fore. iamque sero diei subducit
5 ex acie legionem faciendis castris : ceterae ad noctem cruore
hostium satiatae sunt. equites ambigue certavere.

22. Laudatis pro contione victoribus Caesar congeriem
armorum struxit, superbo cum titulo : debellatis inter Rhenum Albimque nationibus exercitum Tiberii Caesaris ea
10 monimenta Marti et Iovi et Augusto sacravisse. de se nihil
addidit, metu invidiae an ratus conscientiam facti satis esse.
mox bellum in Angrivarios Stertinio mandat, ni deditionem
properavissent. atque illi supplices nihil abnuendo veniam
omnium accepere.

15 **23.** Sed aestate iam adulta legionum aliae itinere terrestri in hibernacula remissae ; pluris Caesar classi inpositas per flumen Amisiam Oceano invexit. ac primo pla-
cidum aequor mille navium remis strepere aut velis inpelli :
mox atro nubium globo effusa grando, simul variis undique
20 procellis incerti fluctus prospectum adimere, regimen inpe-
dire ; milesque pavidus et casuum maris ignarus dum turbat
nautas vel intempestive iuvat, officia prudentium corrum-
pebat. omne dehinc caelum et mare omne in austrum
cessit, qui tumidis Germaniae terris, profundis amnibus,
25 immenso nubium tractu validus et rigore vicini septentrionis
horridior rapuit disiecitque navis in aperta Oceani aut
insulas saxis abruptis vel per occulta vada infestas. quibus
paulum aegreque vitatis, postquam mutabat aestus eodemque quo ventus ferebat, non adhaerere ancoris, non ex-
30 haurire inrumpentis undas poterant : equi, iumenta, sarcinae,
etiam arma praecipitantur quo levarentur alvei manantes
per latera et fluctu superurgente.

10 monimenta *Lipsius* : munimenta *M*   11 facti *Aldus* :
factis *M*   12 agrivarios *M* : Ampsivarios *Giefers*   24 umidis
Rhenanus

57   C

CORNELII TACITI

24. Quanto violentior cetero mari Oceanus et truculentia
caeli praestat Germania, tantum illa clades novitate et
magnitudine excessit, hostilibus circum litoribus aut ita
vasto et profundo ut credatur novissimum ac sine terris mare.
pars navium haustae sunt, plures apud insulas longius sitas 5
eiectae; milesque nullo illic hominum cultu fame absumptus, nisi quos corpora equorum eodem elisa tolerave-
rant. sola Germanici triremis Chaucorum terram adpulit;
quem per omnis illos dies noctesque apud scopulos et pro-
minentis oras, cum se tanti exitii reum clamitaret, vix cohi- 10
buere amici quo minus eodem mari oppeteret. tandem
relabente aestu et secundante vento claudae naves raro
remigio aut intentis vestibus, et quaedam a validioribus
tractae, revertere; quas raptim refectas misit ut scrutarentur insulas. collecti ea cura plerique : multos Angrivarii 15
nuper in fidem accepti redemptos ab interioribus reddidere;
quidam in Britanniam rapti et remissi a regulis. ut quis
ex longinquo revenerat, miracula narrabant, vim turbinum
et inauditas volucris, monstra maris, ambiguas hominum et
beluarum formas, visa sive ex metu credita. 20

25. Sed fama classis amissae ut Germanos ad spem belli,
ita Caesarem ad coercendum erexit. C. Silio cum triginta
peditum, tribus equitum milibus ire in Chattos imperat;
ipse maioribus copiis Marsos inrumpit, quorum dux Mallo-
vendus nuper in deditionem acceptus propinquo luco 25
defossam Varianae legionis aquilam modico praesidio ser-
vari indicat. missa extemplo manus quae hostem a fronte
eliceret, alii qui terga circumgressi recluderent humum; et
utrisque adfuit fortuna. eo promptior Caesar pergit introrsus, populatur, excindit non ausum congredi hostem aut, 30
sicubi restiterat, statim pulsum nec umquam magis, ut ex
captivis cognitum est, paventem. quippe invictos et nullis

4 vasto profundo *Fr. Haase*   mari *Io. Fr. Gronovius*   15
Ampsivarii *Nipperdey*   25 luco *Lipsius* : loco *M*

58

casibus superabilis Romanos praedicabant, qui perdita
classe, amissis armis, post constrata equorum virorumque
corporibus litora eadem virtute, pari ferocia et velut aucti
numero inrupissent.

5 **26.** Reductus inde in hiberna miles, laetus animi quod
adversa maris expeditione prospera pensavisset. addidit
munificentiam Caesar, quantum quis damni professus erat
exsolvendo. nec dubium habebatur labare hostis peten-
daeque pacis consilia sumere, et si proxima aestas adice-
10 retur, posse bellum patrari. sed crebris epistulis Tiberius
monebat rediret ad decretum triumphum : satis iam even-
tuum, satis casuum. prospera illi et magna proelia : eorum
quoque meminisset, quae venti et fluctus, nulla ducis culpa,
gravia tamen et saeva damna intulissent. se novies a divo
15 Augusto in Germaniam missum plura consilio quam vi per-
fecisse. sic Sugambros in deditionem acceptos, sic Suebos
regemque Maroboduum pace obstrictum. posse et Cheruscos ceterasque rebellium gentis, quoniam Romanae ultioni
consultum esset, internis discordiis relinqui. precante Ger-
20 manico annum efficiendis coeptis, acrius modestiam eius
adgreditur alterum consulatum offerendo cuius munia
praesens obiret. simul adnectebat, si foret adhuc bellan-
dum, relinqueret materiem Drusi fratris gloriae, qui nullo
tum alio hoste non nisi apud Germanias adsequi nomen
25 imperatorium et deportare lauream posset. haud cunctatus
est ultra Germanicus, quamquam fingi ea seque per invidiam parto iam decori abstrahi intellegeret.

27. Sub idem tempus e familia Scriboniorum Libo
Drusus defertur moliri res novas. eius negotii initium,
30 ordinem, finem curatius disseram, quia tum primum reperta
sunt quae per tot annos rem publicam exedere. Firmius
Catus senator, ex intima Libonis amicitia, iuvenem inprovi-

5 hiona *M*   19 esset *Muretus* : est *M*

59

dum et facilem inanibus ad Chaldaeorum promissa,
magorum sacra, somniorum etiam interpretes impulit, dum
proavum Pompeium, amitam Scriboniam, quae quondam
Augusti coniunx fuerat, consobrinos Caesares, plenam
imaginibus domum ostentat, hortaturque ad luxum et aes 5
alienum, socius libidinum et necessitatum, quo pluribus
indiciis inligaret.

28. Vt satis testium et qui servi eadem noscerent repperit, aditum ad principem postulat, demonstrato crimine
et reo per Flaccum Vescularium equitem Romanum, cui 10
propior cum Tiberio usus erat. Caesar indicium haud a-
spernatus congressus abnuit : posse enim eodem Flacco
internuntio sermones commeare. atque interim Libonem
ornat praetura, convictibus adhibet, non vultu alienatus,
non verbis commotior (adeo iram condiderat); cunctaque 15
eius dicta factaque, cum prohibere posset, scire malebat,
donec Iunius quidam, temptatus ut infernas umbras carminibus eliceret, ad Fulcinium Trionem indicium detulit.
celebre inter accusatores Trionis ingenium erat avidumque
famae malae. statim corripit reum, adit consules, cognitio- 20
nem senatus poscit. et vocantur patres, addito consultandum
super re magna et atroci.

29. Libo interim veste mutata cum primoribus feminis
circumire domos, orare adfinis, vocem adversum pericula
poscere, abnuentibus cunctis, cum diversa praetenderent, 25
eadem formidine. die senatus metu et aegritudine fessus,
sive, ut tradidere quidam, simulato morbo, lectica delatus
ad foris curiae innisusque fratri et manus ac supplices
voces ad Tiberium tendens immoto eius vultu excipitur.
mox libellos et auctores recitat Caesar ita moderans ne 30
lenire neve asperare crimina videretur.

4 consobrinos Caesares *Rhenanus* : consobrinus Caesaris *M*   13
sermones *Rhenanus* : sermone *M* : sermonem *Ritter*   31 asperari *M*

ANNALIVM LIBER II

30. Accesserant praeter Trionem et Catum accusatores
Fonteius Agrippa et C. Vibius, certabantque cui ius per-
orandi in reum daretur, donec Vibius, quia nec ipsi inter
se concederent et Libo sine patrono introisset, singillatim
5 se crimina obiecturum professus, protulit libellos vaecordes
adeo ut consultaverit Libo an habiturus foret opes quis
viam Appiam Brundisium usque pecunia operiret. inerant
et alia huiusce modi stolida vana, si mollius acciperes,
miseranda. uni tamen libello manu Libonis nominibus
10 Caesarum aut senatorum additas atrocis vel occultas notas
accusator arguebat. negante reo adgnoscentis servos per
tormenta interrogari placuit. et quia vetere senatus consulto quaestio in caput domini prohibebatur, callidus et
novi iuris repertor Tiberius mancipari singulos actori pu-
15 blico iubet, scilicet ut in Libonem ex servis salvo senatus
consulto quaereretur. ob quae posterum diem reus petivit
domumque digressus extremas preces P. Quirinio propinquo
suo ad principem mandavit.

31. Responsum est ut senatum rogaret. cingebatur
20 interim milite domus, strepebant etiam in vestibulo ut
audiri, ut aspici possent, cum Libo ipsis quas in novissimam voluptatem adhibuerat epulis excruciatus vocare
percussorem, prensare servorum dextras, inserere gladium.
atque illis, dum trepidant, dum refugiunt, evertentibus
25 adpositum *cum* mensa lumen, feralibus iam sibi tenebris
duos ictus in viscera derexit. ad gemitum conlabentis
adcurrere liberti, et caede visa miles abstitit. accusatio
tamen apud patres adseveratione eadem peracta, iuravitque
Tiberius petiturum se vitam quamvis nocenti, nisi volun-
30 tariam mortem properavisset.

2, 3 Vibius *Gruterus* : Livius *M*   9 uno *Kritz*   11 interrogari *Lipsius*: interrogare *M*   21 possent *Rhenanus* :
possint *M*   25 cum *add. Ritter* : in *add. Groslotius*   27 abstitit *Lipsius* : adstitit *M*

61

32. Bona inter accusatores dividuntur, et praeturae extra
ordinem datae iis qui senatorii ordinis erant. tunc Cotta
Messalinus, ne imago Libonis exequias posterorum comitaretur, censuit, Cn. Lentulus, ne quis Scribonius cognomentum Drusi adsumeret. supplicationum dies Pomponii 5
Flacci sententia constituti, dona Iovi, Marti, Concordiae,
utque iduum Septembrium dies, quo se Libo interfecerat,
dies festus haberetur, L. *Piso* et Gallus Asinius et Papius
Mutilus et L. Apronius decrevere ; quorum auctoritates
adulationesque rettuli ut sciretur vetus id in re publica 10
malum. facta et de mathematicis magisque Italia pellendis
senatus consulta ; quorum e numero L. Pituanius saxo
deiectus est, in P. Marcium consules extra portam Es-
quilinam, cum classicum canere iussissent, more prisco
advertere.   15

33. Proximo senatus die multa in luxum civitatis dicta
a Q. Haterio consulari, Octavio Frontone praetura functo ;
decretumque ne vasa auro solida ministrandis cibis fierent,
ne vestis serica viros foedaret. excessit Fronto ac postulavit modum argento, supellectili, familiae : erat quippe adhuc 20
frequens senatoribus, si quid e re publica crederent, loco
sententiae promere. contra Gallus Asinius disseruit : auctu
imperii adolevisse etiam privatas opes, idque non novum,
sed e vetustissimis moribus : aliam apud Fabricios, aliam
apud Scipiones pecuniam ; et cuncta ad rem publicam 25
referri, qua tenui angustas civium domos, postquam eo
magnificentiae venerit, gliscere singulos. neque in familia
et argento quaeque ad usum parentur nimium aliquid aut
modicum nisi ex fortuna possidentis. distinctos senatus et
equitum census, non quia diversi natura, sed ut locis ordi- 30

2 iis *Bekker* : his *M*   6 constituti *Freinsheim* : constituti ut *M*
8 Piso *Io. Fr. Gronovius* : P. *M*   19 serica *Rhenanus* : sirica *M*
20 erat . . . promere *secl. Nipperdey*   27 manificentiae *M*   30
ut sicut locis *Urlichs* : ut, qui locis . . . antistent et aliis *Nipperdey* :
ut sicut locis . . . antistent, antistent ita iis *Owen*

nibus dignationibus antistent, ita iis quae ad requiem animi
aut salubritatem corporum parentur, nisi forte clarissimo
cuique pluris curas, maiora pericula subeunda, delenimentis
curarum et periculorum carendum esse. facilem adsensum
5 Gallo sub nominibus honestis confessio vitiorum et simili-
tudo audientium dedit. adiecerat et Tiberius non id tempus
censurae nec, si quid in moribus labaret, defuturum corri-
gendi auctorem.

   34. Inter quae L. Piso ambitum fori, corrupta iudicia,
10 saevitiam oratorum accusationes minitantium increpans,
abire se et cedere urbe, victurum in aliquo abdito et longinquo rure testabatur ; simul curiam relinquebat. commotus est Tiberius, et quamquam mitibus verbis Pisonem
permulsisset, propinquos quoque eius impulit ut abeuntem
15 auctoritate vel precibus tenerent. haud minus liberi doloris
documentum idem Piso mox dedit vocata in ius Vrgulania,
quam supra leges amicitia Augustae extulerat. nec aut
Vrgulania optemperavit, in domum Caesaris spreto Pisone
vecta, aut ille abscessit, quamquam Augusta se violari et
20 imminui quereretur. Tiberius hactenus indulgere matri
civile ratus, ut se iturum ad praetoris tribunal, adfuturum
Vrgulaniae diceret, processit Palatio, procul sequi iussis
militibus. spectabatur occursante populo compositus ore
et sermonibus variis tempus atque iter ducens, donec pro-
25 pinquis Pisonem frustra coercentibus deferri Augusta pecuniam quae petebatur iuberet. isque finis rei, ex qua neque
Piso inglorius et Caesar maiore fama fuit. ceterum Vrgulaniae potentia adeo nimia civitati erat ut testis in causa
quadam, quae apud senatum tractabatur, venire dedignare-
30 tur : missus est praetor qui domi interrogaret, cum virgines
Vestales in foro et iudicio audiri, quotiens testimonium
dicerent, vetus mos fuerit.

   1 ita iis *Ruperti* : Talis *M* : et aliis *Grotius*   19 ille *Beroaldus* :
illi *M*   abscessit *Iac. Gronovius* : abscissit *M* : absistit *Beroaldus*

35. Res eo anno prolatas haud referrem, ni pretium foret
Cn. Pisonis et Asinii Galli super eo negotio diversas sententias noscere. Piso, quamquam afuturum se dixerat
Caesar, ob id magis agendas censebat, ut absente principe
senatum et equites posse sua munia sustinere decorum rei 5
publicae foret. Gallus, quia speciem libertatis Piso prae-
ceperat, nihil satis inlustre aut ex dignitate populi Romani
nisi coram et sub oculis Caesaris, eoque conventum Italiae
et adfluentis provincias praesentiae eius servanda dicebat.
audiente haec Tiberio ac silente magnis utrimque conten- 10
tionibus acta, sed res dilatae.

36. Et certamen Gallo adversus Caesarem exortum est.
nam censuit in quinquennium magistratuum comitia habenda,
utque legionum legati, qui ante praeturam ea militia fungebantur, iam tum praetores destinarentur, princeps duodecim 15
candidatos in annos singulos nominaret. haud dubium
erat eam sententiam altius penetrare et arcana imperii
temptari. Tiberius tamen, quasi augeretur potestas eius,
disseruit : grave moderationi suae tot eligere, tot differre.
vix per singulos annos offensiones vitari, quamvis repulsam 20
propinqua spes soletur : quantum odii fore ab iis qui ultra
quinquennium proiciantur? unde prospici posse quae cuique tam longo temporis spatio mens, domus, fortuna ?
superbire homines etiam annua designatione : quid si honorem per quinquennium agitent ? quinquiplicari prorsus 25
magistratus, subverti leges, quae sua spatia exercendae
candidatorum industriae quaerendisque aut potiundis honoribus statuerint. favorabili in speciem oratione vim imperii
tenuit.

37. Censusque quorundam senatorum iuvit. quo magis 30
mirum fuit quod preces Marci Hortali, ncbilis iuvenis, in

---

4 et . . . fore *Iac. Gronovius*   8 Iꞁaliae et *Beroaldus* : Italia et
ei *M*   18 augeretur *Rhenanus* : auretur *M*   24 honorem
Lipsius : honorum *M*   30 quo *Rhenanus* : quod *M*

paupertate manifesta superbius accepisset. nepos erat oratoris Hortensii, inlectus a divo Augusto liberalitate decies
sestertii ducere uxorem, suscipere liberos, ne clarissima
familia extingueretur. igitur quattuor filiis ante limen
5 curiae adstantibus, loco sententiae, cum in Palatio senatus
haberetur, modo Hortensii inter oratores sitam imaginem
modo Augusti intuens, ad hunc modum coepit : 'patres
conscripti, hos, quorum numerum et pueritiam videtis, non
sponte sustuli sed quia princeps monebat ; simul maiores
10 mei meruerant ut posteros haberent. nam ego, qui non
pecuniam, non studia populi neque eloquentiam, gentile
domus nostrae bonum, varietate temporum accipere vel
parare potuissem, satis habebam, si tenues res meae nec
mihi pudori nec cuiquam oneri forent. iussus ab impera-
15 tore uxorem duxi. en stirps et progenies tot consulum, tot
dictatorum. nec ad invidiam ista sed conciliandae misericordiae refero. adsequentur florente te, Caesar, quos dederis
honores : interim Q. Hortensii pronepotes, divi Augusti
alumnos ab inopia defende.'

20 **38.** Inclinatio senatus incitamentum Tiberio fuit quo
promptius adversaretur, his ferme verbis usus : 'si quantum
pauperum est venire huc et liberis suis petere pecunias
coeperint, singuli numquam exsatiabuntur, res publica de-
ficiet. nec sane ideo a maioribus concessum est egredi
25 aliquando relationem et quod in commune conducat loco
sententiae proferre, ut privata negotia et res familiaris nostras
hic augeamus, cum invidia senatus et principum, sive in-
dulserint largitionem sive abnuerint. non enim preces sunt
istud, sed efflagitatio, intempestiva quidem et inprovisa,
30 cum aliis de rebus convenerint patres, consurgere et numero
atque aetate liberum suorum urgere modestiam senatus,

---

18 interim Q. Hortensii *Beroaldus* : interimq; hortensq; *M*   28
abnuerunt *M posteriore* u *in rasura*   29 istut *M* : istuc *Beroaldus*

eandem vim in me transmittere ac velut perfringere aerarium, quod si ambitione exhauserimus, per scelera supplendum erit. dedit tibi, Hortale, divus Augustus pecuniam,
sed non conpellatus nec ea lege ut semper daretur. lan-
guescet alioqui industria, intendetur socordia, si nullus ex se 5
metus aut spes, et securi omnes aliena subsidia expecta-
bunt, sibi ignavi, nobis graves.' haec atque talia, quamquam cum adsensu audita ab iis quibus omnia principum,
honesta atque inhonesta, laudare mos est, plures per silentium aut occultum murmur excepere. sensitque Tiberius; 10
et cum paulum reticuisset, Hortalo se respondisse ait: ceterum si patribus videretur, daturum liberis eius ducena sestertia singulis, qui sexus virilis essent. egere alii grates:
siluit Hortalus, pavore an avitae nobilitatis etiam inter
angustias fortunae retinens. neque miseratus est posthac 15
Tiberius, quamvis domus Hortensii pudendam ad inopiam
delaberetur.

39. Eodem anno mancipii unius audacia, ni mature subventum foret, discordiis armisque civilibus rem publicam
perculisset. Postumi Agrippae servus, nomine Clemens, 20
comperto fine Augusti pergere in insulam Planasiam et
fraude aut vi raptum Agrippam ferre ad exercitus Germanicos non servili animo concepit. ausa eius inpedivit tardi-
tas onerariae navis: atque interim patrata caede ad maiora
et magis praecipitia conversus furatur cineres vectusque 25
Cosam Etruriae promunturium ignotis locis sese abdit,
donec crinem barbamque promitteret: nam aetate et forma
haud dissimili in dominum erat. tum per idoneos et secreti
eius socios crebrescit vivere Agrippam, occultis primum
sermonibus, ut vetita solent, mox vago rumore apud in- 30
peritissimi cuiusque promptas auris aut rursum apud tur-

---

1 transmittere *in margine* : transmerei *M*   17 delaberetur
Ernesti : dilabaretur *M*   24 patrata *Rhenanus* : parata *M*   26
Cosam *Lipsius* : coram *M*

bidos eoque nova cupientis. atque ipse adire municipia
obscuro diei, neque propalam aspici neque diutius isdem
locis, sed quia veritas visu et mora, falsa festinatione et
incertis valescunt, relinquebat famam aut praeveniebat.

5 **40.** Vulgabatur interim per Italiam servatum munere
deum Agrippam, credebatur Romae ; iamque Ostiam in-
vectum multitudo ingens, iam in urbe clandestini coetus
celebrabant, cum Tiberium anceps cura distrahere, vine
militum servum suum coerceret an inanem credulitatem
10 tempore ipso vanescere sineret : modo nihil spernendum,
modo non omnia metuenda ambiguus pudoris ac metus
reputabat. postremo dat negotium Sallustio Crispo. ille e
clientibus duos (quidam milites fuisse tradunt) deligit atque
hortatur, simulata conscientia adeant, offerant pecuniam,
15 fidem atque pericula polliceantur. exequuntur ut iussum
erat. dein speculati noctem incustoditam, accepta idonea
manu, vinctum clauso ore in Palatium traxere. percontanti
Tiberio quo modo Agrippa factus esset respondisse fertur
'quo modo tu Caesar.' ut ederet socios subigi non potuit.
20 nec Tiberius poenam eius palam ausus, in secreta Palatii
parte interfici iussit corpusque clam auferri. et quamquam
multi e domo principis equitesque ac senatores sustentasse
opibus, iuvisse consiliis dicerentur, haud quaesitum.

    41. Fine anni arcus propter aedem Saturni ob recepta
25 signa cum Varo amissa ductu Germanici, auspiciis Tiberii,
et aedes Fortis Fortunae Tiberim iuxta in hortis, quos
Caesar dictator populo Romano legaverat, sacrarium genti
Iuliae effigiesque divo Augusto apud Bovillas dicantur.

    C. Caelio L. Pomponio consulibus Germanicus Caesar
30 a. d. VII. Kal. Iunias triumphavit de Cheruscis Chattisque
et Angrivariis quaeque aliae nationes usque ad Albim
colunt. vecta spolia, captivi, simulacra montium, fluminum,

---

14 aderant *M*   17 percunctante *M et sic plerumque*   29
Caecilio *Vertranius* (*cf. Dio* lvii. 17)   30 a d. *Lipsius* : ad *M*

proeliorum; bellumque, quia conficere prohibitus erat, pro
confecto accipiebatur. augebat intuentium visus eximia
ipsius species currusque quinque liberis onustus. sed
suberat occulta formido, reputantibus haud prosperum in
Druso patre eius favorem vulgi, avunculum eiusdem Mar- 5
cellum flagrantibus plebis studiis intra iuventam ereptum,
brevis et infaustos populi Romani amores.

42. Ceterum Tiberius nomine Germanici trecenos plebi
sestertios viritim dedit seque collegam consulatui eius desti-
navit. nec ideo sincerae caritatis fidem adsecutus amoliri 10
iuvenem specie honoris statuit struxitque causas aut forte
oblatas arripuit. rex Archelaus quinquagesimum annum
Cappadocia potiebatur, invisus Tiberio quod eum Rhodi
agentem nullo officio coluisset. nec id Archelaus per
superbiam omiserat, sed ab intimis Augusti monitus, quia 15
florente Gaio Caesare missoque ad res Orientis intuta
Tiberii amicitia credebatur. ut versa Caesarum subole
imperium adeptus est, elicit Archelaum matris litteris, quae
non dissimulatis filii offensionibus clementiam offerebat, si
ad precandum veniret. ille ignarus doli vel, si intellegere 20
crederetur, vim metuens in urbem properat; exceptusque
immiti a principe et mox accusatus in senatu, non ob
crimina quae fingebantur sed angore, simul fessus senio
et quia regibus aequa, nedum infima insolita sunt, finem
vitae sponte an fato implevit. regnum in provinciam re- 25
dactum est, fructibusque eius levari posse centesimae vectigal professus Caesar ducentesimam in posterum statuit.
per idem tempus Antiocho Commagenorum, Philopatore
Cilicum regibus defunctis turbabantur nationes, plerisque
Romanum, aliis regium imperium cupientibus; et provin- 30
ciae Syria atque Iudaea, fessae oneribus, deminutionem
tributi orabant.

43. Igitur haec et de Armenia quae supra memoravi
apud patres disseruit, nec posse motum Orientem nisi Germanici sapientia conponi : nam suam aetatem vergere,
Drusi nondum satis adolevisse. tunc decreto patrum per-
5 missae Germanico provinciae quae mari dividuntur, maius-
que imperium, quoquo adisset, quam iis qui sorte aut
missu principis obtinerent. sed Tiberius demoverat Syria
Creticum Silanum, per adfinitatem conexum Germanico,
quia Silani filia Neroni vetustissimo liberorum eius pacta
10 erat, praefeceratque Cn. Pisonem, ingenio violentum et
obsequii ignarum, insita ferocia a patre Pisone qui civili
bello resurgentis in Africa partis acerrimo ministerio adversus Caesarem iuvit, mox Brutum et Cassium secutus
concesso reditu petitione honorum abstinuit, donec ultro
15 ambiretur delatum ab Augusto consulatum accipere. sed
praeter paternos spiritus uxoris quoque Plancinae nobilitate
et opibus accendebatur ; vix Tiberio concedere, liberos eius
ut multum infra despectare. nec dubium habebat se delectum qui Syriae imponeretur ad spes Germanici coer-
20 cendas. credidere quidam data et a Tiberio occulta
mandata ; et Plancinam haud dubie Augusta monuit aemulatione muliebri Agrippinam insectandi. divisa namque et
discors aula erat tacitis in Drusum aut Germanicum studiis.
Tiberius ut proprium et sui sanguinis Drusum fovebat :
25 Germanico alienatio patrui amorem apud ceteros auxerat,
et quia claritudine materni generis anteibat, avum M. Antonium, avunculum Augustum ferens. contra Druso proavus
eques Romanus Pomponius Atticus dedecere Claudiorum
imagines videbatur : et coniunx Germanici Agrippina fe-
30 cunditate ac fama Liviam uxorem Drusi praecellebat.
sed fratres egregie concordes et proximorum certaminibus
inconcussi.

22 insectans *Madvig* : insectandam *Becher* : insectari *malebat
Halm* 26 materni *Rhenanus* : mater *M* 30 famā *M*

44. Nec multo post Drusus in Illyricum missus est **ut**
suesceret militiae studiaque exercitus pararet; simul iuvenem urbano luxu lascivientem melius in castris haberi
Tiberius seque tutiorem rebatur utroque filio legiones obtinente.   sed Suebi praetendebantur auxilium adversus 5
Cheruscos orantes; nam discessu Romanorum ac vacui
externo metu gentis adsuetudine et tum aemulatione gloriae
arma in se verterant. vis nationum, virtus ducum in aequo;
set Maroboduum regis nomen invisum apud popularis,
Arminium pro libertate bellantem favor habebat.   10

45. Igitur non modo Cherusci sociique eorum, vetus
Arminii miles, sumpsere bellum, sed e regno etiam Marobodui Suebae gentes, Semnones ac Langobardi, defecere ad
eum.   quibus additis praepollebat, ni Inguiomerus cum
manu clientium ad Maroboduum perfugisset, non aliam ob 15
causam quam quia fratris filio iuveni patruus senex parere
dedignabatur.   deriguntur acies, pari utrimque spe, nec, ut
olim apud Germanos, vagis incursibus aut disiectas per
catervas : quippe longa adversum nos militia insueverant
sequi signa, subsidiis firmari, dicta imperatorum accipere. 20
ac tunc Arminius equo conlustrans cuncta, ut quosque advectus erat, reciperatam libertatem, trucidatas legiones,
spolia adhuc et tela Romanis derepta in manibus multorum
ostentabat; contra fugacem Maroboduum appellans, proeliorum expertem, Hercyniae latebris defensum; ac mox 25
per dona et legationes petivisse foedus, proditorem patriae,
satellitem Caesaris, haud minus infensis animis exturbandum quam Varum Quintilium interfecerint. meminissent
modo tot proeliorum, quorum eventu et ad postremum
eiectis Romanis satis probatum, penes utros summa belli 30
fuerit.

46. Neque Maroboduus iactantia sui aut probris in
hostem abstinebat, sed Inguiomerum tenens illo in cor-

pore decus omne Cheruscorum, illius consiliis gesta quae
prospere ceciderint testabatur : vaecordem Arminium et
rerum nescium alienam gloriam in se trahere, quoniam tres
vagas legiones et ducem fraudis ignarum perfidia deceperit,
5 magna cum clade Germaniae et ignominia sua, cum coniunx, cum filius eius servitium adhuc tolerent. at se duodecim legionibus petitum duce Tiberio inlibatam Germanorum gloriam servavisse, mox condicionibus aequis discessum ; neque paenitere quod ipsorum in manu sit, integrum
10 adversum Romanos bellum an pacem incruentam malint.
his vocibus instinctos exercitus propriae quoque causae
stimulabant, cum a Cheruscis Langobardisque pro antiquo
decore aut recenti libertate et contra augendae dominationi
certaretur. non alias maiore mole concursum neque am-
15 biguo magis eventu, fusis utrimque dextris cornibus ; spera-
baturque rursum pugna, ni Maroboduus castra in collis
subduxisset. id signum perculsi fuit ; et transfugiis paulatim nudatus in Marcomanos concessit misitque legatos ad
Tiberium oraturos auxilia. responsum est non iure eum
20 adversus Cheruscos arma Romana invocare, qui pugnantis
in eundem hostem Romanos nulla ope iuvisset. missus
tamen Drusus, ut rettulimus, paci firmator.

47. Eodem anno duodecim celebres Asiae urbes con-
lapsae nocturno motu terrae, quo inprovisior graviorque
25 pestis fuit. neque solitum in tali casu effugium subvenie-
bat in aperta prorumpendi, quia diductis terris hauriebant-
tur. sedisse inmensos montis, visa in arduo quae plana
fuerint, effulsisse inter ruinam ignis memorant. asperrima
in Sardianos lues plurimum in eosdem misericordiae tra-
30 xit : nam centies sestertium pollicitus Caesar, et quantum

1 omne *Beroaldus* : omnes *M*   4 vagas *Dräger* : vacuas *M*
6 filius *in margine* : filios *M* : filio *Beroaldus et Iac. Gronovius*   13
recenti *Lipsius* : recente *M*   18 marcomannos *M* : *sed cf.* c. 62
26 diductis *Beroaldus* : deductis *M*

aerario aut fisco pendebant in quinquennium remisit.
Magnetes a Sipylo proximi damno ac remedio habiti.
Temnios, Philadelphenos, Aegeatas, Apollonidenses, quique
Mosteni aut Macedones Hyrcani vocantur, et Hierocae-
sariam, Myrinam, Cymen, Tmolum levari idem in tempus 5
tributis mittique ex senatu placuit, qui praesentia spectaret
refoveretque. delectus est M. Ateius e praetoriis, ne consulari obtinente Asiam aemulatio inter pares et ex eo
impedimentum oreretur.

48. Magnificam in publicum largitionem auxit Caesar 10
haud minus grata liberalitate, quod bona Aemiliae Musae,
locupletis intestatae, petita in fiscum, Aemilio Lepido, cuius
e domo videbatur, et Pantulei divitis equitis Romani hereditatem, quamquam ipse heres in parte legeretur, tradidit
M. Servilio, quem prioribus neque suspectis tabulis scriptum 15
compererat, nobilitatem utriusque pecunia iuvandam praefatus. neque hereditatem cuiusquam adiit nisi cum amicitia
meruisset : ignotos et aliis infensos eoque principem nun-
cupantis procul arcebat. ceterum ut honestam innocentium
paupertatem levavit, ita prodigos et ob flagitia egentis, Vi- 20
bidium Varronem, Marium Nepotem, Appium Appianum,
Cornelium Sullam, Q. Vitellium movit senatu aut sponte
cedere passus est.

49. Isdem temporibus deum aedis vetustate aut igni
abolitas coeptasque ab Augusto dedicavit, Libero Liberae- 25
que et Cereri iuxta circum maximum, quam A. Postumius
dictator voverat, eodemque in loco aedem Florae ab Lucio
et Marco Publiciis aedilibus constitutam, et Iano templum,
quod apud forum holitorium C. Duilius struxerat, qui primus
rem Romanam prospere mari gessit triumphumque navalem 30

3 Apollonidenses *Ernesti* : apollonienses *M*   7 Ateius *Momm-*
sen : aletus *M*   13 Pătulei *M* : Patulei *vulgo*   16 nobilitatem
utriusque *Beroaldus* : nobilitate utrisque *M*   21 Virronem *Nip-*
perdey   22 sullamque vitellum *M*   26 quam *Lipsius* :
quas *M*   29 dullius *M*

de Poenis meruit. Spei aedes a Germanico sacratur: hanc
A. Atilius voverat eodem bello.

50. Adolescebat interea lex maiestatis. et Appuleiam
Varillam, sororis Augusti neptem, quia probrosis sermoni-
5 bus divum Augustum ac Tiberium et matrem eius inlusisset
Caesarique conexa adulterio teneretur, maiestatis delator
arcessebat. de adulterio satis caveri lege Iulia visum: maiestatis crimen distingui Caesar postulavit damnarique, si
qua de Augusto inreligiose dixisset: in se iacta nolle ad
10 cognitionem vocari. interrogatus a consule quid de iis
censeret quae de matre eius locuta secus argueretur reticuit; dein proximo senatus die illius quoque nomine
oravit ne cui verba in eam quoquo modo habita crimini
forent. liberavitque Appuleiam lege maiestatis: adulterii
15 graviorem poenam deprecatus, ut exemplo maiorum propinquis suis ultra ducentesimum lapidem removeretur
suasit. adultero Manlio Italia atque Africa interdictum
est.

51. De praetore in locum Vipstani Galli, quem mors
20 abstulerat, subrogando certamen incessit. Germanicus atque Drusus (nam etiam tum Romae erant) Haterium Agrippam propinquum Germanici fovebant: contra plerique
nitebantur ut numerus liberorum in candidatis praepolleret,
quod lex iubebat. laetabatur Tiberius, cum inter filios eius
25 et leges senatus disceptaret. victa est sine dubio lex, sed
neque statim et paucis suffragiis, quo modo etiam cum
valerent leges vincebantur.

52. Eodem anno coeptum in Africa bellum, duce hostium Tacfarinate. is natione Numida, in castris Romanis
30 auxiliaria stipendia meritus, mox desertor, vagos primum
et latrociniis suetos ad praedam et raptus congregare, dein
more militiae per vexilla et turmas componere, postremo

non inconditae turbae sed Musulamiorum dux haberi.
valida ea gens et solitudinibus Africae propinqua, nullo
etiam tum urbium cultu, cepit arma Maurosque accolas in
bellum traxit : dux et his, Mazippa. divisusque exercitus,
ut Tacfarinas lectos viros et Romanum in modum armatos 5
castris attineret, disciplina et imperiis suesceret, Mazippa
levi cum copia incendia et caedis et terrorem circumferret.
conpulerantque Cinithios, haud spernendam nationem, in
eadem, cum Furius Camillus pro consule Africae legionem
et quod sub signis sociorum in unum conductos ad hostem 10
duxit, modicam manum, si multitudinem Numidarum atque
Maurorum spectares; sed nihil aeque cavebatur quam ne
bellum metu eluderent; spe victoriae inducti sunt ut vin-
cerentur. igitur legio medio, leves cohortes duaeque alae
in cornibus locantur. nec Tacfarinas pugnam detrectavit. 15
fusi Numidae, multosque post annos Furio nomini partum
decus militiae. nam post illum reciperatorem urbis filiumque eius Camillum penes alias familias imperatoria laus
fuerat ; atque hic, quem memoramus, bellorum expers
habebatur. eo pronior Tiberius res gestas apud senatum 20
celebravit ; et decrevere patres triumphalia insignia, quod
Camillo ob modestiam vitae impune fuit.

53. Sequens annus Tiberium tertio, Germanicum iterum
consules habuit. sed eum honorem Germanicus iniit apud
urbem Achaiae Nicopolim, quo venerat per Illyricam oram 25
viso fratre Druso in Delmatia agente, Hadriatici ac mox
Ionii maris adversam navigationem perpessus. igitur paucos dies insumpsit reficiendae classi ; simul sinus Actiaca
victoria inclutos et sacratas ab Augusto manubias castraque
Antonii cum recordatione maiorum suorum adiit. namque 30
ei, ut memoravi, avunculus Augustus, avus Antonius erant,

---

1 Musulamiorum *Bekker* : musula maiorum *M*   2 valida ea gens
Beroaldus : valide agens *M*   6 disciplinae *Pichena*   8
Cinithios *Beroaldus* : cnitios *M*   23 tertium *Nipperdey*

magnaque illic imago tristium laetorumque. hinc ventum
Athenas, foederique sociae et vetustae urbis datum ut uno
lictore uteretur. excepere Graeci quaesitissimis honoribus,
vetera suorum facta dictaque praeferentes quo plus digna-
5 tionis adulatio haberet.

54. Petita inde Euboea tramisit Lesbum ubi Agrippina
novissimo partu Iuliam edidit. tum extrema Asiae Perin-
thumque ac Byzantium, Thraecias urbes, mox Propontidis
angustias et os Ponticum intrat, cupidine veteres locos et
10 fama celebratos noscendi; pariterque provincias internis
certaminibus aut magistratuum iniuriis fessas refovebat. atque illum in regressu sacra Samothracum visere nitentem
obvii aquilones depulere. igitur adito Ilio quaeque ibi
varietate fortunae et nostri origine veneranda, relegit Asiam
15 adpellitque Colophona ut Clarii Apollinis oraculo uteretur.
non femina illic, ut apud Delphos, sed certis e familiis et
ferme Mileto accitus sacerdos numerum modo consultan-
tium et nomina audit; tum in specum degressus, hausta
fontis arcani aqua, ignarus plerumque litterarum et car-
20 minum edit responsa versibus compositis super rebus quas
quis mente concepit. et ferebatur Germanico per ambages,
ut mos oraculis, maturum exitum cecinisse.

55. At Cn. Piso quo properantius destinata inciperet
civitatem Atheniensium turbido incessu exterritam oratione
25 saeva increpat, oblique Germanicum perstringens quod
contra decus Romani nominis non Atheniensis tot cladibus
extinctos, sed conluviem illam nationum comitate nimia
coluisset: hos enim esse Mithridatis adversus Sullam, Antonii adversus divum Augustum socios. etiam vetera ob-
30 iectabat, quae in Macedones inprospere, violenter in suos
fecissent, offensus urbi propria quoque ira quia Theophilum

3 excepere *Beroaldus* : excipere *M*
*M*³ 22 exitum *Heraeus* : exitium *M*
in suo *M*
13 adito Ilio *Vater* : alio
30 in suos *Beroaldus* :

quendam Areo iudicio falsi damnatum precibus suis non
concederent. exim navigatione celeri per Cycladas et com-
pendia maris adsequitur Germanicum apud insulam Rhodum, haud nescium quibus insectationibus petitus foret :
sed tanta mansuetudine agebat ut, cum orta tempestas 5
raperet in abrupta possetque interitus inimici ad casum
referri, miserit triremis quarum subsidio discrimini eximeretur. neque tamen mitigatus Piso, et vix diei moram
perpessus linquit Germanicum praevenitque. et postquam
Syriam ac legiones attigit, largitione, ambitu, infimos mani- 10
pularium iuvando, cum veteres centuriones, severos tribunos
demoveret locaque eorum clientibus suis vel deterrimo
cuique attribueret, desidiam in castris, licentiam in urbibus,
vagum ac lascivientem per agros militem sineret, eo usque
corruptionis provectus est ut sermone vulgi parens legio- 15
num haberetur. nec Plancina se intra decora feminis tenebat, sed exercitio equitum, decursibus cohortium interesse,
in Agrippinam, in Germanicum contumelias iacere, quibusdam etiam bonorum militum ad mala obsequia promptis,
quod haud invito imperatore ea fieri occultus rumor ince- 20
debat. nota haec Germanico, sed praeverti ad Armenios
instantior cura fuit.

56. Ambigua gens ea antiquitus hominum ingeniis et
situ terrarum, quoniam nostris provinciis late praetenta penitus ad Medos porrigitur ; maximisque imperiis interiecti 25
et saepius discordes sunt, adversus Romanos odio et in Par-
thum invidia. regem illa tempestate non habebant, amoto
Vonone : sed favor nationis inclinabat in Zenonem, Pole-
monis regis Pontici filium, quod is prima ab infantia instituta et cultum Armeniorum aemulatus, venatu epulis et 30
quae alia barbari celebrant, proceres plebemque iuxta devinxerat. igitur Germanicus in urbe Artaxata adprobantibus nobilibus, circumfusa multitudine, insigne regium capiti

eius imposuit. ceteri venerantes regem Artaxiam consalu-
tavere, quod illi vocabulum indiderant ex nomine urbis. at
Cappadoces in formam provinciae redacti Q. Veranium legatum accepere; et quaedam ex regiis tributis deminuta quo
5 mitius Romanum imperium speraretur. Commagenis
Q. Servaeus praeponitur, tum primum ad ius praetoris
translatis.

57. Cunctaque socialia prospere composita non ideo
laetum Germanicum habebant ob superbiam Pisonis qui
10 iussus partem legionum ipse aut per filium in Armeniam
ducere utrumque neglexerat. Cyrri demum apud hiberna
decumae legionis convenere, firmato vultu, Piso adversus
metum, Germanicus ne minari crederetur; et erat, ut
rettuli, clementior. sed amici accendendis offensionibus
15 callidi intendere vera, adgerere falsa ipsumque et Plancinam et filios variis modis criminari. postremo paucis familiarium adhibitis sermo coeptus a Caesare, qualem ira et
dissimulatio gignit, responsum a Pisone precibus contuma-
cibus; discesseruntque apertis odiis. post quae rarus in
20 tribunali Caesaris Piso, et si quando adsideret, atrox ac
dissentire manifestus. vox quoque eius audita est in convivio, cum apud regem Nabataeorum coronae aureae magno
pondere Caesari et Agrippinae, leves Pisoni et ceteris offer-
rentur, principis Romani, non Parthi regis filio eas epulas
25 dari; abiecitque simul coronam et multa in luxum addidit
quae Germanico quamquam acerba tolerabantur tamen.

58. Inter quae ab rege Parthorum Artabano legati venere. miserat amicitiam ac foedus memoraturos, et cupere
novari dextras, daturumque honori Germanici ut ripam
30 Euphratis accederet: petere interim ne Vonones in Syria

---

1 *infra* c. 64 Artaxian   6 Servaeus *Lipsius*: serva eius *M*
12 convenere *Rhenanus*: convenire *M*   19 discesseruntque *Pichena*: discesserantque *M*   apertis *Lipsius*: opertis *M*   post quae
Muretus: post que *M*   28 cupere novari *Nipperdey*: cuperere
novari *M*: cupere renovari *vulgo*

haberetur neu proceres gentium propinquis nuntiis ad discordias traheret. ad ea Germanicus de societate Romanorum Parthorumque magnifice, de adventu regis et cultu sui
cum decore ac modestia respondit. Vonones Pompeiopolim,
Ciliciae maritimam urbem, amotus est. datum id non modo 5
precibus Artabani, sed contumeliae Pisonis cui gratissimus
erat ob plurima officia et dona quibus Plancinam devinxerat.

59. M. Silano L. Norbano consulibus Germanicus Aegyptum proficiscitur cognoscendae antiquitatis. sed cura provinciae praetendebatur, levavitque apertis horreis pretia 10
frugum multaque in vulgus grata usurpavit : sine milite incedere, pedibus intectis et pari cum Graecis amictu, P. Scipionis aemulatione, quem eadem factitavisse apud Siciliam,
quamvis flagrante adhuc Poenorum bello, accepimus. Tiberius cultu habituque eius lenibus verbis perstricto, acerrime 15
increpuit quod contra instituta Augusti non sponte principis
Alexandriam introisset. nam Augustus inter alia dominationis arcana, vetitis nisi permissu ingredi senatoribus aut
equitibus Romanis inlustribus, seposuit Aegyptum ne fame
urgeret Italiam quisquis eam provinciam claustraque terrae 20
ac maris quamvis levi praesidio adversum ingentis exercitus insedisset.

60. Sed Germanicus nondum comperto profectionem
eam incusari Nilo subvehebatur, orsus oppido a Canopo.
condidere id Spartani ob sepultum illic rectorem navis Ca- 25
nopum, qua tempestate Menelaus Graeciam repetens diversum ad mare terramque Libyam deiectus *est*. inde proximum
amnis os dicatum Herculi, quem indigenae ortum apud se
et antiquissimum perhibent eosque, qui postea pari virtute
fuerint, in cognomentum eius adscitos ; mox visit veterum 30
Thebarum magna vestigia. et manebant structis molibus

59-61 *post cap.* 67 *transponenda censet Sicup. probat Andresen*
18 permissu sui *Becher* 27 deiectus *Iac. Gronovius* : delectus
M est *add. Pichena*

litterae Aegyptiae, priorem opulentiam complexae : iussusque
e senioribus sacerdotum patrium sermonem interpretari, referebat habitasse quondam septingenta milia aetate militari,
atque eo cum exercitu regem Rhamsen Libya Aethiopia
5 Medisque et Persis et Bactriano ac Scytha potitum quasque
terras Suri Armeniique et contigui Cappadoces colunt, inde
Bithynum, hinc Lycium ad mare imperio tenuisse. lege-
bantur et indicta gentibus tributa, pondus argenti et auri,
numerus armorum equorumque et dona templis ebur atque
10 odores, quasque copias frumenti et omnium utensilium
quaeque natio penderet, haud minus magnifica quam nunc
vi Parthorum aut potentia Romana iubentur.

61. Ceterum Germanicus aliis quoque miraculis intendit
animum, quorum praecipua fuere Memnonis saxea effigies,
15 ubi radiis solis icta est, vocalem sonum reddens, disiectas-
que inter et vix pervias arenas instar montium eductae pyra-
mides certamine et opibus regum, lacusque effossa humo,
superfluentis Nili receptacula ; atque alibi angustiae et profunda altitudo, nullis inquirentium spatiis penetrabilis. exim
20 ventum Elephantinen ac Syenen, claustra olim Romani imperii, quod nunc rubrum ad mare patescit.

62. Dum ea aestas Germanico pluris per provincias
transigitur, haud leve decus Drusus quaesivit inliciens Germanos ad discordias utque fracto iam Maroboduo usque in
25 exitium insisteretur. erat inter Gotones nobilis iuvenis
nomine Catualda, profugus olim vi Marobodui et tunc dubiis
rebus eius ultionem ausus. is valida manu finis Marco-
manorum ingreditur corruptisque primoribus ad societatem
inrumpit regiam castellumque iuxta situm. veteres illic
30 Sueborum praedae et nostris e provinciis lixae ac negotiatores reperti quos ius commercii, dein cupido augendi pecu-

---

7 Lycium *Lipsius* : lycum *M*   19 penetrabilis *Lipsius* : pene-
trabiles *M*

niam, postremo oblivio patriae suis quemque ab sedibus hostilem in agrum transtulerat.

63. Maroboduo undique deserto non aliud subsidium quam misericordia Caesaris fuit. transgressus Danuvium, qua Noricam provinciam praefluit, scripsit Tiberio non ut 5 profugus aut supplex sed ex memoria prioris fortunae : nam multis nationibus clarissimum quondam regem ad se vocantibus Romanam amicitiam praetulisse. responsum a Caesare tutam ei honoratamque sedem in Italia fore, si maneret : sin rebus eius aliud conduceret, abiturum fide qua venisset. 10 ceterum apud senatum disseruit non Philippum Atheniensibus, non Pyrrhum aut Antiochum populo Romano perinde metuendos fuisse. extat oratio qua magnitudinem viri, violentiam subiectarum ei gentium et quam propinquus Italiae hostis, suaque in destruendo eo consilia extulit. et Maro- 15 boduus quidem Ravennae habitus, si quando insolescerent Suebi quasi rediturus in regnum ostentabatur : sed non excessit Italia per duodeviginti annos consenuitque multum imminuta claritate ob nimiam vivendi cupidinem. idem Catualdae casus neque aliud perfugium. pulsus haud multo 20 post Hermundurorum opibus et Vibilio duce receptusque, Forum Iulium, Narbonensis Galliae coloniam, mittitur. barbari utrumque comitati, ne quietas provincias immixti turbarent, Danuvium ultra inter flumina Marum et Cusum locantur, dato rege Vannio gentis Quadorum.   25

64. Simul nuntiato regem Artaxian Armeniis a Germanico datum, decrevere patres ut Germanicus atque Drusus ovantes urbem introirent. structi et arcus circum latera templi Martis Vltoris cum effigie Caesarum, laetiore Tiberio quia pacem sapientia firmaverat quam si bellum per acies 30

---

1 postremo *ut videtur* M : postremum M²   2 transtulerat
Ernesti : transtulat M   3 Morobuduo M : Moroboduc M²
12 *infra* c. 88 Pyrrum   16 si *Rhenanus* : nesi M   17 rediturus
Rhenanus : reditus M

confecisset. igitur Rhescuporim quoque, Thraeciae regem,
astu adgreditur. omnem eam nationem Rhoemetalces tenuerat ; quo defuncto Augustus partem Thraecum Rhescuporidi fratri eius, partem filio Cotyi permisit. in ea divisione
5 arva et urbes et vicina Graecis Cotyi, quod incultum ferox
adnexum hostibus, Rhescuporidi cessit : ipsorumque regum
ingenia, illi mite et amoenum, huic atrox avidum et societatis impatiens erat. sed primo subdola concordia egere :
mox Rhescuporis egredi finis, vertere in se Cotyi data et
10 resistenti vim facere, cunctanter sub Augusto, quem auctorem utriusque regni, si sperneretur, vindicem metuebat.
enimvero audita mutatione principis immittere latronum
globos, excindere castella, causas bello.

65. Nihil aeque Tiberium anxium habebat quam ne
15 composita turbarentur. deligit centurionem qui nuntiaret
regibus ne armis disceptarent ; statimque a Cotye dimissa
sunt quae paraverat auxilia. Rhescuporis ficta modestia
postulat eundem in locum coiretur : posse de controversiis
conloquio transigi. nec diu dubitatum de tempore, loco,
20 dein condicionibus, cum alter facilitate, alter fraude cuncta
inter se concederent acciperentque. Rhescuporis sanciendo,
ut dictitabat, foederi convivium adicit, tractaque in multam
noctem laetitia per epulas ac vinolentiam incautum Cotyn
et, postquam dolum intellexerat, sacra regni, eiusdem fami-
25 liae deos et hospitalis mensas obtestantem catenis onerat.
Thraeciaque omni potitus scripsit ad Tiberium structas sibi
insidias, praeventum insidiatorem ; simul bellum adversus
Bastarnas Scythasque praetendens novis peditum et equitum
copiis sese firmabat. molliter rescriptum, si fraus abesset,
30 posse eum innocentiae fidere ; ceterum neque se neque
senatum nisi cognita causa ius et iniuriam discreturos :

---

10 resistenti vim *Rhenanus* : resistentium *M*   28 Bastarnas
Rhenanus : basternas *M*

CORNELII TACITI

proinde tradito Cotye veniret transferretque invidiam criminis.

66. Eas litteras Latinius Pandusa pro praetore Moesiae
cum militibus quis Cotys traderetur in Thraeciam misit.
Rhescuporis inter metum et iram cunctatus maluit patrati 5
quam incepti facinoris reus esse : occidi Cotyn'iubet mor-
temque sponte sumptam ementitur. nec tamen Caesar
placitas semel artes mutavit, sed defuncto Pandusa, quem
sibi infensum Rhescuporis arguebat, Pomponium Flaccum,
veterem stipendiis et arta cum rege amicitia eoque accom- 10
modatiorem ad fallendum, ob id maxime Moesiae praefecit.

67. Flaccus in Thraeciam transgressus per ingentia promissa quamvis ambiguum et scelera sua reputantem perpulit ut praesidia Romana intraret. circumdata hinc regi
specie honoris valida manus, tribunique et centuriones 15
monendo, suadendo, et quanto longius abscedebatur, aper-
tiore custodia, postremo gnarum necessitatis in urbem
traxere. accusatus in senatu ab uxore Cotyis damnatur,
ut procul regno teneretur. Thraecia in Rhoemetalcen
filium, quem paternis consiliis adversatum constabat, inque 20
liberos Cotyis dividitur ; iisque nondum adultis Trebellenus
Rufus praetura functus datur qui regnum interim tractaret,
exemplo quo maiores M. Lepidum Ptolemaei liberis tutorem
in Aegyptum miserant. Rhescuporis Alexandriam devectus
atque illic fugam temptans an ficto crimine interficitur. 25

68. Per idem tempus Vonones, quem amotum in Ciliciam
memoravi, corruptis custodibus effugere ad Armenios, inde
Albanos Heniochosque et consanguineum sibi regem Scytharum conatus est. specie venandi omissis maritimis locis
avia saltuum petiit, mox pernicitate equi ad amnem Pyra- 30
mum contendit, cuius pontes accolae ruperant audita regis
fuga, neque vado penetrari poterat. igitur in ripa fluminis

3 Pandusa *Nipperdey* : pandus *M et l.* 8 padusa   4 Cotyis *M*
6 Coty̅ *M*   18 *et* 21 Cotys *M*   27 inde *Wopkens* : inde in *M*

a Vibio Frontone praefecto equitum vincitur, mox Remmius
evocatus, priori custodiae regis adpositus, quasi per iram
gladio eum transigit. unde maior fides conscientia sceleris
et metu indicii mortem Vononi inlatam.

5   69. At Germanicus Aegypto remeans cuncta quae apud
legiones aut urbes iusserat abolita vel in contrarium versa
cognoscit. hinc graves in Pisonem contumeliae, nec minus
acerba quae ab illo in Caesarem intentabantur. dein Piso
abire Syria statuit. mox adversa Germanici valetudine
10 detentus, ubi recreatum accepit votaque pro incolumitate
solvebantur, admotas hostias, sacrificalem apparatum, festam
Antiochensium plebem per lictores proturbat. tum Seleuciam degreditur, opperiens aegritudinem, quae rursum Germanico acciderat. saevam vim morbi augebat persuasio
15 veneni a Pisone accepti ; et reperiebantur solo ac parietibus
erutae humanorum corporum reliquiae, carmina et devotiones et nomen Germanici plumbeis tabulis insculptum,
semusti cineres ac tabo obliti aliaque malefica quis creditur
animas numinibus infernis sacrari. simul missi a Pisone
20 incusabantur ut valetudinis adversa rimantes.

70. Ea Germanico haud minus ira quam per metum
accepta. si limen obsideretur, si effundendus spiritus sub
oculis inimicorum foret, quid deinde miserrimae coniugi,
quid infantibus liberis eventurum ? lenta videri veneficia :
25 festinare et urgere, ut provinciam, ut legiones solus habeat.
sed non usque eo defectum Germanicum, neque praemia
caedis apud interfectorem mansura. componit epistulas
quis amicitiam ei renuntiabat : addunt plerique iussum
provincia decedere. nec Piso moratus ultra navis solvit
30 moderabaturque cursui quo propius regrederetur si mors
Germanici Syriam aperuisset.

---

8 intentabantur *Wurm* : temptabantur *M*   9 valitudine *M*
et sic plerumque   18 tabo *Lipsius* : tabe *M*   30 quo *Lipsius* :
qui *M*

CORNELII TACITI

71. Caesar paulisper ad spem erectus, dein fesso corpore
ubi finis aderat, adsistentis amicos in hunc modum adlo-
quitur : 'si fato concederem, iustus mihi dolor etiam
adversus deos esset, quod me parentibus liberis patriae
intra iuventam praematuro exitu raperent : nunc scelere 5
Pisonis et Plancinae interceptus ultimas preces pectoribus
vestris relinquo : referatis patri ac fratri, quibus acerbitatibus
dilaceratus, quibus insidiis circumventus miserrimam vitam
pessima morte finierim. si quos spes meae, si quos propinquus sanguis, etiam quos invidia erga viventem movebat, 10
inlacrimabunt quondam florentem et tot bellorum superstitem muliebri fraude cecidisse. erit vobis locus querendi
apud senatum, invocandi leges. non hoc praecipuum amicorum munus est, prosequi defunctum ignavo questu, sed
quae voluerit meminisse, quae mandaverit exequi. flebunt 15
Germanicum etiam ignoti : vindicabitis vos, si me potius
quam fortunam meam fovebatis. ostendite populo Romano
divi Augusti neptem eandemque coniugem meam, numerate
sex liberos. misericordia cum accusantibus erit fingenti-
busque scelesta mandata aut non credent homines aut non 20
ignoscent.' iuravere amici dextram morientis contingentes
spiritum ante quam ultionem amissuros.

72. Tum ad uxorem versus per memoriam sui, per communis liberos oravit exueret ferociam, saevienti fortunae
summitteret animum, neu regressa in urbem aemulatione 25
potentiae validiores inritaret. haec palam et alia secreto
per quae ostendisse credebatur metum ex Tiberio. neque
multo post extinguitur, ingenti luctu provinciae et circum·
iacentium populorum. indoluere exterae nationes regesque :
tanta illi comitas in socios, mansuetudo in hostis ; visuque 30
et auditu iuxta venerabilis, cum magnitudinem et gravi-

9 propinquus *Beroaldus* : propinquos *M* 27 ostendiss *M¹* :
ostender *M* : ostendere *vulgo*

84

tatem summae fortunae retineret, invidiam et adrogantiam effugerat.

73. Funus sine imaginibus et pompa per laudes ac memoriam virtutum eius celebre fuit. et erant qui formam,
5 aetatem, genus mortis ob propinquitatem etiam locorum in quibus interiit, magni Alexandri fatis adaequarent. nam utrumque corpore decoro, genere insigni, haud multum triginta annos egressum, suorum insidiis externas inter gentis occidisse : sed hunc mitem erga amicos, modicum
10 voluptatum, uno matrimonio, certis liberis egisse, neque minus proeliatorem, etiam si temeritas afuerit praepeditusque sit perculsas tot victoriis Germanias servitio premere. quod si solus arbiter rerum, si iure et nomine regio fuisset, tanto promptius adsecuturum gloriam militiae quantum clementia,
15 temperantia, ceteris bonis artibus praestitisset. corpus antequam cremaretur nudatum in foro Antiochensium, qui locus sepulturae destinabatur, praetuleritne veneficii signa parum constitit ; nam ut quis misericordia in Germanicum et praesumpta suspicione aut favore in Pisonem pronior, diversi
20 interpretabantur.

74. Consultatum inde inter legatos quique alii senatorum aderant quisnam Syriae praeficeretur. et ceteris modice nisis, inter Vibium Marsum et Cn. Sentium diu quaesitum : dein Marsus seniori et acrius tendenti Sentio concessit.
25 isque infamem veneficiis ea in provincia et Plancinae percaram nomine Martinam in urbem misit, postulantibus Vitellio ac Veranio ceterisque qui crimina et accusationem tamquam adversus receptos iam reos instruebant.

75. At Agrippina, quamquam defessa luctu et corpore
30 aegro, omnium tamen quae ultionem morarentur intolerans ascendit classem cum cineribus Germanici et liberis, miserantibus cunctis quod femina nobilitate princeps, pulcherrimo

---

4 formam, fortunam, aetatem *Ioh. Müller*   7 genere insigni
secl. Nipperdey   20 interpretabantur *Beroaldus* : interpraetantur *M*

modo matrimonio inter venerantis gratantisque aspici solita, tunc feralis reliquias sinu ferret, incerta ultionis, anxia sui et infelici fecunditate fortunae totiens obnoxia. Pisonem interim apud Coum insulam nuntius adsequitur excessisse Germanicum. quo intemperanter accepto caedit victimas, 5 adit templa, neque ipse gaudium moderans et magis inso-lescente Plancina, quae luctum amissae sororis tum primum laeto cultu mutavit.

76. Adfluebant centuriones monebantque prompta illi legionum studia : repeteret provinciam non iure ablatam 10 et vacuam. igitur quid agendum consultanti M. Piso filius properandum in urbem censebat : nihil adhuc inexpiabile admissum neque suspiciones imbecillas aut inania famae pertimescenda. discordiam erga Germanicum odio fortasse dignam, non poena ; et ademptione provinciae satis factum 15 inimicis. quod si regrederetur, obsistente Sentio civile bellum incipi ; nec duraturos in partibus centuriones mili-tesque apud quos recens imperatoris sui memoria et penitus infixus in Caesares amor praevaleret.

77. Contra Domitius Celer, ex intima eius amicitia, 20 disseruit utendum eventu : Pisonem, non Sentium Syriae praepositum ; huic fascis et ius praetoris, huic legiones datas. si quid hostile ingruat, quem iustius arma opposi-turum *quam* qui legati auctoritatem et propria mandata acceperit ? relinquendum etiam rumoribus tempus quo 25 senescant : plerumque innocentis recenti invidiae imparis. at si teneat exercitum, augeat viris, multa quae provideri non possint fortuito in melius casura. ' an festinamus cum Germanici cineribus adpellere, ut te inauditum et indefensum planctus Agrippinae ac vulgus imperitum primo rumore 30 rapiant ? est tibi Augustae conscientia, est Caesaris favor, sed in occulto ; et perisse Germanicum nulli iactantius maerent quam qui maxime laetantur.'

78. Haud magna mole Piso promptus ferocibus in sententiam trahitur missisque ad Tiberium epistulis incusat
Germanicum luxus et superbiae ; seque pulsum, ut locus
rebus novis patefieret, curam exercitus eadem fide qua
5 tenuerit repetivisse. simul Domitium impositum triremi
vitare litorum oram praeterque insulas lato mari pergere
in Syriam iubet. concurrentis desertores per manipulos
componit, armat lixas traiectisque in continentem navibus
vexillum tironum in Syriam euntium intercipit, regulis
10 Cilicum ut se auxiliis iuvarent scribit, haud ignavo ad ministeria belli iuvene Pisone, quamquam suscipiendum bellum
abnuisset.

79. Igitur oram Lyciae ac Pamphyliae praelegentes,
obviis navibus quae Agrippinam vehebant, utrimque infensi
15 arma primo expediere : dein mutua formidine non ultra
iurgium processum est, Marsusque Vibius nuntiavit Pisoni
Romam ad dicendam causam veniret. ille eludens respondit adfuturum ubi praetor qui de veneficiis quaereret
reo atque accusatoribus diem prodixisset. interim Domitius
20 Laodiciam urbem Syriae adpulsus, cum hiberna sextae
legionis peteret, quod eam maxime novis consiliis idoneam
rebatur, a Pacuvio legato praevenitur. id Sentius Pisoni
per litteras aperit monetque ne castra corruptoribus, ne
provinciam bello temptet. quosque Germanici memores
25 aut inimicis eius adversos cognoverat, contrahit, magnitudinem imperatoris identidem ingerens et rem publicam
armis peti ; ducitque validam manum et proelio paratam.

80. Nec Piso, quamquam coepta secus cadebant, omisit
tutissima e praesentibus, sed castellum Ciliciae munitum
30 admodum, cui nomen Celenderis, occupat ; nam admixtis
desertoribus et tirone nuper intercepto suisque et Plancinae

6 'alto mari *fortasse rectius*' *Lipsius*   16 Vibius *Rhenanus* : vi-
bimus *M*   19 praedixisset *Beroaldus*   30 Celenderis *Bero-*
aldus : celendris *M*

servitiis auxilia Cilicum quae reguli miserant in numerum
legionis composuerat. Caesarisque se legatum testabatur
provincia quam is dedisset arceri, non a legionibus (earum
quippe accitu venire), sed a Sentio privatum odium falsis
criminibus tegente. consisterent in acie, non pugnaturis 5
militibus ubi Pisonem ab ipsis parentem quondam appel-
latum, si iure ageretur, potiorem, si armis, non invalidum
vidissent. tum pro munimentis castelli manipulos explicat
colle arduo et derupto ; nam cetera mari cinguntur. contra
veterani ordinibus ac subsidiis instructi : hinc militum, inde 10
locorum asperitas, sed non animus, non spes, ne tela quidem
nisi agrestia aut subitum *in* usum properata. ut venere in
manus, non ultra dubitatum quam dum Romanae cohortes
in aequum eniterentur : vertunt terga Cilices seque castello
claudunt.   15

81. Interim Piso classem haud procul opperientem adpugnare frustra temptavit ; regressusque et pro muris, modo
semet adflictando, modo singulos nomine ciens, praemiis
vocans, seditionem coeptabat, adeoque commoverat ut
signifer legionis sextae signum ad eum transtulerit. tum 20
Sentius occanere cornua tubasque et peti aggerem, erigi
scalas iussit ac promptissimum quemque succedere, alios
tormentis hastas saxa et faces ingerere. tandem victa per-
tinacia Piso oravit ut traditis armis maneret in castello,
dum Caesar cui Syriam permitteret consulitur. non re- 25
ceptae condiciones nec aliud quam naves et tutum in
urbem iter concessum est.

82. At Romae, postquam Germanici valetudo percrebuit
cunctaque ut ex longinquo aucta in deterius adferebantur,
dolor ira, et erumpebant questus. ideo nimirum in ex- 30
tremas terras relegatum, ideo Pisoni permissam provinciam ;

3 provincia *Rhenanus* : provinciam *M*   12 aut subitum in
Döderlein : aut subitum *M* : ad subitum *Beroaldus* : aut ad subitum
Weissenborn   20 legionis vocans sextae *M*   24 ut traditis
Nipperdey : uti raditis *M* : uti traditis *M²*   29 cunctaque *Beroal-
dus* : cunctique *M*

hoc egisse secretos Augustae cum Plancina sermones. vera
prorsus de Druso seniores locutos : displicere regnantibus
civilia filiorum ingenia, neque ob aliud interceptos quam
quia populum Romanum aequo iure complecti reddita liber-
5 tate agitaverint. hos vulgi sermones audita mors adeo
incendit ut ante edictum magistratuum, ante senatus consultum sumpto iustitio desererentur fora, clauderentur
domus. passim silentia et gemitus, nihil compositum in
ostentationem ; et quamquam neque insignibus lugentium
10 abstinerent, altius animis maerebant. forte negotiatores
vivente adhuc Germanico Syria egressi laetiora de valetudine eius attulere. statim credita, statim vulgata sunt :
ut quisque obvius, quamvis leviter audita in alios atque illi
in plures cumulata gaudio transferunt. cursant per urbem,
15 moliuntur templorum foris ; iuvat credulitatem nox et
promptior inter tenebras adfirmatio. nec obstitit falsis
Tiberius donec tempore ac spatio vanescerent : et populus
quasi rursum ereptum acrius doluit.

83. Honores ut quis amore in Germanicum aut ingenio
20 validus reperti decretique : ut nomen eius Saliari carmine
caneretur ; sedes curules sacerdotum Augustalium locis
superque eas querceae coronae statuerentur ; ludos cir-
censis eburna effigies praeiret neve quis flamen aut augur
in locum Germanici nisi gentis Iuliae crearetur. arcus
25 additi Romae et apud ripam Rheni et in monte Syriae
Amano cum inscriptione rerum gestarum ac mortem ob
rem publicam obisse. sepulchrum Antiochiae ubi cre-
matus, tribunal Epidaphnae quo in loco vitam finierat.
statuarum locorumve in quis coleretur haud facile quis
30 numerum inierit. cum censeretur clipeus auro et magni-

15 templorum fores *Beroaldus* : templores fores *M*   16 falsis
Beroaldus : falsi *M*   26 Amano *Beroaldus* : amono *M*   28
Epidaphnae *Lipsius* : epidaphene *M*   loco *Beroaldus* : locum *M*
29 coleretur *Beroaldus* : colerentur *M*

D

89

CORNELII TACITI

tudine insignis inter auctores eloquentiae, adseveravit Tiberius solitum paremque ceteris dicaturum : neque enim
eloquentiam fortuna discerni et satis inlustre si veteres
inter scriptores haberetur. equester ordo cuneum Germanici appellavit qui iuniorum dicebatur, instituitque uti 5
turmae idibus Iuliis imaginem eius sequerentur. pleraque
manent : quaedam statim omissa sunt aut vetustas oblitteravit.

84. Ceterum recenti adhuc maestitia soror Germanici
Livia, nupta Druso, duos virilis sexus simul enixa est. 10
quod rarum laetumque etiam modicis penatibus tanto
gaudio principem adfecit ut non temperaverit quin iactaret
apud patres nulli ante Romanorum eiusdem fastigii viro
geminam stirpem editam : nam cuncta, etiam fortuita, ad
gloriam vertebat. sed populo tali in tempore id quoque 15
dolorem tulit, tamquam auctus liberis Drusus domum Germanici magis urgeret.

85. Eodem anno gravibus senatus decretis libido feminarum coercita cautumque ne quaestum corpore faceret
cui avus aut pater aut maritus eques Romanus fuisset. nam 20
Vistilia praetoria familia genita licentiam stupri apud aedilis
vulgaverat, more inter veteres recepto, qui satis poenarum
adversum impudicas in ipsa professione flagitii credebant.
exactum et a Titidio Labeone Vistiliae marito cur in uxore
delicti manifesta ultionem legis omisisset. atque illo prae- 25
tendente sexaginta dies ad consultandum datos necdum
praeterisse, satis visum de Vistilia statuere ; eaque in insulam Seriphon abdita est. actum et de sacris Aegyptiis
Iudaicisque pellendis factumque patrum consultum ut
quattuor milia libertini generis ea superstitione infecta quis 30
idonea aetas in insulam Sardiniam veherentur, coercendis

---

1 adseveravit *Iac. Gronovius* : adseravit *M*   10 virilis sexus
Beroaldus : viriles sexus *M* : virile secus *Iac. Gronovius*   24
exactum *Vertranius* : exacta *M*

90

illic latrociniis et, si ob gravitatem caeli interissent, vile
damnum; ceteri cederent Italia nisi certam ante diem
profanos ritus exuissent.

86. Post quae rettulit Caesar capiendam virginem in
5 locum Occiae, quae septem et quinquaginta per annos
summa sanctimonia Vestalibus sacris praesederat; egitque
grates Fonteio Agrippae et Domitio Pollioni quod offerendo filias de officio in rem publicam certarent. praelata
est Pollionis filia, non ob aliud quam quod mater eius in
10 eodem coniugio manebat; nam Agrippa discidio domum
imminuerat. et Caesar quamvis posthabitam decies sestertii dote solatus est.

87. Saevitiam annonae incusante plebe statuit frumento
pretium quod emptor penderet, binosque nummos se addi-
15 turum negotiatoribus in singulos modios. neque tamen ob
ea parentis patriae delatum et antea vocabulum adsumpsit,
acerbeque increpuit eos qui divinas occupationes ipsumque dominum dixerant. unde angusta et lubrica oratio
sub principe qui libertatem metuebat adulationem oderat.

20 **88.** Reperio apud scriptores senatoresque eorundem
temporum Adgandestrii principis Chattorum lectas in senatu litteras, quibus mortem Arminii promittebat si
patrandae neci venenum mitteretur, responsumque esse
non fraude neque occultis, sed palam et armatum populum
25 Romanum hostis suos ulcisci. qua gloria aequabat se
Tiberius priscis imperatoribus qui venenum in Pyrrum
regem vetuerant prodiderantque. ceterum Arminius ab-
scedentibus Romanis et pulso Maroboduo regnum ad-
fectans libertatem popularium adversam habuit, petitusque
30 armis cum varia fortuna certaret, dolo propinquorum cecidit: liberator haud dubie Germaniae et qui non primordia
populi Romani, sicut alii reges ducesque, sed florentissi-

---

7 Domitio *Lipsius*: comicio *M*   9 polionis *M*   22 armenii *M*
et 27 armenius

mum imperium lacessierit, proeliis ambiguus, bello non
victus. septem et triginta annos vitae, duodecim potentiae
explevit, caniturque adhuc barbaras apud gentis, Graecorum annalibus ignotus, qui sua tantum mirantur, Romanis
haud perinde celebris, dum vetera extollimus recentium 5
incuriosi.

LIBER III

1. Nihil intermissa navigatione hiberni maris Agrippina
Corcyram insulam advehitur, litora Calabriae contra sitam.
illic paucos dies componendo animo insumit, violenta luctu
et nescia tolerandi. interim adventu eius audito intimus 10
quisque amicorum et plerique militares, ut quique sub
Germanico stipendia fecerant, multique etiam ignoti vicinis
e municipiis, pars officium in principem rati, plures illos
secuti, ruere ad oppidum Brundisium, quod naviganti celer-
rimum fidissimumque adpulsu erat. atque ubi primum ex 15
alto visa classis, complentur non modo portus et proxima
maris sed moenia ac tecta, quaque longissime prospectari
poterat, maerentium turba et rogitantium inter se silen-
tione an voce aliqua egredientem exciperent. neque satis
constabat quid pro tempore foret, cum classis paulatim 20
successit, non alacri, ut adsolet, remigio sed cunctis ad
tristitiam compositis. postquam duobus cum liberis, fera-
lem urnam tenens, egressa navi defixit oculos, idem omnium
gemitus; neque discerneres proximos alienos, virorum femi-
narumve planctus, nisi quod comitatum Agrippinae longo 25
maerore fessum obvii et recentes in dolore antibant.

2. Miserat duas praetorias cohortis Caesar, addito ut
magistratus Calabriae Apulique et Campani suprema erga

memoriam filii sui munera fungerentur. igitur tribunorum
centurionumque umeris cineres portabantur; praecedebant
incompta signa, versi fasces; atque ubi colonias transgrederentur, atrata plebes, trabeati equites pro opibus loci vestem
5 odores aliaque funerum sollemnia cremabant. etiam quorum diversa oppida, tamen obvii et victimas atque aras dis
Manibus statuentes lacrimis et conclamationibus dolorem
testabantur. Drusus Tarracinam progressus est cum Claudio
fratre liberisque Germanici, qui in urbe fuerant. consules
10 M. Valerius et M. Aurelius (iam enim magistratum occe-
perant) et senatus ac magna pars populi viam complevere,
disiecti et ut cuique libitum flentes; aberat quippe adulatio,
gnaris omnibus laetam Tiberio Germanici mortem male
dissimulari.

15 3. Tiberius atque Augusta publico abstinuere, inferius
maiestate sua rati si palam lamentarentur, an ne omnium
oculis vultum eorum scrutantibus falsi intellegerentur. matrem Antoniam non apud auctores rerum, non diurna acto-
rum scriptura reperio ullo insigni officio functam, cum super
20 Agrippinam et Drusum et Claudium ceteri quoque consanguinei nominatim perscripti sint, seu valetudine praepedie-
batur seu victus luctu animus magnitudinem mali perferre
visu non toleravit. facilius crediderim Tiberio et Augusta,
qui domo non excedebant, cohibitam, ut par maeror et
25 matris exemplo avia quoque et patruus attineri viderentur.

4. Dies quo reliquiae tumulo Augusti inferebantur modo
per silentium vastus, modo ploratibus inquies; plena urbis
itinera, conlucentes per campum Martis faces. illic miles
cum armis, sine insignibus magistratus, populus per tribus
30 concidisse rem publicam, nihil spei reliquum clamitabant,
promptius apertiusque quam ut meminisse imperitantium
crederes. nihil tamen Tiberium magis penetravit quam

1 munia *Ritter, sed cf. Verg. Aen.* xi. 25   10 M. Aurelius
Panvinius: c. aurelius *M*   23 Augustae *Döderlein, Nipperdey*

93

studia hominum accensa in Agrippinam, cum decus patriae, solum Augusti sanguinem, unicum antiquitatis specimen appellarent versique ad caelum ac deos integram illi subolem ac superstitem iniquorum precarentur.

5. Fuere qui publici funeris pompam requirerent com- 5 pararentque quae in Drusum patrem Germanici honora et magnifica Augustus fecisset. ipsum quippe asperrimo hiemis Ticinum usque progressum neque abscedentem a corpore simul urbem intravisse; circumfusas lecto Claudiorum Iuliorumque imagines; defletum in foro, laudatum 10 pro rostris, cuncta a maioribus reperta aut quae posteri invenerint cumulata : at Germanico ne solitos quidem et cuicumque nobili debitos honores contigisse. sane corpus ob longinquitatem itinerum externis terris quoquo modo crematum : sed tanto plura decora mox tribui par fuisse 15 quanto prima fors negavisset. non fratrem nisi unius diei via, non patruum saltem porta tenus obvium. ubi illa veterum instituta, propositam toro effigiem, meditata ad memoriam virtutis carmina et laudationes et lacrimas vel doloris imitamenta? 20

6. Gnarum id Tiberio fuit; utque premeret vulgi sermones, monuit edicto multos inlustrium Romanorum ob rem publicam obisse, neminem tam flagranti desiderio celebratum. idque et sibi et cunctis egregium si modus adiceretur. non enim eadem decora principibus viris et im- 25 peratori populo quae modicis domibus aut civitatibus. convenisse recenti dolori luctum et ex maerore solacia ; sed referendum iam animum ad firmitudinem, ut quondam divus Iulius amissa unica filia, ut divus Augustus ereptis nepotibus abstruserint tristitiam. nil opus vetustioribus ex- 30 emplis, quotiens populus Romanus cladis exercituum, interitum ducum, funditus amissas nobilis familias constanter

---

10 Iuliorumque] Liviorumque *Lipsius*   13 debitos *Beroaldus* : deditos *M*   18 propositam *Muretus* : praepositam *M*

tulerit. principes mortalis, rem publicam aeternam esse.
proin repeterent sollemnia, et quia ludorum Megalesium
spectaculum suberat, etiam voluptates resumerent.

7. Tum exuto iustitio reditum ad munia, et Drusus Illy-
5 ricos ad exercitus profectus est, erectis omnium animis
petendae e Pisone ultionis et crebro questu, quod vagus
interim per amoena Asiae atque Achaiae adroganti et subdola mora scelerum probationes subverteret. nam vulgatum erat missam, ut dixi, a Cn. Sentio famosam veneficiis
10 Martinam subita morte Brundisii extinctam, venenumque
nodo crinium eius occultatum nec ulla in corpore signa
sumpti exitii reperta.

8. At Piso praemisso in urbem filio datisque mandatis
per quae principem molliret ad Drusum pergit, quem haud
15 fratris interitu trucem quam remoto aemulo aequiorem sibi
sperabat. Tiberius quo integrum iudicium ostentaret, exceptum comiter iuvenem sueta erga filios familiarum nobilis
liberalitate auget. Drusus Pisoni, si vera forent quae iacerentur, praecipuum in dolore suum locum respondit : sed
20 malle falsa et inania nec cuiquam mortem Germanici exitio-
sam esse. haec palam et vitato omni secreto ; neque dubi-
tabantur praescripta ei a Tiberio, cum incallidus alioqui et
facilis iuventa senilibus tum artibus uteretur.

9. Piso Delmatico mari tramisso relictisque apud Anco-
25 nam navibus per Picenum ac mox Flaminiam viam adsequitur legionem, quae e Pannonia in urbem, dein praesidio
Africae ducebatur : eaque res agitata rumoribus ut in
agmine atque itinere crebro se militibus ostentavisset. ab
Narnia, vitandae suspicionis an quia pavidis consilia in
30 incerto sunt, Nare ac mox Tiberi devectus auxit vulgi iras,
quia navem tumulo Caesarum adpulerat dieque et ripa
frequenti, magno clientium agmine ipse, feminarum comi-

tatu Plancina et vultu alacres incessere. fuit inter inritamenta invidiae domus foro imminens festa ornatu con-
viviumque et epulae et celebritate loci nihil occultum.

10. Postera die Fulcinius Trio Pisonem apud consules
postulavit. contra Vitellius ac Veranius ceterique Germa- 5
nicum comitati tendebant, nullas esse partis Trioni; neque
se accusatores sed rerum indices et testis mandata Germanici perlaturos. ille dimissa eius causae delatione, ut
priorem vitam accusaret obtinuit, petitumque est a principe
cognitionem exciperet. quod ne reus quidem abnuebat, 10
studia populi et patrum metuens : contra Tiberium sper-
nendis rumoribus validum et conscientiae matris innexum
esse ; veraque aut in deterius credita iudice ab uno facilius
discerni, odium et invidiam apud multos valere. haud
fallebat Tiberium moles cognitionis quaque ipse fama dis- 15
traheretur. igitur paucis familiarium adhibitis minas accusantium et hinc preces audit integramque causam ad
senatum remittit.

11. Atque interim Drusus rediens Illyrico, quamquam
patres censuissent ob receptum Maroboduum et res priore 20
aestate gestas ut ovans iniret, prolato honore urbem intravit.
post quae reo L. Arruntium, P. Vinicium, Asinium Gallum,
Aeserninum Marcellum, Sex. Pompeium patronos petenti
iisque diversa excusantibus M'. Lepidus et L. Piso et Livineius Regulus adfuere, arrecta omni civitate, quanta fides 25
amicis Germanici, quae fiducia reo ; satin cohiberet ac
premeret sensus suos Tiberius. haud alias intentior populus plus sibi in principem occultae vocis aut suspicacis
silentii permisit.

12. Die senatus Caesar orationem habuit meditato tem- 30

20 priore aestate *secl. Nipperdey*   22 L. *Nic. Faber* : T *M*   P.
Vinicium *Borghesi* : fulnicium *M*   24 M'. *Lipsius* : m. *M*   25
arecta *M* : '*fortasse* erecta' *Orelli*   27 Tiberius *Pichena* : tiberius . ac praemeret *M* : an promeret *Beroaldus*   haud *Acidalius* :
is haud *M* : is haud alias intentior, populus . . . *Pichena interpunxit*

peramento. patris sui legatum atque amicum Pisonem
fuisse adiutoremque Germanico datum a se auctore senatu
rebus apud Orientem administrandis. illic contumacia et
certaminibus asperasset iuvenem exituque eius laetatus esset
5 an scelere extinxisset, integris animis diiudicandum. 'nam
si legatus officii terminos, obsequium erga imperatorem
exuit eiusdemque morte et luctu meo laetatus est, odero
seponamque a domo mea et privatas inimicitias non vi
principis ulciscar : sin facinus in cuiuscumque mortalium
10 nece vindicandum detegitur, vos vero et liberos Germanici
et nos parentes iustis solaciis adficite. simulque illud repu-
tate, turbide et seditiose tractaverit exercitus Piso, quaesita
sint per ambitionem studia militum, armis repetita provincia,
an falsa haec in maius vulgaverint accusatores, quorum ego
15 nimiis studiis iure suscenseo. nam quo pertinuit nudare
corpus et contrectandum vulgi oculis permittere differrique
etiam per externos tamquam veneno interceptus esset, si
incerta adhuc ista et scrutanda sunt? defleo equidem
filium meum semperque deflebo : sed neque reum pro-
20 hibeo quo minus cuncta proferat, quibus innocentia eius
sublevari aut, si qua fuit iniquitas Germanici, coargui possit,
vosque oro ne, quia dolori meo causa conexa est, obiecta
crimina pro adprobatis accipiatis. si quos propinquus sanguis aut fides sua patronos dedit, quantum quisque elo-
25 quentia et cura valet, iuvate periclitantem : ad eundem
laborem, eandem constantiam accusatores hortor. id solum
Germanico super leges praestiterimus, quod in curia potius
quam in foro, apud senatum quam apud iudices de morte
eius anquiritur : cetera pari modestia tractentur. nemo
30 Drusi lacrimas, nemo maestitiam meam spectet, nec si qua
in nos adversa finguntur.'

13. Exim biduum criminibus obiciendis statuitur utque

8 non vi *Muretus* : novi *M* : non *Becher*

sex dierum spatio interiecto reus per triduum defenderetur.
tum Fulcinius vetera et inania orditur, ambitiose avareque
habitam Hispaniam ; quod neque convictum noxae reo si
recentia purgaret, neque defensum absolutioni erat si teneretur maioribus flagitiis.   post quem Servaeus et Veranius 5
et Vitellius consimili studio et multa eloquentia Vitellius
obiecere odio Germanici et rerum novarum studio Pisonem
vulgus militum per licentiam et sociorum iniurias eo usque
conrupisse ut parens legionum a deterrimis appellaretur ;
contra in optimum quemque, maxime in comites et amicos 10
Germanici saevisse ; postremo ipsum devotionibus et veneno peremisse ; sacra hinc et immolationes nefandas ipsius
atque Plancinae, petitam armis rem publicam, utque reus
agi posset, acie victum.

14. Defensio in ceteris trepidavit; nam neque ambitio- 15
nem militarem neque provinciam pessimo cuique obnoxiam,
ne contumelias quidem adversum imperatorem infitiari poterat : solum veneni crimen visus est diluisse, quod ne
accusatores quidem satis firmabant, in convivio Germanici,
cum super eum Piso discumberet, infectos manibus eius cibos 20
arguentes.   quippe absurdum videbatur inter aliena servitia
et tot adstantium visu, ipso Germanico coram, id ausum ; of-
ferebatque familiam reus et ministros in tormenta flagitabat.
sed iudices per diversa implacabiles erant, Caesar ob bellum
provinciae inlatum, senatus numquam satis credito sine 25
fraude Germanicum interisse.   * * scripsissent expostulantes,
quod haud minus Tiberius quam Piso abnuere. simul populi
ante curiam voces audiebantur : non temperaturos manibus
si patrum sententias evasisset.   effigiesque Pisonis traxe-
rant in Gemonias ac divellebant, ni iussu principis protectae 30
repositaeque forent.   igitur inditus lecticae et a tribuno

---

5 postquem *Rhenanus* : postq; *M* : post quae *Baiter*   16 cuique
Rhenanus : cui *M*   26 interisse * * scripsissent *Ferrettus* : interisse scripsissent *M*

praetoriae cohortis deductus est vario rumore custos saluti
an mortis exactor sequeretur.

15. Eadem Plancinae invidia, maior gratia; eoque ambiguum habebatur quantum Caesari in eam liceret. atque
5 ipsa, donec mediae Pisoni spes, sociam se cuiuscumque
fortunae et si ita ferret comitem exitii promittebat: ut
secretis Augustae precibus veniam obtinuit, paulatim segre-
gari a marito, dividere defensionem coepit. quod reus
postquam sibi exitiabile intellegit, an adhuc experiretur
10 dubitans, hortantibus filiis durat mentem senatumque rursum ingreditur; redintegratamque accusationem, infensas
patrum voces, adversa et saeva cuncta perpessus, nullo
magis exterritus est quam quod Tiberium sine miseratione,
sine ira, obstinatum clausumque vidit, ne quo adfectu per-
15 rumperetur. relatus domum, tamquam defensionem in
posterum meditaretur, pauca conscribit obsignatque et
liberto tradit; tum solita curando corpori exequitur. dein
multam post noctem, egressa cubiculo uxore, operiri foris
iussit; et coepta luce perfosso iugulo, iacente humi gladio,
20 repertus est.

16. Audire me memini ex senioribus visum saepius inter
manus Pisonis libellum quem ipse non vulgaverit; sed
amicos eius dictitavisse, litteras Tiberii et mandata in Germanicum contineri, ac destinatum promere apud patres
25 principemque arguere, ni elusus a Seiano per vana promissa foret; nec illum sponte extinctum verum immisso per-
cussore. quorum neutrum adseveraverim: neque tamen
occulere debui narratum ab iis qui nostram ad iuventam
duraverunt. Caesar flexo in maestitiam ore suam invidiam
30 tali morte quaesitam apud senatum . . . . . crebrisque interro-
gationibus exquirit qualem Piso diem supremum noctemque

---

30 senatum . . . . . crebrisque *Boxhorn* : senatum crebrisque *M* :
Pisonem vocari iubet in senatum crebrisque *supplevit Weissenborn* :
in senatum *om. Halm*

exegisset. atque illo pleraque sapienter quaedam incon-
sultius respondente, recitat codicillos a Pisone in hunc
ferme modum compositos: 'conspiratione inimicorum et
invidia falsi criminis oppressus, quatenus veritati et innocentiae meae nusquam locus est, deos inmortalis testor 5
vixisse me, Caesar, cum fide adversum te neque alia in
matrem tuam pietate; vosque oro liberis meis consulatis,
ex quibus Cn. Piso qualicumque fortunae meae non est
adiunctus, cum omne hoc tempus in urbe egerit, M. Piso
repetere Syriam dehortatus est. atque utinam ego potius 10
filio iuveni quam ille patri seni cessisset. eo impensius precor ne meae pravitatis poenas innoxius luat. per quinque
et quadraginta annorum obsequium, per collegium consulatus quondam divo Augusto parenti tuo probatus et tibi
amicus nec quicquam post haec rogaturus salutem infelicis 15
filii rogo.' de Plancina nihil addidit.

17. Post quae Tiberius adulescentem crimine civilis belli
purgavit, patris quippe iussa nec potuisse filium detrectare,
simul nobilitatem domus, etiam ipsius quoquo modo meriti
gravem casum miseratus. pro Plancina cum pudore et 20
flagitio disseruit, matris preces obtendens, in quam optimi
cuiusque secreti questus magis ardescebant. id ergo fas
aviae interfectricem nepotis adspicere, adloqui, eripere
senatui. quod pro omnibus civibus leges obtineant uni
Germanico non contigisse. Vitellii et Veranii voce defle- 25
tum Caesarem, ab imperatore et Augusta defensam Plancinam. proinde venena et artes tam feliciter expertas verteret
in Agrippinam, in liberos eius, egregiamque aviam ac patruum sanguine miserrimae domus exsatiaret. biduum
super hac imagine cognitionis absumptum, urgente Tiberio 30
liberos Pisonis matrem uti tuerentur. et cum accusatores
ac testes certatim perorarent respondente nullo, miseratio

27 proinde *Rhenanus*: perinde *M*   30 hac *M²*: haec (*probante
Walthero*) *M*

quam invidia augebatur. primus sententiam rogatus Aurelius Cotta consul (nam referente Caesare magistratus eo
etiam munere fungebantur) nomen Pisonis radendum fastis
censuit, partem bonorum publicandam, pars ut Cn. Pisoni
5 filio concederetur isque praenomen mutaret ; M. Piso exuta
dignitate et accepto quinquagies sestertio in decem annos
relegaretur, concessa Plancinae incolumitate ob preces
Augustae.

18. Multa ex ea sententia mitigata sunt a principe : ne
10 nomen Pisonis fastis eximeretur, quando M. Antonii qui
bellum patriae fecisset, Iulli Antonii qui domum Augusti
violasset, manerent. et M. Pisonem ignominiae exemit
concessitque ei paterna bona, satis firmus, ut saepe memoravi, adversum pecuniam et tum pudore absolutae Plan-
15 cinae placabilior. atque idem, cum Valerius Messalinus
signum aureum in aede Martis Vltoris, Caecina Severus
aram ultioni statuendam censuissent, prohibuit, ob externas ea victorias sacrari dictitans, domestica mala tristitia
operienda. addiderat Messalinus Tiberio et Augustae et
20 Antoniae et Agrippinae Drusoque ob vindictam Germanici
gratis agendas omiseratque Claudii mentionem. et Messalinum quidem L. Asprenas senatu coram percontatus est
an prudens praeterisset ; ac tum demum nomen Claudii
adscriptum est. mihi quanto plura recentium seu veterum
25 revolvo tanto magis ludibria rerum mortalium cunctis in
negotiis obversantur. quippe fama spe veneratione potius
omnes destinabantur imperio quam quem futurum principem
fortuna in occulto tenebat.

19. Paucis post diebus Caesar auctor senatui fuit Vitellio
30 atque Veranio et Servaeo sacerdotia tribuendi : Fulcinio
suffragium ad honores pollicitus monuit ne facundiam

3 eradendum *Baiter*   7 relegaretur *Lipsius*: religatur *M* :
relegatur *M²*   11 Iulli *Andresen* : Iulii *M* : Iuli *Lipsius*   17
ultionis *Halm*   18 victorias *Rhenanus*: victoria *M*   30 varanio *M*

101

violentia praecipitaret. is finis fuit ulciscenda Germanici morte, non modo apud illos homines qui tum agebant etiam secutis temporibus vario rumore iactata. adeo maxima quaeque ambigua sunt, dum alii quoquo modo audita pro compertis habent, alii vera in contrarium vertunt, et gliscit 5 utrumque posteritate. at Drusus urbe egressus repetendis auspiciis mox ovans introiit. paucosque post dies Vipsania mater eius excessit, una omnium Agrippae liberorum miti obitu : nam ceteros manifestum ferro vel creditum est veneno aut fame extinctos. 10

20. Eodem anno Tacfarinas, quem priore aestate pulsum a Camillo memoravi, bellum in Africa renovat, vagis primum populationibus et ob pernicitatem inultis, dein vicos excindere, trahere gravis praedas ; postremo haud procul Pagyda flumine cohortem Romanam circumsedit. praeerat 15 castello Decrius impiger manu, exercitus militia et illam obsidionem flagitii ratus. is cohortatus milites, ut copiam pugnae in aperto faceret aciem pro castris instruit. primoque impetu pulsa cohorte promptus inter tela occursat fugientibus, increpat signiferos quod inconditis aut deser- 20 toribus miles Romanus terga daret ; simul exceptat vulnera et quamquam transfosso oculo adversum os in hostem intendit neque proelium omisit donec desertus suis caderet.

21. Quae postquam L. Apronio (nam Camillo successerat) comperta, magis dedecore suorum quam gloria hostis 25 anxius, raro ea tempestate et e vetere memoria facinore decumum quemque ignominiosae cohortis sorte ductos fusti necat. tantumque severitate profectum ut vexillum veteranorum, non amplius quingenti numero, easdem Tacfarinatis copias praesidium cui Thala nomen adgressas fude- 30

1 in ulciscenda *Halm*   4 audita *margo* : audire *M*   11
priore aestate *secl. Nipperdey*   18 faceret *Probst* : facerent *M*
21 exceptat *Iulius Held* : excepta *M in fine versus*   23 a suis
Wesenberg   29 quingenti *Beroaldus* : quam genti *M* : quam quingenti *Weissenborn*

rint. quo proelio Rufus Helvius gregarius miles servati
civis decus rettulit donatusque est ab Apronio torquibus et
hasta. Caesar addidit civicam coronam, quod non eam
quoque Apronius iure proconsulis tribuisset questus magis
5 quam offensus. sed Tacfarinas perculsis Numidis et obsidia aspernantibus spargit bellum, ubi instaretur cedens ac
rursum in terga remeans. et dum ea ratio barbaro fuit,
inritum fessumque Romanum impune ludificabatur : postquam deflexit ad maritimos locos, inligatus praeda stativis
10 castris adhaerebat, missu patris Apronius Caesianus cum
equite et cohortibus auxiliariis, quis velocissimos legionum
addiderat, prosperam adversum Numidas pugnam facit
pellitque in deserta.

22. At Romae Lepida, cui super Aemiliorum decus
15 L. Sulla et Cn. Pompeius proavi erant, defertur simulavisse
partum ex P. Quirinio divite atque orbo. adiciebantur
adulteria venena quaesitumque per Chaldaeos in domum
Caesaris, defendente ream Manio Lepido fratre. Quirinius
post dictum repudium adhuc infensus quamvis infami ac
20 nocenti miserationem addiderat. haud facile quis dispe-
xerit illa in cognitione mentem principis : adeo vertit ac
miscuit irae et clementiae signa. deprecatus primo senatum ne maiestatis crimina tractarentur, mox M. Servilium
e consularibus aliosque testis inlexit ad proferenda quae
25 velut reicere voluerat. idemque servos Lepidae, cum militari custodia haberentur, transtulit ad consules neque per
tormenta interrogari passus est de iis quae ad domum suam
pertinerent. exemit etiam Drusum consulem designatum
dicendae primo loco sententiae ; quod alii civile rebantur,
30 ne ceteris adsentiendi necessitas fieret, quidam ad saevitiam
trahebant : neque enim cessurum nisi damnandi officio.

23. Lepida ludorum diebus qui cognitionem intervene-

1 prelio *Beroaldus* : profilio *M*   9 et inligatus *Haase*   25
reicere] reticere *Beroaldus* : reticeri *Acidalius* : nescire *Nipperdey*

rant theatrum cum claris feminis ingressa, lamentatione
flebili maiores suos ciens ipsumque Pompeium, cuius ea
monimenta et adstantes imagines visebantur, tantum miseri
cordiae permovit ut effusi in lacrimas saeva et detestanda
Quirinio clamitarent, cuius senectae atque orbitati et obscu- 5
rissimae domui destinata quondam uxor L. Caesari ac divo
Augusto nurus dederetur. dein tormentis servorum pate-
facta sunt flagitia itumque in sententiam Rubelli Blandi
a quo aqua atque igni arcebatur. huic Drusus adsensit
quamquam alii mitius censuissent. mox Scauro, qui filiam 10
ex ea genuerat, datum ne bona publicarentur. tum demum
aperuit Tiberius compertum sibi etiam ex P. Quirinii servis
veneno eum a Lepida petitum.

24. Inlustrium domuum adversa (etenim haud multum
distanti tempore Calpurnii Pisonem, Aemilii Lepidam ami- 15
serant) solacio adfecit D. Silanus Iuniae familiae redditus.
casum eius paucis repetam. ut valida divo Augusto in rem
publicam fortuna ita domi improspera fuit ob impudicitiam
filiae ac neptis quas urbe depulit, adulterosque earum morte
aut fuga punivit. nam culpam inter viros ac feminas vul- 20
gatam gravi nomine laesarum religionum ac violatae maiestatis appellando clementiam maiorum suasque ipse leges
egrediebatur. sed aliorum exitus simul cetera illius aetatis
memorabo si effectis in quae tetendi plures ad curas vitam
produxero. D. Silanus in nepti Augusti adulter, quam- 25
quam non ultra foret saevitum quam ut amicitia Caesaris
prohiberetur, exilium sibi demonstrari intellexit, nec nisi
Tiberio imperitante deprecari senatum ac principem ausus
est M. Silani fratris potentia, qui per insignem nobilitatem
et eloquentiam praecellebat. sed Tiberius gratis agenti 30
Silano patribus coram respondit se quoque laetari quod
frater eius e peregrinatione longinqua revertisset, idque

---

3 misericordiae *Lipsius* : misericordia *M*   14 etenim *Mercerus* :
adenim *M*   24 tetendi *Ernesti* : tendi (*probante Brotiero*) *M*

iure licitum quia non senatus consulto non lege pulsus
foret : sibi tamen adversus eum integras parentis sui offensiones neque reditu Silani dissoluta quae Augustus voluisset.
fuit posthac in urbe neque honores adeptus est.

5 **25.** Relatum dein de moderanda Papia Poppaea, quam
senior Augustus post Iulias rogationes incitandis caelibum
poenis et augendo aerario sanxerat. nec ideo coniugia et
educationes liberum frequentabantur praevalida orbitate :
ceterum multitudo periclitantium gliscebat, cum omnis
10 domus delatorum interpretationibus subverteretur, utque
antehac flagitiis ita tunc legibus laborabatur. ea res admonet ut de principiis iuris et quibus modis ad hanc multitudinem infinitam ac varietatem legum perventum sit
altius disseram.

15 **26.** Vetustissimi mortalium, nulla adhuc mala libidine,
sine probro, scelere eoque sine poena aut coercitionibus
agebant. neque praemiis opus erat cum honesta suopte
ingenio peterentur ; et ubi nihil contra morem cuperent,
nihil per metum vetabantur. at postquam exui aequalitas
20 et pro modestia ac pudore ambitio et vis incedebat, provenere dominationes multosque apud populos aeternum
mansere. quidam statim aut postquam regum pertaesum
leges maluerunt. hae primo rudibus hominum animis sim-
plices erant ; maximeque fama celebravit Cretensium, quas
25 Minos, Spartanorum, quas Lycurgus, ac mox Atheniensibus
quaesitiores iam et plures Solo perscripsit. nobis Romulus
ut libitum imperitaverat : dein Numa religionibus et divino
iure populum devinxit, repertaque quaedam a Tullo et
Anco. sed praecipuus Servius Tullius sanctor legum fuit
30 quis etiam reges obtemperarent.

27. Pulso Tarquinio adversum patrum factiones multa

---

5 dein *Wölfflin, Halm* : deinde *M*   18 mortem *M*   20
incedebat provenere *Lipsius* : incidebat provenire *M*   23 ac *M* :
eae *malebat Halm*

populus paravit tuendae libertatis et firmandae concordiae, creatique decemviri et accitis quae usquam egregia compositae duodecim tabulae, finis aequi iuris. nam secutae leges etsi aliquando in maleficos ex delicto, saepius tamen dissensione ordinum et apiscendi inlicitos honores aut pel- 5 lendi claros viros aliaque ob prava per vim latae sunt. hinc Gracchi et Saturnini turbatores plebis nec minor largitor nomine senatus Drusus ; corrupti spe aut inlusi per intercessionem socii. ac ne bello quidem Italico, mox civili omissum quin multa et diversa sciscerentur, donec L. Sulla 10 dictator abolitis vel conversis prioribus, cum plura addidisset, otium eius rei haud in longum paravit, statim turbidis Lepidi rogationibus neque multo post tribunis reddita licentia quoquo vellent populum agitandi. iamque non modo in commune sed in singulos homines latae quae- 15 stiones, et corruptissima re publica plurimae leges.

23. Tum Cn. Pompeius, tertium consul corrigendis moribus delectus et gravior remediis quam delicta erant suarumque legum auctor idem ac subversor, quae armis tuebatur armis amisit. exim continua per viginti annos 20 discordia, non mos, non ius ; deterrima quaeque impune ac multa honesta exitio fuere. sexto demum consulatu Caesar Augustus, potentiae securus, quae triumviratu iusserat abolevit deditque iura quis pace et principe uteremur. acriora ex eo vincla, inditi custodes et lege Papia Poppaea 25 praemiis inducti ut, si a privilegiis parentum cessaretur, velut parens omnium populus vacantia teneret. sed altius penetrabant urbemque et Italiam et quod usquam civium corripuerant, multorumque excisi status. et terror omnibus intentabatur ni Tiberius statuendo remedio quinque consu- 30 larium, quinque e praetoriis, totidem e cetero senatu sorte duxisset apud quos exsoluti plerique legis nexus modicum in praesens levamentum fuere.

29. Per idem tempus Neronem e liberis Germanici iam
ingressum iuventam commendavit patribus, utque munere
capessendi vigintiviratus solveretur et quinquennio maturius
quam per leges quaesturam peteret non sine inrisu audien-
5 tium postulavit.   praetendebat sibi atque fratri decreta
eadem petente Augusto.   sed neque tum fuisse dubita-
verim qui eius modi preces occulti inluderent : ac tamen
initia fastigii Caesaribus erant magisque in oculis vetus
mos, et privignis cum vitrico levior necessitudo quam avo
10 adversum nepotem.   additur pontificatus et quo primum
die forum ingressus est congiarium plebi admodum laetae
quod Germanici stirpem iam puberem aspiciebat.   auctum
dehinc gaudium nuptiis Neronis et Iuliae Drusi filiae.   utque haec secundo rumore ita adversis animis acceptum
15 quod filio Claudii socer Seianus destinaretur.   polluisse
nobilitatem familiae videbatur suspectumque iam nimiae
spei Seianum ultra extulisse.

30. Fine anni concessere vita insignes viri L. Volusius
et Sallustius Crispus.   Volusio vetus familia neque tamen
20 praeturam egressa : ipse consulatum intulit, censoria etiam
potestate legendis equitum decuriis functus, opumque quis
domus illa immensum viguit primus adcumulator.   Crispum
equestri ortum loco C. Sallustius, rerum Romanarum floren-
tissimus auctor, sororis nepotem in nomen adscivit.   atque
25 ille, quamquam prompto ad capessendos honores aditu,
Maecenatem aemulatus sine dignitate senatoria multos
triumphalium consulariumque potentia antiit, diversus a
veterum instituto per cultum et munditias copiaque et afflu-
entia luxu propior.   suberat tamen vigor animi ingentibus
30 negotiis par, eo acrior quo somnum et inertiam magis osten-

---

4 quaesturam *Ernesti* : quaesituram *M*   8 fastigii *Beroaldus* :
fastidii *M*   16 videbatur *Io. Fr. Gronovius* : videbantur *M*   17
ultro *Alciatus, Nipperdey*   23 Romanarum *Rhenanus* : romanorum *M*   28 afluentia *M, quam scripturam probavit Halm*

tabat. igitur incolumi Maecenate proximus, mox praecipuus,
cui secreta imperatorum inniterentur, et interficiendi Postumi Agrippae conscius, aetate provecta speciem magis in
amicitia principis quam vim tenuit. idque et Maecenati
acciderat, fato potentiae raro sempiternae, an satias capit aut 5
illos cum omnia tribuerunt aut hos cum iam nihil reliquum
est quod cupiant.

31. Sequitur Tiberi quartus, Drusi secundus consulatus,
patris atque filii collegio insignis. nam triennio ante Germanici cum Tiberio idem honor neque patruo laetus neque 10
natura tam conexus fuerat. eius anni principio Tiberius
quasi firmandae valetudini in Campaniam concessit, longam
et continuam absentiam paulatim meditans, sive ut amoto
patre Drusus munia consulatus solus impleret. ac forte
parva res magnum ad certamen progressa praebuit iuveni 15
materiem apiscendi favoris. Domitius Corbulo praetura
functus de L. Sulla nobili iuvene questus est apud senatum
quod sibi inter spectacula gladiatorum loco non decessisset.
pro Corbulone aetas, patrius mos, studia seniorum erant :
contra Mamercus Scaurus et L. Arruntius aliique Sullae 20
propinqui nitebantur. certabantque orationibus et memorabantur exempla maiorum qui iuventutis inreverentiam
gravibus decretis notavissent, donec Drusus apta tempe-
randis animis disseruit ; et satisfactum Corbuloni per Ma-
mercum qui patruus simul ac vitricus Sullae et oratorum *ea* 25
aetate uberrimus erat. idem Corbulo plurima per Italiam
itinera fraude mancipum et incuria magistratuum interrupta
et impervia clamitando, executionem eius negotii libens
suscepit ; quod haud perinde publice usui habitum quam
exitiosum multis quorum in pecuniam atque famam damna- 30
tionibus et hasta saeviebat.

32. Neque multo post missis ad senatum litteris Tiberius

9 triennio *Nipperdey* : biennio *M*   23 notavisset *M*   25 ea
add. Ferrettus

motam rursum Africam incursu Tacfarinatis docuit, iudicio-
que patrum deligendum pro consule gnarum militiae, corpore
validum et bello suffecturum.   quod initium Sex. Pompeius agitandi adversus Marcum Lepidum odii nanctus, ut
5 socordem, inopem et maioribus suis dedecorum eoque
etiam Asiae sorte depellendum incusavit, adverso senatu
qui Lepidum mitem magis quam ignavum, paternas ei
angustias et nobilitatem sine probro actam honori quam
ignominiae habendam ducebat.   igitur missus in Asiam et
10 de Africa decretum ut Caesar legeret cui mandanda foret.

33. Inter quae Severus Caecina censuit ne quem magistratum cui provincia obvenisset uxor comitaretur, multum
ante repetito concordem sibi coniugem et sex partus enixam,
seque quae in publicum statueret domi servavisse, cohibita
15 intra Italiam, quamquam ipse pluris per provincias quadraginta stipendia explevisset.   haud enim frustra placitum
olim ne feminae in socios aut gentis externas traherentur :
inesse mulierum comitatui quae pacem luxu, bellum formidine morentur et Romanum agmen ad similitudinem
20 barbari incessus convertant.   non imbecillum tantum et
imparem laboribus sexum sed, si licentia adsit, saevum,
ambitiosum, potestatis avidum ; incedere inter milites, habere ad manum centuriones ; praesedisse nuper feminam
exercitio cohortium, decursu legionum.   cogitarent ipsi
25 quotiens repetundarum aliqui arguerentur plura uxoribus
obiectari : .his statim adhaerescere deterrimum quemque
provincialium, ab his negotia suscipi, transigi ; duorum
egressus coli, duo esse praetoria, pervicacibus magis et
impotentibus mulierum iussis quae Oppiis quondam aliis-
30 que legibus constrictae nunc vinclis exolutis domos, fora,
iam et exercitus regerent.

34. Paucorum haec adsensu audita : plures obturbabant
neque relatum de negotio neque Caecinam dignum tantae
rei censorem.   mox Valerius Messalinus, cui parens Mes-

sala ineratque imago paternae facundiae, respondit multa
duritiae veterum *in* melius et laetius mutata ; neque enim,
ut olim, obsideri urbem bellis aut provincias hostilis esse.
et pauca feminarum necessitatibus concedi quae ne coniugum quidem penatis, adeo socios non onerent ; cetera 5
promisca cum marito nec ullum in eo pacis impedimentum. bella plane accinctis obeunda : sed revertentibus post
laborem quod honestius quam uxorium levamentum ? at
quasdam in ambitionem aut avaritiam prolapsas. quid ?
ipsorum magistratuum nonne plerosque variis libidinibus 10
obnoxios ? non tamen ideo neminem in provinciam mitti.
corruptos saepe pravitatibus uxorum maritos : num ergo
omnis caelibes integros ? placuisse quondam Oppias leges,
sic temporibus rei publicae postulantibus : remissum aliquid postea et mitigatum, quia expedierit. frustra nostram 15
ignaviam alia ad vocabula transferri : nam viri in eo culpam
si femina modum excedat. porro ob unius aut alterius
imbecillum animum male eripi maritis consortia rerum secundarum adversarumque. simul sexum natura invalidum
deseri et exponi suo luxu, cupidinibus alienis. vix prae- 20
senti custodia manere inlaesa coniugia : quid fore si per
pluris annos in modum discidii oblitterentur ? sic obviam
irent iis quae alibi peccarentur ut flagitiorum urbis meminissent. addidit pauca Drusus de matrimonio suo ; nam
principibus adeunda saepius longinqua imperii. quoties 25
divum Augustum in Occidentem atque Orientem meavisse
comite Livia ! se quoque in Illyricum profectum et, si ita
conducat, alias ad gentis iturum, haud semper aequo animo
si ab uxore carissima et tot communium liberorum parente
divelleretur. sic Caecinae sententia elusa.   30

35. Et proximo senatus die Tiberius per litteras, castigatis

2 in *add. Muretus*   3 obsideri M^2 : absidere M : adsideri
Baiter : adsidere *Haase*   30 elusa. Et] elusa est *Freinsheim*
31 proximo *Freinsheim* : proximi M

obliquepatribusquod cuncta curarum ad principem reicerent,
M'. Lepidum et Iunium Blaesum nominavit ex quis pro
consule Africae legeretur. tum audita amborum verba,
intentius excusante se Lepido, cum valetudinem corporis,
5 aetatem liberum, nubilem filiam obtenderet, intellegeretur-
que etiam quod silebat, avunculum esse Seiani Blaesum atque eo praevalidum. respondit Blaesus specie recusantis
sed neque eadem adseveratione et consensu adulantium
adiutus est.

10 **36.** Exim promptum quod multorum intimis questibus
tegebatur. incedebat enim deterrimo cuique licentia impune
probra et invidiam in bonos excitandi arrepta imagine Caesaris; libertique etiam ac servi, patrono vel domino cum
voces, cum manus intentarent, ultro metuebantur. igitur C.
15 Cestius senator disseruit principes quidem instar deorum
esse, sed neque a diis nisi iustas supplicum preces audiri
neque quemquam in Capitolium aliave urbis templa perfugere ut eo subsidio ad flagitia utatur. abolitas leges et funditus versas, ubi in foro, in limine curiae ab Annia Rufilla,
20 quam fraudis sub iudice damnavisset, probra sibi et minae
intendantur, neque ipse audeat ius experiri ob effigiem imperatoris oppositam. haud dissimilia alii et quidam atrociora
circumstrepebant, precabanturque Drusum daret ultionis
exemplum, donec accitam convictamque attineri publica cu-
25 stodia iussit.

37. Et Considius Aequus et Caelius Cursor equites Romani quod fictis maiestatis criminibus Magium Caecilianum
praetorem petivissent auctore principe ac decreto senatus
puniti. utrumque in laudem Drusi trahebatur: ab eo in urbe
30 inter coetus et sermones hominum obversante secreta patris
mitigari. neque luxus in iuvene adeo displicebat: huc potius

2 M' *Lipsius* : M. *M*   9 adiutus *Io. Fr. Gronovius* : haud iustus
M (auditus est *in margine*) : haud iutus *Iac. Gronovius* : haud adiutus
Halm

intenderet, diem aedificationibus noctem conviviis traheret,
quam solus et nullis voluptatibus avocatus maestam vigilan-
tiam et malas curas exerceret.

38. Non enim Tiberius, non accusatores fatiscebant.
et Ancharius Priscus Caesium Cordum pro consule Cretae 5
postulaverat repetundis, addito maiestatis crimine, quod tum
omnium accusationum complementum erat. Caesar Antistium Veterem e primoribus Macedoniae, absolutum adulterii, increpitis iudicibus ad dicendam maiestatis causam retraxit, ut turbidum et Rhescuporidis consiliis permixtum, 10
qua tempestate Cotye [fratre] interfecto bellum adversus nos
volverat. igitur aqua et igni interdictum reo, adpositumque
ut teneretur insula neque Macedoniae neque Thraeciae opportuna. nam Thraecia diviso imperio in Rhoemetalcen et liberos Cotyis, quis ob infantiam tutor erat Trebellenus Rufus, 15
insolentia nostri discors agebat neque minus Rhoemetalcen
quam Trebellenum incusans popularium iniurias inultas
sinere. Coelaletae Odrusaeque et Dii, validae nationes,
arma cepere, ducibus diversis et paribus inter se per ignobilitatem; quae causa fuit ne in bellum atrox coalescerent. 20
pars turbant praesentia, alii montem Haemum transgrediun-
tur ut remotos populos concirent; plurimi ac maxime compositi regem urbemque Philippopolim, a Macedone Philippo
sitam, circumsidunt.

39. Quae ubi cognita P. Vellaeo (is proximum exerci- 25
tum praesidebat), alarios equites ac levis cohortium mittit
in eos qui praedabundi aut adsumendis auxiliis vagabantur,
ipse robur peditum ad exolvendum obsidium ducit. simulque cuncta prospere acta, caesis populatoribus et dissensione orta apud obsidentis regisque opportuna eruptione et 30

1 editionibus *Lipsius* : equitationibus *Müller coniecit*   traheret
Lipsius : trahere *M*   11 fratre *secl. Ernesti*   15 Cothyis *M*
Trebellenus *et* 17 Trebellenum *Andresen* : trebellienus *et* trebel·
lienum *M*   18 Dii *Lipsius* : alii *M*

adventu legionis. neque aciem aut proelium dici decuerit in
quo semermi ac palantes trucidati sunt sine nostro sanguine.

40. Eodem anno Galliarum civitates ob magnitudinem
aeris alieni rebellionem coeptavere, cuius extimulator acer-
5 rimus inter Treviros Iulius Florus, apud Aeduos Iulius
Sacrovir. nobilitas ambobus et maiorum bona facta eoque
Romana civitas olim data, cum id rarum nec nisi virtuti
pretium esset. ii secretis conloquiis, ferocissimo quoque
adsumpto aut quibus ob egestatem ac metum ex flagitiis
10 maxima peccandi necessitudo, componunt Florus Belgas,
Sacrovir propiores Gallos concire. igitur per conciliabula
et coetus seditiosa disserebant de continuatione tributorum,
gravitate faenoris, saevitia ac superbia praesidentium, et discordare militem audito Germanici exitio. egregium resu-
15 mendae libertati tempus, si ipsi florentes quam inops Italia,
quam inbellis urbana plebes, nihil validum in exercitibus nisi
quod externum, cogitarent.

41. Haud ferme ulla civitas intacta seminibus eius motus
fuit : sed erupere primi Andecavi ac Turoni. quorum Ande-
20 cavos Acilius Aviola legatus excita cohorte quae Lugduni
praesidium agitabat coercuit. Turoni legionario milite quem
Visellius Varro inferioris Germaniae legatus miserat oppressi
eodem Aviola duce et quibusdam Galliarum primoribus, qui
tulere auxilium quo dissimularent defectionem magisque in
25 tempore efferrent. spectatus et Sacrovir intecto capite pugnam pro Romanis ciens ostentandae, ut ferebat, virtutis : sed
captivi ne incesseretur telis adgnoscendum se praebuisse
arguebant. consultus super eo Tiberius aspernatus est indicium aluitque dubitatione bellum.

30 **42.** Interim Florus insistere destinatis, pellicere alam
equitum, quae conscripta e Treviris militia disciplinaque

1 aut *margo* : aput *M*   2 semermi *Iac. Gronovius* : semerme *M* :
semermes *Beroaldus*   5 Treviros *Nipperdey* : treveros *M* (*cf.*
i. 41)   31 conscripta e *Bekker* : conscriptae *M*   Treviris *Nip-*
perdey : treveris *M* : *item* cc. 42. 11, 44. 1, 46. 31

113

nostra habebatur, ut caesis negotiatoribus Romanis bellum
inciperet; paucique equitum corrupti, plures in officio mansere. aliud vulgus obaeratorum aut clientium arma cepit;
petebantque saltus quibus nomen Arduenna, cum legiones
utroque ab exercitu, quas Visellius et C. Siliᴜs adversis iti- 5
neribus obiecerant, arcuerunt. praemissusque cum delecta
manu Iulius Indus e civitate eadem, discors Floro et ob id
navandae operae avidior, inconditam multitudinem adhuc disiecit. Florus incertis latebris victores frustratus, postremo
visis militibus, qui effugia insederant, sua manu cecidit. isque 10
Trevirici tumultus finis.

43. Apud Aeduos maior moles exorta quanto civitas
opulentior et comprimendi procul praesidium. Augustodunum caput gentis armatis cohortibus Sacrovir occupaverat
ut nobilissimam Galliarum subolem, liberalibus studiis ibi 15
operatam, et eo pignore parentes propinquosque eorum ad-
iungeret; simul arma occulte fabricata iuventuti dispertit.
quadraginta milia fuere, quinta sui parte legionariis armis,
ceteri cum venabulis et cultris quaeque alia venantibus
tela sunt. adduntur e servitiis gladiaturae destinati qui- 20
bus more gentico continuum ferri tegimen : cruppellarios
vocant, inferendis ictibus inhabilis, accipiendis impenetra-
bilis. augebantur eae copiae vicinarum civitatum ut nondum aperta consensione, ita viritim promptis studiis, et certamine ducum Romanorum, quos inter ambigebatur utroque 25
bellum sibi poscente. mox Varro invalidus senecta vigenti
Silio concessit.

44. At Romae non Treviros modo et Aeduos sed quattuor et sexaginta Galliarum civitates descivisse, adsumptos

---

8 adhuc multitudinem *Nipperdey*   15 ut *add. Bezzenberger*
nobilissimam *Lipsius* : nobilissimarum *M* : occupaverat nobilissima
cum G. subole . . . operata *Ioh. Müller*   16 et *Bezzenberger* : ut *M*
(Augustodunum caput gentis : armatis . . . operatam, ut . . . iungeret
interpunxit Walther, secundum Mediceum)   18 legionariis
Beroaldus : religionariis *M*

in societatem Germanos, dubias Hispanias, cuncta, ut mos
famae, in maius credita. optumus quisque rei publicae cura
maerebat : multi odio praesentium et cupidine mutationis suis
quoque periculis laetabantur increpabantque Tiberium quod
5 in tanto rerum motu libellis accusatorum insumeret operam.
an Sacrovirum maiestatis crimine reum in senatu fore?
extitisse tandem viros qui cruentas epistulas armis cohibe-
rent. miseram pacem vel bello bene mutari. tanto impensius
in securitatem compositus, neque loco neque vultu mutato,
10 sed ut solitum per illos dies egit, altitudine animi, an compererat modica esse et vulgatis leviora.

45. Interim Silius cum legionibus duabus incedens praemissa auxiliari manu vastat Sequanorum pagos qui finium
extremi et Aeduis contermini sociique in armis erant. mox
15 Augustodunum petit propero agmine, certantibus inter se
signiferis, fremente etiam gregario milite, ne suetam requiem,
ne spatia noctium opperiretur : viderent modo adversos et
aspicerentur ; id satis ad victoriam. duodecimum apud lapidem Sacrovir copiaeque patentibus locis apparuere. in fronte
20 statuerat ferratos, in cornibus cohortis, a tergo semermos.
ipse inter primores equo insigni adire, memorare veteres
Gallorum glorias quaeque Romanis adversa intulissent; quam
decora victoribus libertas, quanto intolerantior servitus iterum victis.

25 **46.** Non diu haec nec apud laetos : etenim propinquabat
legionum acies, inconditique ac militiae nescii oppidani neque oculis neque auribus satis competebant. contra Silius,
etsi praesumpta spes hortandi causas exemerat, clamitabat
tamen pudendum ipsis quod Germaniarum victores adversum
30 Gallos tamquam in hostem ducerentur. ' una nuper cohors
rebellem Turonum, una ala Trevirum, paucae huius ipsius
exercitus turmae profligavere Sequanos. quanto pecunia

---

6 an Sacrovirum *Nipperdey*: an .⟆ sacro virum *M*, ⟆ *manu recentiore*: Iulium Sacrovirum *Beroaldus*   19 fronte *Lipsius*: frontē *M*

dites et voluptatibus opulentos tanto magis imbellis Aeduos evincite et fugientibus consulite.' ingens ad ea clamor et circumfudit eques frontemque pedites invasere, nec cunctatum apud latera. paulum morae attulere ferrati, restantibus lamminis adversum pila et gladios ; set miles correptis securibus 5 et dolabris, ut si murum perrumperet, caedere tegmina et corpora ; quidam trudibus aut furcis inertem molem prosternere, iacentesque nullo ad resurgendum nisu quasi exanimes linquebantur. Sacrovir primo Augustodunum, dein metu deditionis in villam propinquam cum fidissimis pergit. illic sua 10 manu, reliqui mutuis ictibus occidere: incensa super villa omnis cremavit.

47. Tum demum Tiberius ortum patratumque bellum senatu scripsit ; neque dempsit aut addidit vero, sed fide ac virtute legatos, se consiliis superfuisse. simul causas cur 15 non ipse, non Drusus profecti ad id bellum forent, adiunxit, magnitudinem imperii extollens, neque decorum principibus, si una alterave civitas turbet ** omissa urbe, unde in omnia regimen. nunc quia non metu ducatur iturum ut praesentia spectaret componeretque. decrevere patres vota pro 20 reditu eius supplicationesque et alia decora. solus Dolabella Cornelius dum antire ceteros parat absurdam in adulationem progressus, censuit ut ovans e Campania urbem introiret. igitur secutae Caesaris litterae quibus se non tam vacuum gloria praedicabat ut post ferocissimas gentis perdomitas, 25 tot receptos in iuventa aut spretos triumphos, iam senior peregrinationis suburbanae inane praemium peteret.

48. Sub idem tempus ut mors Sulpicii Quirini publicis exequiis frequentaretur petivit a senatu. nihil ad veterem et patriciam Sulpiciorum familiam Quirinius pertinuit, ortus 30

apud municipium Lanuvium : sed impiger militiae et acribus
ministeriis consulatum sub divo Augusto, mox expugnatis
per Ciliciam Homonadensium castellis insignia triumphi
adeptus, datusque rector G. Caesari Armeniam optinenti.
5 Tiberium quoque Rhodi agentem coluerat: quod tunc patefecit in senatu, laudatis in se officiis et incusato M. Lollio,
quem auctorem Gaio Caesari pravitatis et discordiarum
arguebat. sed ceteris haud laeta memoria Quirini erat ob
intenta, ut memoravi, Lepidae pericula sordidamque et
10 praepotentem senectam.

49. Fine anni Clutorium Priscum equitem Romanum, post
celebre carmen quo Germanici suprema defleverat, pecunia
donatum a Caesare, corripuit delator, obiectans aegro Druso
composuisse quod, si extinctus foret, maiore praemio vulga-
15 retur. id Clutorius in domo P. Petronii socru eius Vitellia
coram multisque inlustribus feminis per vaniloquentiam legerat. ut delator extitit, ceteris ad dicendum testimonium
exterritis, sola Vitellia nihil se audivisse adseveravit. sed
arguentibus ad perniciem plus fidei fuit, sententiaque
20 Haterii Agrippae consulis designati indictum reo ultimum
supplicium.

50. Contra M'. Lepidus in hunc modum exorsus est : ' si,
patres conscripti, unum id spectamus, quam nefaria voce
Clutorius Priscus mentem suam et auris hominum polluerit,
25 neque carcer neque laqueus, ne serviles quidem cruciatus
in eum suffecerint. sin flagitia et facinora sine modo sunt,
suppliciis ac remediis principis moderatio maiorumque et
vestra exempla temperant et vana a scelestis, dicta a male-
ficiis differunt, est locus sententiae per quam neque huic de-
30 lictum impune sit et nos clementiae simul ac severitatis non

---

3 per] super *Haupt, Nipperdey Andresen*   Homonadensium
Strabo xii. 6. 5 : onomadensium *M*   4–5 *ita interpunxit Mommsen*
datusque . . . coluerat. *vulgo*   6 Lollio *Lipsius* : folio *M*   16
legerat] iecerat *Weissbrodt*   22 M'. *Lipsius* : M. *M*

CORNELII TACITI

paeniteat. saepe audivi principem nostrum conquerentem
si quis sumpta morte misericordiam eius praevenisset. vita
Clutorii in integro est, qui neque servatus in periculum rei
publicae neque interfectus in exemplum ibit. studia illi ut
plena vaecordiae, ita inania et fluxa sunt; nec quicquam 5
grave ac serium ex eo metuas qui suorum ipse flagitiorum
proditor non virorum animis sed muliercularum adrepit.
cedat tamen urbe et bonis amissis aqua et igni arceatur:
quod perinde censeo ac si lege maiestatis teneretur.'

   51. Solus Lepido Rubellius Blandus e consularibus ad- 10
sensit : ceteri sententiam Agrippae secuti, ductusque in
carcerem Priscus ac statim exanimatus. id Tiberius solitis
sibi ambagibus apud senatum incusavit, cum extolleret
pietatem quamvis modicas principis iniurias acriter ulci-
scentium, deprecaretur tam praecipitis verborum poenas, 15
laudaret Lepidum neque Agrippam argueret. igitur factum
senatus consultum ne decreta patrum ante diem *decimum*
ad aerarium deferrentur idque vitae spatium damnatis pro-
rogaretur. sed non senatui libertas ad paenitendum erat
neque Tiberius interiectu temporis mitigabatur.   20

   52. C. Sulpicius D. Haterius consules sequuntur, in-
turbidus externis rebus annus, domi suspecta severitate
adversum luxum qui immensum proruperat ad cuncta quis
pecunia prodigitur. sed alia sumptuum quamvis graviora
dissimulatis plerumque pretiis occultabantur; ventris et 25
ganeae paratus adsiduis sermonibus vulgati fecerant curam
ne princeps antiquae parsimoniae durius adverteret. nam
incipiente C. Bibulo ceteri quoque aediles disseruerant,
sperni sumptuariam legem vetitaque utensilium pretia augeri
in dies nec mediocribus remediis sisti posse, et consulti 30
patres integrum id negotium ad principem distulerant. sed

---

   3 est] sit *Madvig*: esto *Lipsius*   10 rebellius *M*   17
decimum *add. Lipsius*   21 Haterius *Rhenanus*: harius *M*   30
remediis sisti *Pichena*: remedii isti *M*

Tiberius saepe apud se pensitato an coerceri tam profusae
cupidines possent, num coercitio plus damni in rem publicam
ferret, quam indecorum adtrectare quod non obtineret vel
retentum ignominiam et infamiam virorum inlustrium po-
5 sceret, postremo litteras ad senatum composuit quarum
sententia in hunc modum fuit.

53. 'Ceteris forsitan in rebus, patres conscripti, magis
expediat me coram interrogari et dicere quid e re publica
censeam : in hac relatione subtrahi oculos meos melius fuit,
10 ne, denotantibus vobis ora ac metum singulorum qui pu-
dendi luxus arguerentur, ipse etiam viderem eos ac velut
deprenderem. quod si mecum ante viri strenui, aediles,
consilium habuissent, nescio an suasurus fuerim omittere
potius praevalida et adulta vitia quam hoc adsequi, ut
15 palam fieret quibus flagitiis impares essemus. sed illi
quidem officio functi sunt, ut ceteros quoque magistratus
sua munia implere velim : mihi autem neque honestum
silere neque proloqui expeditum, quia non aedilis aut praetoris aut consulis partis sustineo. maius aliquid et excelsius
20 a principe postulatur ; et cum recte factorum sibi quisque
gratiam trahant, unius invidia ab omnibus peccatur. quid
enim primum prohibere et priscum ad morem recidere
adgrediar ? villarumne infinita spatia ? familiarum numerum
et nationes ? argenti et auri pondus ? aeris tabularumque
25 miracula ? promiscas viris et feminis vestis atque illa
feminarum propria, quis lapidum causa pecuniae nostrae
ad externas aut hostilis gentis transferuntur ?

54. 'Nec ignoro in conviviis et circulis incusari ista et
modum posci : set si quis legem sanciat, poenas indicat,
30 idem illi civitatem verti, splendidissimo cuique exitium
parari, neminem criminis expertem clamitabunt. atqui ne
corporis quidem morbos veteres et diu auctos nisi per dura

8 quid e re *Beroaldus* : quid re *M*   31 clamitabunt *Beroaldus* :
clamitabant *M*

et aspera coerceas : corruptus simul et corruptor, aeger et
flagrans animus haud levioribus remediis restinguendus est
quam libidinibus ardescit. tot a maioribus repertae leges,
tot quas divus Augustus tulit, illae oblivione, hae, quod
flagitiosius est, contemptu abolitae securiorem luxum fecere. 5
nam si velis quod nondum vetitum est, timeas ne vetere :
at si prohibita impune transcenderis, neque metus ultra
neque pudor est. cur ergo olim parsimonia pollebat? quia
sibi quisque moderabatur, quia unius urbis cives eramus ;
ne inritamenta quidem eadem intra Italiam dominantibus. 10
externis victoriis aliena, civilibus etiam nostra consumere
didicimus. quantulum istud est de quo aediles admonent!
quam, si cetera respicias, in levi habendum! at hercule
nemo refert quod Italia externae opis indiget, quod vita
populi Romani per incerta maris et tempestatum cotidie 15
volvitur. ac nisi provinciarum copiae et dominis et servitiis
et agris subvenerint, nostra nos scilicet nemora nostraeque
villae tuebuntur. hanc, patres conscripti, curam sustinet
princeps ; haec omissa funditus rem publicam trahet. reliquis intra animum medendum est : nos pudor, pauperes 20
necessitas, divites satias in melius mutet. aut si quis ex
magistratibus tantam industriam ac severitatem pollicetur
ut ire obviam queat, hunc ego et laudo et exonerari laborum
meorum partem fateor : sin accusare vitia volunt, dein, cum
gloriam eius rei adepti sunt, simultates faciunt ac mihi 25
relinquunt, credite, patres conscripti, me quoque non esse
offensionum avidum ; quas cum gravis et plerumque iniquas
pro re publica suscipiam, inanis et inritas neque mihi aut
vobis usui futuras iure deprecor.'

55. Auditis Caesaris litteris remissa aedilibus talis cura ; 30
luxusque mensae a fine Actiaci belli ad ea arma quis
Servius Galba rerum adeptus est per annos centum pro-

9 sibi quisque moderabatur, quia *Beroaldus* : sibique moderabatur
qua *M*

fusis sumptibus exerciti paulatim exolevere. causas eius
mutationis quaerere libet. dites olim familiae nobilium
aut claritudine insignes studio magnificentiae prolabebantur.
nam etiam tum plebem socios regna colere et coli licitum ;
5 ut quisque opibus domo paratu speciosus per nomen et
clientelas inlustrior habebatur. postquam caedibus saevitum et magnitudo famae exitio erat, ceteri ad sapientiora
convertere. simul novi homines e municipiis et coloniis
atque etiam provinciis in senatum crebro adsumpti do-
10 mesticam parsimoniam intulerunt, et quamquam fortuna
vel industria plerique pecuniosam ad senectam pervenirent,
mansit tamen prior animus. sed praecipuus adstricti moris
auctor Vespasianus fuit, antiquo ipse cultu victuque. obsequium inde in principem et aemulandi amor validior
15 quam poena ex legibus et metus. nisi forte rebus cunctis
inest quidam velut orbis, ut quem ad modum temporum
vices ita morum vertantur ; nec omnia apud priores meliora,
sed nostra quoque aetas multa laudis et artium imitanda
posteris tulit. verum haec nobis *in* maiores certamina ex
20 honesto maneant.

56. Tiberius, fama moderationis parta quod ingruentis
accusatores represserat, mittit litteras ad senatum quis
potestatem tribuniciam Druso petebat. id summi fastigii
vocabulum Augustus repperit, ne regis aut dictatoris nomen
25 adsumeret ac tamen appellatione aliqua cetera imperia
praemineret. Marcum deinde Agrippam socium eius potestatis, quo defuncto Tiberium Neronem delegit ne successor in incerto foret. sic cohiberi pravas aliorum spes
rebatur ; simul modestiae Neronis et suae magnitudini
30 fidebat. quo tunc exemplo Tiberius Drusum summae rei
admovit, cum incolumi Germanico integrum inter duos

19 in *add. Lipsius*   maiores *secl. Mitscherlich*   verum haec nobis
maior res, certamina . . . maneant *Huet*   31 admovit *Halm* :
admovet *M*

E

iudicium tenuisset. sed principio litterarum veneratus deos
ut consilia sua rei publicae prosperarent, modica de moribus
adulescentis neque in falsum aucta rettulit. esse illi coniugem et tres liberos eamque aetatem qua ipse quondam
a divo Augusto ad capessendum hoc munus vocatus sit. 5
neque nunc propere sed per octo annos capto experimento,
compressis seditionibus, compositis bellis, triumphalem et
bis consulem noti laboris participem sumi.

57. Praeceperant animis orationem patres quo quaesitior
adulatio fuit. nec tamen repertum nisi ut effigies principum, 10
aras deum, templa et arcus aliaque solita censerent, nisi
quod M. Silanus ex contumelia consulatus honorem principibus petivit dixitque pro sententia ut publicis privatisve
monimentis ad memoriam temporum non consulum nomina
praescriberentur, sed eorum qui tribuniciam potestatem 15
gererent. at Q. Haterius cum eius diei senatus consulta
aureis litteris figenda in curia censuisset deridiculo fuit
senex foedissimae adulationis tantum infamia usurus.

58. Inter quae provincia Africa Iunio Blaeso prorogata,
Servius Maluginensis flamen Dialis ut Asiam sorte haberet 20
postulavit, frustra vulgatum dictitans non licere Dialibus
egredi Italia neque aliud ius suum quam Martialium Quiri-
naliumque flaminum : porro, si hi duxissent provincias, cur
Dialibus id vetitum ? nulla de eo populi scita, non in
libris caerimoniarum reperiri. saepe pontifices Dialia sacra 25
fecisse si flamen valetudine aut munere publico impedi-
retur. quinque et septuaginta annis post Cornelii Merulae
caedem neminem suffectum neque tamen cessavisse religiones. quod si per tot annos possit non creari nullo
sacrorum damno, quanto facilius afuturum ad unius anni 30
proconsulare imperium ? privatis olim simultatibus effectum

16 at Q. *Lipsius* : atque *M*   22 ius suum *Rhenanus* : ius ‖
sum *M*   23 si hi *Beroaldus* : sibi *M*   27 v *Lachmann* :
duobus *M*

ut a pontificibus maximis ire in provincias prohiberentur :
nunc deum munere summum pontificum etiam summum
hominum esse, non aemulationi, non odio aut privatis adfe-
ctionibus obnoxium.

5 **59**. Adversus quae cum augur Lentulus aliique varie
dissererent, eo decursum est ut pontificis maximi sententiam opperirentur. Tiberius dilata notione de iure flaminis
decretas ob tribuniciam Drusi potestatem caerimonias temperavit, nominatim arguens insolentiam sententiae aureas-
10 que litteras contra patrium morem. recitatae et Drusi
epistulae quamquam ad modestiam flexae pro superbis-
simis accipiuntur. huc decidisse cuncta ut ne iuvenis
quidem tanto honore accepto adiret urbis deos, ingrederetur senatum, auspicia saltem gentile apud solum inciperet.
15 bellum scilicet aut diverso terrarum distineri, litora et lacus
Campaniae cum maxime peragrantem. sic imbui rectorem
generis humani, id primum e paternis consiliis discere.
sane gravaretur aspectum civium senex imperator fessamque
aetatem et actos labores praetenderet : Druso quod nisi ex
20 adrogantia impedimentum ?

60. Sed Tiberius, vim principatus sibi firmans, imaginem antiquitatis senatui praebebat postulata provinciarum
ad disquisitionem patrum mittendo. crebrescebat enim
Graecas per urbes licentia atque impunitas asyla statuendi ;
25 complebantur templa pessimis servitiorum ; eodem subsidio obaerati adversum creditores suspectique capitalium
criminum receptabantur, nec ullum satis validum imperium erat coercendis seditionibus populi flagitia hominum
ut caerimonias deum protegentis. igitur placitum ut mit-
30 terent civitates iura atque legatos. et quaedam quod falso
usurpaverant sponte omisere ; multae vetustis superstitioni-

3 aemulationi *Muretus* : aemulatione *M*   7 dilata *Beroaldus* :
delata *M*   15 bello *Lipsius*   29 protegentis *Rhenanus* : pro-
tegentes *M*   30 civitates *Rhenanus* : civitatis *M*

bus aut meritis in populum Romanum fidebant. magnaque
eius diei species fuit quo senatus maiorum beneficia, sociorum pacta, regum etiam qui ante vim Romanam valuerant
decreta ipsorumque numinum religiones introspexit, libero,
ut quondam, quid firmaret mutaretve.   5

61. Primi omnium Ephesii adiere, memorantes non, ut
vulgus crederet, Dianam atque Apollinem Delo genitos :
esse apud se Cenchreum amnem, lucum Ortygiam, ubi
Latonam partu gravidam et oleae, quae tum etiam maneat,
adnisam edidisse ea numina, deorumque monitu sacratum 10
nemus, atque ipsum illic Apollinem post interfectos Cy-
clopas Iovis iram vitavisse. mox Liberum patrem, bello
victorem, supplicibus Amazonum quae aram insiderant
ignovisse. auctam hinc concessu Herculis, cum Lydia
poteretur, caerimoniam templo neque Persarum dicione 15
deminutum ius ; post Macedonas, dein nos servavisse.

62. Proximi hos Magnetes L. Scipionis et L. Sullae
constitutis nitebantur, quorum ille Antiocho, hic Mithridate pulsis fidem atque virtutem Magnetum decoravere,
uti Dianae Leucophrynae perfugium inviolabile foret. 20
Aphrodisienses posthac et Stratonicenses dictatoris Caesaris ob vetusta in partis merita et recens divi Augusti
decretum adtulere, laudati quod Parthorum inruptionem
nihil mutata in populum Romanum constantia pertulissent.
sed Aphrodisiensium civitas Veneris, Stratonicensium Iovis 25
et Triviae religionem tuebantur. altius Hierocaesarienses
exposuere, Persicam apud se Dianam, delubrum rege Cyro
dicatum ; et memorabantur Perpennae, Isaurici multaque
alia imperatorum nomina qui non modo templo sed duobus
milibus passuum eandem sanctitatem tribuerant. exim Cy- 30

8 Cenchrium *Beroaldus, Nipperdey*   lucum *Lipsius* : locum *M*
17 proximi hos Magnetes *Wurm* : proximo snagnetes *M* : proximi
Magnetẹs *Freinsheim*   20 Leucophrynae *Lipsius* : leucophinae *M* :
Leucophryenae *Beroaldus, cf. Strabo* xiv. 1. 40

prii tribus *de* delubris, quorum vetustissimum Paphiae Veneri
auctor Aërias, post filius eius Amathus Veneri Amathusiae
et Iovi Salaminio Teucer, Telamonis patris ira profugus,
posuissent.

5   **63.** Auditae aliarum quoque civitatium legationes. quorum copia fessi patres, et quia studiis certabatur, consulibus
permisere ut perspecto iure, et si qua iniquitas involvere-
tur, rem integram rursum ad senatum referrent. consules
super eas civitates quas memoravi apud Pergamum Aescu-
10 lapii compertum asylum rettulerunt : ceteros obscuris ob
vetustatem initiis niti. nam Zmyrnaeos oraculum Apollinis, cuius imperio Stratonicidi Veneri templum dicaverint,
Tenios eiusdem carmen referre, quo sacrare Neptuni effigiem
aedemque iussi sint. propiora Sardianos : Alexandri victoris
15 id donum. neque minus Milesios Dareo rege niti ; set cultus
numinum utrisque Dianam aut Apollinem venerandi. petere
et Cretenses simulacro divi Augusti. factaque senatus consulta quis multo cum honore modus tamen praescribebatur,
iussique ipsis in templis figere aera sacrandam ad memo-
20 riam, neu specie religionis in ambitionem delaberentur.

64. Sub idem tempus Iuliae Augustae valetudo atrox
necessitudinem principi fecit festinati in urbem reditus, sin-
cera adhuc inter matrem filiumque concordia sive occultis
odiis. neque enim multo ante, cum haud procul theatro
25 Marcelli effigiem divo Augusto Iulia dicaret, Tiberi nomen
suo postscripserat, idque ille credebatur ut inferius maiestate
principis gravi et dissimulata offensione abdidisse. set
tum supplicia dis ludique magni ab senatu decernuntur,
quos pontifices et augures et quindecimviri septemviris
30 simul et sodalibus Augustalibus ederent. censuerat L. Apro-

---

1 de *add. Bezzenberger*   11 Zm\rnaeos *Beroaldus* : zmyrnetis
M   12 Stratonicidi Veneri *Rhenanus* : strato nici divaeve || neri
M   15 rege niti set *Lipsius* : regi utiset *M*   19 figere *Pichena* :
fiere *M*

nius ut fetiales quoque iis ludis praesiderent. contra dixit
Caesar, distincto sacerdotiorum iure et repetitis exemplis :
neque enim umquam fetialibus hoc maiestatis fuisse. ideo
Augustalis adiectos quia proprium eius domus sacerdotium
esset pro qua vota persolverentur.   5

65. Exequi sententias haud institui nisi insignis per
honestum aut notabili dedecore, quod praecipuum munus
annalium reor ne virtutes sileantur utque pravis dictis
factisque ex posteritate et infamia metus sit. ceterum
tempora illa adeo infecta et adulatione sordida fuere ut 10
non modo primores civitatis, quibus claritudo sua obsequiis
protegenda erat, sed omnes consulares, magna pars eorum
qui praetura functi multique etiam pedarii senatores certatim exsurgerent foedaque et nimia censerent. memoriae
proditur Tiberium, quoties curia egrederetur, Graecis verbis 15
in hunc modum eloqui solitum 'o homines ad servitutem
paratos !' scilicet etiam illum qui libertatem publicam nollet
tam proiectae servientium patientiae taedebat.

66. Paulatim dehinc ab indecoris ad infesta transgredie-
bantur. C. Silanum pro consule Asiae repetundarum a 20
sociis postulatum Mamercus Scaurus e consularibus, Iunius
Otho praetor, Bruttedius Niger aedilis simul corripiunt
obiectantque violatum Augusti numen, spretam Tiberii
maiestatem, Mamercus antiqua exempla iaciens, L. Cottam
a Scipione Africano, Servium Galbam a Catone censorio, 25
P. Rutilium a M. Scauro accusatos. videlicet Scipio et
Cato talia ulciscebantur aut ille Scaurus, quem proavum
suum obprobrium maiorum Mamercus infami opera de-
honestabat. Iunio Othoni litterarium ludum exercere vetus
ars fuit : mox Seiani potentia senator obscura initia impu- 30
dentibus ausis propolluebat. Bruttedium artibus honestis

---

22 *et* 31 Bruttidius *Beroaldus, Nipperdey-Andresen*   31 provolvebat
Iac. Gronovius, Nipperdey : porro polluebat *Lipsius* : polluebat *Orelli*

copiosum et, si rectum iter pergeret, ad clarissima quaeque
iturum festinatio extimulabat, dum aequalis, dein superiores, postremo suasmet ipse spes antire parat : quod
multos etiam bonos pessum dedit, qui spretis quae tarda
5 cum securitate praematura vel cum exitio properant.

67. Auxere numerum accusatorum Gellius Publicola et
M. Paconius, ille quaestor Silani, hic legatus. nec dubium
habebatur saevitiae captarumque pecuniarum teneri reum :
sed multa adgerebantur etiam insontibus periculosa, cum
10 super tot senatores adversos facundissimis totius Asiae
eoque ad accusandum delectis responderet solus et orandi
nescius, proprio in metu qui exercitam quoque eloquentiam debilitat, non temperante Tiberio quin premeret voce
vultu, eo quod ipse creberrime interrogabat, neque refellere
15 aut eludere dabatur, ac saepe etiam confitendum erat ne
frustra quaesivisset. servos quoque Silani ut tormentis
interrogarentur actor publicus mancipio acceperat. et ne
quis necessariorum iuvaret periclitantem maiestatis crimina
subdebantur, vinclum et necessitas silendi. igitur petito
20 paucorum dierum interiectu defensionem sui deseruit, ausis
ad Caesarem codicillis quibus invidiam et preces miscuerat.

68. Tiberius quae in Silanum parabat quo excusatius
sub exemplo acciperentur, libellos divi Augusti de Voleso
Messala eiusdem Asiae pro consule factumque in eum
25 senatus consultum recitari iubet. tum L. Pisonem sententiam rogat. ille multum de clementia principis praefatus
aqua atque igni Silano interdicendum censuit ipsumque in
insulam Gyarum relegandum. eadem ceteri, nisi quod
Cn. Lentulus separanda Silani materna bona, quippe Atia
30 parente geniti, reddendaque filio dixit, adnuente Tiberio.

---

1 pergeret *Rhenanus* : perageret *M*   3 antire parat *Bach* :
antereparat *M*   12 eloquentiam debilitat *Beroaldus* : eloquende
belitat *M*   14 eoque quod *Acidalius*   17 interrogarentur *Lipsius* :
interrogentur *M*   29 Atia *Madvig* : alia *M* : Manlia *Grotius*
quippe alia parente geniti *secl. Weikert, Orelli*

CORNELII TACITI

69. At Cornelius Dolabella dum adulationem longius sequitur increpitis C. Silani moribus addidit ne quis vita probrosus et opertus infamia provinciam sortiretur, idque princeps diiudicaret. nam a legibus delicta puniri : quanto fore mitius in ipsos, melius in socios, provideri ne pecca- 5 retur? adversum quae disseruit Caesar : non quidem sibi ignara quae de Silano vulgabantur, sed non ex rumore statuendum. multos in provinciis contra quam spes aut metus de illis fuerit egisse : excitari quosdam ad meliora magnitudine rerum, hebescere alios. neque posse princi- 10 pem sua scientia cuncta complecti neque expedire ut am- bitione aliena trahatur. ideo leges in facta constitui quia futura in incerto sint. sic a maioribus institutum ut, si antissent delicta, poenae sequerentur. ne verterent sapien- ter reperta et semper placita : satis onerum principibus, 15 satis etiam potentiae. minui iura quotiens gliscat potestas, nec utendum imperio ubi legibus agi possit. quanto rarior apud Tiberium popularitas tanto laetioribus animis accepta. atque ille prudens moderandi, si propria ira non impelle- retur, addidit insulam Gyarum immitem et sine cultu homi- 20 num esse : darent Iuniae familiae et viro quondam ordinis eiusdem ut Cythnum potius concederet. id sororem quo- que Silani Torquatam, priscae sanctimoniae virginem, expe- tere. in hanc sententiam facta discessio.

70. Post auditi Cyrenenses et accusante Anchario Prisco 25 Caesius Cordus repetundarum damnatur. L. Ennium equi- tem Romanum, maiestatis postulatum quod effigiem principis promiscum ad usum argenti vertisset, recipi Caesar inter reos vetuit, palam aspernante Ateio Capitone quasi per liber- tatem. non enim debere eripi patribus vim statuendi neque 30 tantum maleficium impune habendum. sane lentus in suo

16 minui iura *Lipsius* : minutura *M* 19 impellerentur *M* 22
Cythnum *Lipsius in adnotatione* : cythenum *M*

dolore esset : rei publicae iniurias ne largiretur. intellexit
haec Tiberius, ut erant magis quam ut dicebantur, perstititque intercedere. Capito insignitior infamia fuit quod humani
divinique iuris sciens egregium publicum et bonas domi artes
5 dehonestavisset.

71. Incessit dein religio quonam in templo locandum
foret donum quod pro valetudine Augustae equites Romani
voverant equestri Fortunae : nam etsi delubra eius deae
multa in urbe, nullum tamen tali cognomento erat. repertum
10 est aedem esse apud Antium quae sic nuncuparetur, cun-
ctasque caerimonias Italicis in oppidis templaque et numinum effigies iuris atque imperii Romani esse. ita donum
apud Antium statuitur. et quoniam de religionibus tractabatur, dilatum nuper responsum adversus Servium Maluginen-
15 sem flaminem Dialem prompsit Caesar recitavitque decretum
pontificum, quotiens valetudo adversa flaminem Dialem in-
cessisset, ut pontificis maximi arbitrio plus quam binoctium
abesset, dum ne diebus publici sacrificii neu saepius quam
bis eundem in annum ; quae principe Augusto constituta
20 satis ostendebant annuam absentiam et provinciarum admi-
nistrationem Dialibus non concedi. memorabaturque L.
Metelli pontificis maximi exemplum qui Aulum Postumium
flaminem attinuisset. ita sors Asiae in eum qui consularium
Maluginensi proximus erat conlata.

25 **72.** Isdem diebus Lepidus ab senatu petivit ut basilicam
Pauli, Aemilia monimenta, propria pecunia firmaret ornaret-
que. erat etiam tum in more publica munificentia ; nec Augustus arcuerat Taurum, Philippum, Balbum hostilis exuvias
aut exundantis opes ornatum ad urbis et posterum gloriam
30 conferre. quo tum exemplo Lepidus, quamquam pecuniae

---

14 malluginensem *M, at* maluginensi *l.* 24   15 prompsit *Lipsius* :
promisit *M*   16 quotiens non *Haase, Nipperdey, alii quaedam deesse
censent*   25 M. Lepidus *Nipperdey*   28 arcuerat *Lipsius* :
arguerat *M*

modicus, avitum decus recoluit.   at Pompei theatrum igne
fortuito haustum Caesar extructurum pollicitus est eo quod
nemo e familia restaurando sufficeret, manente tamen nomine
Pompei.   simul laudibus Seianum extulit tamquam labore
vigilantiaque eius tanta vis unum intra damnum stetisset ; et 5
censuere patres effigiem Seiano quae apud theatrum Pompei
locaretur.   neque multo post Caesar, cum Iunium Blaesum
pro consule Africae triumphi insignibus attolleret, dare id se
dixit honori Seiani, cuius ille avunculus erat.   ac tamen res
Blaesi dignae decore tali fuere.   10

73. Nam Tacfarinas, quamquam saepius depulsus, repa-
ratis per intima Africae auxiliis huc adrogantiae venerat ut
legatos ad Tiberium mitteret sedemque ultro sibi atque exercitui suo postularet aut bellum inexplicabile minitaretur.
non alias magis sua populique Romani contumelia indoluisse 15
Caesarem ferunt quam quod desertor et praedo hostium more
ageret.   ne Spartaco quidem post tot consularium exercituum cladis inultam Italiam urenti, quamquam Sertorii atque Mithridatis ingentibus bellis labaret res publica, datum
ut pacto in fidem acciperetur ; nedum pulcherrimo populi 20
Romani fastigio latro Tacfarinas pace et concessione agrorum redimeretur.   dat negotium Blaeso ceteros quidem ad
spem proliceret arma sine noxa ponendi, ipsius autem ducis
quoquo modo poteretur.   et recepti ea venia plerique.
mox adversum artes Tacfarinatis haud dissimili modo belli- 25
geratum.

74. Nam quia ille robore exercitus impar, furandi melior,
pluris per globos incursaret eluderetque et insidias simul
temptaret, tres incessus, totidem agmina parantur.   ex quis
Cornelius Scipio legatus praefuit qua praedatio in Leptitanos 30
et suffugia Garamantum ; alio latere, ne Cirtensium pagi
impune traherentur, propriam manum Blaesus filius duxit :

30 Leptitanos Freinsheim : lepcinos M : leptinos M²

medio cum delectis, castella et munitiones idoneis locis im-
ponens, dux ipse arta et infensa hostibus cuncta fecerat,
quia, quoquo inclinarent, pars aliqua militis Romani in ore,
in latere et saepe a tergo erat ; multique eo modo caesi aut
5 circumventi. tunc tripertitum exercitum pluris in manus
dispergit praeponitque centuriones virtutis expertae. nec,
ut mos fuerat, acta aestate retrahit copias aut in hibernaculis
veteris provinciae componit, sed ut in limine belli dispositis
castellis per expeditos et solitudinum gnaros mutantem ma-
10 palia Tacfarinatem proturbabat, donec fratre eius capto regressus est, properantius tamen quam ex utilitate sociorum,
relictis per quos resurgeret bellum. sed Tiberius pro confecto interpretatus id quoque Blaeso tribuit ut imperator a
legionibus salutaretur, prisco erga duces honore qui bene
15 gesta re publica gaudio et impetu victoris exercitus concla-
mabantur ; erantque plures simul imperatores nec super
ceterorum aequalitatem. concessit quibusdam et Augustus
id vocabulum ac tunc Tiberius Blaeso postremum.

75. Obiere eo anno viri inlustres Asinius Saloninus, Marco
20 Agrippa et Pollione Asinio avis, fratre Druso insignis Caesarique progener destinatus, et Capito Ateius, de quo memoravi, principem in civitate locum studiis civilibus adsecutus, sed avo centurione Sullano, patre praetorio. consulatum ei adceleraverat Augustus ut Labeonem Antistium isdem
25 artibus praecellentem dignatione eius magistratus antiret.
namque illa aetas duo pacis decora simul tulit : sed Labeo
incorrupta libertate et ob id fama celebratior, Capitonis obsequium dominantibus magis probabatur. illi quod praeturam intra stetit commendatio ex iniuria, huic quod consula-
30 tum adeptus est odium ex invidia oriebatur.

76. Et Iunia sexagesimo quarto post Philippensem aciem
anno supremum diem explevit, Catone avunculo genita,

25 magistratus *Beroaldus* : magistratibus *M*

131

C. Cassii uxor, M. Bruti soror. testamentum eius multo
apud vulgum rumore fuit, quia in magnis opibus cum ferme
cunctos proceres cum honore nominavisset Caesarem omisit. quod civiliter acceptum neque prohibuit quo minus
laudatione pro rostris ceterisque sollemnibus funus cohone- 5
staretur. viginti clarissimarum familiarum imagines antelatae
sunt, Manlii, Quinctii aliaque eiusdem nobilitatis nomina.
sed praefulgebant Cassius atque Brutus eo ipso quod effigies
eorum non visebantur.

LIBER IV

1. C. ASINIO C. Antistio consulibus nonus Tiberio annus 10
erat compositae rei publicae, florentis domus (nam Germanici mortem inter prospera ducebat), cum repente turbare
fortuna coepit, saevire ipse aut saevientibus viris praebere.
initium et causa penes Aelium Seianum cohortibus praetoriis praefectum cuius de potentia supra memoravi : nunc 15
originem, mores, et quo facinore dominationem raptum
ierit expediam. genitus Vulsiniis patre Seio Strabone equite
Romano, et prima iuventa Gaium Caesarem divi Augusti
nepotem sectatus, non sine rumore Apicio diviti et prodigo
stuprum veno dedisse, mox Tiberium variis artibus devinxit 20
adeo ut obscurum adversum alios sibi uni incautum inte-
ctumque efficeret, non tam sollertia (quippe isdem artibus
victus est) quam deum ira in rem Romanam, cuius pari
exitio viguit ceciditque. corpus illi laborum tolerans, animus
audax ; sui obtegens, in alios criminator ; iuxta adulatio et 25
superbia ; palam compositus pudor, intus summa apiscendi
libido, eiusque causa modo largitio et luxus, saepius in·

2 opibus *Beroaldus* : operibus *M*   17 ierit *Pichena* : perit *M*
Vulsiniis *Beroaldus* : vulgus sinis *M*

dustria ac vigilantia, haud minus noxiae quotiens parando
regno finguntur.

2. Vim praefecturae modicam antea intendit, dispersas
per urbem cohortis una in castra conducendo, ut simul
5 imperia acciperent numeroque et robore et visu inter se
fiducia ipsis, in ceteros metus oreretur. praetendebat lascivire militem diductum ; si quid subitum ingruat, maiore
auxilio pariter subveniri ; et severius acturos si vallum
statuatur procul urbis inlecebris. ut perfecta sunt castra,
10 inrepere paulatim militaris animos adeundo, appellando ;
simul centuriones ac tribunos ipse deligere. neque senatorio ambitu abstinebat clientes suos honoribus aut provinciis
ornandi, facili Tiberio atque ita prono ut socium laborum
non modo in sermonibus, sed apud patres et populum cele-
15 braret colique per theatra et fora effigies eius interque
principia legionum sineret.

3. Ceterum plena Caesarum domus, iuvenis filius, nepotes adulti moram cupitis adferebant ; et quia vi tot simul
corripere intutum dolus intervalla scelerum poscebat. pla-
20 cuit tamen occultior via et a Druso incipere, in quem recenti
ira ferebatur. nam Drusus impatiens aemuli et animo commotior orto forte iurgio intenderat Seiano manus et contra
tendentis os verberaverat. igitur cuncta temptanti promptissimum visum ad uxorem eius Liviam convertere, quae soror
25 Germanici, formae initio aetatis indecorae, mox pulchritudine praecellebat. hanc ut amore incensus adulterio pellexit,
et postquam primi flagitii potitus est (neque femina amissa
pudicitia alia abnuerit), ad coniugii spem, consortium regni
et necem mariti impulit. atque illa, cui avunculus Augustus,
30 socer Tiberius, ex Druso liberi, seque ac maiores et posteros
municipali adultero foedabat ut pro honestis et praesentibus
flagitiosa et incerta expectaret. sumitur in conscientiam

6 oreretur *Haase* : credetur *M*   7 diductum *Beroaldus* : deductum *M*   18 et *del. Nipperdey*

Eudemus, amicus ac medicus Liviae, specie artis frequens
secretis. pellit domo Seianus uxorem Apicatam, ex qua
tres liberos genuerat, ne paelici suspectaretur. sed magnitudo facinoris metum, prolationes, diversa interdum consilia
adferebat. 5

4. Interim anni principio Drusus ex Germanici liberis
togam virilem sumpsit quaeque fratri eius Neroni decreve-
rat senatus repetita. addidit orationem Caesar multa cum
laude filii sui quod patria benevolentia in fratris liberos foret.
nam Drusus, quamquam arduum sit eodem loci potentiam 10
et concordiam esse, aequus adulescentibus aut certe non
adversus habebatur. exim vetus et saepe simulatum pro-
ficiscendi in provincias consilium refertur. multitudinem
veteranorum praetexebat imperator et dilectibus supplendos
exercitus : nam voluntarium militem deesse, ac si suppe- 15
ditet, non eadem virtute ac modestia agere, quia plerumque
inopes ac vagi sponte militiam sumant. percensuitque
cursim numerum legionum et quas provincias tutarentur.
quod mihi quoque exequendum reor, quae tunc Romana
copia in armis, qui socii reges, quanto sit angustius im- 20
peritatum.

5. Italiam utroque mari duae classes, Misenum apud et
Ravennam, proximumque Galliae litus rostratae naves prae-
sidebant, quas Actiaca victoria captas Augustus in oppidum
Foroiuliense miserat valido cum remige. sed praecipuum 25
robur Rhenum iuxta, commune in Germanos Gallosque
subsidium, octo legiones erant. Hispaniae recens per-
domitae tribus habebantur. Mauros Iuba rex acceperat
donum populi Romani. cetera Africae per duas legiones
parique numero Aegyptus, dehinc initio ab Syriae usque ad 30
flumen Euphraten, quantum ingenti terrarum sinu ambitur,
quattuor legionibus coercita, accolis Hibero Albanoque et

23 constratae *Nipperdey*   30 Syriae *Muretus* : Suria *M*

134

aliis regibus qui magnitudine nostra proteguntur adversum
externa imperia. et Thraeciam Rhoemetalces ac liberi
Cotyis, ripamque Danuvii legionum duae in Pannonia, duae
in Moesia attinebant, totidem apud Delmatiam locatis, quae
5 positu regionis a tergo illis, ac si repentinum auxilium Italia
posceret, haud procul accirentur, quamquam insideret urbem
proprius miles, tres urbanae, novem praetoriae cohortes,
Etruria ferme Vmbriaque delectae aut vetere Latio et coloniis antiquitus Romanis. at apud idonea provinciarum
10 sociae triremes alaeque et auxilia cohortium, neque multo
secus in iis virium : sed persequi incertum fuit, cum ex usu
temporis huc illuc mearent, gliscerent numero et aliquando
minuerentur.

6. Congruens crediderim recensere ceteras quoque rei
15 publicae partis, quibus modis ad eam diem habitae sint,
quoniam Tiberio mutati in deterius principatus initium ille
annus attulit. iam primum publica negotia et privatorum
maxima apud patres tractabantur, dabaturque primoribus
disserere et in adulationem lapsos cohibebat ipse ; manda-
20 batque honores, nobilitatem maiorum, claritudinem militiae,
inlustris domi artes spectando, ut satis constaret non alios
potiores fuisse. sua consulibus, sua praetoribus species ;
minorum quoque magistratuum exercita potestas ; legesque,
si maiestatis quaestio eximeretur, bono in usu. at frumenta
25 et pecuniae vectigales, cetera publicorum fructuum societati-
bus equitum Romanorum agitabantur. res suas Caesar
spectatissimo cuique, quibusdam ignotis ex fama mandabat,
semelque adsumpti tenebantur prorsus sine modo, cum
plerique isdem negotiis insenescerent. plebes acri quidem
30 annona fatigabatur, sed nulla in eo culpa ex principe : quin
infecunditati terrarum aut asperis maris obviam iit, quantum
impendio diligentiaque poterat. et ne provinciae novis

---

8 coloniis *Lipsius* : colonis *M*   11 fuerit *Lipsius*   29 acri
Rhenanus : agri *M*

oneribus turbarentur utque vetera sine avaritia aut crude-
litate magistratuum tolerarent providebat : corporum verbera,
ademptiones bonorum aberant.   rari per Italiam Caesaris
agri, modesta servitia, intra paucos libertos domus; ac si
quando cum privatis disceptaret, forum et ius.   5

7. Quae cuncta non quidem comi via sed horridus ac
plerumque formidatus retinebat tamen, donec morte Drusi
verterentur : nam dum superfuit mansere, quia Seianus
incipiente adhuc potentia bonis consiliis notescere volebat,
et ultor metuebatur non occultus odii set crebro querens 10
incolumi filio adiutorem imperii alium vocari. et quantum
superesse ut collega dicatur? primas dominandi spes in
arduo : ubi sis ingressus, adesse studia et ministros. extructa iam sponte praefecti castra, datos in manum milites;
cerni effigiem eius in monimentis Cn. Pompei ; communis 15
illi cum familia Drusorum fore nepotes : precandam post
haec modestiam ut contentus esset. neque raro neque
apud paucos talia iaciebat, et secreta quoque eius corrupta
uxore prodebantur.

8. Igitur Seianus maturandum ratus deligit venenum quo 20
paulatim inrepente fortuitus morbus adsimularetur.   id
Druso datum per Lygdum spadonem, ut octo post annos
cognitum est. ceterum Tiberius per omnis valetudinis eius
dies, nullo metu an ut firmitudinem animi ostentaret, etiam
defuncto necdum sepulto, curiam ingressus est. consulesque 25
sede vulgari per speciem maestitiae sedentis honoris locique
admonuit, et effusum in lacrimas senatum victo gemitu
simul oratione continua erexit : non quidem sibi ignarum
posse argui quod tam recenti dolore subierit oculos senatus :
vix propinquorum adloquia tolerari, vix diem aspici a pleris- 30
que lugentium. neque illos imbecillitatis damnandos : se
tamen fortiora solacia e complexu rei publicae petivisse.

miseratusque Augustae extremam senectam, rudem adhuc
nepotum et vergentem aetatem suam, ut Germanici liberi,
unica praesentium malorum levamenta, inducerentur petivit.
egressi consules firmatos adloquio adulescentulos deductos-
5 que ante Caesarem statuunt. quibus adprensis 'patres
conscripti, hos' inquit 'orbatos parente tradidi patruo
ipsorum precatusque sum, quamquam esset illi propria
suboles, ne secus quam suum sanguinem foveret attolleret,
sibique et posteris conformaret. erepto Druso preces ad
10 vos converto disque et patria coram obtestor: Augusti pronepotes, clarissimis maioribus genitos, suscipite regite,
vestram meamque vicem explete. hi vobis, Nero et Druse,
parentum loco. ita nati estis ut bona malaque vestra ad
rem publicam pertineant.'

15 **9.** Magno ea fletu et mox precationibus faustis audita ;
ac si modum orationi posuisset, misericordia sui gloriaque
animos audientium impleverat: ad vana et totiens inrisa
revolutus, de reddenda re publica utque consules seu quis
alius regimen susciperent, vero quoque et honesto fidem
20 dempsit. memoriae Drusi eadem quae in Germanicum
decernuntur, plerisque additis, ut ferme amat posterior
adulatio. funus imaginum pompa maxime inlustre fuit,
cum origo Iuliae gentis Aeneas omnesque Albanorum reges
et conditor urbis Romulus, post Sabina nobilitas, Attus
25 Clausus ceteraeque Claudiorum effigies longo ordine spectarentur.

10. In tradenda morte Drusi quae plurimis maximaeque
fidei auctoribus memorata sunt rettuli: set non omiserim
eorundem temporum rumorem validum adeo ut nondum
30 exolescat. corrupta ad scelus Livia Seianum Lygdi quoque
spadonis animum stupro vinxisse, quod is [Lygdus] aetate

6 parente *M*[2] : parenti *M*   8 foveret ac tolleret *Beroaldus*
27 maximaeque fidei *Ritter* : maximaeque fideis *M* : maximeque fidis
Beroaldus   31 Lygdus *secl. Ernesti*

atque forma carus domino interque primores ministros erat ;
deinde inter conscios ubi locus veneficii tempusque composita sint, eo audaciae provectum ut verteret et occulto
indicio Drusum veneni in patrem arguens moneret Tiberium
vitandam potionem quae prima ei apud filium epulanti 5
offerretur. ea fraude captum senem, postquam convivium
inierat, exceptum poculum Druso tradidisse ; atque illo
ignaro et iuveniliter hauriente auctam suspicionem, tamquam metu et pudore sibimet inrogaret mortem quam patri
struxerat.   10

11. Haec vulgo iactata super id quod nullo auctore certo
firmantur prompte refutaveris. quis enim mediocri prudentia, nedum Tiberius tantis rebus exercitus, inaudito filio
exitium offerret, idque sua manu et nullo ad paenitendum
regressu ? quin potius ministrum veneni excruciaret, aucto- 15
rem exquireret, insita denique etiam in extraneos cunctatione
et mora adversum unicum et nullius ante flagitii compertum
uteretur ? sed quia Seianus facinorum omnium repertor
habebatur, ex nimia caritate in eum Caesaris et ceterorum
in utrumque odio quamvis fabulosa et immania credebantur, 20
atrociore semper fama erga dominantium exitus. ordo
alioqui sceleris per Apicatam Seiani proditus tormentis
Eudemi ac Lygdi patefactus est. neque quisquam scriptor
tam infensus extitit ut Tiberio obiectaret, cum omnia alia
conquirerent intenderentque. mihi tradendi arguendique 25
rumoris causa fuit ut claro sub exemplo falsas auditiones
depellerem peteremque ab iis quorum in manus cura nostra
venerit *ne* divulgata atque incredibilia avide accepta veris
neque in miraculum corruptis antehabeant.

12. Ceterum laudante filium pro rostris Tiberio senatus 30

---

5 ei *Rhenanus* : et *M*   6 captum *Muretus* : cum *M* : tum
Beroaldus : illectum *Nipperdey-Andresen* : deceptum *Heraeus*   28
ne *add. Rhenanus*   incredibilia *M²* : incredibili *M* : incredibilia
secl. Nipperdey

populusque habitum ac voces dolentum simulatione magis
quam libens induebat, domumque Germanici revirescere
occulti laetabantur. quod principium favoris et mater
Agrippina spem male tegens perniciem adceleravere. nam
5 Seianus ubi videt mortem Drusi inultam interfectoribus,
sine maerore publico esse, ferox scelerum et, quia prima
provenerant, volutare secum quonam modo Germanici liberos perverteret, quorum non dubia successio. neque
spargi venenum in tres poterat, egregia custodum fide et
10 pudicitia Agrippinae impenetrabili. igitur contumaciam
eius insectari, vetus Augustae odium, recentem Liviae conscientiam exagitare, ut superbam fecunditate, subnixam
popularibus studiis inhiare dominationi apud Caesarem
arguerent. atque haec callidis criminatoribus, inter quos
15 delegerat Iulium Postumum, per adulterium Mutiliae Priscae inter intimos aviae et consiliis suis peridoneum, quia
Prisca in animo Augustae valida anum suapte natura potentiae anxiam insociabilem nurui efficiebat. Agrippinae quoque proximi inliciebantur pravis sermonibus tumidos spiritus
20 perstimulare.

13. At Tiberius nihil intermissa rerum cura, negotia pro
solaciis accipiens, ius civium, preces sociorum tractabat ;
factaque auctore eo senatus consulta ut civitati Cibyraticae
apud Asiam, Aegiensi apud Achaiam, motu terrae labe-
25 factis, subveniretur remissione tributi in triennium. et
Vibius Serenus pro consule ulterioris Hispaniae de vi publica damnatus ob atrocitatem morum in insulam Amorgum
deportatur. Carsidius Sacerdos, reus tamquam frumento
hostem Tacfarinatem iuvisset, absolvitur, eiusdemque cri-
30 minis C. Gracchus. hunc comitem exilii admodum infan-
tem pater Sempronius in insulam Cercinam tulerat. illic

---

12 superbam *Muretus* : superbiam *M*   14 alitque haec *Madvig*
16 inter intimos aviae et *secl. Nipperdey*   27 morum *Lipsius* :
temporum *M*   28 Carsidius *Reinesius* : carsius *M*

adultus inter extorris et liberalium artium nescios, mox per
Africam ac Siciliam mutando sordidas merces sustentaba-
tur ; neque tamen effugit magnae fortunae pericula. ac ni
Aelius Lamia et L. Apronius qui Africam obtinuerant
insontem protexissent, claritudine infausti generis et paternis 5
adversis foret abstractus.

14. Is quoque annus legationes Graecarum civitatium
habuit, Samiis Iunonis, Cois Aesculapii delubro vetustum
asyli ius ut firmaretur petentibus. Samii decreto Amphi-
ctyonum nitebantur, quis praecipuum fuit rerum omnium 10
iudicium, qua tempestate Graeci conditis per Asiam urbibus ora maris potiebantur. neque dispar apud Coos antiquitas, et accedebat meritum ex loco : nam civis Romanos
templo Aesculapii induxerant, cum iussu regis Mithridatis
apud cunctas Asiae insulas et urbes trucidarentur. variis 15
dehinc et saepius inritis praetorum questibus, postremo
Caesar de immodestia histrionum rettulit : multa ab iis in
publicum seditiose, foeda per domos temptari ; Oscum
quondam ludicrum, levissimae apud vulgum oblectationis,
eo flagitiorum et virium venisse *ut* auctoritate patrum coer- 20
cendum sit. pulsi tum histriones Italia.

15. Idem annus alio quoque luctu Caesarem adficit alterum ex geminis Drusi liberis extinguendo, neque minus
morte amici. is fuit Lucilius Longus, omnium illi tristium
laetorumque socius unusque e senatoribus Rhodii secessus 25
comes. ita quamquam novo homini censorium funus, effigiem apud forum Augusti publica pecunia patres decrevere,
apud quos etiam tum cuncta tractabantur, adeo ut procurator Asiae Lucilius Capito accusante provincia causam dixe-
rit, magna cum adseveratione principis non se ius nisi in 30

5 claritudine *Beroaldus* : claritudini *M*   8 vetustum *Beroaldus* :
vetustus tum *M*   11 qua *Lipsius* : ea qua *M* : ea tempestate qua
Rhenanus : ex qua tempestate *Weissenborn*   20 ut *margo* : om. *M*
22 adfecit *Ritter*

servitia et pecunias familiares dedisse : quod si vim praetoris usurpasset manibusque militum usus foret, spreta in eo
mandata sua : audirent socios. ita reus cognito negotio
damnatur. ob quam ultionem et quia priore anno in
5 C. Silanum vindicatum erat, decrevere Asiae urbes templum
Tiberio matrique eius ac senatui. et permissum statuere ;
egitque Nero grates ea causa patribus atque avo, laetas
inter audientium adfectiones qui recenti memoria Germanici illum aspici, illum audiri rebantur. aderantque iuveni
10 modestia ac forma principe viro digna, notis in eum Seiani
odiis ob periculum gratiora.

16. Sub idem tempus de flamine Diali in locum Servi
Maluginensis defuncti legendo, simul roganda nova lege
disseruit Caesar. nam patricios confarreatis parentibus
15 genitos tres simul nominari, ex quis unus legeretur, vetusto
more ; neque adesse, ut olim, eam copiam, omissa confar-
reandi adsuetudine aut inter paucos retenta (pluresque eius
rei causas adferebat, potissimam penes incuriam virorum
feminarumque ; accedere ipsius caerimoniae difficultates
20 quae consulto vitarentur) et quoniam exiret e iure patrio
qui id flamonium apisceretur quaeque in manum flaminis
conveniret. ita medendum senatus decreto aut lege, sicut
Augustus quaedam ex horrida illa antiquitate ad praesentem
usum flexisset. igitur tractatis religionibus placitum insti-
25 tuto flaminum nihil demutari : sed lata lex qua flaminica
Dialis sacrorum causa in potestate viri, cetera promisco
feminarum iure ageret. et filius Maluginensis patri suf-
fectus. utque glisceret dignatio sacerdotum atque ipsis
promptior animus foret ad capessendas caerimonias decre-
30 tum Corneliae virgini, quae in locum Scantiae capiebatur,
sestertium viciens, et quotiens Augusta theatrum introisset
ut sedes inter Vestalium consideret.

19 accedere M^2 : accederet M : accedere et *Iac. Gronovius*   20
vitarentur . . . *Lipsius*   quō M : quod *Rhenanus* : quando *Beroaldus*
21 flaminium M^1

CORNELII TACITI

17. Cornelio Cethego Visellio Varrone consulibus pontifices eorumque exemplo ceteri sacerdotes, cum pro incolumitate principis vota susciperent, Neronem quoque et Drusum isdem dis commendavere, non tam caritate iuvenum quam adulatione, quae moribus corruptis perinde anceps, 5 si nulla et ubi nimia est. nam Tiberius haud umquam domui Germanici mitis, tum vero aequari adulescentes senectae suae impatienter indoluit accitosque pontifices percontatus est num id precibus Agrippinae aut minis tribuissent. et illi quidem, quamquam abnuerent, modice 10 perstricti; etenim pars magna e propinquis ipsius aut primores civitatis erant: ceterum in senatu oratione monuit in posterum ne quis mobilis adulescentium animos praematuris honoribus ad superbiam extolleret. instabat quippe Seianus incusabatque diductam civitatem ut civili bello: 15 esse qui se partium Agrippinae vocent, ac ni resistatur, fore pluris; neque aliud gliscentis discordiae remedium quam si unus alterve maxime prompti subverterentur.

18. Qua causa C. Silium et Titium Sabinum adgreditur. amicitia Germanici perniciosa utrique, Silio et quod in- 20 gentis exercitus septem per annos moderator partisque apud Germaniam triumphalibus Sacroviriani belli victor, quanto maiore mole procideret, plus formidinis in alios dispergebatur. credebant plerique auctam offensionem ipsius intemperantia, immodice iactantis suum militem in obse- 25 quio duravisse cum alii ad seditiones prolaberentur; neque mansurum Tiberio imperium si iis quoque legionibus cupido novandi fuisset. destrui per haec fortunam suam Caesar imparemque tanto merito rebatur. nam beneficia eo usque laeta sunt dum videntur exolvi posse: ubi multum 30 antevenere pro gratia odium redditur.

5 perinde *Rhenanus*: proinde *M*   15 diductam *Beroaldus*: deductam *M*   23 procideret *Rhenanus*: procederet *M*

19. Erat uxor Silio Sosia Galla, caritate Agrippinae invisa principi. hos corripi dilato ad tempus Sabino placitum, immissusque Varro consul qui paternas inimicitias
obtendens odiis Seiani per dedecus suum gratificabatur.
5 precante reo brevem moram, dum accusator consulatu
abiret, adversatus est Caesar : solitum quippe magistratibus
diem privatis dicere : nec infringendum consulis ius, cuius
vigiliis niteretur ne quod res publica detrimentum caperet.
proprium id Tiberio fuit scelera nuper reperta priscis verbis
10 obtegere. igitur multa adseveratione, quasi aut legibus
cum Silio ageretur aut Varro consul aut illud res publica
esset, coguntur patres, silente reo, vel si defensionem coe-
ptaret, non occultante cuius ira premeretur. conscientia
belli Sacrovir diu dissimulatus, victoria per avaritiam foe-
15 data et uxor socia arguebantur. nec dubie repetundarum
criminibus haerebant, sed cuncta quaestione maiestatis
exercita, et Silius imminentem damnationem voluntario
fine praevertit.

20. Saevitum tamen in bona, non ut stipendiariis pecu-
20 niae redderentur, quorum nemo repetebat, sed liberalitas
Augusti avulsa, computatis singillatim quae fisco peteban-
tur. ea prima Tiberio erga pecuniam alienam diligentia fuit.
Sosia in exilium pellitur Asinii Galli sententia, qui partem
bonorum publicandam, pars ut liberis relinqueretur censue-
25 rat. contra M'. Lepidus quartam accusatoribus secundum
necessitudinem legis, cetera liberis concessit. hunc ego
Lepidum temporibus illis gravem et sapientem virum fuisse
comperior : nam pleraque ab saevis adulationibus aliorum
in melius flexit. neque tamen temperamenti egebat, cum
30 aequabili auctoritate et gratia apud Tiberium viguerit.
unde dubitare cogor fato et sorte nascendi, ut cetera, ita

---

12 patres. silente reo . . . premeretur, *interpungunt alii*   15
sosia *M²* (*littera* s *supra addita*) *et vulgo*   25 M'. *Lipsius* :
M. *M*

CORNELII TACITI

principum inclinatio in hos, offensio in illos, an sit aliquid
in nostris consiliis liceatque inter abruptam contumaciam
et deforme obsequium pergere iter ambitione ac periculis
vacuum. at Messalinus Cotta haud minus claris maioribus
sed animo diversus censuit cavendum senatus consulto, ut 5
quamquam insontes magistratus et culpae alienae nescii
provincialibus uxorum criminibus proinde quam suis plecte-
rentur.

21. Actum dehinc de Calpurnio Pisone, nobili ac feroci
viro. is namque, ut rettuli, cessurum se urbe ob factiones 10
accusatorum in senatu clamitaverat et spreta potentia Augustae trahere in ius Vrgulaniam domoque principis excire
ausus erat. quae in praesens Tiberius civiliter habuit : sed
in animo revolvente iras, etiam si impetus offensionis lan-
guerat, memoria valebat. Pisonem Q. Granius secreti ser- 15
monis incusavit adversum maiestatem habiti, adiecitque
in domo eius venenum esse eumque gladio accinctum in-
troire curiam. quod ut atrocius vero tramissum ; ceterorum,
quae multa cumulabantur, receptus est reus neque pera-
ctus ob mortem opportunam. relatum et de Cassio Severo 20
exule, qui sordidae originis, maleficae vitae, sed orandi
validus, per immodicas inimicitias ut iudicio iurati senatus
Cretam amoveretur effecerat ; atque illic eadem actitando
recentia veteraque odia advertit, bonisque exutus, interdicto
igni atque aqua, saxo Seripho consenuit. 25

22. Per idem tempus Plautius Silvanus praetor incertis
causis Aproniam coniugem in praeceps iecit, tractusque ad
Caesarem ab L. Apronio socero turbata mente respondit,
tamquam ipse somno gravis atque eo ignarus, et uxor
sponte mortem sumpsisset. non cunctanter Tiberius pergit 30
in domum, visit cubiculum, in quo reluctantis et impulsae
vestigia cernebantur. refert ad senatum, datisque iudici-

---

7 perinde *Beroaldus* nemque gravius *M*   15 Pisonem Q. Granius *Lipsius* : piso-

bus Vrgulania Silvani avia pugionem nepoti misit. quod
perinde creditum quasi principis monitu ob amicitiam Augustae cum Vrgulania. reus frustra temptato ferro venas
praebuit exolvendas. mox Numantina, prior uxor eius,
5 accusata iniecisse carminibus et veneficiis vaecordiam marito,
insons iudicatur.

23. Is demum annus populum Romanum longo adversum Numidam Tacfarinatem bello absolvit. nam priores
duces, ubi impetrando triumphalium insigni sufficere res suas
10 crediderant, hostem omittebant ; iamque tres laureatae in
urbe statuae et adhuc raptabat Africam Tacfarinas, auctus
Maurorum auxiliis qui, Ptolemaeo Iubae filio iuventa incurioso, libertos regios et servilia imperia bello mutaverant.
erat illi praedarum receptor ac socius populandi rex Gara-
15 mantum, non ut cum exercitu incederet, sed missis levibus
copiis quae ex longinquo in maius audiebantur ; ipsaque
e provincia ut quis fortunae inops, moribus turbidus,
promptius ruebant, quia Caesar post res a Blaeso gestas
quasi nullis iam in Africa hostibus reportari nonam legio-
20 nem iusserat, nec pro consule eius anni P. Dolabella retinere ausus erat iussa principis magis quam incerta belli
metuens.

24. Igitur Tacfarinas disperso rumore rem Romanam
aliis quoque ab nationibus lacerari eoque paulatim Africa
25 decedere, ac posse reliquos circumveniri, si cuncti quibus
libertas servitio potior incubuissent, auget viris positisque
castris Thubuscum oppidum circumsidet. at Dolabella
contracto quod erat militum, terrore nominis Romani et
quia Numidae peditum aciem ferre nequeunt, primo sui
30 incessu solvit obsidium locorumque opportuna permunivit ;
simul principes Musulamiorum defectionem coeptantis securi percutit. dein quia pluribus adversum Tacfarinatem

9 ubi *Lipsius* : sub *M*   17 fortune *M* : fortuna *tacite Halm*
27 Thubursicum *Nipperdey*

expeditionibus cognitum non gravi nec uno incursu con-
sectandum hostem vagum, excito cum popularibus rege
Ptolemaeo quattuor agmina parat, quae legatis aut tribunis
data ; et praedatorias manus delecti Maurorum duxere :
ipse consultor aderat omnibus.   5

25. Nec multo post adfertur Numidas apud castellum
semirutum, ab ipsis quondam incensum, cui nomen Auzea,
positis mapalibus consedisse, fisos loco quia vastis circum
saltibus claudebatur. tum expeditae cohortes alaeque quam
in partem ducerentur ignarae cito agmine rapiuntur. si- 10
mulque coeptus dies et concentu tubarum ac truci clamore
aderant semisomnos in barbaros, praepeditis Numidarum
equis aut diversos pastus pererrantibus. ab Romanis con-
fertus pedes, dispositae turmae, cuncta proelio provisa :
hostibus contra omnium nesciis non arma, non ordo, non 15
consilium, sed pecorum modo trahi occidi capi. infensus
miles memoria laborum et adversum eludentis optatae totiens pugnae se quisque ultione et sanguine explebant.
differtur per manipulos, Tacfarinatem omnes notum tot
proeliis consectentur : non nisi duce interfecto requiem 20
belli fore. at ille deiectis circum stipatoribus vinctoque
iam filio et effusis undique Romanis ruendo in tela captivi-
tatem haud inulta morte effugit; isque finis armis impositus.

26. Dolabellae petenti abnuit triumphalia Tiberius, Seiano tribuens, ne Blaesi avunculi eius laus obsolesceret. 25
sed neque Blaesus ideo inlustrior et huic negatus honor
gloriam intendit : quippe minore exercitu insignis captivos,
caedem ducis bellique confecti famam deportarat. sequebantur et Garamantum legati, raro in urbe visi, quos Tacfarinate caeso perculsa gens set culpae nescia ad satis facien- 30

---

2 rege Ptolemaeo *Beroaldus* : recepto leameo *M*   18 se quisque
Beroaldus : si quis *M*   21 deiectis *Io. Fr. Gronovius* : delectis
M   30 set culpae nescia *Halm* : et c. nescia *M* : ut culpae nescia
Haase : et culpae non nescia *Iac. Gronovius*

ANNALIVM LIBER IV

dum populo Romano miserat. cognitis dehinc Ptolemaei
per id bellum studiis repetitus ex vetusto more honos
missusque e senatoribus qui scipionem eburnum, togam
pictam, antiqua patrum munera, daret regemque et socium
5 atque amicum appellaret.

27. Eadem aestate mota per Italiam servilis belli semina fors oppressit. auctor tumultus T. Curtisius, quondam
praetoriae cohortis miles, primo coetibus clandestinis apud
Brundisium et circumiecta oppida, mox positis propalam
10 libellis ad libertatem vocabat agrestia per longinquos saltus
et ferocia servitia, cum velut munere deum tres biremes
adpulere ad usus commeantium illo mari. et erat isdem
regionibus Cutius Lupus quaestor, cui provincia vetere ex
more calles evenerant : is disposita classiariorum copia coe-
15 ptantem cum maxime coniurationem disiecit. missusque
a Caesare propere Staius tribunus cum valida manu ducem
ipsum et proximos audacia in urbem traxit, iam trepidam
ob multitudinem familiarum quae gliscebat immensum,
minore in dies plebe ingenua.

20 **28.** Isdem consulibus miseriarum ac saevitiae exemplum
atrox, reus pater, accusator filius (nomen utrique Vibius
Serenus) in senatum inducti sunt. ab exilio retractus
inluvieque ac squalore obsitus et tum catena vinctus pater
oranti filio comparatur. adulescens multis munditiis, alacri
25 vultu, structas principi insidias, missos in Galliam conci-
tores belli index idem et testis dicebat, adnectebatque
Caecilium Cornutum praetorium ministravisse pecuniam ;
qui taedio curarum et quia periculum pro exitio habebatur
mortem in se festinavit. at contra reus nihil infracto

2 more honos missusque *Döderlein* : more omissusque *M* : mos
missusque *Lipsius*   7 Curtilius *Reinesius*   14 calles] Cales
Lipsius, Nipperdey   evenerant *Haase* : evenerat *M*   21
utrique *Lipsius* : virique *M*   23 pater oranti filio comparatur
Halm : peroranti filio praeparatur *M* : peroranti filio pater comparatur *Madvig*

animo obversus in filium quatere vincla, vocare ultores
deos ut sibi quidem redderent exilium ubi procul tali
more ageret, filium autem quandoque supplicia sequerentur.
adseverabatque innocentem Cornutum et falso exterritum;
idque facile intellectu si proderentur alii : non enim se 5
caedem principis et res novas uno socio cogitasse.

29. Tum accusator Cn. Lentulum et Seium Tuberonem
nominat, magno pudore Caesaris, cum primores civitatis,
intimi ipsius amici, Lentulus senectutis extremae, Tubero
defecto corpore, tumultus hostilis et turbandae rei publicae 10
accerserentur. sed hi quidem statim exempti : in patrem
ex servis quaesitum et quaestio adversa accusatori fuit.
qui scelere vaecors, simul vulgi rumore territus robur et
saxum aut parricidarum poenas minitantium, cessit urbe.
ac retractus Ravenna exequi accusationem adigitur, non 15
occultante Tiberio vetus odium adversum exulem Serenum.
nam post damnatum Libonem missis ad Caesarem litteris
exprobraverat suum tantum studium sine fructu fuisse, addideratque quaedam contumacius quam tutum apud auris
superbas et offensioni proniores. ea Caesar octo post 20
annos rettulit, medium tempus varie arguens, etiam si
tormenta pervicacia servorum contra evenissent.

30. Dictis dein sententiis ut Serenus more maiorum
puniretur, quo molliret invidiam, intercessit. Gallus Asinius *cum* Gyaro aut Donusa claudendum censeret, id quoque 25
aspernatus est, egenam aquae utramque insulam referens
dandosque vitae usus cui vita concederetur. ita Serenus
Amorgum reportatur. et quia Cornutus sua manu ceciderat, actum de praemiis accusatorum abolendis, si quis
maiestatis postulatus ante perfectum iudicium se ipse vita 30
privavisset. ibaturque in eam sententiam ni durius con-

4 falso *Ursinus* : falsa *M*   25 cum *hic addidit Nipperdey, ante*
Gallus *Muretus, ante* censeret *alii*   28 Amorgum *Rhenanus* :
amor cum *M*

148

traque morem suum palam pro accusatoribus Caesar inritas
leges, rem publicam in praecipiti conquestus esset : subver-
terent potius iura quam custodes eorum amoverent. sic
delatores, genus hominum publico exitio repertum et *ne*
5 poenis quidem umquam satis coercitum, per praemia elicie-
bantur.

31. His tam adsiduis tamque maestis modica laetitia
intericitur, quod C. Cominium equitem Romanum, pro-
brosi in se carminis convictum, Caesar precibus fratris qui
10 senator erat concessit. quo magis mirum habebatur gnarum meliorum et quae fama clementiam sequeretur tri-
stiora malle. neque enim socordia peccabat ; nec occultum
est, quando ex veritate, quando adumbrata laetitia facta
imperatorum celebrentur. quin ipse, compositus alias et
15 velut eluctantium verborum, solutius promptiusque eloque-
batur quotiens subveniret. at P. Suillium quaestorem
quondam Germanici, cum Italia arceretur convictus pecuniam ob rem iudicandam cepisse, amovendum in insulam
censuit, tanta contentione animi ut iure iurando obstrin-
20 geret e re publica id esse. quod aspere acceptum ad praesens mox in laudem vertit regresso Suillio ; quem vidit
sequens aetas praepotentem, venalem et Claudii principis
amicitia diu prospere, numquam bene usum. eadem poena
in Catum Firmium senatorem statuitur, tamquam falsis
25 maiestatis criminibus sororem petivisset. Catus, ut rettuli,
Libonem inlexerat insidiis, deinde indicio perculerat. eius
operae memor Tiberius sed alia praetendens exilium deprecatus est : quo minus senatu pelleretur non obstitit.

32. Pleraque eorum quae rettuli quaeque referam parva
30 forsitan et levia memoratu videri non nescius sum : sed
nemo annalis nostros cum scriptura eorum contenderit qui

---

4 ne *add. Bekker*   5 umquam] nunquam *in margine*   19 iure-
iurando *Ritter* : eiurando *M*   26 indicio *Vertranius* : iudicio *M*

veteres populi Romani res composuere. ingentia illi bella,
expugnationes urbium, fusos captosque reges, aut si quando
ad interna praeverterent, discordias consulum adversum
tribunos, agrarias frumentariasque leges, plebis et optimatium certamina libero egressu memorabant : nobis in arto 5
et inglorius labor ; immota quippe aut modice lacessita
pax, maestae urbis res et princeps proferendi imperi incu-
riosus erat. non tamen sine usu fuerit introspicere illa
primo aspectu levia ex quis magnarum saepe rerum motus
oriuntur.   10

33. Nam cunctas nationes et urbes populus aut primores
aut singuli regunt : delecta ex iis et consociata rei publicae
forma laudari facilius quam evenire, vel si evenit, haud
diuturna esse potest. igitur ut olim plebe valida, vel cum
patres pollerent, noscenda vulgi natura et quibus modis 15
temperanter haberetur, senatusque et optimatium ingenia
qui maxime perdidicerant, callidi temporum et sapientes
credebantur, sic converso statu neque alia re Romana quam
si unus imperitet, haec conquiri tradique in rem fuerit, quia
pauci prudentia honesta ab deterioribus, utilia ab noxiis 20
discernunt, plures aliorum eventis docentur. ceterum ut
profutura, ita minimum oblectationis adferunt. nam situs
gentium, varietates proeliorum, clari ducum exitus retinent
ac redintegrant legentium animum : nos saeva iussa, con-
tinuas accusationes, fallaces amicitias, perniciem innocen- 25
tium et easdem exitii causas coniungimus, obvia rerum
similitudine et satietate. tum quod antiquis scriptoribus
rarus obtrectator, neque refert cuiusquam Punicas Romanasne acies laetius extuleris : at multorum qui Tiberio
regente poenam vel infamias subiere posteri manent. utque 30

1 veteris *Freinsheim*   conposuere *Beroaldus* : cõpossivere *M*
3 praeverterentur *malebat Nipperdey*   12 consociata *Ernesti* : con-
sciata *M*   18 re Romana *Lipsius* : rerum *M*   26 exitii
Pichena : exitu *M, Halm*   28 Romanasne *Nipperdey* : ro-
manasve *M*

familiae ipsae iam extinctae sint, reperies qui ob similitudinem morum aliena malefacta sibi obiectari putent. etiam gloria ac virtus infensos habet, ut nimis ex propinquo diversa arguens. sed ad inceptum redeo.

5 **34.** Cornelio Cosso Asinio Agrippa consulibus Cremutius Cordus postulatur novo ac tunc primum audito crimine, quod editis annalibus laudatoque M. Bruto C. Cassium Romanorum ultimum dixisset. accusabant Satrius Secundus et Pinarius Natta, Seiani clientes. id perniciabile reo et 10 Caesar truci vultu defensionem accipiens, quam Cremutius relinquendae vitae certus in hunc modum exorsus est: 'verba mea, patres conscripti, arguuntur: adeo factorum innocens sum. sed neque haec in principem aut principis parentem, quos lex maiestatis amplectitur: Brutum et Cas-15 sium laudavisse dicor, quorum res gestas cum plurimi composuerint, nemo sine honore memoravit. Titus Livius, eloquentiae ac fidei praeclarus in primis, Cn. Pompeium tantis laudibus tulit ut Pompeianum eum Augustus appellaret; neque id amicitiae eorum offecit. Scipionem, 20 Afranium, hunc ipsum Cassium, hunc Brutum nusquam latrones et parricidas, quae nunc vocabula imponuntur, saepe ut insignis viros nominat. Asinii Pollionis scripta egregiam eorundem memoriam tradunt; Messala Corvinus imperatorem suum Cassium praedicabat: et uterque opibus-25 que atque honoribus perviguere. Marci Ciceronis libro quo Catonem caelo aequavit, quid aliud dictator Caesar quam rescripta oratione velut apud iudices respondit? Antonii epistulae Bruti contiones falsa quidem in Augustum probra set multa cum acerbitate habent; carmina Bibaculi et 30 Catulli referta contumeliis Caesarum leguntur: sed ipse

---

3 nimis *Muretus*: animis *M*   4 ad inceptum *Halm*: ancepto *M*: ad incepta *Beroaldus*   21 vocabula imponuntur *Beroaldus*: vocabulum ponuntur *M*   22 insignis *Beroaldus*: insigni *M*   24 opibus *Acidalius, Halm*

CORNELII TACITI

divus Iulius, ipse divus Augustus et tulere ista et reliquere,
haud facile dixerim, moderatione magis an sapientia. namque spreta exolescunt : si irascare, adgnita videntur.

35. Non attingo Graecos, quorum non modo libertas,
etiam libido impunita ; aut si quis advertit, dictis dicta ultus 5
est. sed maxime solutum et sine obtrectatore fuit prodere
de iis quos mors odio aut gratiae exemisset. num enim
armatis Cassio et Bruto ac Philippensis campos optinenti-
bus belli civilis causa populum per contiones incendo ? an
illi quidem septuagesimum ante annum perempti, quo modo 10
imaginibus suis noscuntur, quas ne victor quidem abolevit,
sic partem memoriae apud scriptores retinent ? suum cuique
decus posteritas rependit ; nec deerunt, si damnatio ingruit,
qui non modo Cassii et Bruti set etiam mei meminerint.'
egressus dein senatu vitam abstinentia finivit. libros per 15
aedilis cremandos censuere patres : set manserunt, occultati
et editi. quo magis socordiam eorum inridere libet qui
praesenti potentia credunt extingui posse etiam sequentis
aevi memoriam. nam contra punitis ingeniis gliscit auctoritas, neque aliud externi reges aut qui eadem saevitia usi 20
sunt nisi dedecus sibi atque illis gloriam peperere.

36. Ceterum postulandis reis tam continuus annus fuit
ut feriarum Latinarum diebus praefectum urbis Drusum,
auspicandi gratia tribunal ingressum, adierit Calpurnius
Salvianus in Sextum Marium : quod a Caesare palam in- 25
crepitum causa exilii Salviano fuit. obiecta publice Cyzi-
cenis incuria caerimoniarum divi Augusti, additis violentiae
criminibus adversum civis Romanos. et amisere libertatem,
quam bello Mithridatis meruerant, circumsessi nec minus
sua constantia quam praesidio Luculli pulso rege. at 30

5 set etiam *Spengel
Gronovius* : nec *M*
dunt nec derunt *M
et M*

7 enim *Halm* : eum *M*
13 rependit nec deerunt *Beroaldus* : repen-
14 sed et etiam *M*

11 ne *Io. Fr.*
16 set *Lipsius* :

Fonteius Capito, qui pro consule Asiam curaverat, absolvitur, comperto ficta in eum crimina per Vibium Serenum.
neque tamen id Sereno noxae fuit, quem odium publicum
tutiorem faciebat. nam ut quis destrictior accusator, velut
5 sacrosanctus erat: leves ignobiles poenis adficiebantur.

37. Per idem tempus Hispania ulterior missis ad senatum
legatis oravit ut exemplo Asiae delubrum Tiberio matrique
eius extrueret. qua occasione Caesar, validus alioqui sper-
nendis honoribus et respondendum ratus iis quorum rumore
10 arguebatur in ambitionem flexisse, huiusce modi orationem
coepit: 'scio, patres conscripti, constantiam meam a plerisque desideratam quod Asiae civitatibus nuper idem istud
petentibus non sim adversatus. ergo et prioris silentii
defensionem et quid in futurum statuerim simul aperiam.
15 cum divus Augustus sibi atque urbi Romae templum apud
Pergamum sisti non prohibuisset, qui omnia facta dictaque
eius vice legis observem, placitum iam exemplum promptius
secutus sum quia cultui meo veneratio senatus adiungebatur.
ceterum ut semel recepisse veniam habuerit, ita per omnis
20 provincias effigie numinum sacrari ambitiosum, superbum;
et vanescet Augusti honor si promiscis adulationibus vulgatur.

38. Ego me, patres conscripti, mortalem esse et hominum officia fungi satisque habere si locum principem im-
25 pleam et vos testor et meminisse posteros volo; qui satis
superque memoriae meae tribuent, ut maioribus meis
dignum, rerum vestrarum providum, constantem in periculis, offensionum pro utilitate publica non pavidum
credant. haec mihi in animis vestris templa, hae pul-
30 cherrimae effigies et mansurae. nam quae saxo struuntur,
si iudicium posterorum in odium vertit, pro sepulchris

4 districtior *Beroaldus*   16 facta *Beroaldus*: ficta *M*   19
per omnes provincias *M*¹: per omnes per provincias *M*: omnes per
provincias *Nipperdey*   20 sacrari *Lipsius*: sacra *M in fine versus*
31 posterorum *Rhenanus*: posteriorum *M*

153

CORNELII TACITI

spernuntur. proinde socios civis et deos ipsos precor, hos
ut mihi ad finem usque vitae quietam et intellegentem
humani divinique iuris mentem duint, illos ut, quandoque
concessero, cum laude et bonis recordationibus facta atque
famam nominis mei prosequantur.' perstititque posthac 5
secretis etiam sermonibus aspernari talem sui cultum. quod
alii modestiam, multi, quia diffideret, quidam ut degeneris
animi interpretabantur. optumos quippe mortalium altis-
sima cupere : sic Herculem et Liberum apud Graecos,
Quirinum apud nos deum numero additos : melius Augu- 10
stum, qui speraverit. cetera principibus statim adesse :
unum insatiabiliter parandum, prosperam sui memoriam ;
nam contemptu famae contemni virtutes.

39. At Seianus nimia fortuna socors et muliebri insuper
cupidine incensus, promissum matrimonium flagitante Livia, 15
componit ad Caesarem codicillos : moris quippe tum erat
quamquam praesentem scripto adire. eius talis forma fuit :
benevolentia patris Augusti et mox plurimis Tiberii iudiciis
ita insuevisse ut spes votaque sua non prius ad deos quam
ad principum auris conferret. neque fulgorem honorum 20
umquam precatum : excubias ac labores ut unum e militibus pro incolumitate imperatoris malle. ac tamen quod
pulcherrimum adeptum, ut coniunctione Caesaris dignus
crederetur : hinc initium spei. et quoniam audiverit Augustum in conlocanda filia non nihil etiam de equitibus 25
Romanis consultavisse, ita, si maritus Liviae quaereretur,
haberet in animo amicum sola necessitudinis gloria usurum.
non enim exuere imposita munia : satis aestimare firmari
domum adversum iniquas Agrippinae offensiones, idque
liberorum causa ; nam sibi multum superque vitae fore, 30
quod tali cum principe explevisset.

40. Ad ea Tiberius laudata pietate Seiani suisque in

1 deos ipsos *Pichena* : deos et deos ipsos *M* : deos et deas ipsas
M¹

eum beneficiis modice percursis, cum tempus tamquam ad
integram consultationem petivisset, adiunxit : ceteris mor-
talibus in eo stare consilia quid sibi conducere putent;
principum diversam esse sortem quibus praecipua rerum
5 ad famam derigenda. ideo se non illuc decurrere, quod
promptum rescriptu, posse ipsam Liviam statuere, nubendum
post Drusum an in penatibus isdem tolerandum haberet ;
esse illi matrem et aviam, propiora consilia. simplicius
acturum, de inimicitiis primum Agrippinae, quas longe
10 acrius arsuras si matrimonium Liviae velut in partis
domum Caesarum distraxisset. sic quoque erumpere aemulationem feminarum, eaque discordia nepotes suos convelli :
quid si intendatur certamen tali coniugio ? ' falleris enim,
Seiane, si te mansurum in eodem ordine putas, et Liviam,
15 quae G. Caesari, mox Druso nupta fuerit, ea mente acturam
ut cum equite Romano senescat. ego ut sinam, credisne
passuros qui fratrem eius, qui patrem maioresque nostros
in summis imperiis videre ? vis tu quidem istum intra
locum sistere : sed illi magistratus et primores, qui te in-
20 vitum perrumpunt omnibusque de rebus consulunt, excessisse iam pridem equestre fastigium longeque antisse patris
mei amicitias non occulti ferunt perque invidiam tui me
quoque incusant. at enim Augustus filiam suam equiti
Romano tradere meditatus est. mirum hercule, si cum
25 in omnis curas distraheretur immensumque attolli pro-
videret quem coniunctione tali super alios extulisset, C.
Proculeium et quosdam in sermonibus habuit insigni
tranquillitate vitae, nullis rei publicae negotiis permixtos.
sed si dubitatione Augusti movemur, quanto validius est
30 quod Marco Agrippae, mox mihi conlocavit ? atque ego
haec pro amicitia non occultavi : ceterum neque tuis neque

19 invitum *Heinsius* : invite *M* : invito *Beroaldus*   21 longeque
Rhenanus : legeque *M*

Liviae destinatis adversabor. ipse quid intra animum volu-
taverim, quibus adhuc necessitudinibus immiscere te mihi
parem, omittam ad praesens referre : id tantum aperiam,
nihil esse tam excelsum quod non virtutes istae tuusque
in me animus mereantur, datoque tempore vel in senatu 5
vel in contione non reticebo.'

41. Rursum Seianus non iam de matrimonio sed altius
metuens tacita suspicionum, vulgi rumorem, ingruentem
invidiam deprecatur. ac ne adsiduos in domum coetus
arcendo infringeret potentiam aut receptando facultatem 10
criminantibus praeberet, huc flexit ut Tiberium ad vitam
procul Roma amoenis locis degendam impelleret. multa
quippe providebat : sua in manu aditus litterarumque
magna ex parte se arbitrum fore, cum per milites com-
mearent ; mox Caesarem vergente iam senecta secretoque 15
loci mollitum munia imperii facilius tramissurum : et
minui sibi invidiam adempta salutantum turba sublatisque
inanibus veram potentiam augeri. igitur paulatim negotia
urbis, populi adcursus, multitudinem adfluentium increpat,
extollens laudibus quietem et solitudinem quis abesse 20
taedia et offensiones ac praecipua rerum maxime agitari.

42. Ac forte habita per illos dies de Votieno Montano,
celebris ingenii viro, cognitio cunctantem iam Tiberium
perpulit ut vitandos crederet patrum coetus vocesque quae
plerumque verae et graves coram ingerebantur. nam po- 25
stulato Votieno ob contumelias in Caesarem dictas, testis
Aemilius e militaribus viris, dum studio probandi cuncta
refert et quamquam inter obstrepentis magna adseveratione
nititur, audivit Tiberius probra quis per occultum lacerabatur, adeoque perculsus est ut se vel statim vel in 30
cognitione purgaturum clamitaret precibusque proximorum,

7 iam *Muretus* : tam *M*   18 veram potentiam augeri *Marcilius* :
vera potentia augere *M* : vera potentiae augere *Ryckius et Heinsius* :
vera potentiae augeri *malim*

156

adulatione omnium aegre componeret animum. et Votienus
quidem maiestatis poenis adfectus est : Caesar obiectam
sibi adversus reos inclementiam eo pervicacius amplexus,
Aquiliam adulterii delatam cum Vario Ligure, quamquam
5 Lentulus Gaetulicus consul designatus lege Iulia damnasset,
exilio punivit Apidiumque Merulam quod in acta divi
Augusti non iuraverat albo senatorio erasit.

43. Auditae dehinc Lacedaemoniorum et Messeniorum
legationes de iure templi Dianae Limnatidis, quod suis a
10 maioribus suaque in terra dicatum Lacedaemonii firmabant
annalium memoria vatumque carminibus, sed Macedonis
Philippi cum quo bellassent armis ademptum ac post
C. Caesaris et M. Antonii sententia redditum. contra
Messenii veterem inter Herculis posteros divisionem Pelo-
15 ponnesi protulere, suoque regi Denthaliatem agrum in quo
id delubrum cessisse ; monimentaque eius rei sculpta saxis
et aere prisco manere. quod si vatum, annalium ad testi-
monia vocentur, pluris sibi ac locupletiores esse ; neque
Philippum potentia sed ex vero statuisse : idem regis Anti-
20 goni, idem imperatoris Mummii iudicium ; sic Milesios
permisso publice arbitrio, postremo Atidium Geminum
praetorem Achaiae decrevisse. ita secundum Messenios
datum. et Segestani aedem Veneris montem apud Erycum,
vetustate dilapsam, restaurari postulavere, nota memorantes
25 de origine eius et laeta Tiberio. suscepit curam libens
ut consanguineus. tunc tractatae Massiliensium preces
probatumque P. Rutilii exemplum ; namque eum legibus
pulsum civem sibi Zmyrnaei addiderant. quo iure Vulcacius Moschus exul in Massiliensis receptus bona sua rei
30 publicae eorum et patriae reliquerat.

44. Obiere eo anno viri nobiles Cn. Lentulus et L.

---

9 Limnatidis *Lipsius* : liminatidis *M*   15 regi Denthaliatem
Nipperdey : recident heliatem (haliatem *M²*) *M* : Dentheliatem *Lipsius*   24 dilapsam *Ernesti* : delapsam *M*   28 vulgatius *M*,
sed cf. xvi. 8

Domitius. Lentulo super consulatum et triumphalia de Getis gloriae fuerat bene tolerata paupertas, dein magnae opes innocenter partae et modeste habitae. Domitium decoravit pater civili bello maris potens, donec Antonii partibus, mox Caesaris misceretur. avus Pharsalica acie 5 pro optumatibus ceciderat. ipse delectus cui minor Antonia, Octavia genita, in matrimonium daretur, post exercitu flumen Albim transcendit, longius penetrata Germania quam quisquam priorum, easque ob res insignia triumphi adeptus est. obiit et L. Antonius, multa claritudine generis 10 sed improspera. nam patre eius Iullo Antonio ob adulterium Iuliae morte punito hunc admodum adulescentulum, sororis nepotem, seposuit Augustus in civitatem Massiliensem ubi specie studiorum nomen exilii tegeretur. habitus tamen supremis honor ossaque tumulo Octaviorum inlata per 15 decretum senatus.

45. Isdem consulibus facinus atrox in citeriore Hispania admissum a quodam agresti nationis Termestinae. is praetorem provinciae L. Pisonem, pace incuriosum, ex improviso in itinere adortus uno vulnere in mortem adfecit ; ac 20 pernicitate equi profugus, postquam saltuosos locos attigerat, dimisso equo per derupta et avia sequentis frustratus est. neque diu fefellit : nam prenso ductoque per proximos pagos equo cuius foret cognitum. et repertus cum tormentis edere conscios adigeretur, voce magna sermone 25 patrio frustra se interrogari clamitavit : adsisterent socii ac spectarent ; nullam vim tantam doloris fore ut veritatem eliceret. idemque cum postero ad quaestionem retraheretur, eo nisu proripuit se custodibus saxoque caput adflixit ut statim exanimaretur. sed Piso Termestinorum dolo 30

3 partae *Lipsius* : paratae *M*   6 delectus *Pichena* : deiectus *M*
11 Iullo *Andresen* : iulio *M* : iulo *Lipsius*   26 se *M²* : si *M* : *an*
sic !   28 quaestionem *Ritter* : quaesitionem *M*

caesus habetur; quippe pecunias e publico interceptas
acrius quam ut tolerarent barbari cogebat.

46. Lentulo Gaetulico C. Calvisio consulibus decreta
triumphi insignia Poppaeo Sabino contusis Thraecum gen-
5 tibus, qui montium editis incultu atque eo ferocius agitabant. causa motus super hominum ingenium, quod pati
dilectus et validissimum quemque militiae nostrae dare
aspernabantur, ne regibus quidem parere nisi ex libidine
soliti, aut si mitterent auxilia, suos ductores praeficere nec
10 nisi adversum accolas belligerare. ac tum rumor incesserat
fore ut disiecti aliisque nationibus permixti diversas in
terras traherentur. sed antequam arma inciperent, misere
legatos amicitiam obsequiumque memoraturos, et mansura
haec si nullo novo onere temptarentur : sin ut victis servi-
15 tium indiceretur, esse sibi ferrum et iuventutem et promptum
libertati aut ad mortem animum. simul castella rupibus
indita conlatosque illuc parentes et coniuges ostentabant
bellumque impeditum arduum cruentum minitabantur.

47. At Sabinus, donec exercitus in unum conduceret,
20 datis mitibus responsis, postquam Pomponius Labeo e Moesia cum legione, rex Rhoemetalces cum auxiliis popularium
qui fidem non mutaverant, venere, addita praesenti copia
ad hostem pergit, compositum iam per angustias saltuum.
quidam audentius apertis in collibus visebantur, quos dux
25 Romanus acie suggressus haud aegre pepulit sanguine
barbarorum modico ob propinqua suffugia. mox castris in
loco communitis valida manu montem occupat angustum
et aequali dorso continuum usque ad proximum castellum
quod magna vis armata aut incondita tuebatur. simul in
30 ferocissimos, qui ante vallum more gentis cum carminibus
et tripudiis persultabant, mittit delectos sagittariorum. ii

1 quippe *Bezzenberger*: qui *M* : quia *Pichena, Nipperdey*   5
sine cultu *Bezzenberger*: inculti *Beroaldus*   20 postquam . . .
venere *Iac. Gronovius* : quam . . . venire *M*   29 aut] at *Rhenanus*

dum eminus grassabantur crebra et inulta vulnera fecere :
propius incedentes eruptione subita turbati sunt rece-
ptique subsidio Sugambrae cohortis, quam Romanus promptam ad pericula nec minus cantuum et armorum tumultu
trucem haud procul instruxerat.   5

48. Translata dehinc castra hostem propter, relictis apud
priora munimenta Thraecibus, quos nobis adfuisse memoravi. iisque permissum vastare, urere, trahere praedas, dum
populatio lucem intra sisteretur noctemque in castris tutam
et vigilem capesserent. id primo servatum : mox versi in   10
luxum et raptis opulenti omittere stationes, lascivia epu-
larum aut somno et vino procumbere. igitur hostes incuria
eorum comperta duo agmina parant quorum altero populatores invaderentur, alii castra Romana adpugnarent, non spe
capiendi sed ut clamore, telis suo quisque periculo intentus 15
sonorem alterius proelii non acciperet. tenebrae insuper
delectae augendam ad formidinem. sed qui vallum legionum temptabant facile pelluntur ; Thraecum auxilia repentino incursu territa, cum pars munitionibus adiacerent,
plures extra palarentur, tanto infensius caesi quanto per- 20
fugae et proditores ferre arma ad suum patriaeque servitium
incusabantur.

49. Postera die Sabinus exercitum aequo loco ostendit,
si barbari successu noctis alacres proelium auderent. et
postquam castello aut coniunctis tumulis non degredie-   25
bantur, obsidium coepit per praesidia quae opportune iam
muniebat ; dein fossam loricamque contexens quattuor
milia passuum ambitu amplexus est ; tum paulatim ut
aquam pabulumque eriperet contrahere claustra artaque
circumdare ; et struebatur agger unde saxa hastae ignes 30
propinquum iam in hostem iacerentur. sed nihil aeque
quam sitis fatigabat, cum ingens multitudo bellatorum im-

11 statione *M*   25 degrediebantur *Pichena* : degrediebatur *M*

bellium uno reliquo fonte uterentur; simulque armenta, ut
mos barbaris, iuxta clausa egestate pabuli exanimari; adiacere corpora hominum quos vulnera, quos sitis peremerat;
pollui cuncta sanie odore contactu.

5   **50.** Rebusque turbatis malum extremum discordia accessit, his deditionem aliis mortem et mutuos inter se ictus
parantibus; et erant qui non inultum exitium sed eruptio-
nem suaderent. neque ignobiles tantum his diversi sententiis, verum e ducibus Dinis, provectus senecta et longo
10 usu vim atque clementiam Romanam edoctus, ponenda
arma, unum adflictis id remedium disserebat, primusque se
cum coniuge et liberis victori permisit: secuti aetate aut
sexu imbecilli et quibus maior vitae quam gloriae cupido.
at iuventus Tarsam inter et Turesim distrahebatur. utri-
15 que destinatum cum libertate occidere, sed Tarsa properum
finem, abrumpendas pariter spes ac metus clamitans, dedit
exemplum demisso in pectus ferro; nec defuere qui eodem
modo oppeterent. Turesis sua cum manu noctem opperitur haud nescio duce nostro. igitur firmatae stationes
20 densioribus globis; et ingruebat nox nimbo atrox, hostisque clamore turbido, modo per vastum silentium, incertos
obsessores effecerat, cum Sabinus circumire, hortari, ne ad
ambigua sonitus aut simulationem quietis casum insidian-
tibus aperirent, sed sua quisque munia servarent immoti
25 telisque non in falsum iactis.

  51. Interea barbari catervis decurrentes nunc in vallum
manualia saxa, praeustas sudes, decisa robora iacere, nunc
virgultis et cratibus et corporibus exanimis complere fossas,
quidam pontis et scalas ante fabricati inferre propugnaculis
30 eaque prensare, detrahere et adversum resistentis comminus
niti. miles contra deturbare telis, pellere umbonibus, mu-

---

1 simulque *M*[1]: simuleque *M*: simul equi *Lipsius*   8 neque
. . . sententiis *secl. Ritter*   tantum his *Madvig*: quamvis *M*   15
properandum *Ricklefs*

ralia pila, congestas lapidum molis provolvere. his partae
victoriae spes et si cedant insignitius flagitium, illis extrema
iam salus et adsistentes plerisque matres et coniuges earum-
que lamenta addunt animos. nox aliis in audaciam, aliis
ad formidinem opportuna ; incerti ictus, vulnera improvisa ; 5
suorum atque hostium ignoratio et montis anfractu reper-
cussae velut a tergo voces adeo cuncta miscuerant ut quaedam munimenta Romani quasi perrupta omiserint. neque
tamen pervasere hostes nisi admodum pauci : ceteros, deiecto promptissimo quoque aut saucio, adpetente iam luce 10
trusere in summa castelli ubi tandem coacta deditio. et
proxima sponte incolarum recepta : reliquis quo minus vi
aut obsidio subigerentur praematura montis Haemi et
saeva hiems subvenit.

52. At Romae commota principis domo, ut series futuri 15
in Agrippinam exitii inciperet Claudia Pulchra sobrina eius
postulatur accusante Domitio Afro. is recens praetura,
modicus dignationis et quoquo facinore properus clarescere,
crimen impudicitiae, adulterum Furnium, veneficia in principem et devotiones obiectabat. Agrippina semper atrox, 20
tum et periculo propinquae accensa, pergit ad Tiberium
ac forte sacrificantem patri repperit. quo initio invidiae
non eiusdem ait mactare divo Augusto victimas et posteros
eius insectari. non in effigies mutas divinum spiritum
transfusum : se imaginem veram, caelesti sanguine ortam, 25
intellegere discrimen, suscipere sordis. frustra Pulchram
praescribi cui sola exitii causa sit quod Agrippinam stulte
prorsus ad cultum delegerit oblita Sosiae ob eadem ad-
flictae. audita haec raram occulti pectoris vocem elicuere,
correptamque Graeco versu admonuit non ideo laedi quia 30
non regnaret. Pulchra et Furnius damnantur. Afer pri-

9 deiecto *Orelli* : delecto *M*
M   22 reperit *Ernesti*   12 incolarum *Beroaldus* : incorum
maginem *M*   sanguinẽ *M*   25 se imaginem *Muretus* : sed

moribus oratorum additus, divulgato ingenio et secuta adseveratione Caesaris qua suo iure disertum eum appellavit.
mox capessendis accusationibus aut reos tutando prosperiore
eloquentiae quam morum fama fuit, nisi quod aetas extrema
5 multum etiam eloquentiae dempsit, dum fessa mente retinet
silentii impatientiam.

53. At Agrippina pervicax irae et morbo corporis impli-
cata, cum viseret eam Caesar, profusis diu ac per silentium
lacrimis, mox invidiam et preces orditur : subveniret soli-
10 tudini, daret maritum ; habilem adhuc iuventam sibi neque
aliud probis quam ex matrimonio solacium ; esse in civitate, * * * Germanici coniugem ac liberos eius recipere
dignarentur. sed Caesar non ignarus quantum ex re publica peteretur, ne tamen offensionis aut metus manifestus
15 foret sine responso quamquam instantem reliquit. id ego,
a scriptoribus annalium non traditum, repperi in commentariis Agrippinae filiae quae Neronis principis mater vitam
suam et casus suorum posteris memoravit.

54. Ceterum Seianus maerentem et improvidam altius
20 perculit, immissis qui per speciem amicitiae monerent paratum ei venenum, vitandas soceri epulas. atque illa simula-
tionum nescia, cum propter discumberet, non vultu aut
sermone flecti, nullos attingere cibos, donec advertit Tiberius, forte an quia audiverat ; idque quo acrius experiretur,
25 poma, ut erant adposita, laudans nurui sua manu tradidit.
aucta ex eo suspicio Agrippinae et intacta ore servis tramisit. nec tamen Tiberii vox coram secuta, sed obversus ad
matrem non mirum ait si quid severius in eam statuisset
a qua veneficii insimularetur. inde rumor parari exitium
30 neque id imperatorem palam audere, secretum ad perpetrandum quaeri.

12 *post* civitate *desunt in fine versus circiter quattuordecim litterae* ;
qui divi Augusti neptem *supplevit Crollius*, qui divo Augusto ortam
Haase   13 ex re publica] ex se *Wurm* : ea re *Madvig*   25
sua *Rhenanus* : suae *M*

55. Sed Caesar quo famam averteret adesse frequens senatui legatosque Asiae ambigentis quanam in civitate templum statueretur pluris per dies audivit. undecim urbes certabant, pari ambitione, viribus diversae. neque multum distantia inter se memorabant de vetustate generis, 5 studio in populum Romanum per bella Persi et Aristonici aliorumque regum. verum Hypaepeni Trallianique Laodicenis ac Magnetibus simul tramissi ut parum validi; ne Ilienses quidem, cum parentem urbis Romae Troiam referrent, nisi antiquitatis gloria pollebant. paulum addubita- 10 tum quod Halicarnasii mille et ducentos per annos nullo motu terrae nutavisse sedes suas vivoque in saxo fundamenta templi adseveraverant. Pergamenos (eo ipso nitebantur) aede Augusto ibi sita satis adeptos creditum. Ephesii Milesiique, hi Apollinis, illi Dianae caerimonia oc- 15 cupavisse civitates visi. ita Sardianos inter Zmyrnaeosque deliberatum. Sardiani decretum Etruriae recitavere ut consanguinei: nam Tyrrhenum Lydumque Atye rege genitos ob multitudinem divisisse gentem; Lydum patriis in terris resedisse, Tyrrheno datum novas ut conderet sedes; 20 et ducum e nominibus indita vocabula illis per Asiam, his in Italia; auctamque adhuc Lydorum opulentiam missis in Graeciam populis cui mox a Pelope nomen. simul litteras imperatorum et icta nobiscum foedera bello Macedonum ubertatemque fluminum suorum, temperiem caeli ac ditis 25 circum terras memorabant.

56. At Zmyrnaei repetita vetustate, seu Tantalus Iove ortus illos, sive Theseus divina et ipse stirpe, sive una Amazonum condidisset, transcendere ad ea, quis maxime fidebant, in populum Romanum officiis, missa navali copia 30

7 hypae penitrali tanique *M*: *emend. Beroaldus*   11 Alicarnasii *M*: Halicarnassii *Rhenanus*   14 aede . . . sita *Lipsius*: aedē . . . sitam *M*: Pergamenos (eo ipso nitebantur aedem Augusto ibi sitam) . . . *ante Lipsium edd.*   22 in insulam *Urlichs*   24 icta *Rhenanus*: dicta *M*

non modo externa ad bella sed quae in Italia tolerabantur ;
seque primos templum urbis Romae statuisse, M. Porcio
consule, magnis quidem iam populi Romani rebus, nondum tamen ad summum elatis, stante adhuc Punica urbe
5 et validis per Asiam regibus. simul L. Sullam testem
adferebant, gravissimo in discrimine exercitus ob asperi-
tatem hiemis et penuriam vestis, cum id Zmyrnam in contionem nuntiatum foret, omnis qui adstabant detraxisse
corpori tegmina nostrisque legionibus misisse. ita rogati
10 sententiam patres Zmyrnaeos praetulere. censuitque Vibius
Marsus ut M'. Lepido, cui ea provincia obvenerat, super
numerum legaretur qui templi curam susciperet. et quia
Lepidus ipse deligere per modestiam abnuebat, Valerius
Naso e praetoriis sorte missus est.

15 **57.** Inter quae diu meditato prolatoque saepius consilio
tandem Caesar in Campaniam, specie dedicandi templa
apud Capuam Iovi, apud Nolam Augusto, sed certus procul
urbe degere. causam abscessus quamquam secutus pluri-
mos auctorum ad Seiani artes rettuli, quia tamen caede
20 eius patrata sex postea annos pari secreto coniunxit, plerumque permoveor num ad ipsum referri verius sit, saevitiam ac libidinem cum factis promeret, locis occultantem.
erant qui crederent in senectute corporis quoque habitum
pudori fuisse : quippe illi praegracilis et incurva proceritas,
25 nudus capillo vertex, ulcerosa facies ac plerumque medica-
minibus interstincta ; et Rhodi secreto vitare coetus, recon-
dere voluptates insuerat. traditur etiam matris impotentia
extrusum quam dominationis sociam aspernabatur neque
depellere poterat, cum dominationem ipsam donum eius
30 accepisset. nam dubitaverat Augustus Germanicum, sororis

11 Marsus *Rhenanus* : Marcus *M*   M'. *Borghesi* : M. *M*   13
deligi se *Beroaldus*   16 in Campaniam] abs* essit *add. Halm*,
concessit *Otto*   22 occultantem *Rhenanus* : occultantis *M*

nepotem et cunctis laudatum, rei Romanae imponere, sed
precibus uxoris evictus Tiberio Germanicum, sibi Tiberium
adscivit. idque Augusta exprobrabat, reposcebat.

58. Profectio arto comitatu fuit : unus senator consulatu
functus, Cocceius Nerva, cui legum peritia, eques Romanus 5
praeter Seianum ex inlustribus Curtius Atticus, ceteri liberalibus studiis praediti, ferme Graeci, quorum sermonibus
levaretur. ferebant periti caelestium iis motibus siderum
excessisse Roma Tiberium ut reditus illi negaretur. unde
exitii causa multis fuit properum finem vitae coniectantibus 10
vulgantibusque ; neque enim tam incredibilem casum provi-
debant ut undecim per annos libens patria careret. mox
patuit breve confinium artis et falsi veraque quam obscuris
tegerentur. nam in urbem non regressurum haud forte
dictum : ceterorum nescii egere, cum propinquo rure aut 15
litore et saepe moenia urbis adsidens extremam senectam
compleverit.

59. Ac forte illis diebus oblatum Caesari anceps periculum auxit vana rumoris praebuitque ipsi materiem cur
amicitiae constantiaeque Seiani magis fideret. vescebantur 20
in villa cui vocabulum Speluncae mare Amunclanum inter
et Fundanos montis nativo in specu. eius os lapsis repente
saxis obruit quosdam ministros : hinc metus in omnis et fuga
eorum qui convivium celebrabant. Seianus genu vultuque
et manibus super Caesarem suspensus opposuit sese inciden- 25
tibus atque habitu tali repertus est a militibus qui subsidio
venerant. maior ex eo et quamquam exitiosa suaderet ut
non sui anxius cum fide audiebatur. adsimulabatque iudicis
partis adversum Germanici stirpem, subditis qui accusatorum nomina sustinerent maximeque insectarentur Neronem 30
proximum successioni et, quamquam modesta iuventa, plerumque tamen quid in praesentiarum conduceret oblitum,

21 Amuclanum *Beroaldus*   22 et *add. Bezzenberger*   32 conduceret *Beroaldus* : conducet *M*

dum a libertis et clientibus, apiscendae potentiae properis,
extimulatur ut erectum et fidentem animi ostenderet : velle
id populum Romanum, cupere exercitus, neque ausurum
contra Seianum qui nunc patientiam senis et segnitiam
5 iuvenis iuxta insultet.

60. Haec atque talia audienti nihil quidem pravae cogitationis, sed interdum voces procedebant contumaces et
inconsultae, quas adpositi custodes exceptas auctasque cum
deferrent neque Neroni defendere daretur, diversae insuper
10 sollicitudinum formae oriebantur. nam alius occursum eius
vitare, quidam salutatione reddita statim averti, plerique
inceptum sermonem abrumpere, insistentibus contra inri-
dentibusque qui Seiano fautores aderant. enimvero Tiberius
torvus aut falsum renidens vultu : seu loqueretur seu taceret
15 iuvenis, crimen ex silentio, ex voce. ne nox quidem
secura, cum uxor vigilias somnos suspiria matri Liviae atque
illa Seiano patefaceret ; qui fratrem quoque Neronis Drusum
traxit in partis, spe obiecta principis loci si priorem aetate
et iam labefactum demovisset. atrox Drusi ingenium super
20 cupidinem potentiae et solita fratribus odia accendebatur invidia quod mater Agrippina promptior Neroni erat. neque
tamen Seianus ita Drusum fovebat ut non in eum quoque
semina futuri exitii meditaretur, gnarus praeferocem et
insidiis magis opportunum.

25 61. Fine anni excessere insignes viri Asinius Agrippa,
claris maioribus quam vetustis vitaque non degener, et Q.
Haterius, familia senatoria, eloquentiae quoad vixit cele-
bratae : monimenta ingeni eius haud perinde retinentur.
scilicet impetu magis quam cura vigebat ; utque aliorum
30 meditatio et labor in posterum valescit, sic Haterii canorum
illud et profluens cum ipso simul extinctum est.

---

2 animum *Pichena*, *Halm*   7 procidebant *Haase*   26
et Q.] et quae *M* : atque *margo*   27 qua ad *M, sic item* vi. 51 :
quaad *Orelli*

62. M. Licinio L. Calpurnio consulibus ingentium bellorum cladem aequavit malum improvisum : eius initium
simul et finis extitit. nam coepto apud Fidenam amphitheatro
Atilius quidam libertini generis, quo spectaculum gladiatorum
celebraret, neque fundamenta per solidum subdidit neque 5
firmis nexibus ligneam compagem superstruxit, ut qui non
abundantia pecuniae nec municipali ambitione sed in sordidam mercedem id negotium quaesivisset. adfluxere avidi
talium, imperitante Tiberio procul voluptatibus habiti, virile
ac muliebre secus, omnis aetas, ob propinquitatem loci effu- 10
sius ; unde gravior pestis fuit, conferta mole, dein convulsa,
dum ruit intus aut in exteriora effunditur immensamque vim
mortalium, spectaculo intentos aut qui circum adstabant,
praeceps trahit atque operit. et illi quidem quos principium
stragis in mortem adflixerat, ut tali sorte, cruciatum effugere: 15
miserandi magis quos abrupta parte corporis nondum vita
deseruerat ; qui per diem visu, per noctem ululatibus et
gemitu coniuges aut liberos noscebant. iam ceteri fama
exciti, hic fratrem, propinquum ille, alius parentes lamentari.
etiam quorum diversa de causa amici aut necessarii aberant, 20
pavere tamen ; nequedum comperto quos illa vis perculisset,
latior ex incerto metus.

63. Vt coepere dimoveri obruta, concursus ad exanimos
complectentium, osculantium ; et saepe certamen si con-
fusior facies sed par forma aut aetas errorem adgnoscentibus 25
fecerat. quinquaginta hominum milia eo casu debilitata
vel obtrita sunt ; cautumque in posterum senatus consulto ne
quis gladiatorium munus ederet cui minor quadringentorum
milium res neve amphitheatrum imponeretur nisi solo
firmitatis spectatae. Atilius in exilium actus est. ceterum 30
sub recentem cladem patuere procerum domus, fomenta et

3 amphitheatro *Beroaldus* : amphitheatrū *M*   7 in sordidam
mercedem *Pichena* : in sordida mercede *M*   9 virilis ac muliebris
sexus *Beroaldus*   10 effusius *Lipsius* : effusus *M*   21 perculisset *Beroaldus* : periculis sed *M*   25 et par *Beroaldus*

medici passim praebiti, fuitque urbs per illos dies quamquam
maesta facie veterum institutis similis, qui magna post
proelia saucios largitione et cura sustentabant.

64. Nondum ea clades exoleverat cum ignis violentia
5 urbem ultra solitum adfecit, deusto monte Caelio ; feralem-
que annum ferebant et ominibus adversis susceptum principi
consilium absentiae, qui mos vulgo, fortuita ad culpam
trahentes, ni Caesar obviam isset tribuendo pecunias ex modo
detrimenti. actaeque ei grates apud senatum ab inlustribus
10 famaque apud populum, quia sine ambitione aut proximorum
precibus ignotos etiam et ultro accitos munificentia iuverat.
adduntur sententiae ut mons Caelius in posterum Augustus
appellaretur, quando cunctis circum flagrantibus sola Tiberii
effigies sita in domo Iunii senatoris inviolata mansisset.
15 evenisse id olim Claudiae Quintae eiusque statuam vim
ignium bis elapsam maiores apud aedem matris deum con-
secravisse. sanctos acceptosque numinibus Claudios et
augendam caerimoniam loco in quo tantum in principem
honorem di ostenderint.

20 **65.** Haud fuerit absurdum tradere montem eum antiquitus Querquetulanum cognomento fuisse, quod talis silvae
frequens fecundusque erat, mox Caelium appellitatum a
Caele Vibenna, qui dux gentis Etruscae cum auxilium
tulisset sedem eam acceperat a Tarquinio Prisco, seu quis
25 alius regum dedit : nam scriptores in eo dissentiunt. cetera
non ambigua sunt, magnas eas copias per plana etiam ac
foro propinqua habitavisse, unde Tuscum vicum e vocabulo
advenarum dictum.

66. Sed ut studia procerum et largitio principis adversum
30 casus solacium tulerant, ita accusatorum maior in dies

---

2 instituti *M*   6 ominibus *Beroaldus* : omnibus *M*   19
ostenderint *Lipsius* : ostenderent *M*   24 tulisset *Lipsius* : ap-
pellatum tauisset *M* : portavisset *Döderlein*   30 casus *Heinsius* :
casum *M*   telerant *M* : tetulerant *Döderlein*

et infestior vis sine levamento grassabatur; corripueratque
Varum Quintilium, divitem et Caesari propinquum, Domitius Afer, Claudiae Pulchrae matris eius condemnator, nullo
mirante quod diu egens et parto nuper praemio male usus
plura ad flagitia accingeretur. Publium Dolabellam socium 5
delationis extitisse miraculo erat, quia claris maioribus et
Varo conexus suam ipse nobilitatem, suum sanguinem
perditum ibat. restitit tamen senatus et opperiendum
imperatorem censuit, quod unum urgentium malorum suffugium in tempus erat.   10

   67. At Caesar dedicatis per Campaniam templis, quamquam edicto monuisset ne quis quietem eius inrumperet,
concursusque oppidanorum disposito milite prohiberentur,
perosus tamen municipia et colonias omniaque in continenti
sita Capreas se in insulam abdidit trium milium freto ab 15
extremis Surrentini promunturii diiunctam. solitudinem eius
placuisse maxime crediderim, quoniam importuosum circa
mare et vix modicis navigiis pauca subsidia ; neque adpulerit
quisquam nisi gnaro custode. caeli temperies hieme mitis
obiectu montis quo saeva ventorum arcentur; aestas in 20
favonium obversa et aperto circum pelago peramoena;
prospectabatque pulcherrimum sinum, antequam Vesuvius
mons ardescens faciem loci verteret. Graecos ea tenuisse
Capreasque Telebois habitatas fama tradit. sed tum Tiberius
duodecim villarum nominibus et molibus insederat, quanto 25
intentus olim publicas ad curas tanto occultiores in luxus
et malum otium resolutus. manebat quippe suspicionum et
credendi temeritas quam Seianus augere etiam in urbe
suetus acrius turbabat non iam occultis adversum Agrippinam et Neronem insidiis. quis additus miles nuntios, 30
introitus, aperta secreta velut in annalis referebat, ultroque

7 conexus *Rhenanus* : conixius *M*   15 abdidit *Beroaldus* :
addidit *M*   19 gnaro *Beroaldus* : grano *M*   26 occultiores *Weissenborn* : occultior *M* : occultos *Io. Fr. Gronovius*

struebantur qui monerent perfugere ad Germaniae exercitus
vel celeberrimo fori effigiem divi Augusti amplecti populumque ac senatum auxilio vocare. eaque spreta ab illis,
velut pararent, obiciebantur.

5 **68.** Iunio Silano et Silio Nerva consulibus foedum anni
principium incessit tracto in carcerem inlustri equite Romano
Titio Sabino ob amicitiam Germanici : neque enim omiserat
coniugem liberosque eius percolere, sector domi, comes in
publico, post tot clientes unus eoque apud bonos laudatus
10 et gravis iniquis. hunc Latinius Latiaris, Porcius Cato,
Petilius Rufus, M. Opsius praetura functi adgrediuntur,
cupidine consulatus ad quem non nisi per Seianum aditus ;
neque Seiani voluntas nisi scelere quaerebatur. compositum
inter ipsos ut Latiaris, qui modico usu Sabinum contingebat,
15 strueret dolum, ceteri testes adessent, deinde accusationem
inciperent. igitur Latiaris iacere fortuitos primum sermones,
mox laudare constantiam quod non, ut ceteri, florentis
domus amicus adflictam deseruisset; simul honora de
Germanico, Agrippinam miserans, disserebat. et postquam
20 Sabinus, ut sunt molles in calamitate mortalium animi, effudit lacrimas, iunxit questus, audentius iam onerat Seianum,
saevitiam, superbiam, spes eius ; ne in Tiberium quidem
convicio abstinet ; iique sermones tamquam vetita miscuis-
sent speciem artae amicitiae fecere. ac iam ultro Sabinus
25 quaerere Latiarem, ventitare domum, dolores suos quasi ad
fidissimum deferre.

69. Consultant quos memoravi quonam modo ea plurium
auditu acciperentur. nam loco in quem coibatur servanda
solitudinis facies ; et si pone foris adsisterent, metus visus,
30 sonitus aut forte ortae suspicionis erat. tectum inter et
laquearia tres senatores haud minus turpi latebra quam

11 Petilius *Lipsius* : petitius *M*   24 fecere *Faernus* : facere *M*
29 metu (metus *Beroaldus*) . . . suspiciones erant *Ernesti*   30
erat *Rhenanus* : erant *M*

detestanda fraude sese abstrudunt, foraminibus et rimis aurem admovent. interea Latiaris repertum in publico Sabinum, velut recens cognita narraturus, domum et in cubiculum trahit praeteritaque et instantia, quorum adfatim copia, ac novos terrores cumulat. eadem ille et 5 diutius, quanto maesta, ubi semel prorupere, difficilius reticentur. properata inde accusatio missisque ad Caesarem litteris ordinem fraudis suumque ipsi dedecus narravere. non alias magis anxia et pavens civitas, tegens adversum proximos; congressus, conloquia, notae ignotaeque aures 10 vitari; etiam muta atque inanima, tectum et parietes circumspectabantur.

70. Sed Caesar sollemnia incipientis anni kalendis Ianuariis epistula precatus vertit in Sabinum, corruptos quosdam libertorum et petitum se arguens, ultionemque 15 haud obscure poscebat. nec mora quin decerneretur; et trahebatur damnatus, quantum obducta veste et adstrictis faucibus niti poterat, clamitans sic inchoari annum, has Seiano victimas cadere. quo intendisset oculos, quo verba acciderent, fuga vastitas, deseri itinera fora. et quidam 20 regrediebantur ostentabantque se rursum id ipsum paventes quod timuissent. quem enim diem vacuum poena ubi inter sacra et vota, quo tempore verbis etiam profanis abstineri mos esset, vincla et laqueus inducantur? non imprudentem Tiberium tantam invidiam adisse: quaesitum 25 meditatumque, ne quid impedire credatur quo minus novi magistratus, quo modo delubra et altaria, sic carcerem recludant. secutae insuper litterae grates agentis quod hominem infensum rei publicae punivissent, adiecto trepi-

8 ipsi *Beroaldus*: ipse *M*   9 tegens *Lipsius*: egens *M*: reticens *Weissenborn*: se tegens *Vertranius*   20 acciderent *Rhenanus*: acciperent *M*   24 non imprudentem *Rhenanus*: non‖prudentem *M*   25 adisse, quaesitum *Beroaldus*: adisset quaesitum *M*: adisse, set quaesitum *Wurm*

dam sibi vitam, suspectas inimicorum insidias, nullo nominatim compellato; neque tamen dubitabatur in Neronem
et Agrippinam intendi.

71. Ni mihi destinatum foret suum quaeque in annum
5 referre, avebat animus antire statimque memorare exitus
quos Latinus atque Opsius ceterique flagitii eius repertores
habuere, non modo postquam Gaius Caesar rerum potitus
est sed incolumi Tiberio, qui scelerum ministros ut per-
verti ab aliis nolebat, ita plerumque satiatus et oblatis in
10 eandem operam recentibus veteres et praegravis adflixit :
verum has atque alias sontium poenas in tempore trademus. tum censuit Asinius Gallus, cuius liberorum Agrippina matertera erat, petendum a principe ut metus suos
senatui fateretur amoverique sineret. nullam aeque Tibe-
15 rius, ut rebatur, ex virtutibus suis quam dissimulationem
diligebat : eo aegrius accepit recludi quae premeret. sed
mitigavit Seianus, non Galli amore verum ut cunctationes
principis opperiretur, gnarus lentum in meditando, ubi
prorupisset, tristibus dictis atrocia facta coniungere.
20 Per idem tempus Iulia mortem obiit, quam neptem Augustus convictam adulterii damnaverat proieceratque in
insulam Trimerum, haud procul Apulis litoribus. illic
viginti annis exilium toleravit Augustae ope sustentata, quae
florentis privignos cum per occultum subvertisset, miseri-
25 cordiam erga adflictos palam ostentabat.

72. Eodem anno Frisii, transrhenanus populus, pacem
exuere, nostra magis avaritia quam obsequii impatientes.
tributum iis Drusus iusserat modicum pro angustia rerum,
ut in usus militaris coria boum penderent, non intenta
30 cuiusquam cura quae firmitudo, quae mensura, donec
Olennius e primipilaribus regendis Frisiis impositus terga

18 opperiretur *Muretus et Io. Fr. Gronovius* : aperirentur *M, Halm*
22 Tremetum *Freinsheim*

urorum delegit quorum ad formam acciperentur. id aliis
quoque nationibus arduum apud Germanos difficilius tolera-
batur, quis ingentium beluarum feraces saltus, modica domi
armenta sunt. ac primo boves ipsos, mox agros, postremo corpora coniugum aut liberorum servitio tradebant. 5
hinc ira et questus et postquam non subveniebatur remedium ex bello. rapti qui tributo aderant milites et patibulo
adfixi: Olennius infensos fuga praevenit receptus castello
cui nomen Flevum; et haud spernenda illic civium sociorumque manus litora Oceani praesidebat. 10

73. Quod ubi L. Apronio inferioris Germaniae pro praetore cognitum, vexilla legionum e superiore provincia pe-
ditumque et equitum auxiliarium delectos accivit ac simul
utrumque exercitum Rheno devectum Frisiis intulit, soluto
iam castelli obsidio et ad sua tutanda degressis rebellibus. 15
igitur proxima aestuaria aggeribus et pontibus traducendo
graviori agmini firmat, atque interim repertis vadis alam
Canninefatem et quod peditum Germanorum inter nostros
merebat circumgredi terga hostium iubet, qui iam acie
compositi pellunt turmas socialis equitesque legionum sub- 20
sidio missos. tum tres leves cohortes ac rursum duae,
dein tempore interiecto alarius eques immissus: satis validi
si simul incubuissent, per intervallum adventantes neque
constantiam addiderant turbatis et pavore fugientium au-
ferebantur. Cethego Labeoni legato quintae legionis quod 25
reliquum auxiliorum tradit. atque ille dubia suorum re
in anceps tractus missis nuntiis vim legionum implorabat.
prorumpunt quintani ante alios et acri pugna hoste pulso
recipiunt cohortis alasque fessas vulneribus. neque dux
Romanus ultum iit aut corpora humavit, quamquam multi 30

1 urorum] taurorum *Nipperdey*   6 subveniebatur *Rhenanus* : sub-
veniebat *M*   15 castelli *Rhenanus* : castello *M*   digressis *Beroaldus*
20 pellunt *Rhenanus* : pelluntur‖ *M*   22 alarius *Freinsheim* :
acrius *M*   25 Cethego *Lipsius* : cethecio *M*

tribunorum praefectorumque et insignes centuriones cecidissent. mox compertum a transfugis nongentos Romanorum apud lucum quem Baduhennae vocant pugna in
posterum extracta confectos, et aliam quadringentorum
5 manum occupata Cruptorigis quondam stipendiari villa,
postquam proditio metuebatur, mutuis ictibus procubuisse.

74. Clarum inde inter Germanos Frisium nomen, dissi-
mulante Tiberio damna ne cui bellum permitteret.   neque
10 senatus in eo cura an imperii extrema dehonestarentur:
pavor internus occupaverat animos cui remedium adulatione quaerebatur.   ita quamquam diversis super rebus
consulerentur, aram clementiae, aram amicitiae effigiesque
circum Caesaris ac Seiani censuere crebrisque precibus
15 efflagitabant visendi sui copiam facerent.   non illi tamen
in urbem aut propinqua urbi degressi sunt: satis visum
omittere insulam et in proximo Campaniae aspici.   eo venire
patres, eques, magna pars plebis, anxii erga Seianum cuius
durior congressus atque eo per ambitum et societate con-
20 siliorum parabatur.   satis constabat auctam ei adrogantiam
foedum illud in propatulo servitium spectanti; quippe
Romae sueti discursus et magnitudine urbis incertum quod
quisque ad negotium pergat: ibi campo aut litore iacentes
nullo discrimine noctem ac diem iuxta gratiam aut fastus
25 ianitorum perpetiebantur donec id quoque vetitum: et
revenere in urbem trepidi quos non sermone, non visu
dignatus erat, quidam male alacres quibus infaustae amicitiae gravis exitus imminebat.

75. Ceterum Tiberius neptem Agrippinam Germanico
30 ortam cum coram Cn. Domitio tradidisset, in urbe cele-

5 Cruptorigis *Otto*: cruptoricis *M*   11 internus *Rhenanus*: in-
ternos *M*   16 digressi *Beroaldus*   21 illud in propatulo
Beroaldus: illum in propatibulo *M*   22 magnitudine *Rhenanus*:
magnitudini *M*   25 id quoque *Muretus*: idque *M*

brari nuptias iussit. in Domitio super vetustatem generis
propinquum Caesaribus sanguinem delegerat ; nam is aviam
Octaviam et per eam Augustum avunculum praeferebat.

LIBER V FRAGMENTVM

1. Rubellio et Fufio consulibus, quorum utrique Geminus cognomentum erat, Iulia Augusta mortem obiit, aetate 5
extrema, nobilitatis per Claudiam familiam et adoptione
Liviorum Iuliorumque clarissimae. primum ei matrimonium et liberi fuere cum Tiberio Nerone, qui bello Peru-
sino profugus pace inter Sex. Pompeium ac triumviros
pacta in urbem rediit. exim Caesar cupidine formae au- 10
fert marito, incertum an invitam, adeo properus ut ne
spatio quidem ad enitendum dato penatibus suis gravidam
induxerit. nullam posthac subolem edidit sed sanguini
Augusti per coniunctionem Agrippinae et Germanici adnexa
communis pronepotes habuit. sanctitate domus priscum 15
ad morem, comis ultra quam antiquis feminis probatum,
mater impotens, uxor facilis et cum artibus mariti, simulatione filii bene composita. funus eius modicum, testamentum diu inritum fuit. laudata est pro rostris a G. Caesare
pronepote qui mox rerum potitus est. 20
2. At Tiberius, quod supremis in matrem officiis de-
fuisset, nihil mutata amoenitate vitae, magnitudinem negotiorum per litteras excusavit honoresque memoriae eius ab
senatu large decretos quasi per modestiam imminuit, paucis
admodum receptis et addito ne caelestis religio decerne- 25
retur : sic ipsam maluisse. quin et parte eiusdem epistulae
increpuit amicitias muliebris, Fufium consulem oblique perstringens. is gratia Augustae floruerat, aptus adliciendis

feminarum animis, dicax idem et Tiberium acerbis facetiis
inridere solitus quarum apud praepotentis in longum
memoria est.

3. Ceterum ex eo praerupta iam et urgens dominatio :
5 nam incolumi Augusta erat adhuc perfugium, quia Tiberio
inveteratum erga matrem obsequium neque Seianus audebat auctoritati parentis antire : tunc velut frenis exoluti
proruperunt missaeque in Agrippinam ac Neronem litterae quas pridem adlatas et cohibitas ab Augusta credidit
10 vulgus : haud enim multum post mortem eius recitatae sunt.
verba inerant quaesita asperitate : sed non arma, non rerum novarum studium, amores iuvenum et impudicitiam
nepoti obiectabat. in nurum ne id quidem confingere
ausus, adrogantiam oris et contumacem animum incusavit,
15 magno senatus pavore ac silentio, donec pauci quis nulla
ex honesto spes (et publica mala singulis in occasionem
gratiae trahuntur) ut referretur postulavere, promptissimo
Cotta Messalino cum atroci sententia. sed aliis a primoribus maximeque a magistratibus trepidabatur : quippe
20 Tiberius etsi infense invectus cetera ambigua reliquerat.

4. Fuit in senatu Iunius Rusticus, componendis patrum
actis delectus a Caesare eoque meditationes eius introspicere creditus. is fatali quodam motu (neque enim ante
specimen constantiae dederat) seu prava sollertia, dum
25 imminentium oblitus incerta pavet, inserere se dubitantibus
ac monere consules ne relationem inciperent ; disserebat-
que brevibus momentis summa verti : posse quandoque
domus Germanici exitium paenitentiae *esse* seni. simul
populus effigies Agrippinae ac Neronis gerens circumsistit
30 curiam faustisque in Caesarem ominibus falsas litteras et

10 multo *Hrinsius* 13 confingere *Beroaldus* : confringere *M*
22 meditationes *Rhenanus* : meditationis *M* 28 domus *supplevit*
Halm Germanici exitium *Ruperti* : germanicis titium *M* esse
seni *Walther* : senis *M* : seni esse *Ruperti* 30 faustisque *Muretus* :
festisque *M* : infestisque *Kritz*

principe invito exitium domui eius intendi clamitat. ita
nihil triste illo die patratum. ferebantur etiam sub nominibus consularium fictae in Seianum sententiae, exercenti-
bus plerisque per occultum atque eo procacius libidinem
ingeniorum. unde illi ira violentior et materies criminandi : 5
spretum dolorem principis ab senatu, descivisse populum ;
audiri iam et legi novas contiones, nova patrum consulta :
quid reliquum nisi ut caperent ferrum et, quorum imagines
pro vexillis secuti forent, duces imperatoresque deligerent?

5. Igitur Caesar repetitis adversum nepotem et nurum 10
probris increpitaque per edictum plebe, questus apud patres
quod fraude unius senatoris imperatoria maiestas elusa
publice foret, integra tamen sibi cuncta postulavit. nec
ultra deliberatum quo minus non quidem extrema decernerent (id enim vetitum), sed paratos ad ultionem vi prin- 15
cipis impediri testarentur. . . . .

LIBER VI

V. 6. . . . Quattuor et quadraginta orationes super ea re
habitae, ex quis ob metum paucae, plures adsuetudine . . .
. . . 'mihi pudorem aut Seiano invidiam adlaturum censui.
versa est fortuna et ille quidem qui collegam et generum 20
adsciverat sibi ignoscit : ceteri quem per dedecora fovere
cum scelere insectantur. miserius sit ob amicitiam accusari
an amicum accusare haud discreverim. non crudelitatem,
non clementiam cuiusquam experiar sed liber et mihi ipsi

---

16 *post* testarentur *spatium vacuum est trium vel quattuor littera-*
rum : tum novus versus incipit a v. quattuor. *initium sexti libri hic*
posuit Haase, Lipsius post cap. 11 (Cn. Domitius *etc.*) *constituerat, quod*
indicant numeri adpositi 17, 19 *absunt lacunae signa in M utro-*
bique

probatus antibo periculum. vos obtestor ne memoriam
nostri per maerorem quam laeti retineatis, adiciendo me
quoque iis qui fine egregio publica mala effugerunt.'

V. 7. Tunc singulos, ut cuique adsistere, adloqui animus
5 erat, retinens aut dimittens partem diei absumpsit, multoque adhuc coetu et cunctis intrepidum vultum eius spectan-
tibus, cum superesse tempus novissimis crederent, gladio
quem sinu abdiderat incubuit. neque Caesar ullis criminibus aut probris defunctum insectatus est, cum in Blaesum
10 multa foedaque incusavisset.

V. 8. Relatum inde de P. Vitellio et Pomponio Secundo.
illum indices arguebant claustra aerarii, cui praefectus erat,
et militarem pecuniam rebus novis obtulisse; huic a Considio praetura functo obiectabatur Aelii Galli amicitia, qui
15 punito Seiano in hortos Pomponii quasi fidissimum ad subsidium perfugisset. neque aliud periclitantibus auxilii quam
in fratrum constantia fuit qui vades extitere. mox crebris
prolationibus spem ac metum iuxta gravatus Vitellius petito
per speciem studiorum scalpro levem ictum venis intulit
20 vitamque aegritudine animi finivit. at Pomponius multa
morum elegantia et ingenio inlustri, dum adversam fortunam aequus tolerat, Tiberio superstes fuit.

V. 9. Placitum posthac ut in reliquos Seiani liberos
adverteretur, vanescente quamquam plebis ira ac plerisque
25 per priora supplicia lenitis. igitur portantur in carcerem,
filius imminentium intellegens, puella adeo nescia ut crebro
interrogaret quod ob delictum et quo traheretur; neque
facturam ultra et posse se puerili verbere moneri. tradunt
temporis eius auctores, quia triumvirali supplicio adfici vir-
30 ginem inauditum habebatur, a carnifice laqueum iuxta
compressam; exim oblisis faucibus id aetatis corpora in
Gemonias abiecta.

5 absumpsit *Beroaldus* : adsumpsit *M*   14 Aelii *Lipsius* : velii
M   28 puerili mo!'verbere monerit *M*

V. 10. Per idem tempus Asia atque Achaia exterritae
sunt acri magis quam diuturno rumore, Drusum Germanici
filium apud Cycladas insulas mox in continenti visum. et
erat iuvenis haud dispari aetate, quibusdam Caesaris libertis
velut adgnitus; per dolumque comitantibus adliciebantur 5
ignari fama nominis et promptis Graecorum animis ad nova
et mira: quippe elapsum custodiae pergere ad paternos
exercitus, Aegyptum aut Syriam invasurum, fingebant simul
credebantque. iam iuventutis concursu, iam publicis studiis
frequentabatur, laetus praesentibus et inanium spe, cum 10
auditum id Poppaeo Sabino: is Macedoniae tum intentus
Achaiam quoque curabat. igitur quo vera seu falsa antiret
Toronaeum Thermaeumque sinum praefestinans, mox Eu-
boeam Aegaei maris insulam et Piraeum Atticae orae, dein
Corinthiense litus angustiasque Isthmi evadit; marique 15
alio Nicopolim Romanam coloniam ingressus, ibi demum
cognoscit sollertius interrogatum quisnam foret dixisse
M. Silano genitum et multis sectatorum dilapsis ascendisse
navem tamquam Italiam peteret. scripsitque haec Tiberio
neque nos originem finemve eius rei ultra comperimus. 20

V. 11. Exitu anni diu aucta discordia consulum erupit.
nam Trio, facilis capessendis inimicitiis et foro exercitus, ut
segnem Regulum ad opprimendos Seiani ministros oblique
perstrinxerat: ille nisi lacesseretur modestiae retinens non
modo rettudit collegam sed ut noxium coniurationis ad 25
disquisitionem trahebat. multisque patrum orantibus po-
nerent odia in perniciem itura, mansere infensi ac minitantes donec magistratu abirent.

VI. 1. Cn. Domitius et Camillus Scribonianus consulatum inierant, cum Caesar tramisso quod Capreas et Sur- 30

5 dolumque *Beroaldus* : dolum qui *M*   7 elapsum *Rhenanus* :
lapsum *M*   10 inani *Nipperdey* : inani in *Ioh. Müller*   11 Poppaeo *Rhenanus* : pompeio *M*   16 alio] Ionio *Th. Barthold, Halm*
18 dilapsis *Beroaldus* : delapsis *M*

rentum interluit freto Campaniam praelegebat, ambiguus
an urbem intraret, seu, quia contra destinaverat, speciem
venturi simulans. et saepe in propinqua degressus, aditis
iuxta Tiberim hortis, saxa rursum et solitudinem maris
5 repetiit pudore scelerum et libidinum quibus adeo indomi-
tis exarserat ut more regio pubem ingenuam stupris pol-
lueret. nec formam tantum et decora corpora set in his
modestam pueritiam, in aliis imagines maiorum incitamentum cupidinis habebat. tuncque primum ignota antea
10 vocabula reperta sunt sellariorum et spintriarum ex foedi-
tate loci ac multiplici patientia ; praepositique servi qui conquirerent pertraherent, dona in promptos, minas adversum
abnuentis, et si retinerent propinquus aut parens, vim
raptus suaque ipsi libita velut in captos exercebant.
15 2. At Romae principio anni, quasi recens cognitis Liviae
flagitiis ac non pridem etiam punitis, atroces sententiae
dicebantur in effigies quoque ac memoriam eius et bona
Seiani ablata aerario ut in fiscum cogerentur, tamquam referret. Scipiones haec et Silani et Cassii isdem ferme aut
20 paulum immutatis verbis adseveratione multa censebant,
cum repente Togonius Gallus, dum ignobilitatem suam
magnis nominibus inserit, per deridiculum auditur. nam
principem orabat deligere senatores ex quis viginti sorte
ducti et ferro accincti, quoties curiam inisset, salutem eius
25 defenderent. crediderat nimirum epistulae subsidio sibi
alterum ex consulibus poscentis ut tutus a Capreis urbem
peteret. Tiberius tamen, ludibria seriis permiscere solitus,
egit grates benevolentiae patrum : sed quos omitti posse,
quos deligi ? semperne eosdem an subinde alios ? et honori-
30 bus perfunctos an iuvenes, privatos an e magistratibus ?
quam deinde speciem fore sumentium in limine curiae

---

10 spintriarum *Beroaldus* : p. sintriarum *M*   11 conquirerent *Döderlein* : quirerent *M*   13 retinerent *Beroaldus*   retinuerent
M : retinuerant *Ritter*   18 tamquam *Libsius* : tam *M*

gladios? neque sibi vitam tanti si armis tegenda foret.
haec adversus Togonium verbis moderans neque *ut* ultra
abolitionem sententiae suaderet.

3. At Iunium Gallionem qui censuerat ut praetoriani
actis stipendiis ius apiscerentur in quattuordecim ordinibus 5
sedendi violenter increpuit, velut coram rogitans quid illi
cum militibus quos neque dicta imperatoris neque praemia
nisi ab imperatore accipere par esset. repperisse prorsus
quod divus Augustus non providerit : an potius discordiam
et seditionem a satellite Seiani quaesitam, qua rudis animos 10
nomine honoris ad corrumpendum militiae morem propel-
leret ? hoc pretium Gallio meditatae adulationis tulit, statim
curia, deinde Italia exactus ; et quia incusabatur facile tole-
raturus exilium delecta Lesbo, insula nobili et amoena,
retrahitur in urbem custoditurque domibus magistratuum. 15
isdem litteris Caesar Sextium Paconianum praetorium perculit magno patrum gaudio, audacem maleficum, omnium
secreta rimantem delectumque ab Seiano cuius ope dolus
G. Caesari pararetur. quod postquam patefactum prorupere concepta pridem odia et summum supplicium 20
decernebatur ni professus indicium foret.

4. Vt vero Latinium Latiarem ingressus est, accusator ac
reus iuxta invisi gratissimum spectaculum praebebantur.
Latiaris, ut rettuli, praecipuus olim circumveniendi Titii
Sabini et tunc luendae poenae primus fuit. inter quae 25
Haterius Agrippa consules anni prioris invasit, cur mutua
accusatione intenta nunc silerent : metum prorsus et noxae

---

2 verbis *Beroaldus* : urbis *M* neque] neve *Nipperdey* ut
addidit Döderlein neque ultra . . . suadere *Beroaldus* 7
edicta *Muretus* imperatoris *secl. Lipsius, Halm* : nisi imperatoris
Rhenanus, Nipperdey 16 Sextium Paconianum *Lipsius* : extium
pagonianum *M* 18 ab *Weissenborn* : ad *M* 22 Latinium
Beroaldus : lucanium *M* ac reus *Lipsius* : acrius *M* 23 prae-
bebant *Ursinus* : praebebatur *Beroaldus* 27 noxae conscientiam
Groslotius : noxiam conscientiae *M*

conscientiam pro foedere haberi ; at non patribus reticenda
quae audivissent. Regulus manere tempus ultionis seque
coram principe executurum ; Trio aemulationem inter col-
legas et si qua discordes iecissent melius oblitterari respon-
5 dit. Vrgente Agrippa Sanquinius Maximus e consularibus
oravit senatum ne curas imperatoris conquisitis insuper
acerbitatibus augerent : sufficere ipsum statuendis remediis.
sic Regulo salus et Trioni dilatio exitii quaesita. Haterius
invisior fuit quia somno aut libidinosis vigiliis marcidus et
10 ob segnitiam quamvis crudelem principem non metuens
inlustribus viris perniciem inter ganeam ac stupra medi-
tabatur.

5. Exim Cotta Messalinus, saevissimae cuiusque sententiae auctor eoque inveterata invidia, ubi primum facultas
15 data arguitur pleraque *in* C. Caesarem quasi incestae virilitatis, et cum die natali Augustae inter sacerdotes epularetur,
novendialem eam cenam dixisse ; querensque de potentia
M'. Lepidi ac L. Arruntii, cum quibus ob rem pecuniariam
disceptabat, addidisse : ' illos quidem senatus, me autem
20 tuebitur Tiberiolus meus.' quae cuncta a primoribus civitatis revincebatur iisque instantibus ad imperatorem pro-
vocavit. nec multo post litterae adferuntur quibus in
modum defensionis, repetito inter se atque Cottam amicitiae principio crebrisque eius officiis commemoratis, ne
25 verba prave detorta neu convivalium fabularum simplicitas
in crimen duceretur postulavit.

6. Insigne visum est earum Caesaris litterarum initium ;
nam his verbis exorsus est : ' quid scribam vobis, patres
conscripti, aut quo modo scribam aut quid omnino non
30 scribam hoc tempore, di me deaeque peius perdant quam

---

15 pleraque in C. Caesarem *Muretus* : pleraque C. Caesarem *M* :
pleraque : Gaiam Caesarem *Freinsheim* incestae *Rhenanus, Nipperdey* : incerta *M* : incertae *Lipsius, Halm* 18 M'. *Lipsius* : M. *M*
20 quae *Nipperdey* : ne‖que *M* 23 amicitia *M* 29 quomodo
Suet. Tib. 67 : quando *M*

perire me cotidie sentio, si scio.' adeo facinora atque
flagitia sua ipsi quoque in supplicium verterant. neque
frustra praestantissimus sapientiae firmare solitus est, si
recludantur tyrannorum mentes, posse aspici laniatus et
ictus, quando ut corpora verberibus, ita saevitia, libidine, 5
malis consultis animus dilaceretur. quippe Tiberium non
fortuna, non solitudines protegebant quin tormenta pectoris
suasque ipse poenas fateretur.

7. Tum facta patribus potestate statuendi de Caeciliano
senatore qui plurima adversum Cottam prompserat, placi- 10
tum eandem poenam inrogari quam in Aruseium et Sanquinium, accusatores L. Arruntii: quo non aliud honorifi-
centius Cottae evenit, qui nobilis quidem set egens ob
luxum, per flagitia infamis, sanctissimis Arruntii artibus
dignitate ultionis aequabatur.   15

Q. Servaeus posthac et Minucius Thermus inducti, Servaeus praetura functus et quondam Germanici comes, Minucius equestri loco, modeste habita Seiani amicitia ; unde illis
maior miseratio. contra Tiberius praecipuos ad scelera increpans admonuit C. Cestium patrem dicere senatui quae 20
sibi scripsisset, suscepitque Cestius accusationem. quod
maxime exitiabile tulere illa tempora, cum primores senatus
infimas etiam delationes exercerent, alii propalam, multi per
occultum ; neque discerneres alienos a coniunctis, amicos
ab ignotis, quid repens aut vetustate obscurum : perinde in 25
foro, in convivio, quaqua de re locuti incusabantur, ut quis
praevenire et reum destinare properat, pars ad subsidium
sui, plures infecti quasi valetudine et contactu. sed Minucius et Servaeus damnati indicibus accessere. tractique
sunt in casum eundem Iulius Africanus e Santonis Gallica 30

9 Caeciliano *Lipsius* : caesiliano *M*   11 Aruleium *Reinesius*,
item c. 40   Sanquinium *Beroaldus* : sangunnium *M* : sangurium *coni.*
Nipperdey   20 patrem] praetorem *Lipsius*   25 perinde *Rhe-*
nanus: proinde *M*   29 tractique *Beroaldus* : tractatique *M*

civitate, Seius Quadratus : originem non repperi. neque
sum ignarus a plerisque scriptoribus omissa multorum pericula et poenas, dum copia fatiscunt aut quae ipsis nimia et
maesta fuerant ne pari taedio lecturos adficerent verentur :
5 nobis pleraque digna cognitu obvenere, quamquam ab aliis
incelebrata.

8. Nam ea tempestate qua Seiani amicitiam ceteri falso
exuerant ausus est eques Romanus M. Terentius, ob id reus,
amplecti, ad hunc modum apud senatum ordiendo : ' for-
10 tunae quidem meae fortasse minus expediat adgnoscere
crimen quam abnuere : sed utcumque casura res est, fatebor
et fuisse me Seiano amicum et ut essem expetisse et postquam adeptus eram laetatum. videram collegam patris
regendis praetoriis cohortibus, mox urbis et militiae munia
15 simul obeuntem. illius propinqui et adfines honoribus
augebantur ; ut quisque Seiano intimus ita ad Caesaris
amicitiam validus : contra quibus infensus esset, metu ac
sordibus conflictabantur. nec quemquam exemplo adsumo :
cunctos qui novissimi consilii expertes fuimus meo unius
20 discrimine defendam. non enim Seianum Vulsiniensem
set Claudiae et Iuliae domus partem, quas adfinitate occupaverat, tuum, Caesar, generum, tui consulatus socium, tua
officia in re publica capessentem colebamus. non est
nostrum aestimare quem supra ceteros et quibus de causis
25 extollas : tibi summum rerum iudicium di dedere, nobis
obsequii gloria relicta est. spectamus porro quae coram
habentur, cui ex te opes honores, quis plurima iuvandi
nocendive potentia, quae Seiano fuisse nemo negaverit.
abditos principis sensus et si quid occultius parat exqui-
30 rere inlicitum, anceps : nec ideo adsequare. ne, patres
conscripti, ultimum Seiani diem sed sedecim annos cogi-
taveritis. etiam Satrium atque Pomponium venerabamur ;

21 set *Rhenanus* : et *M* 32 Pomponium] Pinarium *Ritter, cf.* iv. 34

G

libertis quoque ac ianitoribus eius notescere pro magnifico
accipiebatur. quid ergo ? indistincta haec defensio et promisca dabitur ? immo iustis terminis dividatur. insidiae
in rem publicam, consilia caedis adversum imperatorem
puniantur : de amicitia et officiis idem finis et te, Caesar, et 5
nos absolverit.'

9. Constantia orationis et quia repertus erat qui efferret
quae omnes animo agitabant eo usque potuere ut accusatores eius, additis quae ante deliquerant, exilio aut morte
multarentur.   10

Secutae dehinc Tiberii litterae in Sex. Vistilium praetorium, quem Druso fratri percarum in cohortem suam transtulerat. causa offensionis Vistilio fuit, seu composuerat
quaedam in Gaium Caesarem ut impudicum, sive ficto
habita fides. atque ob id convictu principis prohibitus cum 15
senili manu ferrum temptavisset, obligat venas ; precatusque per codicillos, immiti rescripto venas resolvit. acervatim
ex eo Annius Pollio, Appius Silanus Scauro Mamerco simul
ac Sabino Calvisio maiestatis postulantur, et Vinicianus
Pollioni patri adiciebatur, clari genus et quidam summis 20
honoribus. contremuerantque patres (nam quotus quisque
adfinitatis aut amicitiae tot inlustrium virorum expers
erat ?), ni Celsus urbanae cohortis tribunus, tum inter indices, Appium et Calvisium discrimini exemisset. Caesar
Pollionis ac Viniciani Scaurique causam ut ipse cum senatu 25
nosceret distulit, datis quibusdam in Scaurum tristibus notis.

10. Ne feminae quidem exsortes periculi. quia occu-
pandae rei publicae argui non poterant, ob lacrimas incusabantur ; necataque est anus Vitia, Fufii Gemini mater,
quod filii necem flevisset. haec apud senatum : nec secus 30

11 Vistilium *Nipperdey* : vestilium *M* (vistilio v. 13)   16 temptavisset *Beroaldus* : temtavisset *M*   obligat *Baiter* : oblegatu *M* :
obligavit *Beroaldus*   20 et quidem *Becher* : atque idem *Nipperdey*
27 quia *Muretus* : qua *M*   29 Vibia *coni. Nipperdey*   Fufii
Lipsius : fugii *M*

apud principem Vescularius Flaccus ac Iulius Marinus ad
mortem aguntur, e vetustissimis familiarium, Rhodum secuti
et apud Capreas individui, Vescularius insidiarum in Libonem internuntius ; Marino participe Seianus Curtium Atti-
5 cum oppresserat. quo laetius acceptum sua exempla in
consultores recidisse.

Per idem tempus L. Piso pontifex, rarum in tanta claritudine, fato obiit, nullius servilis sententiae sponte auctor
et quoties necessitas ingrueret sapienter moderans. pa-
10 trem ei censorium fuisse memoravi ; aetas ad octogesimum
annum processit ; decus triumphale in Thraecia meruerat.
sed praecipua ex eo gloria quod praefectus urbi recens
continuam potestatem et insolentia parendi graviorem mire
temperavit.

15 11. Namque antea profectis domo regibus ac mox magistratibus, ne urbs sine imperio foret in tempus deligebatur
qui ius redderet ac subitis mederetur ; feruntque ab Romulo Dentrem Romulium, post ab Tullo Hostilio Numam
Marcium et ab Tarquinio Superbo Spurium Lucretium im-
20 positos. dein consules mandabant ; duratque simulacrum
quoties ob ferias Latinas praeficitur qui consulare munus
usurpet. ceterum Augustus bellis civilibus Cilnium Maecenatem equestris ordinis cunctis apud Romam atque Italiam praeposuit : mox rerum potitus ob magnitudinem populi
25 ac tarda legum auxilia sumpsit e consularibus qui coerceret
servitia et quod civium audacia turbidum, nisi vim metuat.
primusque Messala Corvinus eam potestatem et paucos
intra dies finem accepit quasi nescius exercendi ; tum
Taurus Statilius, quamquam provecta aetate, egregie tolera-
30 vit ; dein Piso viginti per annos pariter probatus publico
funere ex decreto senatus celebratus est.

1 Flaccus *Pichena* (ii. 28) : atticus *M*   2 familiarium *Beroaldus* :
familiarum *M*   4 participe *Beroaldus* : participis *M*   15 profectis domo *Rhenanus* : praefectis demum *M*   22 Cilnium *Lipsius* :
cillinium *M*   30 xv *Ernesti* : vi *Corsinus*

12. Relatum inde ad patres a Quintiliano tribuno plebei
de libro Sibullae, quem Caninius Gallus quindecimvirum
recipi inter ceteros eiusdem vatis et ea de re senatus consultum postulaverat. quo per discessionem facto misit litteras Caesar, modice tribunum increpans ignarum antiqui 5
moris ob iuventam. Gallo exprobrabat quod scientiae
caerimoniarumque vetus incerto auctore ante sententiam
collegii, non, ut adsolet, lecto per magistros aestimatoque
carmine, apud infrequentem senatum egisset. simul com-
monefecit, quia multa vana sub nomine celebri vulgabantur, 10
sanxisse Augustum quem intra diem ad praetorem urbanum
deferrentur neque habere privatim liceret. quod a maioribus quoque decretum erat post exustum sociali bello Capitolium, quaesitis Samo, Ilio, Erythris, per Africam etiam
ac Siciliam et Italicas colonias carminibus Sibullae, una seu 15
plures fuere, datoque sacerdotibus negotio quantum humana
ope potuissent vera discernere. igitur tunc quoque notioni
quindecimvirum is liber subicitur.

13. Isdem consulibus gravitate annonae iuxta seditionem
ventum multaque et pluris per dies in theatro licentius 20
efflagitata quam solitum adversum imperatorem. quis commotus incusavit magistratus patresque quod non publica
auctoritate populum coercuissent addiditque quibus ex provinciis et quanto maiorem quam Augustus rei frumentariae
copiam advectaret. ita castigandae plebi compositum sena- 25
tus consultum prisca severitate neque segnius consules
edixere. silentium ipsius non civile, ut crediderat, sed in
superbiam accipiebatur.

14. Fine anni Geminius, Celsus, Pompeius, equites
Romani, cecidere coniurationis crimine ; ex quis Geminius 30
prodigentia opum ac mollitia vitae amicus Seiano, nihil ad

2 quindecimvir *Beroaldus, Orelli*   12 neve *Ernesti, Nipperdey*
13 civili bello *Lipsius* : sociali bello *secl. Nipperdey*   23 ex *Ritter* :
et *M*

serium. et Iulius Celsus tribunus in vinclis laxatam catenam
et circumdatam in diversum tendens suam ipse cervicem per-
fregit. at Rubrio Fabato, tamquam desperatis rebus Romanis Parthorum ad misericordiam fugeret, custodes additi.
5 sane is repertus apud fretum Siciliae retractusque per centurionem nullas probabilis causas longinquae peregrinationis adferebat : mansit tamen incolumis oblivione magis
quam clementia.

15. Ser. Galba L. Sulla consulibus diu quaesito quos
10 neptibus suis maritos destinaret Caesar, postquam instabat
virginum aetas, L. Cassium, M. Vinicium legit. Vinicio op-
pidanum genus : Calibus ortus, patre atque avo consularibus,
cetera equestri familia erat, mitis ingenio et comptae facundiae. Cassius plebeii Romae generis, verum antiqui hono-
15 ratique, et severa patris disciplina eductus facilitate saepius
quam industria commendabatur. huic Drusillam, Vinicio Iuliam Germanico genitas coniungit superque ea re senatui
scribit levi cum honore iuvenum. dein redditis absentiae
causis admodum vagis flexit ad graviora et offensiones ob
20 rem publicam coeptas, utque Macro praefectus tribunorumque et centurionum pauci secum introirent quoties curiam
ingrederetur petivit. factoque large et sine praescriptione
generis aut numeri senatus consulto ne tecta quidem urbis,
adeo publicum consilium numquam adiit, deviis plerumque
25 itineribus ambiens patriam et declinans.

16. Interea magna vis accusatorum in eos inrupit qui
pecunias faenore auctitabant adversum legem dictatoris Caesaris qua de modo credendi possidendique intra Italiam cá-
vetur, omissam olim, quia privato usui bonum publicum post-
30 ponitur. sane vetus urbi faenebre malum et seditionum dis-
cordiarumque creberrima causa eoque cohibebatur antiquis

---

5 sane is *Faernus* : sanus *M*   25 ambiens *Rhenanus* : ambigens *M*   29 omissam *Lipsius* : omissa *M*

quoque et minus corruptis moribus. nam primo duodecim
tabulis sanctum ne quis unciario faenore amplius exerceret,
cum antea ex libidine locupletium agitaretur; dein rogatione
tribunicia ad semuncias redactum, postremo vetita versura.
multisque plebi scitis obviam itum fraudibus quae toties 5
repressae miras per artes rursum oriebantur. sed tum
Gracchus praetor, cui ea quaestio evenerat, multitudine periclitantium subactus rettulit ad senatum, trepidique patres
(neque enim quisquam tali culpa vacuus) veniam a principe
petivere; et concedente annus in posterum sexque menses 10
dati quis secundum iussa legis rationes familiaris quisque
componerent.

17. Hinc inopia rei nummariae, commoto simul omnium
aere alieno, et quia tot damnatis bonisque eorum divenditis
signatum argentum fisco vel aerario attinebatur. ad hoc 15
senatus praescripserat, duas quisque faenoris partis in agris
per Italiam conlocaret. sed creditores in solidum appellabant nec decorum appellatis minuere fidem. ita primo con-
cursatio et preces, dein strepere praetoris tribunal, eaque
quae remedio quaesita, venditio et emptio, in contrarium 20
mutari quia faeneratores omnem pecuniam mercandis agris
condiderant. copiam vendendi secuta vilitate, quanto quis
obaeratior, aegrius distrahebant, multique fortunis provol-
vebantur; eversio rei familiaris dignitatem ac famam praeceps dabat, donec tulit opem Caesar disposito per mensas 25
milies sestertio factaque mutuandi copia sine usuris per
triennium, si debitor populo in duplum praediis cavisset.
sic refecta fides et paulatim privati quoque creditores reperti. neque emptio agrorum exercita ad formam senatus
consulti, acribus, ut ferme talia, initiis, incurioso fine. 30

4 redactum *Halm*: redactu *M*: redacta *vulgo*   5 plebi *Nipperdey*: plebis *M*   17 *ante* sed *addidit Nipperdey ex Suet. Tib.* 48
' *debitores totidem aeris alieni statim solverent* '   29 emptio *Beroaldus*: emitio *M*

ANNALIVM LIBER VI

18. Dein redeunt priores metus postulato maiestatis Considio Proculo; qui nullo pavore diem natalem celebrans raptus in curiam pariterque damnatus interfectusque, et sorori eius Sanciae aqua atque igni interdictum accusante
5 Q. Pomponio. is moribus inquies haec et huiusce modi a se factitari praetendebat ut parta apud principem gratia periculis Pomponii Secundi fratris mederetur. etiam in Pompeiam Macrinam exilium statuitur cuius maritum Argolicum socerum Laconem e primoribus Achaeorum Caesar adflixe-
10 rat. pater quoque inlustris eques Romanus ac frater praetorius, cum damnatio instaret, se ipsi interfecere. datum erat crimini quod Theophanen Mytilenaeum proavum eorum Cn. Magnus inter intimos habuisset, quodque defuncto Theophani caelestis honores Graeca adulatio tribuerat.

15 **19.** Post quos Sex. Marius Hispaniarum ditissimus defertur incestasse filiam et saxo Tarpeio deicitur. ac ne dubium haberetur magnitudinem pecuniae malo vertisse, *aerarias* aurariasque eius, quamquam publicarentur, sibimet Tiberius seposuit. inritatusque suppliciis cunctos qui carcere attine-
20 bantur accusati societatis cum Seiano necari iubet. iacuit immensa strages, omnis sexus, omnis aetas, inlustres ignobiles, dispersi aut aggerati. neque propinquis aut amicis adsistere, inlacrimare, ne visere quidem diutius dabatur, sed circumiecti custodes et in maerorem cuiusque intenti corpora putrefacta
25 adsectabantur, dum in Tiberim traherentur ubi fluitantia aut ripis adpulsa non cremare quisquam, non contingere. interciderat sortis humanae commercium vi metus, quantumque saevitia gliscerct, miseratio arcebatur.

20. Sub idem tempus G. Caesar, discedenti Capreas avo
30 comes, Claudiam, M. Silani filiam, coniugio accepit, immanem animum subdola modestia tegens, non damnatione

3 interfectusque, et] interfectusque est. *Bezzenberger, Halm* 11
interfecere *Beroaldus* : interficere *M* 17 aerarias aurariasque
Ritter : aurariasque *M* : aurarias argentariasque *Weissenborn*

matris, non exitio fratrum rupta voce; qualem diem Tiberius
induisset, pari habitu, haud multum distantibus verbis.
unde mox scitum Passieni oratoris dictum percrebuit neque
meliorem umquam servum neque deteriorem dominum
fuisse. 5

Non omiserim praesagium Tiberii de Servio Galba tum
consule ; quem accitum et diversis sermonibus pertemptatum
postremo Graecis verbis in hanc sententiam adlocutus *est*
' et tu, Galba, quandoque degustabis imperium,' seram ac
brevem potentiam significans, scientia Chaldaeorum artis, 10
cuius apiscendae otium apud Rhodum, magistrum Thrasul-
lum habuit, peritiam eius hoc modo expertus.

21. Quoties super tali negotio consultaret, edita domus
parte ac liberti unius conscientia utebatur. is litterarum
ignarus, corpore valido, per avia ac derupta (nam saxis 15
domus imminet) praeibat eum cuius artem experiri Tiberius
statuisset et regredientem, si vanitatis aut fraudum suspicio
incesserat, in subiectum mare praecipitabat ne index arcani
existeret. igitur Thrasullus isdem rupibus inductus postquam
percontantem commoverat, imperium ipsi et futura sollerter 20
patefaciens, interrogatur an suam quoque genitalem horam
comperisset, quem tum annum, qualem diem haberet. ille
positus siderum ac spatia dimensus haerere primo, dein pavescere, et quantum introspiceret magis ac magis trepidus
admirationis et metus, postremo exclamat ambiguum sibi ac 25
prope ultimum discrimen instare. tum complexus eum Tiberius praescium periculorum et incolumem fore gratatur,
quaeque dixerat oracli vice accipiens inter intimos amicorum tenet.

22. Sed mihi haec ac talia audienti in incerto iudicium 30
est fatone res mortalium et necessitate immutabili an forte

---

1 exitio *Nipperdey* : exilio *M*   8 est *add. Ernesti*   13 super
tali *Pichena* : superta *M*   23 pavescere *Beroaldus* : pavescente *M* :
pavescens *Iac. Gronovius*

volvantur. quippe sapientissimos veterum quique sectam
eorum aemulantur diversos reperies, ac multis insitam opi-
nionem non initia nostri, non finem, non denique homines
dis curae; ideo creberrime tristia in bonos, laeta apud dete-
5 riores esse. contra alii fatum quidem congruere rebus putant, sed non e vagis stellis, verum apud principia et nexus
naturalium causarum; ac tamen electionem vitae nobis relinquunt, quam ubi elegeris, certum imminentium ordinem.
neque mala vel bona quae vulgus putet: multos qui con-
10 flictari adversis videantur beatos, at plerosque quamquam
magnas per opes miserrimos, si illi gravem fortunam constanter tolerent, hi prospera inconsulte utantur. ceterum
plurimis mortalium non eximitur quin primo cuiusque ortu
ventura destinentur, sed quaedam secus quam dicta sint
15 cadere fallaciis ignara dicentium: ita corrumpi fidem artis
cuius clara documenta et antiqua aetas et nostra tulerit.
quippe a filio eiusdem Thrasulli praedictum Neronis imperium in tempore memorabitur, ne nunc incepto longius
abierim.

20 **23.** Isdem consulibus Asinii Galli mors vulgatur, quem
egestate cibi peremptum haud dubium, sponte vel necessitate incertum habebatur. consultusque Caesar an sepeliri
sineret, non erubuit permittere ultroque incusare casus qui
reum abstulissent antequam coram convinceretur: scilicet
25 medio triennio defuerat tempus subeundi iudicium consulari
seni, tot consularium parenti. Drusus deinde extinguitur,
cum se miserandis alimentis, mandendo e cubili tomento,
nonum ad diem detinuisset. tradidere quidam praescriptum
fuisse Macroni, si arma ab Seiano temptarentur, extractum
30 custodiae iuvenem (nam in Palatio attinebatur) ducem po-

---

1 sectas *Wurm, Nipperdey-Andresen*   2 reperies *M*[1] : reperias
M   4 creberrime *Freinsheim* : creberrima et *M*   5 ingruere
Nipperdey   21 vel] an *Ursinus. Nipperdey*   27 tomentum *Ritter*
mandendo e cubili tomento *secl. Orelli*

pulo imponere. mox, quia rumor incedebat fore ut nuru
ac nepoti conciliaretur Caesar, saevitiam quam paenitentiam
maluit.

24. Quin et invectus in defunctum probra corporis,
exitiabilem in suos, infensum rei publicae animum obiecit 5
recitarique factorum dictorumque eius descripta per dies
iussit, quo non aliud atrocius visum : adstitisse tot per
annos, qui vultum, gemitus, occultum etiam murmur exciperent, et potuisse avum audire, legere, in publicum promere
vix fides, nisi quod Attii centurionis et Didymi liberti epi- 10
stulae servorum nomina praeferebant, ut quis egredientem
cubiculo Drusum pulsaverat, exterruerat. etiam sua verba
centurio saevitiae plena, tamquam egregium, vocesque de-
ficientis adiecerat, quis primo [alienationem mentis simu-
lans] quasi per dementiam funesta Tiberio, mox, ubi exspes 15
vitae fuit, meditatas compositasque diras imprecabatur, ut,
quem ad modum nurum filiumque fratris et nepotes domumque omnem caedibus complevisset, ita poenas nomini
generique maiorum et posteris exolveret. obturbabant
quidem patres specie detestandi : sed penetrabat pavor et 20
admiratio, callidum olim et tegendis sceleribus obscurum
huc confidentiae venisse ut tamquam dimotis parietibus
ostenderet nepotem sub verbere centurionis, inter servorum
ictus extrema vitae alimenta frustra orantem.

25. Nondum is dolor exoleverat, cum de Agrippina au- 25
ditum, quam interfecto Seiano spe sustentatam provixisse
reor, et postquam nihil de saevitia remittebatur, voluntate
extinctam, nisi si negatis alimentis adsimulatus est finis
qui videretur sponte sumptus. enimvero Tiberius foedissi-
mis criminationibus exarsit, impudicitiam arguens et Asinium 30
Gallum adulterum, eiusque morte ad taedium vitae compul-

14 alienationem mentis simulans *secl. Bahrdt*   15 quasi per
dementiam *secl. Ruperti*

sam. sed Agrippina aequi impatiens, dominandi avida, virilibus curis feminarum vitia exuerat. eodem die defunctam, quo biennio ante Seianus poenas luisset, memoriaeque id prodendum addidit Caesar iactavitque quod
5 non laqueo strangulata neque in Gemonias proiecta foret. actae ob id grates decretumque ut quintum decimum kal. Novembris, utriúsque necis die, per omnis annos donum Iovi sacraretur.

26. Haud multo post Cocceius Nerva, continuus principi,
10 omnis divini humanique iuris sciens, integro statu, corpore inlaeso, moriendi consilium cepit. quod ut Tiberio cognitum, adsidere, causas requirere, addere preces, fateri postremo grave conscientiae, grave famae suae, si proximus amicorum nullis moriendi rationibus vitam fugeret. aver-
15 satus sermonem Nerva abstinentiam cibi coniunxit. ferebant gnari cogitationum eius, quanto propius mala rei publicae viseret, ira et metu, dum integer, dum intemptatus, honestum finem voluisse.

Ceterum Agrippinae pernicies, quod vix credibile, Plan-
20 cinam traxit. nupta olim Cn. Pisoni et palam laeta morte Germanici, cum Piso caderet, precibus Augustae nec minus inimicitiis Agrippinae defensa erat. ut odium et gratia desiere, ius valuit ; petitaque criminibus haud ignotis sua manu sera magis quam immerita supplicia persolvit.

25 27. Tot luctibus funesta civitate pars maeroris fuit quod Iulia Drusi filia, quondam Neronis uxor, denupsit in domum Rubellii Blandi, cuius avum Tiburtem equitem Romanum plerique meminerant. extremo anni mors Aelii Lamiae funere censorio celebrata, qui administrandae Syriae ima-
30 gine tandem exolutus urbi praefuerat. genus illi decorum, vivida senectus ; et non permissa provincia dignationem addiderat. exim Flacco Pomponio Syriae pro praetore

9 principi, omnis *Heinsius* : principis oms *M* : principi comes *legendum fortasse putat Andresen*

defuncto recitantur Caesaris litterae, quis incusabat egregium quemque et regendis exercitibus idoneum abnuere
id munus seque ea necessitudine ad preces cogi per quas
consularium aliqui capessere provincias adigerentur, oblitus
Arruntium ne in Hispaniam pergeret decimum iam annum 5
attineri. obiit eodem anno et M'. Lepidus de cuius moderatione atque sapientia in prioribus libris satis conlocavi.
neque nobilitas diutius demonstranda est : quippe Aemi-
lium genus fecundum bonorum civium, et qui eadem
familia corruptis moribus, inlustri tamen fortuna egere.   10

28. Paulo Fabio L. Vitellio consulibus post longum sae-
culorum ambitum avis phoenix in Aegyptum venit praebuitque materiem doctissimis indigenarum et Graecorum
multa super eo miraculo disserendi. de quibus congruunt
et plura ambigua, sed cognitu non absurda promere libet. 15
sacrum Soli id animal et ore ac distinctu pinnarum a ceteris
avibus diversum consentiunt qui formam eius effinxere : de
numero annorum varia traduntur. maxime vulgatum quin-
gentorum spatium : sunt qui adseverent mille quadringentos
sexaginta unum interici, prioresque alites Sesoside primum, 20
post Amaside dominantibus, dein Ptolemaeo, qui ex Macedonibus tertius regnavit, in civitatem cui Heliopolis nomen
advolavisse, multo ceterarum volucrum comitatu novam
faciem mirantium. sed antiquitas quidem obscura : inter
Ptolemaeum ac Tiberium minus ducenti quinquaginta anni 25
fuerunt. unde non nulli falsum hunc phoenicem neque
Arabum e terris credidere, nihilque usurpavisse ex his quae
vetus memoria firmavit. confecto quippe annorum numero,
ubi mors propinquet, suis in terris struere nidum eique vim
genitalem adfundere ex qua fetum oriri ; et primam adulto 30

2 exercitubus *ex* exercitus *M*   6 M'. *Lipsius* : M. *M*   13
materiem *M¹* : materiam *M*   17 effinxere *Pichena* : effinere *M* :
definiere *Beroaldus*   20 alites *Rhenanus* : aliter *M* : alios tres
Halm   Sesoside *Iac. Gronovius* : esse sosi de *M*   27 iis *Ritter*

curam sepeliendi patris, neque id temere sed sublato
murrae pondere temptatoque per longum iter, ubi par oneri,
par meatui sit, subire patrium corpus inque Solis aram
perferre atque adolere. haec incerta et fabulosis aucta :
5 ceterum aspici aliquando in Aegypto eam volucrem non
ambigitur.

29. At Romae caede continua Pomponius Labeo, quem
praefuisse Moesiae rettuli, per abruptas venas sanguinem
effudit ; aemulataque est coniunx Paxaea. nam promptas
10 eius modi mortes metus carnificis faciebat, et quia damnati
publicatis bonis sepultura prohibebantur, eorum qui de se
statuebant humabantur corpora, manebant testamenta, pretium festinandi. sed Caesar missis ad senatum litteris
disseruit morem fuisse maioribus, quoties dirimerent ami-
15 citias, interdicere domo eumque finem gratiae ponere : id
se repetivisse in Labeone, atque illum, quia male admini-
stratae provinciae aliorumque criminum urgebatur, culpam
invidia velavisse, frustra conterrita uxore, quam etsi nocentem periculi tamen expertem fuisse. Mamercus dein
20 Scaurus rursum postulatur, insignis nobilitate et orandis
causis, vita probrosus. nihil hunc amicitia Seiani, sed labe-
fecit haud minus validum ad exitia Macronis odium, qui
easdem artes occultius exercebat detuleratque argumen-
tum tragoediae a Scauro scriptae, additis versibus qui in
25 Tiberium flecterentur : verum ab Servilio et Cornelio accusatoribus adulterium Liviae, magorum sacra obiectabantur.
Scaurus, ut dignum veteribus Aemiliis, damnationem antiit, hortante Sᵃxtia uxore, quae incitamentum mortis et
particeps fuit.

30 **30.** Ac tamen accusatores, si facultas incideret, poenis
adficiebantur, ut Servilius Corneliusque perdito Scauro fa-

---

17 arguebatur *Ernesti, Halm*   27 anteiit *Halm* : anteit *M*
28 hortante Sextia *Lipsius* : hortantes exitia *M* : hortante Sextilia
malebat Walther

mosi, quia pecuniam a Vario Ligure omittendae delationis
ceperant, in insulas interdicto igni atque aqua demoti sunt.
et Abudius Ruso functus aedilitate, dum Lentulo Gaetulico,
sub quo legioni praefuerat, periculum facessit quod is Seiani filium generum destinasset, ultro damnatur atque urbe 5
exigitur. Gaetulicus ea tempestate superioris Germaniae
legiones curabat mirumque amorem adsecutus erat, effusae
clementiae, modicus severitate et proximo quoque exercitui per L. Apronium socerum non ingratus. unde fama
constans ausum mittere ad Caesarem litteras, adfinitatem 10
sibi cum Seiano haud sponte sed consilio Tiberii coeptam;
perinde se quam Tiberium falli potuisse, neque errorem
eundem illi sine fraude, aliis exitio habendum. sibi fidem
integram et, si nullis insidiis peteretur, mansuram; successorem non aliter quam indicium mortis accepturum. firma- 15
rent velut foedus, quo princeps ceterarum rerum poteretur,
ipse provinciam retineret. haec, mira quamquam, fidem
ex eo trahebant quod unus omnium Seiani adfinium incolumis multaque gratia mansit, reputante Tiberio publicum
sibi odium, extremam aetatem magisque fama quam vi 20
stare res suas.

31. C. Cestio M. Servilio consulibus nobiles Parthi in
urbem venere, ignaro rege Artabano. is metu Germanici
fidus Romanis, aequabilis in suos, mox superbiam in nos,
saevitiam in popularis sumpsit, fretus bellis quae secunda 25
adversum circumiectas nationes exercuerat, et senectutem
Tiberii ut inermem despiciens avidusque Armeniae, cui defuncto rege Artaxia Arsacen liberorum suorum veterrimum
imposuit, addita contumelia et missis qui gazam a Vonone
relictam in Syria Ciliciaque reposcerent; simul veteres Per- 30
sarum ac Macedonum terminos seque invasurum possessa
Cyro et post Alexandro per vaniloquentiam ac minas iacie-

26 exercuerat *Beroaldus*: execreverat *M*   32 Cyro *Beroaldus*:
icyro *M*: primum Cyro *Baiter, Halm*: a Cyro *Ritter*

bat. sed Parthis mittendi secretos nuntios validissimus
auctor fuit Sinnaces, insigni familia ac perinde opibus, et
proximus huic Abdus ademptae virilitatis. non despectum
id apud barbaros ultroque potentiam habet. ii adscitis et
5 aliis primoribus, quia neminem gentis Arsacidarum summae
rei imponere poterant, interfectis ab Artabano plerisque aut
nondum adultis, Phraaten regis Phraatis filium Roma poscebant: nomine tantum et auctore opus [ut] sponte Caesaris
ut genus Arsacis ripam apud Euphratis cerneretur.

10 **32.** Cupitum id Tiberio: ornat Phraaten accingitque
paternum ad fastigium, destinata retinens, consiliis et astu
res externas moliri, arma procul habere. interea cognitis
insidiis Artabanus tardari metu, modo cupidine vindictae
inardescere. et barbaris cunctatio servilis, statim exequi
15 regium videtur: valuit tamen utilitas, ut Abdum specie
amicitiae vocatum ad epulas lento veneno inligaret, Sin-
nacen dissimulatione ac donis, simul per negotia moraretur.
et Phraates apud Syriam dum omisso cultu Romano, cui
per tot annos insueverat, instituta Parthorum sumit, patriis
20 moribus impar morbo absumptus est. sed non Tiberius
omisit incepta: Tiridaten sanguinis eiusdem aemulum
Artabano reciperandaeque Armeniae Hiberum Mithridaten
deligit conciliatque fratri Pharasmani, qui gentile imperium
obtinebat; et cunctis quae apud Orientem parabantur
25 L. Vitellium praefecit. eo de homine haud sum ignarus
sinistram in urbe famam, pleraque foeda memorari; ceterum
regendis provinciis prisca virtute egit. unde regressus et
formidine G. Caesaris, familiaritate Claudii turpe in servitium mutatus exemplar apud posteros adulatorii dedecoris
30 habetur, cesseruntque prima postremis, et bona iuventae
senectus flagitiosa oblitteravit.

8 ut *secl. Ioh. Müller*: ut genus Arsacis, ut sponte Caesaris *Nipperdey*:
alterum ut *del. Brotier*   9 Arsacis *Beroaldus* : arsaces *M*   19 sumit
Lipsius : insumit *M*   27 in regendis *Otto probante Halmio*

33. At ex regulis prior Mithridates Pharasmanem perpulit dolo et vi conatus suos iuvare, repertique corruptores
ministros Arsacis multo auro ad scelus cogunt; simul
Hiberi magnis copiis Armeniam inrumpunt et urbe Artaxata potiuntur. quae postquam Artabano cognita, filium 5
Oroden ultorem parat; dat Parthorum copias, mittit qui
auxilia mercede facerent : contra Pharasmanes adiungere
Albanos, accire Sarmatas, quorum sceptuchi utrimque donis
acceptis more gentico diversa induere. sed Hiberi locorum
potentes Caspia via Sarmatam in Armenios raptim effundunt. 10
at qui Parthis adventabant, facile arcebantur, cum alios
incessus hostis clausisset, unum reliquum mare inter et
extremos Albanorum montis aestas impediret, quia flatibus
etesiarum implentur vada : hibernus auster revolvit fluctus
pulsoque introrsus freto brevia litorum nudantur. 15

34. Interim Oroden sociorum inopem auctus auxilio
Pharasmanes vocare ad pugnam et detrectantem incessere,
adequitare castris, infensare pabula; ac saepe *in* modum
obsidii stationibus cingebat, donec Parthi contumeliarum
insolentes circumsisterent regem, poscerent proelium. atque 20
illis sola in equite vis : Pharasmanes et pedite valebat. nam
Hiberi Albanique saltuosos locos incolentes duritiae patien-
tiaeque magis insuevere; feruntque se Thessalis ortos, qua
tempestate Iaso post avectam Medeam genitosque ex ea
liberos inanem mox regiam Aeetae vacuosque Colchos 25
repetivit. multaque de nomine eius et oraclum Phrixi
celebrant ; nec quisquam ariete sacrificaverit, credito vexisse
Phrixum, sive id animal seu navis insigne fuit. ceterum
derecta utrimque acie Parthus imperium Orientis, claritudinem Arsacidarum contraque ignobilem Hiberum mercen- 30

6 Parthorum *Dübner* : parthorum que, *sic disiuncte M* : Parthorum
equestres *coni. Müller* : *alii nomen, e.g.* Medorum, Hyrcanorum *inter-
cidisse putant*   8 accire *Io. Fr. Gronovius* : accipere *M*   18
in *addidit Muretus*   29 derecta *Halm* : directa *M*

nario milite disserebat; Pharasmanes integros semet a
Parthico dominatu, quanto maiora peterent, plus decoris
victores aut, si terga darent, flagitii atque periculi laturos;
simul horridam suorum aciem, picta auro Medorum agmina,
5 hinc viros, inde praedam ostendere.

35. Enimvero apud Sarmatas non una vox ducis: se
quisque stimulant ne pugnam per sagittas sinerent: impetu
et comminus praeveniendum. variae hinc bellantium species,
cum Parthus sequi vel fugere pari arte suetus distraheret
10 turmas, spatium ictibus quaereret, Sarmatae omisso arcu,
quo brevius valent, contis gladiisque ruerent; modo equestris
proelii more frontis et tergi vices, aliquando ut conserta
acies corporibus et pulsu armorum pellerent pellerentur.
iamque et Albani Hiberique prensare, detrudere, ancipitem
15 pugnam hostibus facere, quos super eques et propioribus
vulneribus pedites adflictabant. inter quae Pharasmanes
Orodesque, dum strenuis adsunt aut dubitantibus subveniunt,
conspicui eoque gnari, clamore telis equis concurrunt, in-
stantius Pharasmanes; nam vulnus per galeam adegit. nec
20 iterare valuit, praelatus equo et fortissimis satellitum prote-
gentibus saucium: fama tamen occisi falso credita exterruit
Parthos victoriamque concessere.

36. Mox Artabanus tota mole regni ultum iit. peritia
locorum ab Hiberis melius pugnatum; nec ideo abscedebat,
25 ni contractis legionibus Vitellius et subdito rumore tamquam Mesopotamiam invasurus metum Romani belli fecisset.
tum omissa Armenia versaeque Artabani res, inliciente
Vitellio desererent regem saevum in pace et adversis proeliorum exitiosum. igitur Sinnaces, quem antea infensum memo-
30 ravi, patrem Abdagaesen aliosque occultos consilii et tunc
continuis cladibus promptiores ad defectionem trahit, ad-

7 inirent *Beroaldus*   11 equestris *Rhenanus*: equites tres *M*
13 acie *Heinsius, Halm, at cf.* vi. 43. 2   23 ultum iit *Lipsius*:
ultimi id *M*   30 consilii *Faernus*: consilit *M*

201

fluentibus paulatim qui metu magis quam benevolentia
subiecti repertis auctoribus sustulerant animum. nec iam
aliud Artabano reliquum quam si qui externorum corpori
custodes aderant, suis quisque sedibus extorres, quis neque
boni intellectus neque mali cura sed mercede aluntur ministri 5
sceleribus. his adsumptis in longinqua et contermina Scythiae
fugam maturavit, spe auxilii, quia Hyrcanis Carmaniisque
per adfinitatem innexus erat : atque interim posse Parthos
absentium aequos, praesentibus mobilis, ad paenitentiam
mutari. 10

37. At Vitellius profugo Artabano et flexis ad novum
regem popularium animis, hortatus Tiridaten parata capessere, robur legionum sociorumque ripam ad Euphratis ducit.
sacrificantibus, cum hic more Romano suovetaurilia daret,
ille equum placando amni adornasset, nuntiavere accolae 15
Euphraten nulla imbrium vi sponte et immensum attolli,
simul albentibus spumis in modum diadematis sinuare orbis,
auspicium prosperi transgressus. quidam callidius interpretabantur initia conatus secunda neque diuturna, quia eorum
quae terra caelove portenderentur certior fides, fluminum 20
instabilis natura simul ostenderet omina raperetque. sed
ponte navibus effecto tramissoque exercitu primus Ornospa-
des multis equitum milibus in castra venit, exul quondam
et Tiberio, cum Delmaticum bellum conficeret, haud inglorius
auxiliator eoque civitate Romana donatus, mox repetita 25
amicitia regis multo apud eum honore, praefectus campis
qui Euphrate et Tigre inclutis amnibus circumflui Mesopo-
tamiae nomen acceperunt. neque multo post Sinnaces
auget copias, et columen partium Abdagaeses gazam et
paratus regios adicit. Vitellius ostentasse Romana arma 30
satis ratus monet Tiridaten primoresque, hunc, Phraatis

18 prosperi *Rhenanus* : prospere *M*   21 omina *Beroaldus* :
omnia *M*   27 Tigri *ut est* xii. 13 *malebat Halm*

avi et altoris Caesaris quaeque utrubique pulchra meminerit,
illos, obsequium in regem, reverentiam in nos, decus quisque
suum et fidem retinerent.   exim cum legionibus in Syriam
remeavit.

5   **38**. Quae duabus aestatibus gesta coniunxi quo requie-
sceret animus a domesticis malis; non enim Tiberium,
quamquam triennio post caedem Seiani, quae ceteros mollire
solent, tempus preces satias mitigabant, quin incerta vel
abolita pro gravissimis et recentibus puniret. eo metu
10 Fulcinius Trio ingruentis accusatores haud perpessus supremis tabulis multa et atrocia in Macronem ac praecipuos libertorum Caesaris composuit, ipsi fluxam senio
mentem et continuo abscessu velut exilium obiectando.
quae ab heredibus occultata recitari Tiberius iussit, patien-
15 tiam libertatis alienae ostentans et contemptor suae infamiae,
an scelerum Seiani diu nescius mox quoquo modo dicta
vulgari malebat veritatisque, cui adulatio officit, per probra
saltem gnarus fieri.   isdem diebus Granius Marcianus
senator, a C. Graccho maiestatis postulatus, vim vitae suae
20 attulit, Tariusque Gratianus praetura functus lege eadem
extremum ad supplicium damnatus.

  39. Nec dispares Trebelleni Rufi et Sextii Paconiani
exitus: nam Trebellenus sua manu cecidit, Paconianus in
carcere ob carmina illic in principem factitata strangulatus
25 est. haec Tiberius non mari, ut olim, divisus neque per
longinquos nuntios accipiebat, sed urbem iuxta, eodem ut
die vel noctis interiectu litteris consulum rescriberet, quasi
aspiciens undantem per domos sanguinem aut manus carni-
ficum. fine anni Poppaeus Sabinus concessit vita, modicus
30 originis, principum amicitia consulatum ac triumphale decus

1 et *Rhenanus*: ut *M*: ut P. avi, altoris *Döderlein*: ut P. avi, ut
altoris *Ritter*: P. avi, altoris *Becher*   quaeque *Neue*: quae *M*   utrubique *M*: utrobique *vulgo*   21 damnatus est *Nipperdey*   22
Trebelleni ... Trebellenus *Andresen*: trebellieni ... trebellienus *M*

adeptus maximisque provinciis per quattuor et viginti annos
impositus, nullam ob eximiam artem sed quod par negotiis
neque supra erat.

40. Quintus Plautius Sex. Papinius consules sequuntur.
eo anno neque quod L. Aruseius * * * morte adfecti forent, 5
adsuetudine malorum ut atrox advertebatur, sed exterruit
quod Vibulenus Agrippa eques Romanus, cum perorassent
accusatores, in ipsa curia depromptum sinu venenum hausit
prolapsusque ac moribundus festinatis lictorum manibus in
carcerem raptus est faucesque iam exanimis laqueo vexatae. 10
ne Tigranes quidem, Armenia quondam potitus ac tunc
reus, nomine regio supplicia civium effugit. at C. Galba
consularis et duo Blaesi voluntario exitu cecidere, Galba
tristibus Caesaris litteris provinciam sortiri prohibitus :
Blaesis sacerdotia, integra eorum domo destinata, convulsa 15
distulerat, tunc ut vacua contulit in alios ; quod signum
mortis intellexere et executi sunt. et Aemilia Lepida, quam
iuveni Druso nuptam rettuli, crebris criminibus maritum
insectata, quamquam intestabilis, tamen impunita agebat,
dum superfuit pater Lepidus : post a delatoribus corripitur 20
ob servum adulterum, nec dubitabatur de flagitio : ergo
omissa defensione finem vitae sibi posuit.

41. Per idem tempus Clitarum natio Cappadoci Archelao
subiecta, quia nostrum in modum deferre census, pati
tributa adigebatur, in iuga Tauri montis abscessit locorum- 25
que ingenio sese contra imbellis regis copias tutabatur,
donec M. Trebellius legatus, a Vitellio praeside Syriae cum
quattuor milibus legionariorum et delectis auxiliis missus,
duos collis quos barbari insederant (minori Cadra, alteri
Davara nomen est) operibus circumdedit et erumpere ausos 30
ferro, ceteros siti ad deditionem coegit.

4 Quintus *Rhenanus* : Quintius *M*   5 *lacunam hic posuit Döderlein, post* anno *Orelli* : *utroque loco lacunam notavit Ritter*   13
Blaesi *Aurelius* : blaesii *M* : *cf.* l. 15 *ubi* blaesis sacerdotia *ex ditto-
graphia M*   23 Clitarum *Lipsius* : cietarum *M*

At Tiridates volentibus Parthis Nicephorium et Anthemu-
siada ceterasque urbes, quae Macedonibus sitae Graeca
vocabula usurpant, Halumque et Artemitam Parthica oppida
recepit, certantibus gaudio qui Artabanum Scythas inter
5 eductum ob saevitiam execrati come Tiridatis ingenium
Romanas per artes sperabant.

42. Plurimum adulationis Seleucenses induere, civitas
potens, saepta muris neque in barbarum corrupta sed
conditoris Seleuci retinens. trecenti opibus aut sapientia
10 delecti ut senatus, sua populo vis. et quoties concordes
agunt, spernitur Parthus : ubi dissensere, dum sibi quisque
contra aemulos subsidium vocant, accitus in partem adversum
omnis valescit. id nuper acciderat Artabano regnante, qui
plebem primoribus tradidit ex suo usu : nam populi imperium
15 iuxta libertatem, paucorum dominatio regiae libidini propior
est. tum adventantem Tiridaten extollunt veterum regum
honoribus et quos recens aetas largius invenit ; simul probra
in Artabanum fundebant, materna origine Arsaciden, cetera
degenerem. Tiridates rem Seleucensem populo permittit.
20 mox consultans quonam die sollemnia regni capesseret,
litteras Phraatis et Hieronis qui validissimas praefecturas
obtinebant accipit, brevem moram precantium. placitum-
que opperiri viros praepollentis, atque interim Ctesiphon
sedes imperii petita : sed ubi diem ex die prolatabant,
25 multis coram et adprobantibus Surena patrio more Tiridaten
insigni regio evinxit.

43. Ac si statim interiora ceterasque nationes petivisset,
oppressa cunctantium dubitatio et omnes in unum cedebant :
adsidendo castellum, in quod pecuniam et paelices Artaba-
30 nus contulerat, dedit spatium exuendi pacta. nam Phraates
et Hiero et si qui alii delectum capiendo diademati diem haut
concelebraverant, pars metu, quidam invidia in Abdagaesen

---

11 spernitur *Rhenanus* : spernuntur *M*   18 materne *M*   25
Tiridaten *Beroaldus* : tiridan *M*

qui tum aula et novo rege potiebatur ad Artabanum vertere;
isque in Hyrcanis repertus est, inluvie obsitus et alimenta
arcu expediens. ac primo tamquam dolus pararetur territus,
ubi data fides reddendae dominationi venisse, adlevatur animum et quae repentina mutatio exquirit. tum Hiero pueri- 5
tiam Tiridatis increpat, neque penes Arsaciden imperium
sed inane nomen apud imbellem externa mollitia, vim in
Abdagaesis domo.

44. Sensit vetus regnandi falsos in amore odia non fingere.
nec ultra moratus quam dum Scytharum auxilia conciret, 10
pergit properus et praeveniens inimicorum astus, amicorum
paenitentiam; neque exuerat paedorem ut vulgum miseratione adverteret. non fraus, non preces, nihil omissum
quo ambiguos inliceret, prompti firmarentur. iamque multa
manu propinqua Seleuciae adventabat, cum Tiridates simul 15
fama atque ipso Artabano perculsus distrahi consiliis, iret
contra an bellum cunctatione tractaret. quibus proelium et
festinati casus placebant, disiectos et longinquitate itineris
fessos ne animo quidem satis ad obsequium coaluisse disserunt, proditores nuper hostesque eius quem rursum foveant. 20
verum Abdagaeses regrediendum in Mesopotamiam censebat,
ut amne obiecto, Armeniis interim Elymaeisque et ceteris a
tergo excitis, aucti copiis socialibus et quas dux Romanus
misisset fortunam temptarent. ea sententia valuit, quia plurima auctoritas penes Abdagaesen et Tiridates ignavus ad 25
pericula erat. sed fugae specie discessum; ac principio a
gente Arabum facto ceteri domos abeunt vel in castra Artabani, donec Tiridates cum paucis in Syriam revectus pudore
proditionis omnis exolvit.

45. Idem annus gravi igne urbem adficit, deusta parte 30

---

7 inbellem *manu prima ex* inbellum *corr.*   10 dum *Rhenanus*:
tum *M*   15 propinquans *Madvig*   adventabat *Beroaldus*:
adventabant *M*   16 perculsus *Rhenanus*: percussus *M*   26
a gente *Beroaldus*: agenti *M*   30 adfecit *Wurm*

circi quae Aventino contigua, ipsoque Aventino ; quod damnum Caesar ad gloriam vertit exolutis domuum et insularum
pretiis.   milies sestertium in munificentia *ea* conlocatum,
tanto acceptius in vulgum, quanto modicus privatis aedifica-
5 tionibus ne publice quidem nisi duo opera struxit, templum
Augusto et scaenam Pompeiani theatri ; eaque perfecta,
contemptu ambitionis an per senectutem, haud dedicavit.
sed aestimando cuiusque detrimento quattuor progeneri
Caesaris, Cn. Domitius, Cassius Longinus, M. Vinicius,
10 Rubellius Blandus delecti additusque nominatione consulum
P. Petronius.   et pro ingenio cuiusque quaesiti decretique
in principem honores ; quos omiserit receperitve in incerto
fuit ob propinquum vitae finem.   neque enim multo post
supremi Tiberio consules, Cn. Acerronius C. Pontius, magi-
15 stratum occepere, nimia iam potentia Macronis, qui gratiam
G. Caesaris numquam sibi neglectam acrius in dies fovebat
impuleratque post mortem Claudiae, quam nuptam ei rettuli, uxorem suam Enniam imitando amorem iuvenem inlicere
pactoque matrimonii vincire, nihil abnuentem, dum domi-
20 nationis apisceretur ; nam etsi commotus ingenio simula-
tionum tamen falsa in sinu avi perdidicerat.

   46. Gnarum hoc principi, eoque dubitavit de tradenda re
publica, primum inter nepotes, quorum Druso genitus sanguine et caritate propior, sed nondum pubertatem ingressus,
25 Germanici filio robur iuventae, vulgi studia, eaque apud
avum odii causa.   etiam de Claudio agitanti, quod is composita aetate bonarum artium cupiens erat, imminuta mens
eius obstitit.   sin extra domum successor quaereretur, ne
memoria Augusti, ne nomen Caesarum in ludibria et con-
30 tumelias verterent metuebat : quippe illi non perinde curae
gratia praesentium quam in posteros ambitio.   mox incertus

   3 in] ea *Beroaldus*   ea *add. Otto*   10 Rubellius *Beroaldus* :
rurellius *M*   11 cuiusque *Beroaldus* : cuius *M*   19 pactoque
M. ‖ patri monii vincere *M* : *emend. Beroaldus*

animi, fesso corpore consilium cui impar erat fato permisit,
iactis tamen vocibus per quas intellegeretur providus futuro-
rum ; namque Macroni non abdita ambage occidentem ab
eo deseri, orientem spectari exprobravit, et G. Caesari,
forte orto sermone L. Sullam inridenti, omnia Sullae vitia 5
et nullam eiusdem virtutem habiturum praedixit. simul
crebris cum lacrimis minorem ex nepotibus complexus, truci
alterius vultu, 'occides hunc tu' inquit 'et te alius.' sed
gravescente valetudine nihil e libidinibus omittebat, in patientia firmitudinem simulans solitusque eludere medico- 10
rum artes atque eos qui post tricesimum aetatis annum ad
internoscenda corpori suo utilia vel noxia alieni consilii
indigerent.

47. Interim Romae futuris etiam post Tiberium caedibus
semina iaciebantur. Laelius Balbus Acutiam, P. Vitellii 15
quondam uxorem, maiestatis postulaverat; qua damnata cum
praemium accusatori decerneretur, Iunius Otho tribunus
plebei intercessit, unde illis odia, mox Othoni exitium. dein
multorum amoribus famosa Albucilla, cui matrimonium
cum Satrio Secundo coniurationis indice fuerat, defertur 20
impietatis in principem ; conectebantur ut conscii et adulteri
eius Cn. Domitius, Vibius Marsus, L. Arruntius. de claritudine Domitii supra memoravi ; Marsus quoque vetustis
honoribus et inlustris studiis erat. sed testium interroga-
tioni, tormentis servorum Macronem praesedisse commen- 25
tarii ad senatum missi ferebant, nullaeque in eos imperatoris
litterae suspicionem dabant, invalido ac fortasse ignaro ficta
pleraque ob inimicitias Macronis notas in Arruntium.

48. Igitur Domitius defensionem meditans, Marsus tamquam inediam destinavisset, produxere vitam : Arruntius, 30
cunctationem et moras suadentibus amicis, non eadem om-

15 Laelius *Beroaldus* : laetius *M*   18 exitium *Nipperdey* : exilium *M*   25 praesedisse *Beroaldus* : praesidiis se *M* : praesidisse
Döderlein

nibus decora respondit : sibi satis aetatis neque aliud paenitendum quam quod inter ludibria et pericula anxiam senectam toleravisset, diu Seiano, nunc Macroni, semper alicui
potentium invisus, non culpa sed ut flagitiorum impatiens.
5 sane paucos ad suprema principis dies posse vitari : quem ad
modum evasurum imminentis iuventam ? an, cum Tiberius
post tantam rerum experientiam vi dominationis convulsus
et mutatus sit, G. Caesarem vix finita pueritia, ignarum
omnium aut pessimis innutritum, meliora capessiturum Ma-
10 crone duce, qui ut deterior ad opprimendum Seianum delectus plura per scelera rem publicam conflictavisset ? pro-
spectare iam se acrius servitium eoque fugere simul acta
et instantia. haec vatis in modum dictitans venas resolvit.
documento sequentia erunt bene Arruntium morte usum.
15 Albucilla inrito ictu ab semet vulnerata iussu senatus in
carcerem fertur. stuprorum eius ministri, Carsidius Sacerdos praetorius ut in insulam deportaretur, Pontius Fregel-
lanus amitteret ordinem senatorium, et eaedem poenae in
Laelium Balbum decernuntur, id quidem a laetantibus,
20 quia Balbus truci eloquentia habebatur, promptus adversum
insontis.

49. Isdem diebus Sex. Papinius consulari familia repentinum et informem exitum delegit, iacto in praeceps corpore.
causa ad matrem referebatur, quae pridem repudiata adsen-
25 tationibus atque luxu perpulisset iuvenem ad ea quorum
effugium non nisi morte inveniret. igitur accusata in senatu,
quamquam genua patrum advolveretur luctumque communem et magis imbecillum tali super casu feminarum animum
aliaque in eundem dolorem maesta et miseranda diu ferret,
30 urbe tamen in decem annos prohibita est, donec minor filius
lubricum iuventae exiret.

---

2 pericula *Beroaldus* : pericularia *M*   5 ad suprema *Madvig* :
et suprema *M*   15 ab *Otto* : ac *M* : a *Rhenanus*   16 Carsidius
Reinesius : grasidius *M*   17 deportaretur *Rhenanus* : deportatur
M   27 patrum *Rhenanus* : patris *M*

50. Iam Tiberium corpus, iam vires, nondum dissimulatio deserebat : idem animi rigor ; sermone ac vultu intentus quaesita interdum comitate quamvis manifestam defectionem tegebat. mutatisque saepius locis tandem apud promunturium Miseni consedit in villa cui L. Lucullus quondam 5 dominus. illic eum adpropinquare supremis tali modo compertum. erat medicus arte insignis, nomine Charicles, non quidem regere valetudines principis solitus, consilii tamen copiam praebere. is velut propria ad negotia digrediens et per speciem officii manum complexus pulsum venarum at- 10 tigit. neque fefellit: nam Tiberius, incertum an offensus tantoque magis iram premens, instaurari epulas iubet discumbitque ultra solitum, quasi honori abeuntis amici tribueret. Charicles tamen labi spiritum nec ultra biduum duraturum Macroni firmavit. inde cuncta conloquiis inter praesentis, 15 nuntiis apud legatos et exercitus festinabantur. septimum decimum kal. Aprilis interclusa anima creditus est mortalitatem explevisse ; et multo gratantum concursu ad capienda imperii primordia G. Caesar egrediebatur, cum repente adfertur redire Tiberio vocem ac visus vocarique qui re- 20 creandae defectioni cibum adferrent. pavor hinc in omnis, et ceteri passim dispergi, se quisque maestum aut nescium fingere ; Caesar in silentium fixus a summa spe novissima expectabat. Macro intrepidus opprimi senem iniectu multae vestis iubet discedique ab limine. sic Tiberius finivit octavo 25 et septuagesimo aetatis anno.

51. Pater ei Nero et utrimque origo gentis Claudiae, quamquam mater in Liviam et mox Iuliam familiam adoptionibus transierit. casus prima ab infantia ancipites ; nam proscriptum patrem exul secutus, ubi domum Augusti pri- 30 vignus introiit, multis aemulis conflictatus est, dum Marcellus et Agrippa, mox Gaius Luciusque Caesares viguere ; etiam frater eius Drusus prosperiore civium amore erat. sed

maxime in lubrico egit accepta in matrimonium Iulia, impudicitiam uxoris tolerans aut declinans. dein Rhodo regressus
vacuos principis penatis duodecim annis, mox rei Romanae
arbitrium tribus ferme et viginti obtinuit. morum quoque
5 tempora illi diversa : egregium vita famaque quoad privatus
vel in imperiis sub Augusto fuit; occultum ac subdolum
fingendis virtutibus donec Germanicus ac Drusus super-
fuere ; idem inter bona malaque mixtus incolumi matre ;
intestabilis saevitia sed obtectis libidinibus dum Seianum
10 dilexit timuitve : postremo in scelera simul ac dedecora prorupit postquam remoto pudore et metu suo tantum ingenio
utebatur.

LIBER XI

1. * * nam Valerium Asiaticum, bis consulem, fuisse
quondam adulterum eius credidit, pariterque hortis inhians,
15 quos ille a Lucullo coeptos insigni magnificentia extollebat,
Suillium accusandis utrisque immittit. adiungitur Sosibius
Britannici educator qui per speciem benevolentiae moneret
Claudium cavere vim atque opes principibus infensas :
praecipuum auctorem Asiaticum interficiendi G. Caesaris
20 non extimuisse contione in populi Romani fateri gloriamque
facinoris ultro petere ; clarum ex eo in urbe, didita per
provincias fama parare iter ad Germanicos exercitus, quando
genitus Viennae multisque et validis propinquitatibus
subnixus turbare gentilis nationes promptum haberet. at
25 Claudius nihil ultra scrutatus citis cum militibus tamquam
opprimendo bello Crispinum praetorii praefectum misit,

---

1 indicitiam *M*   5 qua ad *M*, *ut* iv. 61   9 obtectis *Bero-*
aldus : obiectis *M*   13 *Hic incipit codex Mediceus alter, in uni-*
versum Caligulae principatu et Claudii sex primoribus annis omissis
18 caveri *M*   19 G. *add. Ruperti*   20 contione in *Halm* :
contionem *M* : contione *Lipsius*

a quo repertus est apud Baias vinclisque inditis in urbem raptus.

2. Neque data senatus copia : intra cubiculum auditur, Messalina coram et Suillio corruptionem militum, quos pecunia et stupro in omne flagitium obstrictos arguebat, 5 exim adulterium Poppaeae, postremum mollitiam corporis obiectante. ad quod victo silentio prorupit reus et 'interroga' inquit, 'Suilli, filios tuos : virum esse me fatebuntur.' ingressusque defensionem, commoto maiorem in modum Claudio, Messalinae quoque lacrimas excivit. quibus 10 abluendis cubiculo egrediens monet Vitellium ne elabi reum sineret : ipsa ad perniciem Poppaeae festinat, subditis qui terrore carceris ad voluntariam mortem propellerent, adeo ignaro Caesare ut paucos post dies epulantem apud se maritum eius Scipionem percontaretur cur sine uxore discu- 15 buisset, atque ille functam fato responderet.

3. Sed consultanti super absolutione Asiatici flens Vitellius, commemorata vetustate amicitiae utque Antoniam principis matrem pariter observavissent, dein percursis Asiatici in rem publicam officiis recentique adversus Britanniam militia, 20 quaeque alia conciliandae misericordiae videbantur, liberum mortis arbitrium ei permisit ; et secuta sunt Claudii verba in eandem clementiam. hortantibus dehinc quibusdam inediam et lenem exitum, remittere beneficium Asiaticus ait : et usurpatis quibus insueverat exercitationibus, lauto 25 corpore, hilare epulatus, cum se honestius calliditate Tiberii vel impetu G. Caesaris periturum dixisset quam quod fraude muliebri et impudico Vitellii ore caderet, venas exolvit, viso tamen ante rogo iussoque transferri partem in aliam ne opacitas arborum vapore ignis minueretur : tantum illi 30 securitatis novissimae fuit.

---

5 omne flagitium *Rhenanus* : omni flagitio *M*
Iac. Gronovius : poppe ac *M* : ac postremum *alii*
19 percusi *M*   31 novissime *M*

6 Poppaeae
12 subditos *M*

4. Vocantur post haec patres, pergitque Suillius addere
reos equites Romanos inlustris, quibus Petra cognomentum.
at causa necis ex eo quod domum suam Mnesteris et
Poppaeae congressibus praebuissent. verum nocturnae
5 quietis species alteri obiecta, tamquam vidisset Claudium
spicea corona evinctum spicis retro conversis, eaque imagine
gravitatem annonae praedixisset. quidam pampineam coronam albentibus foliis visam atque ita interpretatum tradidere,
vergente autumno mortem principis ostendi. illud haud
10 ambigitur, qualicumque insomnio ipsi fratrique perniciem
adlatam. sestertium quindecies et insignia praeturae Crispino
decreta. adiecit Vitellius sestertium decies Sosibio, quod
Britannicum praeceptis, Claudium consiliis iuvaret. rogatus
sententiam et Scipio, 'cum idem' inquit 'de admissis
15 Poppaeae sentiam quod omnes, putate me idem dicere quod
omnes,' eleganti temperamento inter coniugalem amorem et
senatoriam necessitatem.

5. Continuus inde et saevus accusandis reis Suillius
multique audaciae eius aemuli ; nam cuncta legum et magi-
20 stratuum munia in se trahens princeps materiam praedandi
patefecerat. nec quicquam publicae mercis tam venale fuit
quam advocatorum perfidia, adeo ut Samius, insignis eques
Romanus, quadringentis nummorum milibus Suillio datis et
cognita praevaricatione ferro in domo eius incubuerit. igitur
25 incipiente C. Silio consule designato, cuius de potentia *et*
exitio in tempore memorabo, consurgunt patres legemque
Cinciam flagitant, qua cavetur antiquitus ne quis ob causam
orandam pecuniam donumve accipiat.

6. Deinde obstrepentibus iis quibus ea contumelia para-
30 batur, discors Suillio Silius acriter incubuit, veterum oratorum exempla referens qui famam et posteros praemia

3 at] ac *Ryckius*   7 praedixisset *Rhenanus* : dixisset *M*   15
Poppaeae sentiam *Puteolanus* : poppe assenessentiam *M*   25 et
om. M   29 obstrepentibus si his *M*

eloquentiae cogitavissent. pulcherrimam alioquin et bonarum
artium principem sordidis ministeriis foedari ; ne fidem
quidem integram manere ubi magnitudo quaestuum spectetur. quod si in nullius mercedem negotia agantur pauciora
fore : nunc inimicitias accusationes, odia et iniurias foveri, 5
ut quo modo vis morborum pretia medentibus, sic fori tabes
pecuniam advocatis ferat. meminissent Asinii, Messalae ac
recentiorum Arruntii et Aesernini : ad summa provectos
incorrupta vita et facundia. talia dicente consule designato,
consentientibus aliis, parabatur sententia qua lege repe- 10
tundarum tenerentur, cum Suillius et Cossutianus et
ceteri qui non iudicium, quippe in manifestos, sed poenam
statui videbant, circumsistunt Caesarem ante acta deprecantes.

7. Et postquam adnuit, agere incipiunt : quem illum 15
tanta superbia esse ut aeternitatem famae spe praesumat ?
usui et rebus subsidium praeparari ne quis inopia advocatorum potentibus obnoxius sit. neque tamen eloquentiam
gratuito contingere : omitti curas familiaris ut quis se alienis
negotiis intendat. multos militia, quosdam exercendo agros 20
tolerare vitam : nihil a quoquam expeti nisi cuius fructus
ante providerit. facile Asinium et Messalam, inter Antonium
et Augustum bellorum praemiis refertos, aut ditium familiarum heredes Aeserninos et Arruntios magnum animum
induisse. prompta sibi exempla, quantis mercedibus P. 25
Clodius aut C. Curio contionari soliti sint. se modicos
senatores *qui* quieta re publica nulla nisi pacis emolumenta
peterent. cogitaret plebem quae toga enitesceret : sublatis

---

1 pulcherrimam *Nipperdey* : pulcherrima *M*   4 negotia agantur
Heinsius : negotiant *cum rasura post* ant *M* : negotia eant *Io. Fr.
Gronovius* : negotiantur, negotia tueantur *dett.*   7 Asinii *malebat
Walther* : gali (*ex* gaii) asinii *M*   M. Messalae *Heinsius*   15
tacere *M*   17 praeparare *M* : parari *Haase, cf.* 8. 11   27 qui
quieta *Halm* : qui et a *M*   quieta . . . petere *Pichena, Nipperdey*
28 quae *Pichena* : qua *M*

studiorum pretiis etiam studia peritura. ut minus decora
haec, ita haud frustra dicta princeps ratus, capiendis pecuniis
posuit modum usque ad dena sestertia quem egressi repetundarum tenerentur.

5 **8.** Sub idem tempus Mithridates, quem imperitasse
Armeniis *iussuque G.* Caesaris vinctum memoravi, monente
Claudio in regnum remeavit, fisus Pharasmanis opibus. is
rex Hiberis idemque Mithridatis frater nuntiabat discordare
Parthos summaque imperii ambigua, minora sine cura haberi.
10 nam Gotarzes inter pleraque saeva necem fratri Artabano
coniugique ac filio eius paraverat, unde metus [eius] in
ceteros, et accivere Vardanen. ille, ut erat magnis ausis
promptus, biduo tria milia stadiorum invadit ignarumque
et exterritum Gotarzen proturbat ; neque cunctatur quin
15 proximas praefecturas corripiat, solis Seleucensibus dominationem eius abnuentibus. in quos ut patris sui quoque
defectores ira magis quam ex usu praesenti accensus,
implicatur obsidione urbis validae et munimentis obiecti
amnis muroque et commeatibus firmatae. interim Gotarzes
20 Daharum Hyrcanorumque opibus auctus bellum renovat,
coactusque Vardanes omittere Seleuciam Bactrianos apud
campos castra contulit.

9. Tunc distractis Orientis viribus et quonam inclinarent
incertis, casus Mithridati datus est occupandi Armeniam, vi
25 militis Romani ad excindenda castellorum ardua, simul
Hibero exercitu campos persultante. nec enim restitere
Armenii, fuso qui proelium ausus erat Demonacte praefecto.
paululum cunctationis attulit rex minoris Armeniae Cotys,
versis illuc quibusdam procerum ; dein litteris Caesaris

---

3 posuit *dett.. om. M* : statuit *Orelli*   6 iussuque Gai *supplevit*
Urlichs, in cod. est lacuna ; et ad praesentiam *suppl. recens manus*
10 Gotarzes inter *Döderlein* : inter gotharzes *M*   saeva *Halm* :
seva qui *M*   11 paraverat *Halm* : praeparaberat *M*   eius *secl.*
Acidalius   25 excindenda *Halm* : excidenda *M*

coercitus, et cuncta in Mithridaten fluxere, atrociorem
quam novo regno conduceret. at Parthi imperatores cum
pugnam pararent, foedus repente iaciunt cognitis popularium
insidiis quas Gotarzes fratri patefecit; congressique primo
cunctanter, dein complexi dextras apud altaria deum pepigere 5
fraudem inimicorum ulcisci atque ipsi inter se concedere.
potiorque Vardanes visus retinendo regno : at Gotarzes ne
quid aemulationis existeret penitus in Hyrcaniam abiit.
regressoque Vardani deditur Seleucia septimo post defectionem anno, non sine dedecore Parthorum quos una civitas 10
tam diu eluserat.

   10. Exim validissimas praefecturas invisit; et reciperare
Armeniam avebat, ni a Vibio Marso, Syriae legato, bellum
minitante cohibitus foret. atque interim Gotarzes paenitentia
concessi regni et vocante nobilitate, cui in pace durius 15
servitium est, contrahit copias. et hinc contra itum ad
amnem Erinden; in cuius transgressu multum certato
pervicit Vardanes, prosperisque proeliis medias nationes
subegit ad flumen Sinden, quod Dahas Ariosque disterminat.
ibi modus rebus secundis positus : nam Parthi quamquam 20
victores longinquam militiam aspernabantur. igitur extructis
monimentis, quibus opes suas testabatur nec cuiquam ante
Arsacidarum tributa illis de gentibus parta, regreditur ingens
gloria atque eo ferocior et subiectis intolerantior; qui dolo
ante composito incautum venationique intentum interfecere, 25
primam intra iuventam, sed claritudine paucos inter senum
regum, si perinde amorem inter popularis quam metum apud
hostis quaesivisset. nece Vardanis turbatae Parthorum res
inter ambiguos quis in regnum acciperetur. multi ad

   1 atrociorem *dett.* : quam atrociorem *M* : quamquam atrociorem
Haase   3 iciunt *Agricola* : faciunt *Lipsius*   9 Vardani *Lipsius* :
vardane *M*   13 avebat *Lipsius* : habeat *M*   16 huic *dett.*
17 Charindam *malebat Ryckius*   21 estructis *M* (x *supra addidit
manus recens*) : structis '*fortasse*' *Andresen*, *cf.* xii. 47. 27, xiv. 52. 4
22 monimentis *Lipsius* : munimentis *M*   23 parata *M*   29
regnum *Lipsius* : regno *M*

Gotarzen inclinabant, quidam ad Meherdaten prolem
Phraatis, obsidio nobis datum : dein praevaluit Gotarzes ;
potitusque regiam per saevitiam ac luxum adegit Parthos
mittere ad principem Romanum occultas preces, quis
5 permitti Meherdaten patrium ad fastigium orabant.

11. Isdem consulibus ludi saeculares octingentesimo post
Romam conditam, quarto et sexagesimo quam Augustus
ediderat, spectati sunt. utriusque principis rationes prae-
termitto, satis narratas libris quibus res imperatoris Domitiani
10 composui. nam is quoque edidit ludos saecularis iisque
intentius adfui sacerdotio quindecimvirali praeditus ac tunc
praetor ; quod non iactantia refero sed quia collegio quindecimvirum antiquitus ea cura et magistratus potissimum
exequebantur officia caerimoniarum. sedente Claudio
15 circensibus ludis, cum pueri nobiles equis ludicrum Troiae
inirent interque eos Britannicus imperatore genitus et
L. Domitius adoptione mox in imperium et cognomentum
Neronis adscitus, favor plebis acrior in Domitium loco
praesagii acceptus est. vulgabaturque adfuisse infantiae
20 eius dracones in modum custodum, fabulosa et externis
miraculis adsimilata : nam ipse, haudquaquam sui detractor,
unam omnino anguem in cubiculo visam narrare solitus est.

12. Verum inclinatio populi supererat ex memoria Germanici, cuius illa reliqua suboles virilis ; et matri Agrippinae
25 miseratio augebatur ob saevitiam Messalinae, quae semper
infesta et tunc commotior quo minus strueret crimina et
accusatores novo et furori proximo amore distinebatur. nam
in C. Silium, iuventutis Romanae pulcherrimum, ita exarserat ut Iuniam Silanam, nobilem feminam, matrimonio eius
30 exturbaret vacuoque adultero poteretur. neque Silius flagitii
aut periculi nescius erat : sed certo si abnueret exitio et non
nulla fallendi spe, simul magnis praemiis, operire futura et

11 affuit *M*   21 detractator *Burmann, cf.* dictor *pro* dictator
xi. 25. 9   32 operire *Nipperdey* : operiri *M* : opperiri *Beroaldus*

H

CORNELII TACITI

praesentibus frui pro solacio habebat. illa non furtim sed
multo comitatu ventitare domum, egressibus adhaerescere,
largiri opes honores ; postremo, velut translata iam fortuna,
servi liberti paratus principis apud adulterum visebantur.

13. At Claudius matrimonii sui ignarus et munia cen- 5
soria usurpans, theatralem populi lasciviam severis edictis
increpuit, quod in Publium Pomponium consularem (is carmina scaenae dabat) inque feminas inlustris probra iecerat.
et lege lata saevitiam creditorum coercuit, ne in mortem
parentum pecunias filiis familiarum faenori darent. fontis- 10
que aquarum Simbruinis collibus deductos urbi intulit. ac
novas litterarum formas addidit vulgavitque, comperto
Graecam quoque litteraturam non simul coeptam abso-
lutamque.

14. Primi per figuras animalium Aegyptii sensus mentis 15
effingebant (ea antiquissima monimenta memoriae humanae impressa saxis cernuntur), et litterarum semet inven-
tores perhibent ; inde Phoenicas, quia mari praepollebant,
intulisse Graeciae gloriamque adeptos, tamquam reppererint
quae acceperant. quippe fama est Cadmum classe Phoeni- 20
cum vectum rudibus adhuc Graecorum populis artis eius
auctorem fuisse. quidam Cecropem Atheniensem vel Linum
Thebanum et temporibus Troianis Palamedem Argivum memorant sedecim litterarum formas, mox alios ac praecipuum
Simoniden ceteras repperisse. at in Italia Etrusci ab Corin- 25
thio Demarato, Aborigines Arcade ab Evandro didicerunt ;
et forma litteris Latinis quae veterrimis Graecorum. sed
nobis quoque paucae primum fuere, deinde additae sunt.
quo exemplo Claudius tres litteras adiecit, quae usui imperi-

---

4 adulterum *Puteolanus* : alterum *M*   9 mortem *ed. Froben* :
morte *M*   11 Simbruinis *Rhenanus* : sub Inbruinis *M*   13
Graecam quoque *ed. Froben* : quoque graecam *M*   16 ea *Lipsius* :
et *M*   26 Aborigines Arcade *Puteolanus* ; aboriginib; arcades *M*
27 formas *M* : formae *Beroaldus*   29 in usu *Nipperdey*

tante eo, post oblitteratae, aspiciuntur etiam nunc in aere
publico † dis plebiscitis per fora ac templa fixo.

15. Rettulit deinde ad senatum super collegio haruspicum, ne vetustissima Italiae disciplina per desidiam exole-
5 sceret: saepe adversis rei publicae temporibus accitos, quorum monitu redintegratas caerimonias et in posterum rectius
habitas; primoresque Etruriae sponte aut patrum Romanorum impulsu retinuisse scientiam et in familias propagasse:
quod nunc segnius fieri publica circa bonas artes socordia,
10 et quia externae superstitiones valescant. et laeta quidem
in praesens omnia, sed benignitati deum gratiam referendam,
ne ritus sacrorum inter ambigua culti per prospera oblitte-
rarentur. factum ex eo senatus consultum, viderent pontifices quae retinenda firmandaque haruspicum.

15 16. Eodem anno Cheruscorum gens regem Roma petivit,
amissis per interna bella nobilibus et uno reliquo stirpis
regiae, qui apud urbem habebatur nomine Italicus. paternum huic genus e Flavo fratre Arminii, mater ex Actumero
principe Chattorum erat; ipse forma decorus et armis
20 equisque in patrium nostrumque morem exercitus. igitur
Caesar auctum pecunia, additis stipatoribus, hortatur gentile
decus magno animo capessere: illum primum Romae ortum
nec obsidem, sed civem ire externum ad imperium. ac
primo laetus Germanis adventus atque eo quod nullis dis-
25 cordiis imbutus pari in omnis studio ageret celebrari, coli,
modo comitatem et temperantiam, nulli invisa, saepius
vinolentiam ac libidines, grata barbaris, usurpans. iamque
apud proximos, iam longius clarescere, cum potentiam eius
suspectantes qui factionibus floruerant discedunt ad con-

2 dis plebiscitis *del. Nipperdey*: publicandis plebi iis *Madvig*:
publicandis plebi scitis *Grotius*   5 accitos *Ursinus*: accitis *M*
14 retinendae firmandaeque haruspicinae *Nipperdey*   15 Roma
Rhenanus: romae *M*   17 italus *M, at cf.* 17. 2 *ubi* 'italicus' *M*
21 auctum] augustus *M, ultima littera ex correctione*

terminos populos ac testificantur adimi veterem Germaniae
libertatem et Romanas opes insurgere. adeo neminem
isdem in terris ortum qui principem locum impleat, nisi
exploratoris Flavi progenies super cunctos attollatur? frustra
Arminium praescribi : cuius si filius hostili in solo adultus 5
in regnum venisset, posse extimesci, infectum alimonio
servitio cultu, omnibus externis : at si paterna Italico mens
esset, non alium infensius arma contra patriam ac deos
penatis quam parentem eius exercuisse.

17. His atque talibus magnas copias coegere, nec pau- 10
ciores Italicum sequebantur. non enim inrupisse ad invitos
sed accitum memorabat, quando nobilitate ceteros anteiret :
virtutem experirentur, an dignum se patruo Arminio, avo
Actumero praeberet. nec patrem rubori, quod fidem adversus Romanos volentibus Germanis sumptam numquam 15
omisisset. falso libertatis vocabulum obtendi ab iis qui
privatim degeneres, in publicum exitiosi, nihil spei nisi per
discordias habeant. adstrepebat huic alacre vulgus; et
magno inter barbaros proelio victor rex, dein secunda fortuna ad superbiam prolapsus pulsusque ac rursus Langobar- 20
dorum opibus refectus per laeta per adversa res Cheruscas
adflictabat.

18. Per idem tempus Chauci nulla dissensione domi et
morte Sanquinii alacres, dum Corbulo adventat, inferiorem
Germaniam incursavere duce Gannasco, qui natione Canni- 25
nefas, auxiliare stipendium meritus, post transfuga, levibus
navigiis praedabundus Gallorum maxime oram vastabat, non
ignarus ditis et imbellis esse. at Corbulo provinciam ingres-

4 Flavi *Orelli* : flabii *M*   6 venisset posse extimesci *Beroaldus* :
venisse posse. Testi mesci *M*   7 at *margo* : ac *M*   12 memorabant *M*   14 Actumero *Müllenhoff* : catumero *M*   16 ab
his *M*   19 magno ut inter barbaros *Lipsius*   23 nulla] milia
M   25 caninefas *M*, *cf.* iv. 73   26 auxiliare stipendium meritus *Bipontini* : auxiliare ex diu meritis *M*, ex *tamen per correctionem* :
auxiliare aes diu meritus *Mercerus*

sus magna cum cura et mox gloria, cui principium illa
militia fuit, triremis alveo Rheni, ceteras navium, ut quaeque habiles, per aestuaria et fossas adegit; luntribusque
hostium depressis et exturbato Gannasco, ubi praesentia
5 satis composita sunt, legiones operum et laboris ignavas,
populationibus laetantis, veterem ad morem reduxit, ne quis
agmine decederet nec pugnam nisi iussus iniret. stationes
vigiliae, diurna nocturnaque munia in armis agitabantur;
feruntque militem quia vallum non accinctus, atque alium
10 quia pugione tantum accinctus foderet, morte punitos. quae
nimia et incertum an falso iacta originem tamen e severitate
ducis traxere; intentumque et magnis delictis inexorabi-
lem scias cui tantum asperitatis etiam adversus levia credebatur.

15 **19.** Ceterum is terror milites hostisque in diversum adfecit:
nos virtutem auximus, barbari ferociam infregere. et natio
Frisiorum, post rebellionem clade L. Apronii coeptam infensa aut male fida, datis obsidibus consedit apud agros a
Corbulone descriptos: idem senatum, magistratus, leges im-
20 posuit. ac ne iussa exuerent praesidium immunivit, missis
qui maiores Chaucos ad deditionem pellicerent, simul Gan-
nascum dolo adgrederentur. nec inritae aut degeneres insidiae fuere adversus transfugam et violatorem fidei. sed
caede eius motae Chaucorum mentes, et Corbulo semina
25 rebellionis praebebat, ut laeta apud plerosque, ita apud
quosdam sinistra fama. cur hostem conciret? adversa in
rem publicam casura: sin prospere egisset, formidolosum
paci virum insignem et ignavo principi praegravem. igitur
Claudius adeo novam in Germanias vim prohibuit ut referri
30 praesidia cis Rhenum iuberet.

20. Iam castra in hostili solo molienti Corbuloni eae

3 lintribusque *deff.*   5 ignaras *Puteolanus*   11 iacta *Rhe-*
nanus: acta *M*   19 senatum *Puteolanus*: senatus *M*   26
insinistra *M*   27 re puplica *M*

litterae redduntur. ille re subita, quamquam multa simul offunderentur, metus ex imperatore, contemptio ex barbaris, ludibrium apud socios, nihil aliud prolocutus quam 'beatos quondam duces Romanos,' signum receptui dedit. ut tamen miles otium exueret, inter Mosam Rhenumque trium et 5 viginti milium spatio fossam perduxit, qua incerta Oceani vitarentur. insignia tamen triumphi indulsit Caesar, quamvis bellum negavisset.

Nec multo post Curtius Rufus eundem honorem adipiscitur, qui in agro Mattiaco recluserat specus quaerendis venis 10 argenti ; unde tenuis fructus nec in longum fuit : at legionibus cum damno labor, effodere rivos, quaeque in aperto gravia, humum infra moliri. quis subactus miles, et quia pluris per provincias similia tolerabantur, componit occultas litteras nomine exercituum, precantium imperatorem, ut, 15 quibus permissurus esset exercitus, triumphalia ante tribueret.

21. De origine Curtii Rufi, quem gladiatore genitum quidam prodidere, neque falsa prompserim et vera exequi pudet. postquam adolevit, sector quaestoris, cui Africa 20 obtigerat, dum in oppido Adrumeto vacuis per medium diei porticibus secretus agitat, oblata ei species muliebris ultra modum humanum et audita est vox 'tu es, Rufe, qui in hanc provinciam pro consule venies.' tali omine in spem sublatus degressusque in urbem largitione amicorum, simul 25 acri ingenio quaesturam et mox nobilis inter candidatos praeturam principis suffragio adsequitur, cum hisce verbis Tiberius dedecus natalium eius velavisset : 'Curtius Rufus videtur mihi ex se natus.' longa post haec senecta, et adversus superiores tristi adulatione, adrogans minoribus, 30

4 quondam *Lipsius* : quosdam *M*   ut] vi *M*   6 p̄duxit *M*
7 vitarentur *Vertranius* : vetarentur *M*   insignia *M²* : insigni *M* :
insigne *Halm*   10 Mattiaco *Rhenanus* : mathiaco *M*   12
effodere *Rhenanus* : et fodere *M*   25 urbem *Nipperdey* : urbe ‖ et
M : urbem et *dett.*

inter pares difficilis, consulare imperium, triumphi insignia
ac postremo Africam obtinuit; atque ibi defunctus fatale
praesagium implevit.

22. Interea Romae, nullis palam neque cognitis mox
5 causis, Cn. Nonius eques Romanus ferro accinctus reperitur
in coetu salutantum principem. nam postquam tormentis
dilaniabatur, de se non *infitiatus* conscios non edidit, incertum an occultans.

Isdem consulibus P. Dolabella censuit spectaculum
10 gladiatorum per omnis annos celebrandum pecunia eorum
qui quaesturam adipiscerentur. apud maiores virtutis id
praemium fuerat, cunctisque civium, si bonis artibus fiderent,
licitum petere magistratus; ac ne aetas quidem distinguieba-
tur quin prima iuventa consulatum et dictaturas inirent.
15 sed quaestores regibus etiam tum imperantibus instituti
sunt, quod lex curiata ostendit ab L. Bruto repetita. man-
sitque consulibus potestas deligendi, donec eum quoque
honorem populus mandaret. creatique primum Valerius
Potitus et Aemilius Mamercus sexagesimo tertio anno post
20 Tarquinios exactos, ut rem militarem comitarentur. dein
gliscentibus negotiis duo additi qui Romae curarent: mox
duplicatus numerus, stipendiaria iam Italia et accedentibus
provinciarum vectigalibus: post lege Sullae viginti creati
supplendo senatui, cui iudicia tradiderat. et quamquam
25 equites iudicia reciperavissent, quaestura tamen ex dignitate
candidatorum aut facilitate tribuentium gratuito concedebatur, donec sententia Dolabellae velut venundaretur.

23. A. Vitellio L. Vipstano consulibus cum de supplendo
senatu agitaretur primoresque Galliae, quae Comata appella-
30 tur, foedera et civitatem Romanam pridem adsecuti, ius
adipiscendorum in urbe honorum expeterent, multus ea

---

7 non infitiatus *Iac. Gronovius*: noni *cum lacuna* 13 *litterarum M*
11 id| sit *M*   19 Potitus *Lipsius*: potus *M*   23 legē suillae
M   28 Vipstano *Rupertus*: vipsana *M*

super re variusque rumor. et studiis diversis apud principem certabatur adseverantium non adeo aegram Italiam ut senatum suppeditare urbi suae nequiret. suffecisse olim indigenas consanguineis populis nec paenitere veteris rei publicae. quin adhuc memorari exempla quae priscis 5 moribus ad virtutem et gloriam Romana indoles prodiderit. an parum quod Veneti et Insubres curiam inruperint, nisi coetus alienigenarum velut captivitas inferatur ? quem ultra honorem residuis nobilium, aut si quis pauper e Latio senator foret ? oppleturos omnia divites illos, quorum avi 10 proavique hostilium nationum duces exercitus nostros ferro vique ceciderint, divum Iulium apud Alesiam obsederint. recentia haec : quid si memoria eorum moreretur qui *sub* Capitolio et arce Romana manibus eorundem perissent satis : fruerentur sane vocabulo civitatis : insignia patrum, decora 15 magistratuum ne vulgarent.

24. His atque talibus haud permotus princeps et statim contra disseruit et vocato senatu ita exorsus est : ‘maiores mei, quorum antiquissimus Clausus origine Sabina simul in civitatem Romanam et in familias patriciorum adscitus est, 20 hortantur uti paribus consiliis *in* re publica capessenda, transferendo huc quod usquam egregium fuerit. neque enim ignoro Iulios Alba, Coruncanios Camerio, Porcios Tusculo, et ne vetera scrutemur, Etruria Lucaniaque et omni Italia in senatum accitos, postremo ipsam ad Alpis promotam ut 25 non modo singuli viritim, sed terrae, gentes in nomen nostrum coalescerent. tunc solida domi quies et adversus externa floruimus, cum Transpadani in civitatem recepti,

---

8 coetu *Ritter, Halm* 10 fore *Acidalius* 13 moreretur] oreretur *Bach* sub *add. Dräger* 14 arce *Acidalius* : ara *M* m. e. perissent satis *scripsi*: per sê satis *M*: manibias deorum (*Heinsius*) deripere conati sint *Nipperdey*: prostrati fuerint *Freinsheim* : prostrati sint *Halm* 21 in re publica capessenda *Halm* : rem publica capessenda *M* (*sed ante* rem *una littera erasa*) : rem publicam capessam *G, Nipperdey-Andresen* 25 ascitos *Nipperdey*

cum specie deductarum per orbem terrae legionum additis
provincialium validissimis fesso imperio subventum est. num
paenitet Balbos ex Hispania nec minus insignis viros e Gallia
Narbonensi transivisse? manent posteri eorum nec amore in
5 hanc patriam nobis concedunt. quid aliud exitio Lacedae-
moniis et Atheniensibus fuit, quamquam armis pollerent,
nisi quod victos pro alienigenis arcebant? at conditor nostri
Romulus tantum sapientia valuit ut plerosque populos eodem
die hostis, dein civis habuerit. advenae in nos regnaverunt :
10 libertinorum filiis magistratus mandare non, ut plerique
falluntur, repens, sed priori populo factitatum est. at cum
Senonibus pugnavimus : scilicet Vulsci et Aequi numquam
adversam nobis aciem instruxere. capti a Gallis sumus :
sed et Tuscis obsides dedimus et Samnitium iugum subiimus.
15 ac tamen, si cuncta bella recenseas, nullum breviore spatio
quam adversus Gallos confectum : continua inde ac fida pax.
iam moribus artibus adfinitatibus nostris mixti aurum et opes
suas inferant potius quam separati habeant. omnia, patres
conscripti, quae nunc vetustissima creduntur, nova fuere :
20 plebeii magistratus post patricios, Latini post plebeios,
ceterarum Italiae gentium post Latinos. inveterascet hoc
quoque, et quod hodie exemplis tuemur, inter exempla
erit.'

25. Orationem principis secuto patrum consulto primi
25 Aedui senatorum in urbe ius adepti sunt. datum id foederi
antiquo et quia soli Gallorum fraternitatis nomen cum
populo Romano usurpant.

Isdem diebus in numerum patriciorum adscivit Caesar
vetustissimum quemque e senatu aut quibus clari parentes
30 fuerant, paucis iam reliquis familiarum, quas Romulus
maiorum et L. Brutus minorum gentium appellaverant,

---

10 mandare *Ritter* : mandaret *M* : mandari *Lipsius*   14 subiimus *Orelli* : subimus *M* : subivimus *M*[2]   15 ac tamen *Halm* :
attamen *M*   20 plebeii *Nipperdey* : plebei *M*

225

exhaustis etiam quas dictator Caesar lege Cassia et princeps
Augustus lege Saenia sublegere; laetaque haec in rem
publicam munia multo gaudio censoris inibantur. famosos
probris quonam modo senatu depelleret anxius, mitem et
recens repertam quam ex severitate prisca rationem adhibuit, 5
monendo secum quisque de se consultaret peteretque ius
exuendi ordinis: facilem eius rei veniam; et motos senatu
excusatosque simul propositurum ut iudicium censorum ac
pudor sponte cedentium permixta ignominiam mollirent.
ob ea Vipstanus consul rettulit patrem senatus appellandum 10
esse Claudium: quippe promiscum patris patriae cognomentum; nova in rem publicam merita non usitatis vocabulis
honoranda: sed ipse cohibuit consulem ut nimium adsen-
tantem. condiditque lustrum quo censa sunt civium quinquagies novies centena octoginta quattuor milia septuaginta 15
duo. isque illi finis inscitiae erga domum suam fuit: haud
multo post flagitia uxoris noscere ac punire adactus *est* ut
deinde ardesceret in nuptias incestas.

26. Iam Messalina facilitate adulteriorum in fastidium
versa ad incognitas libidines profluebat, cum abrumpi 20
dissimulationem etiam Silius, sive fatali vaecordia an imminentium periculorum remedium ipsa pericula ratus, urgebat:
quippe non eo ventum ut senectam principis opperirentur.
insontibus innoxia consilia, flagitiis manifestis subsidium ab
audacia petendum. adesse conscios paria metuentis. se 25
caelibem, orbum, nuptiis et adoptando Britannico paratum.
mansuram eandem Messalinae potentiam, addita securitate,
si praevenirent Claudium, ut insidiis incautum, ita irae

---

1 dictor *M*   2 Saenia *Lipsius*: senia *M*   7 exuendi *Lipsius*:
exeundi *M*   8 censorium *Faernus*   9 permixta *Ritter*: permixti *M*   10 Vipstanus *Rupertus*: vipsanius *M*   14 L̄V̄ĪĪĪĪ,
L̄X̄X̄ĪĪĪĪ, L̄X̄X̄ĪĪ *M*   17 est *supplevit Nipperdey*: *om. M*   19
adulteriorum *ed. Spir.*: adulterorum *M*   21 sive . . . (*sc.* taedio
incertae fortunae sive) fatali vecordia *Nipperdey*   23 senecta
principis opperiretur *M*   25 paria *Puteolanus*: patriã *M*

properum. segniter eae voces acceptae, non amore in
maritum, sed ne Silius summa adeptus sperneret adulteram
scelusque inter ancipitia probatum veris mox pretiis aesti-
maret. nomen tamen matrimonii concupivit ob magnitudi-
5 nem infamiae cuius apud prodigos novissima voluptas est.
nec ultra expectato quam dum sacrificii gratia Claudius
Ostiam proficisceretur, cuncta nuptiarum sollemnia celebrat.
27. Haud sum ignarus fabulosum visum iri tantum ullis
mortalium securitatis fuisse in civitate omnium gnara et nihil
10 reticente, nedum consulem designatum cum uxore principis,
praedicta die, adhibitis qui obsignarent, velut suscipiendorum
liberorum causa convenisse, atque illam audisse auspicum
verba, subisse, sacrificasse apud deos ; discubitum inter con-
vivas, oscula complexus, noctem denique actam licentia
15 coniugali. sed nihil compositum miraculi causa, verum
audita scriptaque senioribus tradam.
28. Igitur domus principis inhorruerat, maximeque quos
penes potentia et, si res verterentur, formido, non iam
secretis conloquiis, sed aperte fremere, dum histrio cubi-
20 culum principis insultaverit, dedecus quidem inlatum, sed
excidium procul afuisse : nunc iuvenem nobilem dignitate
formae, vi mentis ac propinquo consulatu maiorem ad spem
accingi ; nec enim occultum quid post tale matrimonium
superesset. subibat sine dubio metus reputantis hebetem
25 Claudium et uxori devinctum multasque mortes iussu
Messalinae patratas : rursus ipsa facilitas imperatoris fiduciam
dabat, si atrocitate criminis praevaluissent, posse opprimi
damnatam ante quam ream ; sed in eo discrimen verti, si
defensio audiretur, utque clausae aures etiam confitenti
30 forent.

8 tanto nullis *M*   12 audisse *pro glossemate delendum censet*
Walther   13 subisse flammeum *Urlichs* : nupsisse *Lipsius*   20
insultaverit *Bipontini* : exultabero *M* : exultaverit *Io. Fr. Gronovius* :
exadulteraverit *Nolte*   sed et scidium *M*   21 afuisse *Orelli* :
affuisse *M*   22 formae *Lipsius* : forma *M*

29. Ac primo Callistus, iam mihi circa necem G. Caesaris narratus, et Appianae caedis molitor Narcissus flagrantissimaque eo in tempore gratia Pallas agitavere, num Messalinam secretis minis depellerent amore Silii, cuncta alia dissimulantes. dein metu ne ad perniciem ultro traherentur, 5 desistunt, Pallas per ignaviam, Callistus prioris quoque regiae peritus et potentiam cautis quam acribus consiliis tutius haberi : perstitit Narcissus, solum id immutans ne quo sermone praesciam criminis et accusatoris faceret. ipse ad occasiones intentus, longa apud Ostiam Caesaris mora, duas 10 paelices, quarum is corpori maxime insueverat, largitione ac promissis et uxore deiecta plus potentiae ostentando perpulit delationem subire.

30. Exim Calpurnia (id paelici nomen), ubi datum secretum, genibus Caesaris provoluta nupsisse Messalinam 15 Silio exclamat; simul Cleopatram, quae id opperiens adstabat, an comperisset interrogat, atque illa adnuente cieri Narcissum postulat. is veniam in praeteritum petens quod ei Vettios, Plautios dissimulavisset, nec nunc adulteria obiecturum ait, ne domum servitia et ceteros fortunae 20 paratus reposceret. frueretur immo his set redderet uxorem rumperetque tabulas nuptialis. ' an discidium' inquit 'tuum nosti? nam matrimonium Silii vidit populus et senatus et miles; ac ni propere agis, tenet urbem maritus.'

31. Tum potissimum *quemque* amicorum vocat, primum- 25 que rei frumentariae praefectum Turranium, post Lusium Getam praetorianis impositum percontatur. quis fatentibus certatim ceteri circumstrepunt, iret in castra, firmaret

---

1 G. *Faernus* : *om. M*   5 ultro *Puteolanus* : ultra *M*   8 solum *Agricola* : ut solum *M* : set solum *Halm*   12 perpulit *Puteolanus* : perculit *M*   16 id *Halm* : idem *M* : id ipsum *Döderlein* : id demum *Becher*   19 Vettios Plautios *Nipperdey* : cis vetticis plautio *M* : Titios Vettios Plautios *Brotier*   20 nedum domum *Halm* : nedum *Ritter*   21 set *Acidalius* : et *M*   25 potissimos *Mercerus*   quemque *add. Agricola*   28 certatim *Puteolanus* : certium *M*

praetorias cohortis, securitati ante quam vindictae consuleret.
satis constat eo pavore offusum Claudium ut identidem
interrogaret an ipse imperii potens, an Silius privatus esset.
at Messalina non alias solutior luxu, adulto autumno
5 simulacrum vindemiae per domum celebrabat. urgeri prela,
fluere lacus; et feminae pellibus accinctae adsultabant ut
sacrificantes vel insanientes Bacchae; ipsa crine fluxo
thyrsum quatiens, iuxtaque Silius hedera vinctus, gerere
cothurnos, iacere caput, strepente circum procaci choro.
10 ferunt Vettium Valentem lascivia in praealtam arborem
conisum, interrogantibus quid aspiceret, respondisse tempe-
statem ab Ostia atrocem, sive coeperat ea species, seu forte
lapsa vox in praesagium vertit.

32. Non rumor interea, sed undique nuntii incedunt, qui
15 gnara Claudio cuncta et venire promptum ultioni adferrent.
igitur Messalina Lucullianos in hortos, Silius dissimulando
metu ad munia fori digrediuntur. ceteris passim dilabentibus
adfuere centuriones, inditaque sunt vincla, ut quis reperie-
batur in publico aut per latebras. Messalina tamen, quam-
20 quam res adversae consilium eximerent, ire obviam et aspici a
marito, quod saepe subsidium habuerat, haud segniter intendit
misitque ut Britannicus et Octavia in complexum patris
pergerent. et Vibidiam, virginum Vestalium vetustissimam,
oravit pontificis maximi auris adire, clementiam expetere.
25 atque interim, tribus omnino comitantibus—id repente
solitudinis erat—spatium urbis pedibus emensa, vehiculo,
quo purgamenta hortorum eripiuntur, Ostiensem viam intrat
nulla cuiusquam misericordia quia flagitiorum deformitas
praevalebat.

30 33. Trepidabatur nihilo minus a Caesare: quippe Getae
praetorii praefecto haud satis fidebant, ad honesta seu prava

---

13 lassa *M*   16 Lucullianos *Beroaldus* : fucilianos *M*   22
misitque *Halm* : misique *M* : missique *M²*   24 pontifici *M*   27
excipiuntur *Heinsius et vulgo*   28 cuiusque *M*   30 ad Caesarem *Nipperdey*   31 fidebat *dett.*

iuxta levi. ergo Narcissus, adsumptis quibus idem metus,
non aliam spem incolumitatis Caesaris adfirmat quam si ius
militum uno illo die in aliquem libertorum transferret, seque
offert suscepturum. ac ne, dum in urbem vehitur, ad
paenitentiam a L. Vitellio et Largo Caecina mutaretur, in 5
eodem gestamine sedem poscit adsumiturque.

34. Crebra post haec fama fuit, inter diversas principis
voces, cum modo incusaret flagitia uxoris, aliquando ad
memoriam coniugii et infantiam liberorum revolveretur,
non aliud prolocutum Vitellium quam ' o facinus ! o scelus !' 10
instabat quidem Narcissus aperire ambages et veri copiam
facere : sed non ideo pervicit quin suspensa et quo ducerentur inclinatura responderet exemploque eius Largus Caecina
uteretur. et iam erat in aspectu Messalina clamitabatque
audiret Octaviae et Britannici matrem, cum obstrepere 15
accusator, Silium et nuptias referens ; simul codicillos
libidinum indices tradidit, quis visus Caesaris averteret.
nec multo post urbem ingredienti offerebantur communes
liberi, nisi Narcissus amoveri eos iussisset. Vibidiam
depellere nequivit quin multa cum invidia flagitaret ne 20
indefensa coniunx exitio daretur. igitur auditurum principem et fore diluendi criminis facultatem respondit : iret
interim virgo et sacra capesseret.

35. Mirum inter haec silentium Claudi, Vitellius ignaro
propior : omnia liberto oboediebant. patefieri domum 25
adulteri atque illuc deduci imperatorem iubet. ac primum
in vestibulo effigiem patris Silii consulto senatus abolitam
demonstrat, tum quidquid avitum Neronibus et Drusis in
pretium probri cessisse. incensumque et ad minas erum-
pentem castris infert, parata contione militum ; apud quos 30

4 vehitur *Puteolanus* : refertur vehitur *M* : revehitur *Orelli*   5
et *Nipperdey* : P. *M* : et P. *Brotier*   6 assumiturque *Walther* :
assumitque *M* : sumitque *dett.*   11 aperiret . . . faceret *Madvig*
15 obstrepere *Acidalius* : obstreperet *M*   20 quid multa *M*   24
Vitellius] Iulius *M*   28 avitum *Faernus* : habitum *M*

230

praemonente Narcisso pauca verba fecit : nam etsi iustum
dolorem pudor impediebat. continuus dehinc cohortium
clamor nomina reorum et poenas flagitantium ; admotusque
Silius tribunali non defensionem, non moras temptavit,
5 precatus ut mors acceleraretur. eadem constantia et inlustres
equites Romani [cupido maturae necis fuit.] et Titium
Proculum, custodem a Silio Messalinae datum et indicium
offerentem, Vettium Valentem confessum et Pompeium
Vrbicum ac Saufeium Trogum ex consciis tradi ad supplicium
10 iubet. Decrius quoque Calpurnianus vigilum praefectus,
Sulpicius Rufus ludi procurator, Iuncus Vergilianus senator
eadem poena adfecti.

36. Solus Mnester cunctationem attulit, dilaniata veste
clamitans aspiceret verberum notas, reminisceretur vocis,
15 qua se obnoxium iussis Messalinae dedisset : aliis largitione
aut spei magnitudine, sibi ex necessitate culpam ; nec
cuiquam ante pereundum fuisse si Silius rerum poteretur.
commotum his et pronum ad misericordiam Caesarem
perpulere liberti ne tot inlustribus viris interfectis histrioni
20 consuleretur : sponte an coactus tam magna peccavisset,
nihil referre. ne Trauli quidem Montani equitis Romani
defensio recepta est. is modesta iuventa, sed corpore
insigni, accitus ultro noctemque intra unam a Messalina
proturbatus erat, paribus lasciviis ad cupidinem et fastidia.
25 Suillio Caesonino et Plautio Laterano mors remittitur, huic
ob patrui egregium meritum : Caesoninus vitiis protectus
est, tamquam in illo foedissimo coetu passus muliebria.

37. Interim Messalina Lucullianis in hortis prolatare
vitam, componere preces, non nulla spe et aliquando ira :
30 tantum inter extrema superbiae gerebat. ac ni caedem eius
Narcissus properavisset, verterat pernicies in accusatorem.

6 cupido . . . fuit *secl. Nipperdey* : cupidi maturae necis fuerunt.
Titium *Haase*   10 vigilium *M*   25 Suillio *Orelli* : suilio *M*
28 Lucullianis *Alciatus* : lucilianis *M*   30 superbiae gerebat
Bezzenberger : superbia egebat *M*

nam Claudius domum regressus et tempestivis epulis delenitus, ubi vino incaluit, iri iubet nuntiarique miserae (hoc
enim verbo usum ferunt) dicendam ad causam postera die
adesset. quod ubi auditum et languescere ira, redire amor
ac, si cunctarentur, propinqua nox et uxorii cubiculi memoria 5
timebantur, prorumpit Narcissus denuntiatque centurionibus
et tribuno, qui aderat, exequi caedem : ita imperatorem
iubere. custos et exactor e libertis Euodus datur ; isque
raptim in hortos praegressus repperit fusam humi, adsidente
matre Lepida, quae florenti filiae haud concors supremis 10
eius necessitatibus ad miserationem evicta erat suadebatque
ne percussorem opperiretur : transisse vitam neque aliud
quam morti decus quaerendum. sed animo per libidines
corrupto nihil honestum inerat ; lacrimaeque et questus inriti
ducebantur, cum impetu venientium pulsae fores adstititque 15
tribunus per silentium, at libertus increpans multis et
servilibus probris.

38. Tunc primum fortunam suam introspexit ferrumque
accepit, quod frustra iugulo aut pectori per trepidationem
admovens ictu tribuni transigitur. corpus matri concessum. 20
nuntiatumque Claudio epulanti perisse Messalinam, non
distincto sua an aliena manu. nec ille quaesivit, poposcitque
poculum et solita convivio celebravit. ne secutis quidem
diebus odii gaudii, irae tristitiae, ullius denique humani
adfectus signa dedit, non cum laetantis accusatores aspiceret, 25
non cum filios maerentis. iuvitque oblivionem eius senatus
censendo nomen et effigies privatis ac publicis locis demo-
vendas. decreta Narcisso quaestoria insignia, levissimum
fastidii eius, cum super Pallantem et Callistum ageret,
† honesta quidem, sed ex quis deterrima orerentur [tristitiis 30
multis].

---

8 exauctor *pr. man.*   29 fastidio *Ernesti*   30 *eidem ante*
honesta *excidisse quaedam videbantur*   tristitiis multis *secl. Nipperdey,
qui sic interpunxit* . . . ageret. Honesta quidem, sed ex quis deterrima
orerentur !

LIBER XII

1. Caede Messalinae convulsa principis domus, orto apud
libertos certamine, quis deligeret uxorem Claudio, caelibis
vitae intoleranti et coniugum imperiis obnoxio. nec minore
ambitu feminae exarserant : suam quaeque nobilitatem
5 formam opes contendere ac digna tanto matrimonio ostentare
sed maxime ambigebatur inter Lolliam Paulinam M. Lolli:
consularis et Iuliam Agrippinam Germanico genitam : hu:c
Pallas, illi Callistus fautores aderant ; at Aelia Paetina
e familia Tuberonum Narcisso fovebatur. ipse huc modo,
10 modo illuc, ut quemque suadentium audierat, promptus,
discordantis in consilium vocat ac promere sententiam et
adicere rationes iubet.

2. Narcissus vetus matrimonium, filiam communem (nam
Antonia ex Paetina erat), nihil in penatibus eius novum
15 disserebat, si sueta coniunx rediret, haudquaquam novercalibus odiis visura Britannicum, Octaviam, proxima suis
pignora. Callistus improbatam longo discidio, ac si rursum
adsumeretur, eo ipso superbam ; longeque rectius Lolliam
induci, quando nullos liberos genuisset, vacuam aemulatione
20 et privignis parentis loco futuram. at Pallas id maxime in
Agrippina laudare quod Germanici nepotem secum traheret,
dignum prorsus imperatoria fortuna : stirpem nobilem et
familiae *Iuliae* Claudiaeque posteros coniungeret, ne femina
expertae fecunditatis, integra iuventa, claritudinem Caesarum
25 aliam in domum ferret.

3 intoleranti *Muretus* : intonanti *M* imperatoriis *M* 5 con
tenderet . . ostentaret *M* dignam *M*² 13 filiam *Muretus* :
familiam *M* 16 Britannicum et Octaviam *dett.* 17 dissidio
M 21 traheret et—dignum p. i. fortuna—stirpem *Becher* 23
Iuliae Claudiaeque *Freinsheim* : claudiae quae *M* coniungere
Freinsheim, hac structura—dignum (*scilicet* esse) . . . coniungere :
coniungere ; et *Nipperdey-Andresen* 24 expertae *Agricola* : ex-
perta *M*

3. Praevaluere haec adiuta Agrippinae inlecebris: ad eum per speciem necessitudinis crebro ventitando pellicit patruum ut praelata ceteris et nondum uxor potentia uxoria iam uteretur. nam ubi sui matrimonii certa fuit, struere maiora nuptiasque Domitii, quem ex Cn. Ahenobarbo 5 genuerat, et Octaviae Caesaris filiae moliri; quod sine scelere perpetrari non poterat, quia L. Silano desponderat Octaviam Caesar iuvenemque et alia clarum insigni triumphalium et gladiatorii muneris magnificentia protulerat ad studia vulgi. sed nihil arduum videbatur in animo principis, cui 10 non iudicium, non odium erat nisi indita et iussa.

4. Igitur Vitellius, nomine censoris servilis fallacias obtegens ingruentiumque dominationum provisor, quo gratiam Agrippinae pararet, consiliis eius implicari, ferre crimina in Silanum, cuius sane decora et procax soror, Iunia Calvina, 15 haud multum ante Vitellii nurus fuerat. hinc initium accusationis; fratrumque non incestum, sed incustoditum amorem ad infamiam traxit. et praebebat Caesar auris, accipiendis adversus generum suspicionibus caritate filiae promptior. at Silanus insidiarum nescius ac forte eo anno 20 praetor, repente per edictum Vitellii ordine senatorio movetur, quamquam lecto pridem senatu lustroque condito. simul adfinitatem Claudius diremit, adactusque Silanus eiurare magistratum, et reliquus praeturae dies in Eprium Marcellum conlatus est. 25

5. C. Pompeio Q. Veranio consulibus pactum inter Claudium et Agrippinam matrimonium iam fama, iam amore inlicito firmabatur; necdum celebrare sollemnia nuptiarum audebant, nullo exemplo deductae in domum patrui fratris filiae: quin et incestum ac, si sperneretur, ne 30 in malum publicum erumperet metuebatur. nec ante

1 quae ad eum *ed. Spir.*   3 et] etsi *Nipperdey*   15 cuius *ed. Spir.* : cui *M*   16 multo *Halm*   24 magistratu *M*   30 filia (*erasa in fine littera*) *M*

234

omissa cunctatio quam Vitellius suis artibus id perpetrandum sumpsit. percontatusque Caesarem an iussis populi, an auctoritati senatus cederet, ubi ille unum se civium et consensui imparem respondit, opperiri intra palatium iubet.
5 ipse curiam ingreditur, summamque rem publicam agi obtestans veniam dicendi ante alios exposcit orditurque : gravissimos principis labores, quis orbem terrae capessat, egere adminiculis ut domestica cura vacuus in commune consulat. quod porro honestius censoriae mentis leva-
10 mentum quam adsumere coniugem, prosperis dubiisque sociam, cui cogitationes intimas, cui parvos liberos tradat, non luxui aut voluptatibus adsuefactus, sed qui prima ab iuventa legibus obtemperavisset.

6. Postquam haec favorabili oratione praemisit multaque
15 patrum adsentatio sequebatur, capto rursus initio, quando maritandum principem cuncti suaderent, deligi oportere feminam nobilitate puerperiis sanctimonia insignem. nec diu anquirendum quin Agrippina claritudine generis anteiret : datum ab ea fecunditatis experimentum et congruere artes
20 honestas. id vero egregium, quod provisu deum vidua iungeretur principi sua tantum matrimonia experto. audi- visse a parentibus, vidisse ipsos abripi coniuges ad libita Caesarum : procul id a praesenti modestia. statueretur immo documentum, quo uxorem imperator acciperet.
25 at enim nova nobis in fratrum filias coniugia : sed aliis gentibus sollemnia, neque lege ulla prohibita ; et sobrinarum diu ignorata tempore addito percrebuisse. morem accommodari prout conducat, et fore hoc quoque in iis quae mox usurpentur.
30 7. Haud defuere qui certatim, si cunctaretur Caesar, vi

9 levamentum quam *P. Victorius et Petersen*: levamen unquam *M*
22 abripi *Ritter*: arripi *M* 24 *post* imperator *in Mediceo lacuna est septem fere litterarum*: a patribus *supplevit Ritter*: a re p. *supplevit Orelli*: *lacunam alii codices ignorant.* 27 sobrinarum ac consobri- narum '*fortasse*' *Nipperdey* 29 his *M*

235

acturos testificantes erumperent curia. conglobatur promisca
multitudo populumque Romanum eadem orare clamitat.
nec Claudius ultra expectato obvius apud forum praebet se
gratantibus, senatumque ingressus decretum postulat quo
iustae inter patruos fratrumque filias nuptiae etiam in poste- 5
rum statuerentur. nec tamen repertus est nisi unus talis
matrimonii cupitor, Alledius Severus eques Romanus, quem
plerique Agrippinae gratia impulsum ferebant. versa ex eo
civitas et cuncta feminae oboediebant, non per lasciviam,
ut Messalina, rebus Romanis inludenti. adductum et 10
quasi virile servitium : palam severitas ac saepius superbia ;
nihil domi impudicum, nisi dominationi expediret. cupido
auri immensa obtentum habebat, quasi subsidium regno
pararetur.

8. Die nuptiarum Silanus mortem sibi conscivit, sive eo 15
usque spem vitae produxerat, seu delecto die augendam ad
invidiam. Calvina soror eius Italia pulsa est. addidit
Claudius sacra ex legibus Tulli regis piaculaque apud lucum
Dianae per pontifices danda, inridentibus cunctis quod
poenae procurationesque incesti id temporis exquirerentur. 20
at Agrippina ne malis tantum facinoribus notesceret veniam
exilii pro Annaeo Seneca, simul praeturam impetrat, laetum
in publicum rata ob claritudinem studiorum eius, utque
Domitii pueritia tali magistro adolesceret et consiliis eiusdem
ad spem dominationis uterentur, quia Seneca fidus in Agrip- 25
pinam memoria beneficii et infensus Claudio dolore iniuriae
credebatur.

9. Placitum dehinc non ultra cunctari, sed designatum
consulem Mammium Pollionem ingentibus promissis indu-
cunt sententiam expromere, qua oraretur Claudius de- 30
spondere Octaviam Domitio, quod aetati utriusque non

6 recepturus *M*   7 Alledius *Ritter* : talledius *M* : T. Alledius
Lipsius   21 ad agrippinae *M*   25 uteretur *dett.*   29
Mammium *Andresen* : Memmium *M*

absurdum et maiora patefacturum erat. Pollio haud dis-
paribus verbis ac nuper Vitellius censet ; despondeturque
Octavia, ac super priorem necessitudinem sponsus iam
et gener Domitius aequari Britannico studiis matris, arte
5 eorum quis ob accusatam Messalinam ultio ex filio timebatur.

10. Per idem tempus legati Parthorum ad expetendum, ut
rettuli, Meherdaten missi senatum ingrediuntur mandataque
in hunc modum incipiunt : non se foederis ignaros nec
10 defectione a familia Arsacidarum venire, set filium Vononis,
nepotem Phraatis accersere adversus dominationem Gotarzis
nobilitati plebique iuxta intolerandam. iam fratres, iam
propinquos, iam longius sitos caedibus exhaustos ; adici
coniuges gravidas, liberos parvos, dum socors domi, bellis
15 infaustus ignaviam saevitia tegat. veterem sibi ac publice
coeptam nobiscum amicitiam, et subveniendum sociis virium
aemulis cedentibusque per reverentiam. ideo regum obsides
liberos dari ut, si domestici imperii taedeat, sit regressus ad
principem patresque, quorum moribus adsuefactus rex melior
20 adscisceretur.

11. Vbi haec atque talia dissertavere, incipit orationem
Caesar de fastigio Romano Parthorumque obsequiis, seque
divo Augusto adaequabat, petitum ab eo regem referens,
omissa Tiberii memoria, quamquam is quoque miserat.
25 addidit praecepta (etenim aderat Meherdates), ut non dominationem et servos, sed rectorem et civis cogitaret, clemen-
tiamque ac iustitiam, quanto ignota barbaris, tanto laetiora
capesseret. hinc versus ad legatos extollit laudibus alumnum
urbis, spectatae ad id modestiae : ac tamen ferenda regum
30 ingenia neque usui crebras mutationes. rem Romanam huc

5 vitio *M*   10 set *Lipsius* : sed et *M* : sed ad *Rhenanus*   11
accersere *Puteolanus cum Bodl.* : accedere *M*   12 intolleranda *M*
17 liberos obsides *Dräger*   26 concitaret *M*   27 ignota
Farnesianus : ignata *M* : ignara *dett.*   laetiora *Ursinus* : tolera-
tiora *M*

CORNELII TACITI

satietate gloriae provectam ut externis quoque gentibus
quietem velit.   datum posthac C. Cassio, qui Syriae praeerat,
deducere iuvenem ripam ad Euphratis.

12. Ea tempestate Cassius ceteros praeminebat peritia
legum : nam militares artes per otium ignotae, industriosque 5
aut ignavos pax in aequo tenet. ac tamen quantum sine
bello dabatur, revocare priscum morem, exercitare legiones,
cura provisu perinde agere ac si hostis ingrueret : ita
dignum maioribus suis et familia Cassia per illas quoque
gentis celebrata. igitur excitis quorum de sententia petitus 10
rex, positisque castris apud Zeugma, unde maxime pervius
amnis, postquam inlustres Parthi rexque Arabum Acbarus
advenerat, monet Meherdaten barbarorum impetus acris
cunctatione languescere aut in perfidiam mutari : ita urgeret
coepta. quod spretum fraude Acbari, qui iuvenem ignarum 15
et summam fortunam in luxu ratum multos per dies attinuit
apud oppidum Edessam. et vocante Carene promptasque
res ostentante, si citi advenissent, non comminus Mesopotamiam, sed flexu Armeniam petivit, id temporis importunam,
quia hiems occipiebat.   20

13. Exim nivibus et montibus fessi, postquam campos
propinquabant, copiis Carenis adiunguntur, tramissoque
amne Tigri permeant Adiabenos, quorum rex Izates
societatem Meherdatis palam induerat, in Gotarzen per
occulta et magis fida inclinabat. sed capta in transitu 25
urbs Ninos, vetustissima sedes Assyriae, et castellum insigne
fama, quod postremo inter Darium atque Alexandrum
proelio Persarum illic opes conciderant. interea Gotarzes
apud montem, cui nomen Sanbulos, vota dis loci suscipie-

---

9 Cassia (*lacuna octo fere litterarum*) per *M* : ratus *supra supplevit
manus recentior* : lacunam ignorat *Nipperdey*   10 peritus *M*   12
Abgarus *Ryckius*   19 petunt *Lipsius*   21 campis *dett.*   22
carrenis *M*   23 Izates *Freinsheim* : iuliates *M, cf. c.* 14 *ubi* ezates
M   26 et add. *Lipsius* : castello *pr. man.* (*in fine versus*) : et Arbela
castellum *Agricola*

238

bat, praecipua religione Herculis, qui tempore stato per
quietem monet sacerdotes ut templum iuxta equos venatui
adornatos sistant. equi ubi pharetras telis onustas accepere,
per saltus vagi nocte demum vacuis pharetris multo cum
5 anhelitu redeunt. rursum deus, qua silvas pererraverit,
nocturno visu demonstrat, reperiunturque fusae passim
ferae.

14. Ceterum Gotarzes, nondum satis aucto exercitu,
flumine Corma pro munimento uti, et quamquam per
10 insectationes et nuntios ad proelium vocaretur, nectere
moras, locos mutare et missis corruptoribus exuendam ad
fidem hostis emercari. ex quis Izates Adiabeno, mox
Acbarus Arabum cum exercitu abscedunt, levitate gentili,
et quia experimentis cognitum est barbaros malle Roma
15 petere reges quam habere. at Meherdates validis auxiliis
nudatus, ceterorum proditione suspecta, quod unum reliquum, rem in casum dare proelioque experiri statuit. nec
detrectavit pugnam Gotarzes deminutis hostibus ferox ;
concursumque magna caede et ambiguo eventu, donec
20 Carenem profligatis obviis longius evectum integer a tergo
globus circumveniret. tum omni spe perdita Meherdates,
promissa Parracis paterni clientis secutus, dolo eius vincitur
traditurque victori. atque ille non propinquum neque
Arsacis de gente, sed alienigenam et Romanum increpans,
25 auribus decisis vivere iubet, ostentui clementiae suae et
in nos dehonestamento. dein Gotarzes morbo obiit,
accitusque in regnum Vonones Medos tum praesidens.
nulla huic prospera aut adversa quis memoraretur : brevi
et inglorio imperio perfunctus est, resque Parthorum in
30 filium eius Vologesen translatae.

15. At Mithridates Bosporanus amissis opibus vagus,

1 praecipuae *M*   Herculis *ed. Spir.*: herculi *M*   9 quam *M*
12 Adiabeno *Io. Fr. Gronovius*: adiabenus *M*   13 abbarus *M*
20 obviis *Andresen*: obusis *M, in* obviis *eadem fortasse manu corr.*:
obversis *dett. et vulgo*   27 Medis *dett.*   30 vologese *M*

249

postquam Didium ducem Romanum roburque exercitus
abisse cognoverat, relictos in novo regno Cotyn iuventa
rudem et paucas cohortium cum Iulio Aquila equite
Romano, spretis utrisque concire nationes, inlicere perfugas;
postremo exercitu coacto regem Dandaridarum exturbat 5
imperioque eius potitur. quae ubi cognita et iam iamque
Bosporum invasurus habebatur, diffisi propriis viribus
Aquila et Cotys, quia Zorsines Siracorum rex hostilia
resumpserat, externas et ipsi gratias quaesivere missis legatis
ad Eunonen qui Aorsorum genti praesidebat. nec fuit 10
in arduo societas potentiam Romanam adversus rebellem
Mithridaten ostentantibus. igitur pepigere, equestribus
proeliis Eunones certaret, obsidia urbium Romani capesserent.

16. Tunc composito agmine incedunt, cuius frontem et 15
terga Aorsi, media cohortes et Bosporani tutabantur nostris
in armis. sic pulsus hostis, ventumque Sozam, oppidum
Dandaricae, quod desertum a Mithridate ob ambiguos
popularium animos obtineri relicto ibi praesidio visum.
exim in Siracos pergunt, et transgressi amnem Pandam 20
circumveniunt urbem Vspen, editam loco et moenibus ac
fossis munitam, nisi quod moenia non saxo sed cratibus
et vimentis ac media humo adversum inrumpentis invalida
erant; eductaeque altius turres facibus atque hastis turbabant obsessos. ac ni proelium nox diremisset, coepta 25
patrataque expugnatio eundem intra diem foret.

17. Postero misere legatos, veniam liberis corporibus
orantis: servitii decem milia offerebant. quod aspernati
sunt victores, quia trucidare deditos saevum, tantam
multitudinem custodia cingere arduum: belli potius iure 30

7 diffisi *Pichena* : diffisis *M*   8 Siracorum *Lipsius* : syra-
cusorum *M*   10 Aorsorum *Lipsius* : adorsorum *M* (adorsi 16. 2)
praesidebat *Haase* : praecellebat *M* : praesidens opibus praecellebat
Halm   20 seracos *M*   27 postero *Lipsius* : postremo *M*
30 belli *Ernesti* : ut belli *M*   *post verbum* caedis *verba* ut . . . caderent *transponenda censuit Acidalius*

caderent, datumque militibus qui scalis evaserant signum
caedis. excidio Vspensium metus ceteris iniectus, nihil
tutum ratis, cum arma, munimenta, impediti vel eminentes
loci amnesque et urbes iuxta perrumperentur. igitur
5 Zorsines, diu pensitato Mithridatisne rebus extremis an
patrio regno consuleret, postquam praevaluit gentilis utilitas,
datis obsidibus apud effigiem Caesaris procubuit, magna
gloria exercitus Romani, quem incruentum et victorem
tridui itinere afuisse ab amne Tanai constitit. sed in
10 regressu dispar fortuna fuit, quia navium quasdam quae
mari remeabant in litora Taurorum delatas circumvenere
barbari, praefecto cohortis et plerisque auxiliarium interfectis.

18. Interea Mithridates nullo in armis subsidio consultat
15 cuius misericordiam experiretur. frater Cotys, proditor
olim, deinde hostis, metuebatur: Romanorum nemo id
auctoritatis aderat ut promissa eius magni penderentur.
ad Eunonen convertit, propriis odiis *non* infensum et recens
coniuncta nobiscum amicitia validum. igitur cultu vultuque
20 quam maxime ad praesentem fortunam comparato regiam
ingreditur genibusque eius provolutus 'Mithridates' inquit
'terra marique Romanis per tot annos quaesitus sponte
adsum: utere, ut voles, prole magni Achaemenis, quod
mihi solum hostes non abstulerunt.'

25 19. At Eunones claritudine viri, mutatione rerum et
prece haud degeneri permotus, adlevat supplicem laudatque
quod gentem Aorsorum, quod suam dextram petendae
veniae delegerit. simul legatos litterasque ad Caesarem
in hunc modum mittit: populi Romani imperatoribus,
30 magnarum nationum regibus primam ex similitudine for-

4 perrumperentur *Rhenanus*: perrumpentur *M*   10 quae]
quippe *Nipperdey*   12 auxiliarium *Lipsius*: consiliarium *M*: centurionum *Rhenanus, cf. c.* 38   18 non *add. Agricola*   inoffensum *Iac. Gronovius*

tunae amicitiam, sibi et Claudio etiam communionem
victoriae esse. bellorum egregios finis quoties ignoscendo
transigatur : sic Zorsini victo nihil ereptum. pro Mithridate, quando gravius mereretur, non potentiam neque
regnum precari, sed ne triumpharetur neve poenas capite 5
expenderet.

20. At Claudius, quamquam nobilitatibus externis mitis,
dubitavit tamen accipere captivum pacto salutis an repetere
armis rectius foret. hinc dolor iniuriarum et libido vindictae adigebat : sed disserebatur contra suscipi bellum 10
avio itinere, importuoso mari ; ad hoc reges ferocis, vagos
populos, solum frugum egenum, taedium ex mora, pericula
ex properantia, modicam victoribus laudem ac multum
infamiae, si pellerentur. quin adriperet oblata et servaret
exulem, cui inopi quanto longiorem vitam, tanto plus 15
supplicii fore. his permotus scripsit Eunoni, meritum
quidem novissima exempla Mithridaten, nec sibi vim ad
exequendum deesse : verum ita maioribus placitum, quanta
pervicacia in hostem, tanta beneficentia adversus supplices
utendum ; nam triumphos de populis regnisque integris 20
adquiri.

21. Traditus posthac Mithridates vectusque Romam per
Iunium Cilonem, procuratorem Ponti, ferocius quam pro
fortuna disseruisse apud Caesarem ferebatur, elataque vox
eius in vulgum hisce verbis : 'non sum remissus ad te, sed 25
reversus : vel si non credis, dimitte et quaere.' vultu
quoque interrito permansit, cum rostra iuxta custodibus
circumdatus visui populo praeberetur. consularia insignia
Ciloni, Aquilae praetoria decernuntur.

22. Isdem consulibus atrox odii Agrippina ac Lolliae 30

9 hinc] huc *Lipsius*   12 egenum *Agricola* : egentum *M* : egens
tum *M¹*   15 cui *Puteolanus* : quin *M*   19 hostem tanta *Muretus* : hoc temptata *M*   22 roma *M*   23 Cilonem . . . . Ciloni
(*l.* 29) *Lipsius* : colonem . . . coloni *M*

infensa, quod secum de matrimonio principis certavisset,
molitur crimina et accusatorem qui obiceret Chaldaeos,
magos interrogatumque Apollinis Clarii simulacrum super
nuptiis imperatoris. exim Claudius inaudita rea multa de
5 claritudine eius apud senatum praefatus, sorore L. Volusii genitam, maiorem ei patruum Cottam Messalinum esse, Memmio
quondam Regulo nuptam (nam de G. Caesaris nuptiis consulto reticebat), addidit perniciosa in rem publicam consilia
et materiem sceleri detrahendam : proin publicatis bonis
10 cederet Italia. ita quinquagies sestertium ex opibus im-
mensis exuli relictum. et Calpurnia inlustris femina pervertitur, quia formam eius laudaverat princeps, nulla
libidine, sed fortuito sermone, unde ira Agrippinae citra
ultima stetit. in Lolliam mittitur tribunus, a quo ad mortem
15 adigeretur. damnatus et lege repetundarum Cadius Rufus
accusantibus Bithynis.

23. Galliae Narbonensi ob egregiam in patres reverentiam datum ut senatoribus eius provinciae non exquisita
principis sententia, iure quo Sicilia haberetur, res suas
20 invisere liceret. Ituraeique et Iudaei defunctis regibus
Sohaemo atque Agrippa provinciae Syriae additi. Salutis
augurium quinque et septuaginta annis omissum repeti ac
deinde continuari placitum. et pomerium urbis auxit
Caesar, more prisco, quo iis qui protulere imperium etiam
25 terminos urbis propagare datur. nec tamen duces Romani,
quamquam magnis nationibus subactis, usurpaverant nisi
L. Sulla et divus Augustus.

24. Regum in eo ambitio vel gloria varie vulgata : sed
initium condendi, et quod pomerium Romulus posuerit,
30 noscere haud absurdum reor. igitur a foro boario, ubi
aereum tauri simulacrum aspicimus, quia id genus animalium aratro subditur, sulcus designandi oppidi coeptus

ut magnam Herculis aram amplecteretur ; inde certis spatiis
interiecti lapides per ima montis Palatini ad aram Consi,
mox curias veteres, tum ad sacellum Larum, inde forum
Romanum ; forumque et Capitolium non a Romulo, sed
a Tito Tatio additum urbi credidere. mox pro fortuna 5
pomerium auctum. et quos tum Claudius terminos
posuerit, facile cognitu et publicis actis perscriptum.

25. C. Antistio M. Suillio consulibus adoptio in Domitium auctoritate Pallantis festinatur, qui obstrictus Agrippinae ut conciliator nuptiarum et mox stupro eius inligatus, 10
stimulabat Claudium consuleret rei publicae, Britannici
pueritiam robore circumdaret : sic apud divum Augustum,
quamquam nepotibus subnixum, viguisse privignos ; a
Tiberio super propriam stirpem Germanicum adsumptum :
se quoque accingeret iuvene partem curarum capessituro. 15
his evictus triennio maiorem natu Domitium filio anteponit,
habita apud senatum oratione eundem in quem a liberto
acceperat modum. adnotabant periti nullam antehac
adoptionem inter patricios Claudios reperiri, eosque ab
Atto Clauso continuos duravisse.   20

26. Ceterum actae principi grates, quaesitiore in Domitium adulatione ; rogataque lex qua in familiam Claudiam
et nomen Neronis transiret. augetur et Agrippina cognomento Augustae. quibus patratis nemo adeo expers misericordiae fuit quem non Britannici fortuna maerore adficeret. 25
desolatus paulatim etiam servilibus ministeriis perintempestiva novercae officia in ludibrium vertebat, intellegens

2 palatii ad aram consii *M*   3 L. inde forum Romanum, forumque *Weissenborn* : larum deforumque (forumque *M²*) romanum *M* :
Larundae ; forumque Romanum *Orelli*   6 actum *M*   7 cognitum *M*   8 adoptio *Putcolanus* : optio *M*   15 iuvenĕ *M*   16
triennio *Freinsheim* : biennio *M*   17 in *post* eundem *om. in rasura*
M : in eundem *dett.*   21 quaesitiore *Pichena* : quaestiore *M*   24
augustae *M* : augusta *M¹*   25 fortuna maerore *Ernesti* :
fortunae maeror *M*   26 puer intempestiva *Sirker*   27 ludibrium
Nipperdey : ludibria *M*

244

falsi. neque enim segnem ei fuisse indolem ferunt, sive
verum, seu periculis commendatus retinuit famam sine
experimento.

27. Sed Agrippina quo vim suam sociis quoque nationi-
5 bus ostentaret in oppidum Vbiorum, in quo genita erat,
veteranos coloniamque deduci impetrat, cui nomen inditum
e vocabulo ipsius. ac forte acciderat ut eam gentem
Rhenum transgressam avus Agrippa in fidem acciperet.

Isdem temporibus in superiore Germania trepidatum ad-
10 ventu Chattorum latrocinia agitantium. dein P. Pomponius
legatus auxiliaris Vangionas ac Nemetas, addito equite
alario, *immittit*, monitos ut anteirent populatores vel dilapsis
improvisi circumfunderentur. et secuta consilium ducis
industria militum, divisique in duo agmina, qui laevum iter
15 petiverant recens reversos praedaque per luxum usos et
somno gravis circumvenere. aucta laetitia quod quosdam
e clade Variana quadragesimum post annum servitio
exemerant.

28. At qui dextris et propioribus compendiis ierant,
20 obvio hosti et aciem auso plus cladis faciunt, et praeda
famaque onusti ad montem Taunum revertuntur, ubi
Pomponius cum legionibus opperiebatur, si Chatti cupidine
ulciscendi casum pugnae praeberent. illi metu ne hinc
Romanus, inde Cherusci, cum quis aeternum discordant,
25 circumgrederentur, legatos in urbem et obsides misere;
decretusque Pomponio triumphalis honos, modica pars
famae eius apud posteros in quis carminum gloria praecellit.

29. Per idem tempus Vannius Suebis a Druso Caesare
impositus pellitur regno, prima imperii aetate clarus acce-

8 Rhenum *Sirker*: rheno *M*   transgressa *M*   9 advectu cat-
thorum *M*   10 dein P. *Ritter*: dein L. *M*: deligit *Orelli secun-*
dum Ritter 1838   12 alario *Puteolanus*: elario *M*   immittit
supplevit Döderlein: Nemetas mittit, addito *malebat Walther*   16
circumvenere (aucta . . . . exemerant), at qui . . . . *distinxit Nipperdey*
29 carus *Wölfflin*, *cf. Sall. Iug.* 70. 2

ptusque popularibus, mox diuturnitate in superbiam mutans
et odio accolarum, simul domesticis discordiis circumventus.
auctores fuere Vibilius Hermundurorum rex et Vangio ac
Sido sorore Vannii geniti. nec Claudius, quamquam saepe
oratus, arma certantibus barbaris interposuit, tutum Vannio 5
perfugium promittens, si pelleretur; scripsitque Palpellio
Histro, qui Pannoniam praesidebat, legionem ipsaque e
provincia lecta auxilia pro ripa componere, subsidio victis
et terrorem adversus victores, ne fortuna elati nostram
quoque pacem turbarent. nam vis innumera, Lugii aliae- 10
que gentes, adventabant, fama ditis regni, quod Vannius
triginta per annos praedationibus et vectigalibus auxerat.
ipsi manus propria pedites, eques e Sarmatis Iazugibus erat,
impar multitudini hostium, eoque castellis sese defensare
bellumque ducere statuerat. 15

30. Sed Iazuges obsidionis impatientes et proximos per
campos vagi necessitudinem pugnae attulere, quia Lugius
Hermundurusque illic ingruerant. igitur degressus castellis
Vannius funditur proelio, quamquam rebus adversis laudatus quod et pugnam manu capessiit et corpore adverso 20
vulnera excepit. ceterum ad classem in Danuvio opperientem perfugit; secuti mox clientes et acceptis agris in
Pannonia locati sunt. regnum Vangio ac Sido inter se
partivere, egregia adversus nos fide, subiectis, suone an
servitii ingenio, dum adipiscerentur dominationes, multa 25
caritate, et maiore odio, postquam adepti sunt.

31. At in Britannia P. Ostorium pro praetore turbidae
res excepere, effusis in agrum sociorum hostibus eo violen-

---

3 vibillius *M*   5 certantibus barbaris certantibus *M*   6
Palpellio *e titulis* : p. atellio *M*   8 componeret *ed. Spir. Orelli*
10 Lugii *Müllenhoff* : ligii *M* : Lygii *Oberlin*   13 Iazugibus *Nipperdey* : iazigibus *M* (iazigies 30. 1) : Iazygibus *vulgo*   18 degressus *Ernesti* : digressus *M*   20 capessiit *Rhenanus* : capesciit *M* :
capessivit *Ritter*   21 davio *M*   23 vagio ac sidio *M*   25
dominationis *Heinsius*   28 et fusis *M*

tius quod novum ducem exercitu ignoto et coepta hieme
iturum obviam non rebantur. ille gnarus primis eventibus
metum aut fiduciam gigni, citas cohortis rapit et caesis qui
restiterant, disiectos consectatus, ne rursus conglobarentur
5 infensaque et infida pax non duci, non militi requiem permitteret, detrahere arma suspectis cunctaque castris Avonam *inter* et Sabrinam fluvios cohibere parat. quod primi
Iceni abnuere, valida gens nec proeliis contusi, quia societatem nostram volentes accesserant. hisque auctoribus cir-
10 cumiectae nationes locum pugnae delegere saeptum agresti
aggere et aditu angusto, ne pervius equiti foret. ea munimenta dux Romanus, quamquam sine robore legionum socialis copias ducebat, perrumpere adgreditur et distributis
cohortibus turmas quoque peditum ad munia accingit. tunc
15 dato signo perfringunt aggerem suisque claustris impeditos
turbant. atque illi conscientia rebellionis et obsaeptis
effugiis multa et clara facinora fecere : qua pugna filius
legati M. Ostorius servati civis decus meruit.

32. Ceterum clade Icenorum compositi qui bellum inter
20 et pacem dubitabant, et ductus in Decangos exercitus. va-
stati agri, praedae passim actae, non ausis aciem hostibus,
vel si ex occulto carpere agmen temptarent, punito dolo.
iamque ventum haud procul mari, quod Hiberniam insulam
aspectat, cum ortae apud Brigantas discordiae retraxere du-
25 cem, destinationis certum, ne nova moliretur nisi prioribus
firmatis. et Brigantes quidem, paucis qui arma coeptabant
interfectis, in reliquos data venia, resedere : Silurum gens
non atrocitate, non clementia mutabatur, quin bellum exerceret castrisque legionum premenda foret. id quo prom-
30 ptius veniret, colonia Camulodunum valida veteranorum

4 restiterant *ed. Spir.* : restiterunt *M*   6 Avonam *Mannert* :
antonam *M* : ad antonam *ed. Bip.* : ad Trisantonam *Haverfield* :
totum locum obelo notavit Furneaux   7 inter *add. Heinsius*   20
in Decangos *Bezzenberger* : inde cangos *M* : in Ceangos *Andresen*
27 Silurum *Rhenanus* : silvarum *M*

manu deducitur in agros captivos, subsidium adversus
rebellis et imbuendis sociis ad officia legum.

33. Itum inde in Siluras, super propriam ferociam Carataci viribus confisos, quem multa ambigua, multa prospera
extulerant ut ceteros Britannorum imperatores praemineret. 5
sed tum astu locorum fraude prior, vi militum inferior,
transfert bellum in Ordovicas, additisque qui pacem nostram metuebant, novissimum casum experitur, sumpto ad
proelium loco, ut aditus abscessus, cuncta nobis importuna
et suis in melius essent, hinc montibus arduis, et si qua 10
clementer accedi poterant, in modum valli saxa praestruit:
et praefluebat amnis vado incerto, catervaeque armatorum
pro munimentis constiterant.

34. Ad hoc gentium ductores circumire hortari, firmare
animos minuendo metu, accendenda spe aliisque belli inci- 15
tamentis : enimvero Caratacus huc illuc volitans illum diem,
illam aciem testabatur aut reciperandae libertatis aut servitutis aeternae initium fore ; vocabatque nomina maiorum,
qui dictatorem Caesarem pepulissent, quorum virtute vacui
a securibus et tributis intemerata coniugum et liberorum 20
corpora retinerent. haec atque talia dicenti adstrepere
vulgus, gentili quisque religione obstringi, non telis, non
vulneribus cessuros.

35. Obstupefecit ea alacritas ducem Romanum ; simul
obiectus amnis, additum vallum, imminentia iuga, nihil nisi 25
atrox et propugnatoribus frequens terrebat. sed miles
proelium poscere, cuncta virtute expugnabilia clamitare ;
praefectique *et* tribuni paria disserentes ardorem exercitus
intendebant. tum Ostorius, circumspectis quae impene-
trabilia quaeque pervia, ducit infensos amnemque haud 30

4 confisis *M*   6 astu *secl. Haase*   locorum fraude *secl. Ritter*
7 Ordovicas *Rhenanus* : ordolucas *M*   10 hinc *Halm* : tunc *M*
12 catervaeque *Lipsius* : catervaque *M*   armatorum *Freinsheim* :
maiorum *M*   15 accenda *M*   22 religione *Lipsius* : religioni
M   25 additum a vallum *M*   28 et *add. Bezzenberger*

248

difficulter evadit. ubi ventum ad aggerem, dum missilibus
certabatur, plus vulnerum in nos et pleraeque caedes oriebantur : postquam facta testudine rudes et informes saxo-
rum compages distractae parque comminus acies, decedere
5 barbari in iuga montium. sed eo quoque inrupere feren-
tarius gravisque miles, illi telis adsultantes, hi conferto
gradu, turbatis contra Britannorum ordinibus, apud quos
nulla loricarum galearumve tegmina ; et si auxiliaribus resisterent, gladiis ac pilis legionariorum, si huc verterent,
10 spathis et hastis auxiliarium sternebantur. clara ea victoria
fuit, captaque uxor et filia Carataci fratresque in deditionem
accepti.

36. Ipse, ut ferme intuta sunt adversa, cum fidem Cartimanduae reginae Brigantum petivisset, vinctus ac victori-
15 bus traditus est, nono post anno quam bellum in Britannia
coeptum. unde fama eius evecta insulas et proximas provincias pervagata per Italiam quoque celebrabatur, avebant-
que visere, quis ille tot per annos opes nostras sprevisset.
ne Romae quidem ignobile Carataci nomen erat ; et Caesar
20 dum suum decus extollit, addidit gloriam victo. vocatus
quippe ut ad insigne spectaclum populus : stetere in armis
praetoriae cohortes campo qui castra praeiacet. tunc ince-
dentibus regiis clientulis phalerae torques quaeque bellis
externis quaesiverat traducta, mox fratres et coniunx et filia,
25 postremo ipse ostentatus. ceterorum preces degeneres
fuere ex metu : at non Caratacus aut vultu demisso aut
verbis misericordiam requirens, ubi tribunali adstitit, in hunc
modum locutus est.

37. 'Si quanta nobilitas et fortuna mihi fuit, tanta rerum

4 distracta *M*   11 uxor *Bezzenberger* : uxore *M*   carattaci
M   13 Cartimanduae *Puteolanus* : cartimandus *M*   16
insulam *Heinsius*   21 spectalum *M* : spectaculum *vulgo*   22
tum *Ernesti*   23 clientulis *M* : clientelis *ut videtur ex correctione et ita
plerumque post Lipsium*   torques *Döderlein* : torquibus *M* : torques-
que *ed. Spir.* : cum torquibus *Ritter*

I

prosperarum moderatio fuisset, amicus potius in hanc
urbem quam captus venissem, neque dedignatus esses
claris maioribus ortum, plurimis gentibus imperitantem
foedere *in* pacem accipere. praesens sors mea ut mihi
informis, sic tibi magnifica est. habui equos viros, arma 5
opes: quid mirum si haec invitus amisi? nam si vos
omnibus imperitare vultis, sequitur ut omnes servitutem
accipiant? si statim deditus traderer, neque mea fortuna
neque tua gloria inclaruisset; et supplicium mei oblivio
sequeretur: at si incolumem servaveris, aeternum exemplar 10
clementiae ero.' ad ea Caesar veniam ipsique et coniugi
et fratribus tribuit. atque illi vinclis absoluti Agrippinam
quoque, haud procul alio suggestu conspicuam, isdem quibus principem laudibus gratibusque venerati sunt. novum
sane et moribus veterum insolitum, feminam signis Romanis 15
praesidere: ipsa semet parti a maioribus suis imperii sociam
ferebat.

38. Vocati posthac patres multa et magnifica super captivitate Carataci disseruere, neque minus id clarum quam
quod Syphacem P. Scipio, Persen L. Paulus, et si qui alii 20
vinctos reges populo Romano ostendere. censentur Ostorio
triumphi insignia, prosperis ad id rebus eius, mox ambiguis,
sive amoto Carataco, quasi debellatum foret, minus intenta
apud nos militia fuit, sive hostes miseratione tanti regis
acrius ad ultionem exarsere. praefectum castrorum et 25
legionarias cohortis extruendis apud Siluras praesidiis re-
lictas circumfundunt. ac ni cito nuntiis ex castellis proximis subventum foret copiarum obsidio occidione obcubuis-

---

4 in pacem *Döderlein* : pacem *M cum rasura post* foedere : *ignorant
rasuram alii*   8 traherer *Bekker*   12 exsoluti *Lipsius, Nipperdey*   20 sifacem *M*   26 relicta *M*   27 cito nuntiis] cito
nuntiis dimissis *Wurm* : cito nuntiis missis *Nipperdey* : nuntiis *secl.
Jacob*   ex *Ruperti* : et *M*   28 c. obsidio occidione *Halm* :
c. obsidione *M* : c. obsidioni *Bezzenberger, Nipperdey*

sent : praefectus tamen et octo centuriones ac promptissimus
quisque e manipulis cecidere. nec multo post pabulantis
nostros missasque ad subsidium turmas profligant.

39. Tum Ostorius cohortis expeditas opposuit ; nec ideo
5 fugam sistebat, ni legiones proelium excepissent : earum
robore aequata pugna, dein nobis pro meliore fuit. effugere
hostes tenui damno, quia inclinabat dies. crebra hinc
proelia et saepius in modum latrocinii per saltus per paludes, ut cuique sors aut virtus, temere proviso, ob iram ob
10 praedam, iussu et aliquando ignaris ducibus. ac praecipua
Silurum pervicacia, quos accendebat vulgata imperatoris
Romani vox, ut quondam Sugambri excisi aut in Gallias
traiecti forent, ita Silurum nomen penitus extinguendum.
igitur duas auxiliaris cohortis avaritia praefectorum incau-
15 tius populantis intercepere ; spoliaque et captivos largiendo
ceteras quoque nationes ad defectionem trahebant, cum
taedio curarum fessus Ostorius concessit vita, laetis hostibus, tamquam ducem haud spernendum etsi non proelium,
at certe bellum absumpsisset.

20 **40.** At Caesar cognita morte legati, ne provincia sine
rectore foret, A. Didium suffecit. is propere vectus non
tamen integras res invenit, adversa interim legionis pugna,
cui Manlius Valens praeerat ; auctaque et apud hostis eius
rei fama, quo venientem ducem exterrerent, atque illo au-
25 gente audita, ut maior laus compositis et, si duravissent,
venia iustior tribueretur. Silures id quoque damnum intulerant lateque persultabant, donec adcursu Didii pellerentur.
sed post captum Caratacum praecipuus scientia rei militaris Venutius, e Brigantum civitate, ut supra memoravi,

2 e manipulis *Lipsius* : manipulus *M* : manipularis *Pichena* 3
nostros *Puteolanus* : nos ipsos *M* : nostros ipsos *dett. Nipperdey* 4
opposuit *Lipsius* : exposuit *M* 9 provisu *Lipsius, Nipperdey-*
Andresen 12 excisi aut *Faernus* : excisia ut *M* 17 vitā *M*
23 et] est *Nipperdey* 25 compositi vel *M in margine* set *M¹,*
unde compositis et *Andresen* : compositi vel *vulgo* 29 e Brigantum
Agricola : evigantum *M*

CORNELII TACITI

fidusque diu et Romanis armis defensus, cum Cartiman-
duam reginam matrimonio teneret; mox orto discidio et
statim bello etiam adversus nos hostilia induerat. sed
primo tantum inter ipsos certabatur, callidisque Cartimandua artibus fratrem ac propinquos Venutii intercepit. inde 5
accensi hostes, stimulante ignominia, ne feminae imperio
subderentur, valida et lecta armis iuventus regnum eius
invadunt. quod nobis praevisum, et missae auxilio cohortes acre proelium fecere, cuius initio ambiguo finis
laetior fuit. neque dispari eventu pugnatum a legione, cui 10
Caesius Nasica praeerat; nam Didius senectute gravis
et multa copia honorum per ministros agere et arcere
hostem satis habebat. haec, quamquam a duobus pro praetoribus pluris per annos gesta, coniunxi ne divisa haud
perinde ad memoriam sui valerent: ad temporum ordinem 15
redeo.

41. Ti. Claudio quintum Servio Cornelio Orfito consulibus virilis toga Neroni maturata quo capessendae rei publicae habilis videretur. et Caesar adulationibus senatus
libens cessit ut vicesimo aetatis anno consulatum Nero 20
iniret atque interim designatus proconsulare imperium extra
urbem haberet ac princeps iuventutis appellaretur. additum nomine eius donativum militi, congiarium plebei. et
ludicro circensium, quod adquirendis vulgi studiis edebatur, Britannicus in praetexta, Nero triumphali veste tra- 25
vecti sunt: spectaret populus hunc decore imperatorio,
illum puerili habitu, ac perinde fortunam utriusque prae-
sumeret. simul qui centurionum tribunorumque sortem
Britannici miserabantur, remoti fictis causis et alii per
speciem honoris; etiam libertorum si quis incorrupta fide, 30

1 cartimandum *M* (*l.* 4 cartimannus *vide c.* 36)   7 regiam
Nipperdey   13 a duobus *Freinsheim*: a duobus ostrio didioque *M*
15 perinde *Puteolanus*: proinde *M*   17 Ti. *Vertranius*: T. l. *M*
Orfito *secl. Ritter*   25 triumphali *Gryphius*: triumphalium *M*   29
remotis *M*

depellitur tali occasione. obvii inter se Nero Britannicum
nomine, ille Domitium salutavere. quod ut discordiae initium Agrippina multo questu ad maritum defert : sperni
quippe adoptionem, quaeque censuerint patres, iusserit
5 populus, intra penatis abrogari ; ac nisi pravitas tam infensa docentium arceatur, eruptura in publicam perniciem.
commotus his quasi criminibus optimum quemque educato-
rem filii exilio aut morte adficit datosque a noverca custodiae
eius imponit.

10 **42.** Nondum tamen summa moliri Agrippina audebat,
ni praetoriarum cohortium cura exolverentur Lusius Geta
et Rufrius Crispinus, quos Messalinae memores et liberis
eius devinctos credebat. igitur distrahi cohortis ambitu
duorum et, si ab uno regerentur, intentiorem fore discipli-
15 nam adseverante uxore, transfertur regimen cohortium ad
Burrum Afranium, egregiae militaris famae, gnarum tamen
cuius sponte praeficeretur. suum quoque fastigium Agrippina extollere altius : carpento Capitolium ingredi, qui
honos sacerdotibus et sacris antiquitus concessus veneratio-
20 nem augebat feminae, quam imperatore genitam, sororem
eius qui rerum potitus sit et coniugem et matrem fuisse,
unicum ad hunc diem exemplum est. inter quae praecipuus propugnator eius Vitellius, validissima gratia, aetate
extrema (adeo incertae sunt potentium res) accusatione
25 corripitur, deferente Iunio Lupo senatore. is crimina maiestatis et cupidinem imperii obiectabat ; praebuissetque
auris Caesar, nisi Agrippinae minis magis quam precibus
mutatus esset, ut accusatori aqua atque igni interdiceret.
hactenus Vitellius voluerat.

30 **43.** Multa eo anno prodigia evenere. insessum diris
avibus Capitolium, crebris terrae motibus prorutae domus,

7 is *M*   8 aut *Petersen* : ac *M*   12 Rufrius *Halm* : rufius
M   17 proficeretur *M*   19 honos *Ursinus* : mos *M*   31
prorutae *Lipsius* : prorupte *M*

ac dum latius metuitur, trepidatione vulgi invalidus quisque
obtriti; frugum quoque egestas et orta ex eo fames in pro-
digium accipiebatur. nec occulti tantum questus, sed iura
reddentem Claudium circumvasere clamoribus turbidis,
pulsumque in extremam fori partem vi urgebant, donec 5
militum globo infensos perrupit. quindecim dierum alimenta urbi, non amplius superfuisse constitit, magnaque
deum benignitate et modestia hiemis rebus extremis subventum. at hercule olim Italia legionibus longinquas in
provincias commeatus portabat, nec nunc infecunditate 10
laboratur, sed Africam potius et Aegyptum exercemus,
navibusque et casibus vita populi Romani permissa est.

44. Eodem anno bellum inter Armenios Hiberosque
exortum Parthis quoque ac Romanis gravissimorum inter se
motuum causa fuit. genti Parthorum Vologeses imperi- 15
tabat, materna origine ex paelice Graeca, concessu fratrum
regnum adeptus; Hiberos Pharasmanes vetusta possessione, Armenios frater eius Mithridates obtinebat opibus
nostris. erat Pharasmanis filius nomine Radamistus, decora proceritate, vi corporis insignis et patrias artis edoctus, 20
claraque inter accolas fama. is modicum Hiberiae regnum
senecta patris detineri ferocius crebriusque iactabat quam
ut cupidinem occultaret. igitur Pharasmanes iuvenem potentiae promptum et studio popularium accinctum, vergen-
tibus iam annis suis metuens, aliam ad spem trahere et 25
Armeniam ostentare, pulsis Parthis datam Mithridati a
semet memorando : sed vim differendam et potiorem dolum
quo incautum opprimerent. ita Radamistus simulata adversus patrem discordia tamquam novercae odiis impar
pergit ad patruum, multaque ab eo comitate in speciem 30

8 subvenientum *M*   9 legionibus *Ernesti* : regionibus *M*   19
farasmanis *M* : Pharasmani *Puteolanus*   24 promptum *Lipsius* :
prompte *M* : promptae *vulgo*

liberum cultus primores Armeniorum ad res novas inlicit,
ignaro et ornante insuper Mithridate.

45. Reconciliationis specie adsumpta regressusque ad
patrem, quae fraude confici potuerint, prompta nuntiat,
5 cetera armis exequenda. interim Pharasmanes belli causas
confingit : proelianti sibi adversus regem Albanorum et
Romanos auxilio vocanti fratrem adversatum, eamque iniuriam excidio ipsius ultum iturum ; simul magnas copias
filio tradidit. ille inruptione subita territum exutumque
10 campis Mithridaten compulit in castellum Gorneas, tutum
loco ac praesidio militum, quis Caelius Pollio praefectus,
centurio Casperius praeerat. nihil tam ignarum barbaris
quam machinamenta et astus oppugnationum : at nobis ea
pars militiae maxime gnara est. ita Radamistus frustra vel
15 cum damno temptatis munitionibus obsidium incipit ; et
cum vis neglegeretur, avaritiam praefecti emercatur, obte-
stante Casperio, ne socius rex, ne Armenia donum populi
Romani scelere et pecunia verterentur. postremo quia
multitudinem hostium Pollio, iussa patris Radamistus
20 obtendebant, pactus indutias abscedit, ut, nisi Pharasmanen
bello absterruisset, Vmmidium Quadratum praesidem Syriae
doceret quo in statu Armenia foret.

46. Digressu centurionis velut custode exolutus praefectus hortari Mithridaten ad sanciendum foedus, coniun-
25 ctionem fratrum ac priorem aetate Pharasmanen et cetera
necessitudinum nomina referens, quod filiam eius in matrimonio haberet, quod ipse Radamisto socer esset : non
abnuere pacem Hiberos, quamquam in tempore validiores ;
et satis cognitam Armeniorum perfidiam, nec aliud subsidii

1 cultū *M*   2 ornante *Lipsius* : orante *M in rasura*   4
quae . . . prompta *Lipsius* : qua . . . prompte *M*   12 praeerant
Halm   13 at . . . gnara est *secl. Haase*   18 pecuniā uterentur
M   21 Vmmidium *Ritter* : tummidium *M*   22 Armenia foret
ed. Spir. : armenie foret *M* : Armeniae forent *dett.*   29 cognitam
Lipsius : cognita *M*

quam castellum commeatu egenum : ne dubia tentare armis
quam incruentas condiciones mallet. cunctante ad ea
Mithridate et suspectis praefecti consiliis, quod paelicem
regiam polluerat inque omnem libidinem venalis habebatur,
Casperius interim ad Pharasmanen pervadit, utque Hiberi 5
obsidio decedant expostulat. ille propalam incerta et
saepius molliora respondens, secretis nuntiis monet Radamistum obpugnationem quoquo modo celerare. augetur
flagitii merces, et Pollio occulta corruptione impellit milites
ut pacem flagitarent seque praesidium omissuros minita- 10
rentur. qua necessitate Mithridates diem locumque foederi
accepit castelloque egreditur.

47. Ac primo Radamistus in amplexus eius effusus
simulare obsequium, socerum ac parentem appellare ; adicit
ius iurandum, non ferro, non veneno vim adlaturum ; simul 15
in lucum propinquum trahit, provisum illic sacrificii paratum
dictitans, ut diis testibus pax firmaretur. mos est regibus,
quoties in societatem coeant, implicare dextras pollicesque
inter se vincire nodoque praestringere : mox ubi sanguis in
artus se extremos suffuderit, levi ictu cruorem eliciunt atque 20
invicem lambunt. id foedus arcanum habetur quasi mutuo
cruore sacratum. sed tunc qui ea vincla admovebat, decidisse simulans genua Mithridatis invadit ipsumque pro-
sternit ; simulque concursu plurium iniciuntur catenae. ac
compede, quod dedecorum barbaris, trahebatur ; mox quia 25
vulgus duro imperio habitum, probra ac verbera intentabat.
et erant contra qui tantam fortunae commutationem misera-

1 commeatū M : commeatuum Farnesianus   ne dubia tentare . . .
mallet Sirker : ne dubitare . . . malle M : ne dubitaret armis incruentas
cond. malle Groslćius   10 omissuros Freinsheim : ammis (in fine
versus) : amissuros Müller   16 sacrificii paratum Pflugk : sacrificium imperatum M : sacrificium, imperatum dictitans interpunxit
Walther : sacrificum paratum Bezzenberger   18 societate M   19
praestringere ed. Froben : perstringere M   in secl. Heinsius   20
se add. Iac. Gronovius : se effuderit G   25 compede Lipsius :
compedes M   moxque G, Nipperdey   27 econtra M : e contrario Baiter

rentur ; secutaque cum parvis liberis coniunx cuncta lamentatione complebat. diversis et contectis vehiculis abduntur,
dum Pharasmanis iussa exquirerentur. illi cupido regni
fratre et filia potior animusque sceleribus paratus ; visui
5 tamen consuluit, ne coram interficeret. et Radamistus,
quasi iuris iurandi memor, non ferrum, non venenum in
sororem et patruum expromit, sed proiectos in humum et
veste multa gravique opertos necat. filii quoque Mithridatis quod caedibus parentum inlacrimaverant trucidati
10 sunt.

48. At Quadratus cognoscens proditum Mithridaten et
regnum ab interfectoribus obtineri, vocat consilium, docet
acta et an ulcisceretur consultat. paucis decus publicum
curae, plures tuta disserunt : omne scelus externum cum
15 laetitia habendum ; semina etiam odiorum iacienda, ut
saepe principes Romani eandem Armeniam specie largitionis turbandis barbarorum animis praebuerint : poteretur
Radamistus male partis, dum invisus infamis, quando id
magis ex usu quam si cum gloria adeptus foret. in hanc
20 sententiam itum. ne tamen adnuisse facinori viderentur et
diversa Caesar iuberet, missi ad Pharasmanen nuntii ut
abscederet a finibus Armeniis filiumque abstraheret.

49. Erat Cappadociae procurator Iulius Paelignus, ignavia animi et deridiculo corporis iuxta despiciendus, sed
25 Claudio perquam familiaris, cum privatus olim conversatione
scurrarum iners otium oblectaret. is Paelignus auxiliis provincialium contractis tamquam reciperaturus Armeniam,
dum socios magis quam hostis praedatur, abscessu suorum
et incursantibus barbaris praesidii egens ad Radamistum
30 venit ; donisque eius evictus ultro regium insigne sumere

6 ius iurandi *M*   14 omne *Lipsius* : omnes *M*   19 adeptus]
depulsus *Nipperdey*   23 Paelignus *Orelli* : pelignus *M*   ignavia
Muretus : ignavi *M*   25 privatus olim conversatione scurrarum
Lipsius : privatis olim conversationes curaret *M*   26 Paelignus
secl. *Freinsheim*

cohortatur sumentique adest auctor et satelles. quod ubi
turpi fama divulgatum, ne ceteri quoque ex Paeligno con-
iectarentur, Helvidius Priscus legatus cum legione mittitur
rebus turbidis pro tempore ut consuleret. igitur propere
montem Taurum transgressus moderatione plura quam vi 5
composuerat, cum rediret in Syriam iubetur ne initium
belli adversus Parthos existeret.

50. Nam Vologeses casum invadendae Armeniae obve-
nisse ratus, quam a maioribus suis possessam externus rex
flagitio obtineret, contrahit copias fratremque Tiridaten de- 10
ducere in regnum parat, ne qua pars domus sine imperio
ageret. incessu Parthorum sine acie pulsi Hiberi, urbesque
Armeniorum Artaxata et Tigranocerta iugum accepere.
deinde atrox hiems et parum provisi commeatus et orta
ex utroque tabes perpellunt Vologesen omittere praesentia. 15
vacuamque rursus Armeniam Radamistus invasit, trucu-
lentior quam antea, tamquam adversus defectores et in
tempore rebellaturos. atque illi quamvis servitio sueti
patientiam abrumpunt armisque regiam circumveniunt.

51. Nec aliud Radamisto subsidium fuit quam pernici- 20
tas equorum, quis seque et coniugem abstulit. sed coniunx
gravida primam utcumque fugam ob metum hostilem et
mariti caritatem toleravit; post festinatione continua, ubi
quati uterus et viscera vibrantur, orare ut morte honesta
contumeliis captivitatis eximeretur. ille primo amplecti 25
adlevare adhortari, modo virtutem admirans, modo timore
aeger ne quis relicta poteretur. postremo violentia amoris
et facinorum non rudis destringit acinacen vulneratamque
ripam ad Araxis trahit, flumini tradit ut corpus etiam
auferretur: ipse praeceps Hiberos ad patrium regnum per- 30

6 redire *dett.*, *Nipperdey*   14 et *ante* parum *Andresen* : set *M*
(*dubia tamen litterae* t *forma*) : seu *vulgo*   15 perpellunt *Rhenanus* :
percellunt *M*   17 quanquam *M*   18 rebellaturos *Rhenanus* :
bellaturos *M*   30 Hiberos *secl. Heraeus*

vadit. interim Zenobiam (id mulieri nomen) placida in
eluvie spirantem ac vitae manifestam advertere pastores,
et dignitate formae haud degenerem reputantes obligant
vulnus, agrestia medicamina adhibent cognitoque nomine et
5 casu in urbem Artaxata ferunt; unde publica cura deducta
ad Tiridaten comiterque excepta cultu regio habita est.

    52. Fausto Sulla Salvio Othone consulibus Furius Scri-
bonianus in exilium agitur, quasi finem principis per Chaldaeos scrutaretur. adnectebatur crimini Vibia mater eius,
10 ut casus prioris (nam relegata erat) impatiens. pater Scribo-
niani Camillus arma per Dalmatiam moverat; idque ad
clementiam trahebat Caesar, quod stirpem hostilem iterum
conservaret. neque tamen exuli longa posthac vita fuit: morte
fortuita an per venenum extinctus esset, ut quisque credidit,
15 vulgavere. de mathematicis Italia pellendis factum senatus
consultum atrox et inritum. laudati dehinc oratione principis qui ob angustias familiaris ordine senatorio sponte
cederent, motique qui remanendo impudentiam paupertati
adicerent.

20   53. Inter quae refert ad patres de poena feminarum
quae servis coniungerentur; statuiturque ut ignaro domino
ad id prolapsae in servitute, sin consensisset, pro libertis
haberentur. Pallanti, quem repertorem eius relationis
ediderat Caesar, praetoria insignia et centies quinquagies
25 sestertium censuit consul designatus Barea Soranus.
additum a Scipione Cornelio grates publice agendas, quod
regibus Arcadiae ortus veterrimam nobilitatem usui publico
postponeret seque inter ministros principis haberi sineret.
adseveravit Claudius contentum honore Pallantem intra
30 priorem paupertatem subsistere. et fixum est *aere* publico

---

1 in eluvie *Madvig* : illuvie *M* : eluvie *Io. Fr. Gronovius*   9
Vibia *Gryphius* : vivia *M*   15 Italia] ita *M*   22 prolapsae
Heinsius : prolapsa *M*   30 aere *om. in lacuna supplevit in marg.*
manus recens

CORNELII TACITI

senatus consultum quo libertinus sestertii ter milies possessor antiquae parsimoniae laudibus cumulabatur.

54. At non frater eius, cognomento Felix, pari moderatione agebat, iam pridem Iudaeae impositus et cuncta
malefacta sibi impune ratus tanta potentia subnixo. sane 5
praebuerant Iudaei speciem motus orta seditione, postquam * * * cognita caede eius haud obtemperatum esset,
manebat metus ne quis principum eadem imperitaret.
atque interim Felix intempestivis remediis delicta accendebat, aemulo ad deterrima Ventidio *Cumano*, cui pars 10
provinciae habebatur, ita divisis ut huic Galilaeorum natio,
Felici Samaritae parerent, discordes olim et tum contemptu
regentium minus coercitis odiis. igitur raptare inter se,
immittere latronum globos, componere insidias et aliquando
proeliis congredi, spoliaque et praedas ad procuratores 15
referre. hique primo laetari, mox gliscente pernicie cum
arma militum interiecissent, caesi milites; arsissetque bello
provincia, ni Quadratus Syriae rector subvenisset. nec diu
adversus Iudaeos, qui in necem militum proruperant,
dubitatum quin capite poenas luerent: Cumanus et Felix 20
cunctationem adferebant, quia Claudius causis rebellionis
auditis ius statuendi etiam de procuratoribus dederat. sed
Quadratus Felicem inter iudices ostentavit, receptum in
tribunal, quo studia accusantium deterrerentur; damna-
tusque flagitiorum quae duo deliquerant Cumanus, et quies 25
provinciae reddita.

55. Nec multo post agrestium Cilicum nationes, quibus
Clitarum cognomentum, saepe et alias commotae, tunc
Troxobore duce montis asperos castris cepere atque inde

---

5 patientia *M* 7 *locum mutilum declaravit Acidalius : lacunam ex
Hist.* v. 9 *supplevit Haase,* postquam [a C. Caesare iussi erant effigiem
eius in templo locare ; et quamquam cognita c. 10 Ventidio
. . . cui *M*; Cumano *in margine supplevit recens manus* 11 divisae
Io. Fr. Gronovius. Nipperdey-Andresen 24 damnatosque . . .
cumanos *M* 29 Troxoboro *Haase* (*ut infra*)

decursu in litora aut urbes vim cultoribus et oppidanis ac
plerumque in mercatores et navicularios audebant. obses-
saque civitas Anemuriensis, et missi e Syria in subsidium
equites cum praefecto Curtio Severo turbantur, quod duri
5 circum loci peditibusque ad pugnam idonei equestre proelium haud patiebantur. dein rex eius orae Antiochus
blandimentis adversum plebem, fraude in ducem cum
barbarorum copias dissociasset, Troxobore paucisque
primoribus interfectis ceteros clementia composuit.

10 **56.** Sub idem tempus inter lacum Fucinum amnemque
Lirim perrupto monte, quo magnificentia operis a pluribus viseretur, lacu in ipso navale proelium adornatur, ut
quondam Augustus structo trans Tiberim stagno, sed levibus navigiis et minore copia ediderat. Claudius triremis
15 quadriremisque et undeviginti hominum milia armavit,
cincto ratibus ambitu, ne vaga effugia forent, ac tamen
spatium amplexus ad vim remigii, gubernantium artes,
impetus navium et proelio solita. in ratibus praetoriarum
cohortium manipuli turmaeque adstiterant, antepositis
20 propugnaculis ex quis catapultae ballistaeque tenderentur.
reliqua lacus classiarii tectis navibus obtinebant. ripas et
collis montiumque edita in modum theatri multitudo
innumera complevit, proximis e municipiis et alii urbe
ex ipsa, visendi cupidine aut officio in principem. ipse
25 insigni paludamento neque procul Agrippina chlamyde
aurata praesedere. pugnatum quamquam inter sontis
fortium virorum animo, ac post multum vulnerum occidioni exempti sunt.

57. Sed perfecto spectaculo apertum aquarum iter.
30 incuria operis manifesta fuit, haud satis depressi ad lacus

---

7 fraudĕ *M*   8 troxoboro *(erasa littera* t) *M*   13 trans
Urlichs: cis *M* : circa *Zumpt cum Suetonio Aug.* 43   14 centum
(c) triremes *Lipsius*   16 vaga] vacua *Heinsius*   22 montiumque *Heraeus*: montium *M* : ac montium *Puteolanus*   26 praesedere *Lipsius* : praesidere *M*

ima vel media. eoque tempore interiecto altius effossi specus, et contrahendae rursum multitudini gladiatorum spectaculum editur, inditis pontibus pedestrem ad pugnam. quin et convivium effluvio lacus adpositum magna formidine cunctos adfecit, quia vis aquarum prorumpens proxima 5 trahebat, convulsis ulterioribus aut fragore et sonitu exterritis. simul Agrippina trepidatione principis usa ministrum operis Narcissum incusat cupidinis ac praedarum. nec ille reticet, impotentiam muliebrem nimiasque spes eius arguens. 10

58. D. Iunio Q. Haterio consulibus sedecim annos natus Nero Octaviam Caesaris filiam in matrimonium accepit. utque studiis honestis *et* eloquentiae gloria enitesceret, causa Iliensium suscepta Romanum Troia demissum et Iuliae stirpis auctorem Aeneam aliaque haud procul fabulis 15 vetera facunde executus perpetrat, ut Ilienses omni publico munere solverentur. eodem oratore Bononiensi coloniae igni haustae subventum centies sestertii largitione. reddita Rhodiis libertas, adempta saepe aut firmata, prout bellis externis meruerant aut domi seditione deliquerant; tribu- 20 tumque Apamensibus terrae motu convulsis in quinquennium remissum.

59. At Claudius saevissima quaeque promere adigebatur eiusdem Agrippinae artibus, quae Statilium Taurum opibus inlustrem hortis eius inhians pervertit accusante Tarquitio 25 Prisco. legatus is Tauri Africam imperio proconsulari regentis, postquam revenerant, pauca repetundarum crimina, ceterum magicas superstitiones obiectabat. nec ille diutius falsum accusatorem, indignas sordis perpessus vim vitae suae attulit ante sententiam senatus. Tarquitius tamen 30

---

1 vel media *secl. Acidalius*   eo quo *M*   6 exterriti *M*   11 Haterio *Lipsius*: auterio *M*   13 et. *om. M*   16 vetera *Rhenanus*: vera *M*   18 reddita *Nipperdey*: redditur *M*   29 indignas sordes *Jacob*: indigna sortes *M*

curia exactus est; quod patres odio delatoris contra ambitum
Agrippinae pervicere.

60. Eodem anno saepius audita vox principis, parem
vim rerum habendam a procuratoribus suis iudicatarum
5 ac si ipse statuisset. ac ne fortuito prolapsus videretur,
senatus quoque consulto cautum plenius quam antea et
uberius. nam divus Augustus apud equestris qui Aegypto
praesiderent lege agi decretaque eorum proinde haberi
iusserat ac si magistratus Romani constituissent; mox alias
10 per provincias et in urbe pleraque concessa sunt quae olim
a praetoribus noscebantur: Claudius omne ius tradidit, de
quo toties seditione aut armis certatum, cum Semproniis
rogationibus equester ordo in possessione iudiciorum locaretur, aut rursum Serviliae leges senatui iudicia redderent,
15 Mariusque et Sulla olim de eo vel praecipue bellarent.
sed tunc ordinum diversa studia, et quae vicerant publice
valebant. C. Oppius et Cornelius Balbus primi Caesaris
opibus potuere condiciones pacis et arbitria belli tractare.
Matios posthac et Vedios et cetera equitum Romanorum
20 praevalida nomina referre nihil attinuerit, cum Claudius
libertos quos rei familiari praefecerat sibique et legibus
adaequaverit.

61. Rettulit dein de immunitate Cois tribuenda multaque
super antiquitate eorum memoravit: Argivos vel Coeum
25 Latonae parentem vetustissimos insulae cultores; mox
adventu Aesculapii artem medendi inlatam maximeque
inter posteros eius celebrem fuisse, nomina singulorum
referens et quibus quisque aetatibus viguissent. quin etiam
dixit Xenophontem, cuius scientia ipse uteretur, eadem
30 familia ortum, precibusque eius dandum ut omni tributo
vacui in posterum Coi sacram et tantum dei ministram

---

4 iudicatarum *Rhenanus* : iudicaturum *M*   7 equites R. *Baiter*
8 prode *M* : perinde *alii*   9 populi Romani *Nipperdey-Andresen*
14 *post* redderent *lacunam notavit Nipperdey-Andresen*   16 evi-
cerant *Heinsius*   24 Coeum *Mercerus* : cum *M*

insulam colerent. neque dubium habetur multa eorundem in populum Romanum merita sociasque victorias potuisse tradi : set Claudius facilitate solita quod uni concesserat nullis extrinsecus adiumentis velavit.

62. At Byzantii data dicendi copia, cum magnitudinem 5 onerum apud senatum deprecarentur, cuncta repetivere. orsi a foedere, quod nobiscum icerant, qua tempestate bellavimus adversus regem Macedonum, cui ut degeneri Pseudophilippi vocabulum impositum, missas posthac copias in Antiochum Persen Aristonicum et piratico 10 belio adiutum Antonium memorabant, quaeque Sullae aut Lucullo aut Pompeio obtulissent, mox recentia in Caesares merita, quando ea loca insiderent quae transmeantibus terra marique ducibus exercitibusque, simul vehendo commeatu opportuna forent. 15

63. Namque artissimo inter Europam Asiamque divortio Byzantium in extrema Europa posuere Graeci, quibus Pythium Apollinem consulentibus, ubi conderent urbem, redditum oraculum est, quaererent sedem caecorum terris adversam. ea ambage Chalcedonii monstrabantur, quod 20 priores illuc advecti, praevisa locorum utilitate, peiora legissent. quippe Byzantium fertili solo, fecundo mari, quia vis piscium immensa Pontum erumpens et obliquis subter undas saxis exterrita omisso alterius litoris flexu hos ad portus defertur. unde primo quaestuosi et opulenti ; post 25 magnitudine onerum urgente finem aut modum orabant, adnitente principe, qui Thraecio Bosporanoque bello recens fessos iuvandosque rettulit. ita tributa in quinquennium remissa.

---

1 habetur *Lipsius* : haberetur *M*   2 potuisse tradi set *Rhenanus* : potuisset tradidisset *M*   7 iecerant *M*   11 memorabant quae- que *Acidalius* : memorabantq; quae *M*   17 extrema Europa *Rhe- nanus* : extrema europae *M* : extremo Europae *Agricola*   19 caecorum *Rhenanus* : graecorum *M*   21 parum visa *Lipsius*   23 immensa *Ruperti* : in meta *M*

64. M. Asinio M'. Acilio consulibus mutationem rerum
in deterius portendi cognitum est crebris prodigiis. signa
ac tentoria militum igne caelesti arsere; fastigio Capitolii
examen apium insedit; biformis hominum partus et suis
5 fetum editum cui accipitrum ungues inessent. numeraba-
tur inter ostenta deminutus omnium magistratuum numerus,
quaestore, aedili, tribuno ac praetore et consule paucos
intra mensis defunctis. sed in praecipuo pavore Agrippina,
vocem Claudii, quam temulentus iecerat, fatale sibi ut
10 coniugum flagitia ferret, dein puniret, metuens, agere et
celerare statuit, perdita prius Domitia Lepida muliebribus
causis, quia Lepida minore Antonia genita, avunculo
Augusto, Agrippinae sobrina prior ac Gnaei mariti eius
soror, parem sibi claritudinem credebat. nec forma aetas
15 opes multum distabant; et utraque impudica, infamis,
violenta, haud minus vitiis aemulabantur quam si qua
ex fortuna prospera acceperant. enimvero certamen acerri-
mum, amita potius an mater apud Neronem praevaleret:
nam Lepida blandimentis ac largitionibus iuvenilem animum
20 devinciebat, truci contra ac minaci Agrippina, quae filio
dare imperium, tolerare imperitantem nequibat.

65. Ceterum obiecta sunt quod coniugem principis devotionibus petivisset quodque parum coercitis per Calabriam
servorum agminibus pacem Italiae turbaret. ob haec mors
25 indicta, multum adversante Narcisso, qui Agrippinam magis
magisque suspectans prompsisse inter proximos ferebatur
certam sibi perniciem, seu Britannicus rerum seu Nero
poteretur; verum ita de se meritum Caesarem, ut vitam
usui eius impenderet. convictam Messalinam et Silium;
30 pares iterum accusandi causas esse, si Nero imperitaret;

1 M. Asinio *Vertranius*: Masilinio *M*   M'. Acilio *Ernesti*: macilio
M   4 paratus *M*   5 ediditum *M*: editum esse creditum
Madvig   7 aelidi *M*: aedile *Ritter*   11 Domitia Lepida *Pichena*: domitiale *M*   12 qua *M*   13 prior] propior *Vertranius*
30 si Nero... successore *secl. Orelli*: pares... esse *et* Britannico
successore *secl. Nipperdey*

Britannico successore nullum principi metum : at novercae insidiis domum omnem convelli, maiore flagitio quam si impudicitiam prioris coniugis reticuisset. quamquam ne impudicitiam quidem nunc abesse Pallante adultero, ne quis ambigat decus pudorem corpus, cuncta regno viliora 5 habere. haec atque talia dictitans amplecti Britannicum, robur aetatis quam maturrimum precari, modo ad deos, modo ad ipsum tendere manus, adolesceret, patris inimicos depelleret, matris etiam interfectores ulcisceretur.

66. In tanta mole curarum valetudine adversa corripitur, 10 refovendisque viribus mollitia caeli et salubritate aquarum Sinuessam pergit. tum Agrippina, sceleris olim certa et oblatae occasionis propera nec ministrorum egens, de genere veneni consultavit, ne repentino et praecipiti facinus proderetur ; si lentum et tabidum delegisset, ne admotus 15 supremis Claudius et dolo intellecto ad amorem filii rediret. exquisitum aliquid placebat, quod turbaret mentem et mortem differret. deligitur artifex talium vocabulo Locusta, nuper veneficii damnata et diu inter instrumenta regni habita. eius mulieris ingenio paratum virus, cuius 20 minister e spadonibus fuit Halotus, inferre epulas et explorare gustu solitus.

67. Adeoque cuncta mox pernotuere ut temporum illorum scriptores prodiderint infusum delectabili boleto venenum, nec vim medicaminis statim intellectam, socor- 25 diane an Claudii vinolentia ; simul soluta alvus subvenisse videbatur. igitur exterrita Agrippina et, quando ultima timebantur, spreta praesentium invidia provisam iam sibi Xenophontis medici conscientiam adhibet. ille tamquam nisus evomentis adiuvaret, pinnam rapido veneno inlitam 30

---

1 metum *Ferrarius* : meritum *M. quod tuetur Nipperdey*   at *Muretus* : ad *obscurata* d *littera M*   6 haberi *Grotius*   24 bo leto *M* : cibo leto *M²* (*litterae* ci *evanido atramento*) : cibo boleto *Iac. Gronovius et vulgo*   25 socordiane an claudii vi. an *M*   30 adiuvare *M*

faucibus eius demisisse creditur, haud ignarus summa
scelera incipi cum periculo, peragi cum praemio.

68. Vocabatur interim senatus votaque pro incolumitate
principis consules et sacerdotes nuncupabant, cum iam
5 exanimis vestibus et fomentis obtegeretur, dum quae res
forent firmando Neronis imperio componuntur. iam
primum Agrippina, velut dolore victa et solacia conquirens,
tenere amplexu Britannicum, veram paterni oris effigiem
appellare ac variis artibus demorari ne cubiculo egrederetur.
10 Antoniam quoque et Octaviam sorores eius attinuit, et
cunctos aditus custodiis clauserat, crebroque vulgabat ire
in melius valetudinem principis, quo miles bona in spe
ageret tempusque prosperum ex monitis Chaldaeorum ad-
ventaret.

15 **69.** Tunc medio diei tertium ante Idus Octobris, foribus
palatii repente diductis, comitante Burro Nero egreditur
ad cohortem, quae more militiae excubiis adest. ibi monente praefecto faustis vocibus exceptus inditur lecticae.
dubitavisse quosdam ferunt, respectantis rogitantisque ubi
20 Britannicus esset: mox nullo in diversum auctore quae
offerebantur secuti sunt. inlatusque castris Nero et congruentia tempori praefatus, promisso donativo ad exemplum
paternae largitionis, imperator consalutatur. sententiam
militum secuta patrum consulta, nec dubitatum est apud
25 provincias. caelestesque honores Claudio decernuntur et
funeris sollemne perinde ac divo Augusto celebratur,
aemulante Agrippina proaviae Liviae magnificentiam.
testamentum tamen haud recitatum, ne antepositus filio
privignus iniuria et invidia animos vulgi turbaret.

5 dumque res forent M^1 : dumque re forent M : dum quae forent
Ernesti   7 evicta *Heinsius*   18 faustis *Ernesti* : festis M 23
consalutatur *Puteolanus* : consultatur M

LIBER XIII

1. PRIMA novo principatu mors Iunii Silani proconsulis Asiae ignaro Nerone per dolum Agrippinae paratur, non quia ingenii violentia exitium inritaverat, segnis et dominationibus aliis fastiditus, adeo ut G. Caesar pecudem auream eum appellare solitus sit : verum Agrippina fratri eius 5 L. Silano necem molita ultorem metuebat, crebra vulgi fama anteponendum esse vixdum pueritiam egresso Neroni et imperium per scelus adepto virum aetate composita, insontem, nobilem et, quod tunc spectaretur, e Caesarum posteris : quippe et Silanus divi Augusti abnepos erat. 10 haec causa necis. ministri fuere P. Celer eques Romanus et Helius libertus, rei familiari principis in Asia impositi. ab his proconsuli venenum inter epulas datum est apertius quam ut fallerent. nec minus properato Narcissus Claudii libertus, de cuius iurgiis adversus Agrippinam rettuli, aspera 15 custodia et necessitate extrema ad mortem agitur, invito principe, cuius abditis adhuc vitiis per avaritiam ac prodi- gentiam mire congruebat.

2. Ibaturque in caedes, nisi Afranius Burrus et Annaeus Seneca obviam issent. hi rectores imperatoriae iuventae et 20 (rarum in societate potentiae) concordes, diversa arte ex aequo pollebant, Burrus militaribus curis et severitate morum, Seneca praeceptis eloquentiae et comitate honesta, iuvantes in vicem, quo facilius lubricam principis aetatem, si virtutem aspernaretur, voluptatibus concessis retinerent. 25 certamen utrique unum erat contra ferociam Agrippinae, quae cunctis malae dominationis cupidinibus flagrans habebat in partibus Pallantem, quo auctore Claudius

3 exitium *Agricola* : exitum *M*   11 Celer *Lipsius* : celerius *M*
12 aelius *M*   familiaris *M*   inpositi *cum rasura M*[1] : inpositus *ut videtur M*   20 Ii *M*   21 rarum in societate potentiae *Boxhorn* : parum in societate potentia et *M*   23 comite *M*

nuptiis incestis et adoptione exitiosa semet perverterat.
sed neque Neroni infra servos ingenium, et Pallas tristi
adrogantia modum liberti egressus taedium sui moverat.
propalam tamen omnes in eam honores cumulabantur,
5 signumque more militiae petenti tribuno dedit Optimae
matris. decreti et a senatu duo lictores, flamonium Clau-
diale, simul Claudio censorium funus et mox consecratio.

3. Die funeris laudationem eius princeps exorsus est,
dum antiquitatem generis, consulatus ac triumphos maiorum
10 enumerabat, intentus ipse et ceteri; liberalium quoque
artium commemoratio et nihil regente eo triste rei publicae
ab externis accidisse pronis animis audita : postquam ad
providentiam sapientiamque flexit, nemo risui temperare,
quamquam oratio a Seneca composita multum cultus prae-
15 ferret, ut fuit illi viro ingenium amoenum et temporis
eius auribus accommodatum. adnotabant seniores, quibus
otiosum est vetera et praesentia contendere, primum ex iis
qui rerum potiti essent Neronem alienae facundiae eguisse.
nam dictator Caesar summis oratoribus aemulus; et
20 Augusto prompta ac profluens, quae deceret principem,
eloquentia fuit. Tiberius artem quoque callebat qua verba
expenderet, tum validus sensibus aut consulto ambiguus.
etiam G. Caesaris turbata mens vim dicendi non corrupit.
nec in Claudio, quoties meditata dissereret, elegantiam
25 requireres. Nero puerilibus statim annis vividum animum
in alia detorsit : caelare, pingere, cantus aut regimen
equorum exercere ; et aliquando carminibus pangendis
inesse sibi elementa doctrinae ostendebat.

4. Ceterum peractis tristitiae imitamentis curiam ingres-
30 sus et de auctoritate patrum et consensu militum praefatus,
consilia sibi et exempla capessendi egregie imperii memora-

3 sui M^1 : suae M 10 ceteris M 17 his M 20 augusta
M : augusti M^2 quaeque *Ernesti et vulgo*   24 dissereret *Puteola-*
nus : dissererentur M

269

vit, neque iuventam armis civilibus aut domesticis discordiis
imbutam ; nulla odia, nullas iniurias nec cupidinem ultionis
adferre. tum formam futuri principatus praescripsit, ea
maxime declinans quorum recens flagrabat invidia. non
enim se negotiorum omnium iudicem fore, ut clausis unam 5
intra domum accusatoribus et reis paucorum potentia
grassaretur ; nihil in penatibus suis venale aut ambitioni
pervium ; discretam domum et rem publicam. teneret
antiqua munia senatus, consulum tribunalibus Italia et
publicae provinciae adsisterent : illi patrum aditum prae- 10
berent, se mandatis exercitibus consulturum.

5. Nec defuit fides, multaque arbitrio senatus constituta
sunt : ne quis ad causam orandam mercede aut donis
emeretur, ne designatis quaestoribus edendi gladiatores
necessitas esset. quod quidem adversante Agrippina, tam- 15
quam acta Claudii subverterentur, obtinuere patres, qui
in Palatium ob id vocabantur ut adstaret additis a tergo
foribus velo discreta, quod visum arceret, auditus non
adimeret. quin et legatis Armeniorum causam gentis apud
Neronem orantibus escendere suggestum imperatoris et 20
praesidere simul parabat, nisi ceteris pavore defixis Seneca
admonuisset venienti matri occurreret. ita specie pietatis
obviam itum dedecori.

6. Fine anni turbidis rumoribus prorupisse rursum Parthos et rapi Armeniam adlatum est, pulso Radamisto, qui 25
saepe regni eius potitus, dein profugus, tum quoque bellum
deseruerat. igitur in urbe sermonum avida, quem ad
modum princeps vix septemdecim annos egressus suscipere
eam molem aut propulsare posset, quod subsidium in eo
qui a femina regeretur, num proelia quoque et obpugna- 30
tiones urbium et cetera belli per magistros administrari
possent, anquirebant. contra alii melius evenisse disserunt

---

2 inbuta *M*   14 quaestoribus *Ursinus* : quidem quaestoribus *M*
17 abditis *dett.* : obditis *Lipsius*   18 auditus *Lipsius* : aditus *M*

quam si invalidus senecta et ignavia Claudius militiae ad
labores vocaretur, servilibus iussis obtemperaturus. Burrum
tamen et Senecam multarum rerum experientia cognitos ;
et imperatori quantum ad robur deesse, cum octavo decimo
5 aetatis anno Cn. Pompeius, nono decimo Caesar Octavianus
civilia bella sustinuerint? pleraque in summa fortuna auspiciis et consiliis quam telis et manibus geri. daturum
plane documentum honestis an secus amicis uteretur, si
ducem amota invidia egregium quam si pecuniosum et
10 gratia subnixum per ambitum deligeret.

7. Haec atque talia vulgantibus, Nero et iuventutem
proximas per provincias quaesitam supplendis Orientis
legionibus admovere legionesque ipsas propius Armeniam
conlocari iubet, duosque veteres reges Agrippam et Antio-
15 chum expedire copias quis Parthorum finis ultro intrarent ;
simul pontis per amnem Euphraten iungi ; et minorem
Armeniam Aristobulo, regionem Sophenen Sohaemo cum
insignibus regiis mandat. exortusque in tempore aemulus
Vologesi filius Vardanes : et abscessere Armenia Parthi,
20 tamquam differrent bellum.

8. Sed apud senatum omnia in maius celebrata sunt
sententiis eorum qui supplicationes et diebus supplicationum
vestem principi triumphalem, utque ovans urbem iniret,
effigiemque eius pari magnitudine ac Martis Vltoris eodem
25 in templo censuere, praeter suetam adulationem laeti quod
Domitium Corbulonem retinendae Armeniae praeposuerat
videbaturque locus virtutibus patefactus. copiae Orientis ita
dividuntur, ut pars auxiliarium cum duabus legionibus apud
provinciam Syriam et legatum eius Quadratum Vmmidium
30 remaneret, par civium sociorumque numerus Corbuloni esset

13 regionibus *M*   admoveri *Pichena*   14 Antiochum *Lipsius* :
iochum *M*   16 iunlu *M* : iuncti *Wurm*   19 Vologesi *Agricola* :
vologeso *M*   Vardanes *ed. Froben* : vardanis *M*   24 effigiemque
Nipperdey : effigiesque *M*   29 umidium *M* (*cf.* 9 *infra*)   30 par
Puteolanus : pars *M*

additis cohortibus alisque quae *in* Cappadocia hiemabant.
socii reges prout bello conduceret parere iussi : sed studia
eorum in Corbulonem promptiora erant. qui ut *instaret*
famae, quae in novis coeptis validissima est, itinere propere
confecto apud Aegeas civitatem Ciliciae obvium Quadratum 5
habuit, illuc progressum, ne, si ad accipiendas copias Syriam
intravisset Corbulo, omnium ora in se verteret, corpore
ingens, verbis magnificis et super experientiam sapientiamque etiam specie inanium validus.

9. Ceterum uterque ad Vologesen regem nuntiis mone- 10
bant, pacem quam bellum mallet datisque obsidibus solitam
prioribus reverentiam in populum Romanum continuaret.
et Vologeses, quo bellum ex commodo pararet, an ut
aemulationis suspectos per nomen obsidum amoveret, tradit
nobilissimos ex familia Arsacidarum. accepitque eos cen- 15
turio Insteius ab Vmmidio missus, forte prior ea de causa
adito rege. quod postquam Corbuloni cognitum est, ire
praefectum cohortis Arrium Varum et reciperare obsides
iubet. hinc ortum inter praefectum et centurionem iurgium
ne diutius externis spectaculo esset, arbitrium rei obsidibus 20
legatisque, qui eos ducebant, permissum. atque illi recentem gloria et inclinatione quadam etiam hostium Corbulonem praetulere. unde discordia inter duces, querente
Vmmidio praerepta quae suis consiliis patravisset, testante
contra Corbulone non prius conversum regem ad offerendos 25
obsides quam ipse dux bello delectus spes eius ad metum
mutaret. Nero quo componeret diversos sic evulgari iussit :
ob res a Quadrato et Corbulone prospere gestas laurum

1 alisque quae *Rhenanus* : aliis quaeque *M*   in *add. Bekker*   3
instaret *hic addidit Haase, post* famae *Nipperdey*   5 Aegeas
Lipsius : egeas *M*   8 magnificus *dett.*   13 commodo *Muretus* :
quomodo *M*   16 prior ea *Muretus* : priore‖ *M*   21 recentem
gloria *M*[1] : recentem gloriam *M* : ob recentem gloriam *dett.*: per recentem gloriam *Weissenborn*   22 inclinatione *M*[1]: inclinationem
M : inclinationem quandam *dett.*   corbulone *M*   27 diversus *M*

tascibus imperatoriis addi.   quae in alios consules egressa
coniunxi.

10. Eodem anno Caesar effigiem Cn. Domitio patri et
consularia insignia Asconio Labeoni, quo tutore usus erat,
5 petivit a senatu ; sibique statuas argento vel auro solidas
adversus offerentis prohibuit. et quamquam censuissent
patres ut principium anni inciperet mense Decembri, quo
ortus erat Nero, veterem religionem kalendarum Ianuaria-
rum inchoando anno retinuit. neque recepti sunt inter
10 reos Carrinas Celer senator servo accusante aut Iulius
Densus equester, cui favor in Britannicum crimini dabatur.

11. Claudio Nerone L. Antistio consulibus cum in acta
principum iurarent magistratus, in sua acta collegam Antistium iurare prohibuit, magnis patrum laudibus, ut iuvenilis
15 animus levium quoque rerum gloria sublatus maiores continuaret. secutaque lenitas in Plautium Lateranum quem
ob adulterium Messalinae ordine demotum reddidit senatui,
clementiam suam obstringens crebris orationibus quas
Seneca, testificando quam honesta praeciperet vel iactandi
20 ingenii, voce principis vulgabat.

12. Ceterum infracta paulatim potentia matris delapso
Nerone in amorem libertatis, cui vocabulum Acte fuit, simul
adsumptis in conscientiam *M.* Othone et Claudio Senecione,
adulescentulis decoris, quorum Otho familia consulari,
25 Senecio liberto Caesaris patre genitus. ignara matre, dein
frustra obnitente, penitus inrepserat per luxum et ambigua
secreta, ne senioribus quidem principis amicis adversantibus,
muliercula nulla cuiusquam iniuria cupidines principis ex-
plente, quando uxore ab Octavia, nobili quidem et probi-
30 tatis spectatae, fato quodam an quia praevalent inlicita,

---

1 addi *Puteolanus* : addidit *M*   2 coniunxi *Rhenanus* : coniunxit *M*   17 demotum *corr. ex* remotum *M*   21 potentiam *M*
22 amore *M*   23 M. *add. Ritter*   30 facto *M*

abhorrebat, metuebaturque ne in stupra feminarum inlustrium prorumperet, si illa libidine prohiberetur.

13. Sed Agrippina libertam aemulam, nurum ancillam
aliaque eundem in modum muliebriter fremere, neque paenitentiam filii aut satietatem opperiri, quantoque foediora 5
exprobrabat, acrius accendere, donec vi amoris subactus
exueret obsequium in matrem seque Senecae permitteret,
ex cuius familiaribus Annaeus Serenus simulatione amoris
adversus eandem libertam primas adulescentis cupidines
velaverat praebueratque nomen, ut quae princeps furtim 10
mulierculae tribuebat, ille palam largiretur. tum Agrippina
versis artibus per blandimenta iuvenem adgredi, suum
potius cubiculum ac sinum offerre contegendis quae prima
aetas et summa fortuna expeterent : quin et fatebatur in-
tempestivam severitatem et suarum opum, quae haud procul 15
imperatoriis aberant, copias tradebat, ut nimia nuper coercendo filio, ita rursum intemperanter demissa. quae
mutatio neque Neronem fefellit, et proximi amicorum
metuebant orabantque cavere insidias mulieris semper
atrocis, tum et falsae. forte illis diebus Caesar inspecto 20
ornatu quo principum coniuges ac parentes effulserant,
deligit vestem et gemmas misitque donum matri nulla
parsimonia, cum praecipua et cupita aliis prior deferret.
sed Agrippina non his instrui cultus suos, sed ceteris arceri
proclamat et dividere filium quae cuncta ex ipsa haberet. 25

14. Nec defuere qui in deterius referrent. et Nero infensus iis quibus superbia muliebris innitebatur, demovet
Pallantem cura rerum quis a Claudio impositus velut arbitrium regni agebat ; ferebaturque degrediente eo magna pro-
sequentium multitudine non absurde dixisse, ire Pallantem 30
ut eiuraret. sane pepigerat Pallas ne cuius facti in prae-

6 accenderet *M*   7 seque Senecae *Muretus* : seque nece *M*
14 intempestatem *M*   20 atrocius . . . false *M*   28 arbitrum
ed. Spir.

teritum interrogaretur paresque rationes cum re publica
haberet. praeceps posthac Agrippina ruere ad terrorem et
minas, neque principis auribus abstinere quo minus testaretur adultum iam esse Britannicum, veram dignamque
5 stirpem suscipiendo patris imperio quod insitus et adoptivus
per iniurias matris exerceret. non abnuere se quin cuncta
infelicis domus mala patefierent, suae in primis nuptiae,
suum veneficium : id solum diis et sibi provisum quod
viveret privignus. ituram cum illo in castra ; audiretur
10 hinc Germanici filia, inde debilis rursus Burrus et exul
Seneca, trunca scilicet manu et professoria lingua generis
humani regimen expostulantes. simul intendere manus,
adgerere probra, consecratum Claudium, infernos Silanorum
manis invocare et tot inrita facinora.

15 **15.** Turbatus his Nero et propinquo die quo quartum
decimum aetatis annum Britannicus explebat, volutare
secum modo matris violentiam, modo ipsius indolem, levi
quidem experimento nuper cognitam, quo tamen favorem
late quaesivisset. festis Saturno diebus inter alia aequalium
20 ludicra regnum lusu sortientium evenerat ea sors Neroni.
igitur ceteris diversa nec ruborem adlatura : ubi Britannico
iussit exsurgeret progressusque in medium cantum aliquem
inciperet, inrisum ex eo sperans pueri sobrios quoque convictus, nedum temulentos ignorantis, ille constanter exorsus
25 est carmen, quo evolutum eum sede patria rebusque summis
significabatur. unde orta miseratio manifestior, quia dissimulationem nox et lascivia exemerat. Nero intellecta invidia odium intendit; urgentibusque Agrippinae minis,
quia nullum crimen neque iubere caedem fratris palam
30 audebat, occulta molitur pararique venenum iubet, ministro

---

10 inde debilis *Lipsius* : indebilis *M* : inde vilis *Agricola* rursus‖
burrus *M* : rursus *secl. Acidalius* 12 expostulantis *M* 17
levi quidem *Freinsheim* : ut quidam *M* 19 alia] alearia *Becher*
20 ludicā R̄. regnum *M* : R. *del. Puteolanus* : Romanum regnum *ed.*
Spir.

Pollione Iulio praetoriae cohortis tribuno, cuius cura attinebatur damnata veneficii nomine Locusta, multa scelerum
fama. nam ut proximus quisque Britannico neque fas
neque fidem pensi haberet olim provisum erat. primum
venenum ab ipsis educatoribus accepit tramisitque exoluta 5
alvo parum validum, sive temperamentum inerat ne statim
saeviret. sed Nero lenti sceleris impatiens minitari tribuno,
iubere supplicium veneficae, quod, dum rumorem respi-
ciunt, dum parant defensiones, securitatem morarentur.
promittentibus dein tam praecipitem necem quam si ferro 10
urgeretur, cubiculum Caesaris iuxta decoquitur virus cognitis antea venenis rapidum.

16. Mos habebatur principum liberos cum ceteris idem
aetatis nobilibus sedentis vesci in aspectu propinquorum
propria et parciore mensa. illic epulante Britannico, quia 15
cibos potusque eius delectus ex ministris gustu explorabat,
ne omitteretur institutum aut utriusque morte proderetur
scelus, talis dolus repertus est. innoxia adhuc ac praecalida
et libata gustu potio traditur Britannico; dein, postquam
fervore aspernabatur, frigida in aqua adfunditur venenum, 20
quod ita cunctos eius artus pervasit ut vox pariter et
spiritus raperentur. trepidatur a circumsedentibus, diffu-
giunt imprudentes : at quibus altior intellectus, resistunt
defixi et Neronem intuentes. ille ut erat reclinis et nescio
similis, solitum ita ait per comitialem morbum quo prima 25
ab infantia adflictaretur Britannicus, et redituros paulatim
visus sensusque. at Agrippinae is pavor, ea consternatio
mentis, quamvis vultu premeretur, emicuit ut perinde
ignaram fuisse atque Octaviam sororem Britannici consti-

9 securitatem *Puteolanus* : securitate *M*   11 urgerentur *M*
13 mos *M*[1] : mox *M*   16 cibos . . . explorabat *Danesius* : cibus
. . . ministris (*ultima littera in rasura*) explorabatur (explorabat *pr.
man., Orelli. haud scio an recte*) *M* : cibus delectus ex ministri gustu explorabatur *dett.*   17 omitteretur *Beroaldus* : omitteret *M*   22 spiritus eius *M*   25 prima *Agricola* : primum *M*   27 agrippina *M*
29 atque *add. Faernus secundum Harl. Jes.*

terit : quippe sibi supremum auxilium ereptum et parricidii
exemplum intellegebat. Octavia quoque, quamvis rudibus
annis, dolorem caritatem, omnis adfectus abscondere didi-
cerat. ita post breve silentium repetita convivii laetitia.

5 **17.** Nox eadem necem Britannici et rogum coniunxit,
proviso ante funebri paratu, qui modicus fuit. in campo
tamen Martis sepultus est adeo turbidis imbribus, ut vulgus
iram deum portendi crediderit adversus facinus cui plerique
etiam hominum ignoscebant, antiquas fratrum discordias et
10 insociabile regnum aestimantes. tradunt plerique eorum
temporum scriptores crebris ante exitium diebus illusum isse
pueritiae Britannici Neronem, ut iam non praematura neque
saeva mors videri queat, quamvis inter sacra mensae, ne
tempore quidem ad complexum sororum dato, ante oculos
15 inimici properata sit in illum supremum Claudiorum sanguinem, stupro prius quam veneno pollutum. festinationem
exequiarum edicto Caesar defendit, ita maioribus institutum
referens, subtrahere oculis acerba funera neque laudatio-
nibus aut pompa detinere. ceterum et sibi amisso fratris
20 auxilio reliquas spes in re publica sitas, et tanto magis
fovendum patribus populoque principem qui unus superesset
e familia summum ad fastigium genita.

18. Exim largitione potissimos amicorum auxit. nec
defuere qui arguerent viros gravitatem adseverantis, quod
25 domos villas id temporis quasi praedam divisissent. alii
necessitatem adhibitam credebant a principe sceleris sibi
conscio et veniam sperante, si largitionibus validissimum
quemque obstrinxisset. at matris ira nulla munificentia
leniri, sed amplecti Octaviam, crebra cum amicis secreta
30 habere, super ingenitam avaritiam undique pecunias quasi

---

8 protendi *M*   9 etiam] tamen *Heinsius*   11 isse *Lipsius* :
esse *M*   12 pueritia *M*   14 sorori *dett.*   17 ita maioribus
Halm : id a maioribus *M*¹ : id maioribus *M* : a maioribus *Ernesti* :
maioribus *Nipperdey*   26 sceleris *M*¹ : scelere *M*

in subsidium corripiens; tribunos et centuriones comiter
excipere, nomina et virtutes nobilium, qui etiam tum supererant, in honore habere, quasi quaereret ducem et partis.
cognitum id Neroni, excubiasque militaris, quae ut coniugi
imperatoris olim, tum ut matri servabantur, et Germanos 5
nuper eundem *in* honorem custodes additos degredi iubet.
ac ne coetu salutantium frequentaretur, separat domum
matremque transfert in eam quae Antoniae fuerat, quoties
ipse illuc ventitaret, saeptus turba centurionum et post
breve osculum digrediens. 10

19. Nihil rerum mortalium tam instabile ac fluxum est
quam fama potentiae non sua vi nixae. statim relictum
Agrippinae limen: nemo solari, nemo adire praeter paucas
feminas, amore an odio incertas. ex quibus erat Iunia
Silana, quam matrimonio C. Sili a Messalina depulsam 15
supra rettuli, insignis genere forma lascivia, et Agrippinae
diu percara, mox occultis inter eas offensionibus, quia
Sextium Africanum nobilem iuvenem a nuptiis Silanae
deterruerat Agrippina, impudicam et vergentem annis dictitans, non ut Africanum sibi seponeret, sed ne opibus et 20
orbitate Silanae maritus poteretur. illa spe ultionis oblata
parat accusatores ex clientibus suis, Iturium et Calvisium,
non vetera et saepius iam audita deferens, quod Britannici
mortem lugeret aut Octaviae iniurias evulgaret, sed destinavisse eam Rubellium Plautum, per maternam originem pari 25
ac Nero gradu a divo Augusto, ad res novas extollere con-
iugioque eius et imperio rem publicam rursus invadere.
haec Iturius et Calvisius Atimeto, Domitiae Neronis amitae

1 corripere *Lipsius*   5 imperatoris olim tum *Lipsius* : impera-
toris‖ solitum *M*   6 nuper eundem in *Bötticher* : super eundem *M*
degredi *Ernesti* : digredi *M*   8 proaviae (*vel* aviae) Antoniae
Nipperdey   12 nixae *Lipsius* : nixa *M*   14 incertum *G*   Iunia
Lipsius : Iulia *M*   21 spe ultionis *Lipsius* : speculationis *M* (*littera* c *in rasura*)   23 differens *M*   26 Neronem *Heinsius*   27
et imperio *Nipperdey* : etiam perio *M* : et iam imperio *Io. Fr. Gronovius. Halm*

liberto, aperiunt— qui laetus oblatis (quippe inter Agrippinam et Domitiam infensa aemulatio exercebatur) Paridem histrionem, libertum et ipsum Domitiae, impulit ire propere crimenque atrociter deferre.

5 **20.** Provecta nox erat et Neroni per vinolentiam trahebatur, cum ingreditur Paris, solitus alioquin id temporis luxus principis intendere, sed tunc compositus ad maestitiam, expositoque indicii ordine ita audientem exterret ut non tantum matrem Plautumque interficere, sed Burrum 10 etiam demovere praefectura destinaret tamquam Agrippinae gratia provectum et vicem reddentem. Fabius Rusticus auctor est scriptos esse ad Caecinam Tuscum codicillos, mandata ei praetoriarum cohortium cura, sed ope Senecae dignationem Burro retentam : Plinius et Cluvius nihil dubi- 15 tatum de fide praefecti referunt ; sane Fabius inclinat ad laudes Senecae, cuius amicitia floruit. nos consensum auctorum secuturi, quae diversa prodiderint sub nominibus ipsorum trademus. Nero trepidus et interficiendae matris avidus non prius differri potuit quam Burrus necem eius 20 promitteret, si facinoris coargueretur : sed cuicumque, nedum parenti defensionem tribuendam ; nec accusatores adesse, sed vocem unius ex inimica domo adferri : reputaret tenebras et vigilatam convivio noctem omniaque temeritati et inscitiae propiora.

25 **21.** Sic lenito principis metu et luce orta itur ad Agrippinam ut nosceret obiecta dissolveretque vel poenas lueret. Burrus iis mandatis Seneca coram fungebatur ; aderant et ex libertis arbitri sermonis. deinde a Burro, postquam crimina et auctores exposuit, minaciter actum. et Agrip- 30 pina ferociae memor 'non miror' inquit 'Silanam, num-

17 horum auctorum *Nipperdey-Andresen* quae *G* : qui *M* si qui '*fortasse*' *Walther probante Halmio* : si qui *Halm* 22 reputaret *Lipsius* : refutare *ex* refutaret *M* 26 pena *in* penas *m. vetere corr.* 29 actum est. Agrippina *Halm* : et *del. Rhenanus*

CORNELII TACITI

quam edito partu, matrum adfectus ignotos habere ; neque
enim proinde a parentibus liberi quam ab impudica adulteri
mutantur. nec si Iturius et Calvisius adesis omnibus fortunis novissimam suscipiendae accusationis operam anui
rependunt, ideo aut mihi infamia parricidii aut Caesari 5
conscientia subeunda est. nam Domitiae inimicitiis gratias
agerem, si benevolentia mecum in Neronem meum certaret:
nunc per concubinum Atimetum et histrionem Paridem
quasi scaenae fabulas componit. Baiarum suarum piscinas
extollebat, cum meis consiliis adoptio et proconsulare ius 10
et designatio consulatus et cetera apiscendo imperio praepararentur. aut existat qui cohortis in urbe temptatas, qui
provinciarum fidem labefactatam, denique servos vel libertos
ad scelus corruptos arguat. vivere ego Britannico potiente
rerum poteram? ac si Plautus aut quis alius rem publicam 15
iudicaturus obtinuerit, desunt scilicet mihi accusatores qui
non verba impatientia caritatis aliquando incauta, sed ea
crimina obiciant quibus nisi a filio absolvi non possim.'
commotis qui aderant ultroque spiritus eius mitigantibus,
conloquium filii exposcit, ubi nihil pro innocentia, quasi 20
diffideret, nec de beneficiis, quasi exprobraret, disseruit, sed
ultionem in delatores et praemia amicis obtinuit.

22. Praefectura annonae Faenio Rufo, cura ludorum, qui
a Caesare parabantur, Arruntio Stellae, Aegyptus Ti. Balbillo
permittuntur. Syria P. Anteio destinata, set variis mox arti- 25
bus elusus ad postremum in urbe retentus est. at Silana
in exilium acta ; Calvisius quoque et Iturius relegantur ; de
Atimeto supplicium sumptum, validiore apud libidines prin-

2 perinde *Puteolanus*   4 suscipiendam *M*   8 nunc ...
componit *post* praepararentur *transtulit Nipperdey*   concubinum *Puteolanus*: concubinam *M*   12 at *ed. Spir.*   21 de *addidit Acidalius*:
sed de *ex* pro *specie quadam zeugmatis supplendum esse Halmio videtur*
23 Faenio *Vertranius*: senio *M*   24 Ti. *Labus*: C. *M*: Claudio
Ritter   25 P. Anteio *Lipsius*: pantelo *M*   set *Heinsius*: et *M*

cıpis Paride quam ut poena adficeretur. Plautus ad praesens
silentio transmissus est.

23. Deferuntur dehinc consensisse Pallas ac Burrus ut
Cornelius Sulla claritudine generis et adfinitate Claudii, cui
5 per nuptias Antoniae gener erat, ad imperium vocaretur.
eius accusationis auctor extitit Paetus quidam, exercendis
apud aerarium sectionibus famosus et tum vanitatis manifestus. nec tam grata Pallantis ınnocentia quam gravis
superbia fuit : quippe nominatis libertis eius quos conscios
10 haberet respondit nihil umquam se domi nisi nutu aut manu
significasse, vel si plura demonstranda essent, scripto usum
ne vocem consociaret. Burrus quamvis reus inter iudices
sententiam dixit. exiliumque accusatori inrogatum et tabulae exustae sunt quibus oblitterata aerarii nomina retra-
15 hebat.

24. Fine anni statio cohortis adsidere ludis solita de-
movetur quo maior species libertatis esset, utque miles
theatrali licentiae non permixtus incorruptior ageret et
plebes daret experimentum an amotis custodibus modestiam
20 retineret. urbem princeps lustravit ex responso haruspicum,
quod Iovis ac Minervae aedes de caelo tactae erant.

25. Q. Volusio P. Scipione consulibus otium foris, foeda
domi lascivia, qua Nero itinera urbis et lupanaria et deverti-
cula veste servili in dissimulationem sui compositus per-
25 errabat, comitantibus qui raperent venditioni exposita et
obviis vulnera inferrent, adversus ignaros adeo ut ipse
quoque exciperet ictus et ore praeferret. deinde ubi
Caesarem esse qui grassaretur pernotuit augebanturque
iniuriae adversus viros feminasque insignis, et quidam per-
30 missa semel licentia sub nomine Neronis inulti propriis

4 cui *Rhenanus* : qui *M*   13 auxiliumque *M*   14 nomina
Io. Fr. Gronovius : monimenta *M*   retrahebant *M*   16 finé
annis *M*   17 et ut *Dräger* (nam que *post* ut *delevit ipsa fortasse
librarii manus*   20 ex] et *M*   25 venditioni *ed. Spir.* : venditionem *M* : ad *supra addidit manus recentior* : ad venditionem *dett.*

281   K

cum globis eadem exercebant, in modum captivitatis nox
agebatur; Iuliusque Montanus senatorii ordinis, sed qui
nondum honorem capessisset, congressus forte per tenebras
cum principe, quia vi attemptantem acriter reppulerat,
deinde adgnitum oraverat, quasi exprobrasset, mori adactus 5
est. Nero tamen metuentior in posterum milites sibi et
plerosque gladiatores circumdedit qui rixarum initia modica
et quasi privata sinerent: si a laesis validius ageretur, arma
inferebant. ludicram quoque licentiam et fautores histrionum velut in proelia convertit impunitate et praemiis atque 10
ipse occultus et plerumque coram prospectans, donec dis-
cordi populo et gravioris motus terrore non aliud remedium
repertum est quam ut histriones Italia pellerentur milesque
theatro rursum adsideret.

26. Per idem tempus actum in senatu de fraudibus liber- 15
torum efflagitatumque ut adversus male meritos revocandae
libertatis ius patronis daretur. nec deerant qui censerent.
sed consules relationem incipere non ausi ignaro principe,
perscripsere tamen consensum senatus. † ille an auctor
constitutionis fieret, ut inter paucos et sententiae adversos, 20
quibusdam coalitam libertate inreverentiam eo prorupisse
frementibus vine an aequo cum patronis iure agerent,
sententiam eorum consultarent ac verberibus manus ultro
intenderent, impulere vel poenam suam dissuadentes. †
quid enim aliud laeso patrono concessum quam ut centesi- 25
mum ultra lapidem in oram Campaniae libertum releget?

1 in *Iac. Gronovius* : T. *M*   2 Iuliusque *Orelli* : Iulius quē
(*perducta linea*) *M*   3 congressi *M*   4 vi attemptantem
Agricola : via‖ temptantem *M*   5 adagnitum *M*   6 tamen
Petersen : tū *vel* aū *M* : autem *alii*   19 ille an auctor . . . dissuadentes *locus corruptissimus* : *ipsius Medicei lectiones in textu collocavi*
20 *lacunam post* fieret *notavit Andresen*   ut] consultavit *Halm*
adversos] diversos *Lipsius*   22 ut *post* frementibus *suppl. edd.*
24 impulere] impune *Muretus* : impudenter *Roth*   dissuadentes]
ipsi suadentes *Madvig*   25 ut centesimum *Lipsius* : vicesimum *M*

ceteras actiones promiscas et pares esse: tribuendum
aliquod telum quod sperni nequeat. nec grave manu
missis per idem obsequium retinendi libertatem per quod
adsecuti sint: at criminum manifestos merito ad servitutem
5 retrahi, ut metu coerceantur quos beneficia non muta-
vissent.

27. Disserebatur contra: paucorum culpam ipsis exitio-
sam esse debere, nihil universorum iuri derogandum;
quippe late fusum id corpus. hinc plerumque tribus
10 decurias, ministeria magistratibus et sacerdotibus, cohortis
etiam in urbe conscriptas; et plurimis equitum, plerisque
senatoribus non aliunde originem trahi: si separarentur
libertini, manifestam fore penuriam ingenuorum. non
frustra maiores, cum dignitatem ordinum dividerent, liber-
15 tatem in communi posuisse. quin et manu mittendi duas
species institutas ut relinqueretur paenitentiae aut novo
beneficio locus. quos vindicta patronus non liberaverit,
velut vinclo servitutis attineri. dispiceret quisque merita
tardeque concederet quod datum non adimeretur. haec
20 sententia valuit, scripsitque Caesar senatui, privatim expenderent causam libertorum, quoties a patronis arguerentur:
in commune nihil derogarent. nec multo post ereptus
amitae libertus Paris quasi iure civili, non sine infamia
principis cuius iussu perpetratum ingenuitatis iudicium erat.
25 28. Manebat nihilo minus quaedam imago rei publicae.
nam inter Vibullium praetorem et plebei tribunum Antistium
ortum certamen, quod immodestos fautores histrionum et
a praetore in vincla ductos tribunus omitti iussisset.
comprobavere patres, incusata Antistii licentia. simul pro-
30 hibiti tribuni ius praetorum et consulum praeripere aut
vocare ex Italia cum quibus lege agi posset. addidit
L. Piso designatus consul, ne quid intra domum pro

1 promiscas *Puteolanus*: promissas *M*   20 scriptaque *M*   22
derogarent *Muretus*: derogent *M*

potestate adverterent, neve multam ab iis dictam quaestores
aerarii in publicas tabulas ante quattuor mensis referrent ;
medio temporis contra dicere liceret, deque eo consules
statuerent. cohibita artius et aedilium potestas statutumque
quantum curules, quantum plebei pignoris caperent vel 5
poenae inrogarent. et Helvidius Priscus tribunus plebei
adversus Obultronium Sabinum aerarii quaestorem conten-
tiones proprias exercuit, tamquam ius hastae adversus
inopes inclementer augeret. dein princeps curam tabularum
publicarum a quaestoribus ad praefectos transtulit.   10

29. Varie habita ac saepe mutata eius rei forma. nam
Augustus senatui permisit deligere praefectos ; deinde
ambitu suffragiorum suspecto, sorte ducebantur ex numero
praetorum qui praeessent. neque id diu mansit, quia sors
deerrabat ad parum idoneos. tunc Claudius quaestores 15
rursum imposuit iisque, ne metu offensionum segnius
consulerent, extra ordinem honores promisit : sed deerat
robur aetatis eum primum magistratum capessentibus.
igitur Nero praetura perfunctos et experientia probatos
delegit.   20

30. Damnatus isdem consulibus Vipsanius Laenas ob
Sardiniam provinciam avare habitam. absolutus Cestius
Proculus repetundarum, Cretensibus accusantibus. Clodius
Quirinalis, quod praefectus remigum, qui Ravennae haberentur, velut infimam nationum Italiam luxuria saevitiaque 25
adflictavisset, veneno damnationem anteiit. Caninius Rebilus, ex primoribus peritia legum et pecuniae magnitudine,
cruciatus aegrae senectae misso per venas sanguine effugit,
haud creditus sufficere ad constantiam sumendae mortis ob

1 his *M*   5 *fortasse melius* plebeii, *cf.* xi. 24   6 et *Io. Fr.
Gronovius* : eo *M*   11 mutata *ed. Spir.* : imitata *M* : immutata *dett.*
15 tum *Nipperdey*   19 praetura *Vertranius* : praefectura *M*   22
Cestius *Rhenanus* : cestus *M*   23 Cretensibus *Nipperdey* : cre-
dentibus *M*   26 Caninius Rebilus *Lipsius* : G. Aminius rebius *M*
28 emisso *Heinsius*

libidines muliebriter infamis. at L. Volusius egregia fama
concessit, cui tres et nonaginta anni spatium vivendi prae-
cipuaeque opes bonis artibus, inoffensa tot imperatorum
amicitia fuit.

5 **31.** Nerone iterum L. Pisone consulibus pauca memoria
digna evenere, nisi cui libeat laudandis fundamentis et
trabibus, quis molem amphitheatri apud campum Martis
Caesar extruxerat, volumina implere, cum ex dignitate
populi Romani repertum sit res inlustris annalibus, talia
10 diurnis urbis actis mandare. ceterum coloniae Capua
atque Nuceria additis veteranis firmatae sunt, plebeique
congiarium quadringeni nummi viritim dati, et sestertium
quadringenties aerario inlatum est ad retinendam populi
fidem. vectigal quoque quintae et vicesimae venalium
15 mancipiorum remissum, specie magis quam vi, quia cum
venditor pendere iuberetur, in partem pretii emptoribus
adcrescebat. et edixit Caesar, ne quis magistratus aut
procurator in provincia *quam* obtineret spectaculum gladiatorum aut ferarum aut quod aliud ludicrum ederet. nam
20 ante non minus tali largitione quam corripiendis pecuniis
subiectos adfligebant, dum quae libidine deliquerant ambitu
propugnant.

32. Factum et senatus consultum ultioni iuxta et securitati, ut si quis a suis servis interfectus esset, ii quoque
25 qui testamento manu missi sub eodem tecto mansissent
inter servos supplicia penderent. redditur ordini Lurius
Varus consularis, avaritiae criminibus olim perculsus. et
Pomponia Graecina insignis femina, *A.* Plautio, quem

4 amicitia *Lipsius*: malitia *M*: malitia fuerunt *Halm*   10 actis-
simā dare ceterae *M*   12 quadringeni *Lipsius*: quadrigeni *M*
17 et edixit *Andresen*: et dixit *M*: edixit *vulgo*   18 provincia
quam obtineret *Madvig*: provincia‖ obtineret *M*: qui provinciam obt.
Rhenanus   21 dum quae *Puteolanus*: dumque *M*   23 securitatis *M*   27 Varus *Nipperdey*: varius *M*   28 A. *add. Nipperdey*
Plautio *Lipsius*: platio *M*   quem ovasse de B. rettuli *Acidalius*:
qui ovans se de brittaniis (Britannis *dett.*) rettulit *M*

ovasse de Britannis rettuli, nupta ac superstitionis externae rea, mariti iudicio permissa; isque prisco instituto
propinquis coram de capite famaque coniugis cognovit et
insontem nuntiavit. longa huic Pomponiae aetas et continua tristitia fuit: nam post Iuliam Drusi filiam dolo 5
Messalinae interfectam per quadraginta annos non cultu
nisi lugubri, non animo nisi maesto egit; idque illi imperitante Claudio impune, mox ad gloriam vertit.

33. Idem annus pluris reos habuit, quorum P. Celerem
accusante Asia, quia absolvere nequibat Caesar, traxit, 10
senecta donec mortem obiret; nam Celer interfecto, ut
memoravi, Silano pro consule magnitudine sceleris cetera
flagitia obtegebat. Cossutianum Capitonem Cilices de-
tulerant maculosum foedumque et idem ius audaciae in
provincia ratum quod in urbe exercuerat; sed pervicaci 15
accusatione conflictatus postremo defensionem omisit ac
lege repetundarum damnatus est. pro Eprio Marcello,
a quo Lycii res repetebant, eo usque ambitus praevaluit
ut quidam accusatorum eius exilio multarentur, tamquam
insonti periculum fecissent. 20

34. Nerone tertium consule simul iniit consulatum
Valerius Messala, cuius proavum, oratorem Corvinum, divo
Augusto, abavo Neronis, collegam in eo magistratu fuisse
pauci iam senum meminerant. sed nobili familiae honor
auctus est oblatis in singulos annos quingenis sestertiis 25
quibus Messala paupertatem innoxiam sustentaret. Aurelio
quoque Cottae et Haterio Antonino annuam pecuniam
statuit princeps, quamvis per luxum avitas opes dissi-
passent.

Eius anni principio mollibus adhuc initiis prolatatum 30
inter Parthos Romanosque de obtinenda Armenia bellum

---

4 pronuntiavit *Muretus* huic] hinc *ed. Spir.* 18 licires
repetebat *M* : lycia res repetebat *Ritter* 21 iniit *ed. Spir.* : init *M*
27 Haterio *Lipsius* : atherio *M* 28 avitas *Lipsius* : habitas *M*

acriter sumitur, quia nec Vologeses sinebat fratrem Tiridaten
dati a se regni expertem esse aut alienae id potentiae
donum habere, et Corbulo dignum magnitudine populi
Romani rebatur parta olim a Lucullo Pompeioque recipere.
5 ad hoc Armenii ambigua fide utraque arma invitabant,
situ terrarum, similitudine morum Parthis propiores conu-
biisque permixti ac libertate ignota illuc magis ad servitium
inclinantes.

35. Sed Corbuloni plus molis adversus ignaviam militum
10 quam contra perfidiam hostium erat : quippe Syria trans-
motae legiones, pace longa segnes, munia castrorum
aegerrime tolerabant. satis constitit fuisse in eo exercitu
veteranos qui non stationem, non vigilias inissent, vallum
fossamque quasi nova et mira viserent, sine galeis, sine
15 loricis, nitidi et quaestuosi, militia per oppida expleta.
igitur dimissis quibus senectus aut valetudo adversa erat
supplementum petivit. et habiti per Galatiam Cappadociam-
que dilectus, adiectaque ex Germania legio cum equitibus
alariis et peditatu cohortium. retentusque omnis exercitus
20 sub pellibus, quamvis hieme saeva adeo ut obducta glacie
nisi effossa humus tentoriis locum non praeberet. ambusti
multorum artus vi frigoris et quidam inter excubias exani-
mati sunt. adnotatusque miles qui fascem lignorum gestabat
ita praeriguisse manus, ut oneri adhaerentes truncis brachiis
25 deciderent. ipse cultu levi, capite intecto, in agmine, in
laboribus frequens adesse, laudem strenuis, solacium invali-
dis, exemplum omnibus ostendere. dehinc quia duritia
caeli militiaeque multi abnuebant deserebantque, remedium
severitate quaesitum est. nec enim, ut in aliis exercitibus,
30 primum alterumque delictum venia prosequebatur, sed qui

---

1 resumitur *Heinsius*   7 illud *Lipsius* : illuc magis ut *Halm*
11 castrorum *Bötticher* : romanorum *M* : armorum *Freinsheim* : castrorum Romanorum *Nipperdey* : an ro: man*ipul*orum, *i. e.* Romanorum manipulorum ?   17 galitiam cappodiciamque *M*   27 duritiam *det*.

signa reliquerat, statim capite poenas luebat. idque usu
salubre et misericordia melius adparuit: quippe pauciores
illa castra deseruere quam ea in quibus ignoscebatur.

36. Interim Corbulo legionibus intra castra habitis, donec
ver adolesceret, dispositisque per idoneos locos cohortibus ᴊ
auxiliariis, ne pugnam priores auderent praedicit: curam
praesidiorum Paccio Orfito primi pili honore perfuncto
mandat. is quamquam incautos barbaros et bene gerendae
rei casum offerri scripserat, tenere se munimentis et maiores
copias opperiri iubetur. sed rupto imperio, postquam 10
paucae e proximis castellis turmae advenerant pugnamque
imperitia poscebant, congressus cum hoste funditur. et
damno eius exterriti qui subsidium ferre debuerant sua
quisque in castra trepida fuga rediere. quod graviter
Corbulo accepit increpitumque Paccium et praefectos mili- 15
tesque tendere extra vallum iussit; inque ea contumelia
detenti nec nisi precibus universi exercitus exoluti sunt.

37. At Tiridates super proprias clientelas ope Vologesi
fratris adiutus, non furtim iam sed palam bello infensare
Armeniam, quosque fidos nobis rebatur, depopulari, et si 20
copiae contra ducerentur, eludere hucque et illuc volitans
plura fama quam pugna exterrere. igitur Corbulo quaesito
diu proelio frustra habitus et exemplo hostium circum-
ferre bellum coactus, dispertit viris ut legati praefectique
diversos locos pariter invaderent; simul regem Antiochum 25
monet proximas sibi praefecturas petere. nam Pharasmanes
interfecto filio Radamisto quasi proditore, quo fidem in nos
testaretur vetus adversus Armenios odium promptius exercebat. tuncque primum inlecti Moschi, gens ante alias socia
Romanis, avia Armeniae incursavit. ita consilia Tiridati 30

6 auderent *Lipsius ex Vat.*: audirent *M*: adirent *dett.*   7 Paccio
Io. Fr. Gronovius: pactio *M* (*item l.* 15 pacium *correxit*   11
paucae *M²*: pauca *M*   18 clientalas *M*   Vologaesis *Nipperdey*
21 hucque *Lipsius*: hucquoque *M*   29 Moschi *Ritter*: Insochi *M*

in contrarium vertebant, mittebatque oratores qui suo
Parthorumque nomine expostularent cur datis nuper obsidibus redintegrataque amicitia, quae novis quoque beneficiis
locum aperiret, vetere Armeniae possessione depelleretur.
5 ideo nondum ipsum Vologesen commotum, quia causa
quam vi agere mallent : sin perstaretur in bello, non defore
Arsacidis virtutem fortunamque saepius iam clade Romana
expertam. ad ea Corbulo, satis comperto Vologesen defectione Hyrcaniae attineri, suadet Tiridati precibus Caesarem
10 adgredi : posse illi regnum stabile et res incruentas contingere, si omissa spe longinqua et sera praesentem potiorem-
que sequeretur.

38. Placitum dehinc, quia commeantibus in vicem nuntiis nihil in summam pacis proficiebatur, conloquio ipsorum
15 tempus locumque destinari. mille equitum praesidium
Tiridates adfore sibi dicebat : quantum Corbuloni cuiusque
generis militum adsisteret, non statuere, dum positis loricis
et galeis in faciem pacis veniretur. cuicumque mortalium,
nedum veteri et provido duci, barbarae astutiae patuissent :
20 ideo artum inde numerum finiri et hinc maiorem offerri ut
dolus pararetur ; nam equiti sagittarum usu exercito si
detecta corpora obicerentur, nihil profuturam multitudinem.
dissimulato tamen intellectu rectius de iis quae in publicum
consulerentur totis exercitibus coram dissertaturos respondit ;
25 locumque delegit cuius pars altera colles erant clementer
adsurgentes accipiendis peditum ordinibus, pars in planitiem porrigebatur ad explicandas equitum turmas. dieque
pacto prior Corbulo socias cohortis et auxilia regum pro
cornibus, medio sextam legionem constituit, cui accita per
30 noctem aliis ex castris tria milia tertianorum permiscuerat,
una cum aquila, quasi eadem legio spectaretur. Tiridates
vergente iam die procul adstitit, unde videri magis quam

---

5 vologesē (*at l.* 8 vologesen) *M*   14 summam *Faernus* : summa
M   20 offerri *Agricola* : afferri *M*

audiri posset. ita sine congressu dux Romanus abscedere militem sua quemque in castra iubet.

39. Rex sive fraudem suspectans, quia plura simul in loca ibatur, sive ut commeatus nostros Pontico mari et Tra- pezunte oppido adventantis interciperet, propere discedit. 5 sed neque commeatibus vim facere potuit, quia per montis ducebantur praesidiis nostris insessos, et Corbulo, ne inritum bellum traheretur utque Armenios ad sua defendenda cogeret, excindere parat castella, sibique quod validissimum in ea praefectura, cognomento Volandum, sumit ; minora Corne- 10 lio Flacco legato et Insteio Capitoni castrorum praefecto mandat. tum circumspectis munimentis et quae expu- gnationi idonea provisis, hortatur milites ut hostem vagum neque paci aut proelio paratum, sed perfidiam et ignaviam fuga confitentem exuerent sedibus gloriaeque pariter et 15 praedae consulerent. tum quadripertito exercitu hos in testudinem conglobatos subruendo vallo inducit, alios scalas moenibus admovere, multos tormentis faces et hastas in- cutere iubet. libritoribus funditoribusque attributus locus, unde eminus glandes torquerent, ne qua pars subsidium 20 laborantibus ferret pari undique motu. tantus inde ardor certantis exercitus fuit ut intra tertiam diei partem nudati propugnatoribus muri, obices portarum subversi, capta escensu munimenta omnesque puberes trucidati sint, nullo milite amisso, paucis admodum vulneratis. et imbelle vulgus 25 sub corona venundatum, reliqua praeda victoribus cessit. pari fortuna legatus ac praefectus usi sunt, tribusque una die castellis expugnatis cetera terrore et alia sponte incola- rum in deditionem veniebant. unde orta fiducia caput gentis Artaxata adgrediendi. nec tamen proximo itinere 30 ductae legiones, quae si amnem Araxen, qui moenia adluit, ponte transgrederentur, sub ictum dabantur : procul et latioribus vadis transiere.

40. At Tiridates pudore et metu, ne, si concessisset
obsidioni, nihil opis in ipso videretur, si prohiberet, impeditis
locis seque et equestris copias inligaret, statuit postremo
ostendere aciem et dato die proelium incipere vel simula-
5 tione fugae locum fraudi parare. igitur repente agmen
Romanum circumfundit, non ignaro duce nostro, qui viae
pariter et pugnae composuerat exercitum. latere dextro
tertia legio, sinistro sexta incedebat, mediis decimanorum
delectis ; recepta inter ordines impedimenta, et tergum
10 mille equites tuebantur, quibus iusserat ut instantibus comminus resisterent, refugos non sequerentur. in cornibus
pedes sagittarius et cetera manus equitum ibat, productiore
cornu sinistro per ima collium, ut, si hostis intravisset,
fronte simul et sinu exciperetur. adsultare ex diverso
15 Tiridates, non usque ad ictum teli, sed tum minitans, tum
specie trepidantis, si laxare ordines et diversos consectari
posset. ubi nihil temeritate solutum, nec amplius quam
decurio equitum audentius progressus et sagittis confixus
ceteros ad obsequium exemplo firmaverat, propinquis iam
20 tenebris abscessit.

41. Et Corbulo castra in loco metatus, an expeditis legionibus nocte Artaxata pergeret obsidioque circumdaret
agitavit, concessisse illuc Tiridaten ratus. dein postquam
exploratores attulere longinquum regis iter et Medi an
25 Albani peterentur incertum, lucem opperitur, praemissaque
levis armatura quae muros interim ambiret oppugnationem-
que eminus inciperet. sed oppidani portis sponte patefactis se suaque Romanis permisere, quod salutem ipsis
tulit : Artaxatis ignis immissus deletaque et solo aequata
30 sunt, quia nec teneri *poterant* sine valido praesidio ob

---

2 obsidio '*fortasse*' *Halm*   13 cornu sinistro *Agricola* : cornus
in sinistro *M* : cornu *secl. Halm*   15 ad ictum *Baiter* : addictum
M : ad iactum *M*[2]   25 praemissaque‖ levi *M* : praemissa levi
Heinsius   30 poterant *addidit Halm*

magnitudinem moenium, nec id nobis virium erat quod
firmando praesidio et capessendo bello divideretur, vel si
integra et incustodita relinquerentur, nulla in eo utilitas
aut gloria quod capta essent. adicitur miraculum velut
numine oblatum : nam cuncta Artaxatis tenus sole inlustria 5
fuere ; quod moenibus cingebatur ita repente atra nube
coopertum fulgoribusque discretum est ut quasi infensan-
tibus deis exitio tradi crederetur. ob haec consalutatus
imperator Nero, et senatus consulto supplicationes habitae,
statuaeque et arcus et continui consulatus principi, utque 10
inter festos referretur dies, quo patrata victoria, quo nuntiata, quo relatum de ea esset, aliaque in eandem formam
decernuntur, adeo modum egressa ut C. Cassius de ceteris
honoribus adsensus, si pro benignitate fortunae dis grates
agerentur, ne totum quidem annum supplicationibus suffi- 15
cere disseruerit, eoque oportere dividi sacros et negotiosos
dies, quis divina colerent et humana non impedirent.

42. Variis deinde casibus iactatus et multorum odia
meritus reus haud tamen sine invidia Senecae damnatur.
is fuit P. Suillius, imperitante Claudio terribilis ac venalis 20
et mutatione temporum non quantum inimici cuperent demissus quique se nocentem videri quam supplicem mallet.
eius opprimendi gratia repetitum credebatur senatus consultum poenaque Cinciae legis adversum eos qui pretio causas
oravissent. nec Suillius questu aut exprobratione abstinebat, 25
praeter ferociam animi extrema senecta liber et Senecam
increpans infensum amicis Claudii, sub quo iustissimum
exilium pertulisset. simul studiis inertibus et iuvenum
imperitiae suetum livere iis qui vividam et incorruptam
eloquentiam tuendis civibus exercerent. se quaestorem 30

---

5 Artaxatis tenus *Acidalius* : extra tectis actenus *M* : extra tectis
tenus *Lipsius* : extra tectis *secl. Nipperdey* : tectis actenus *secl. Ritter*
6 *post* ita *posuit* repente *Rhenanus* : *ante* moenibus *M* : repente. quod
Pfitzner　7 fulguribus *Puteolanus*　8 consalutatus *Rhenanus* :
consolatus *M*

Germanici, illum domus eius adulterum fuisse. an gravius
aestimandum sponte litigatoris praemium honestae operae
adsequi quam corrumpere cubicula principum feminarum?
qua sapientia, quibus philosophorum praeceptis intra quad-
5 riennium regiae amicitiae ter milies sestertium paravisset?
Romae testamenta et orbos velut indagine eius capi, Italiam
et provincias immenso faenore hauriri : at sibi labore quaesitam et modicam pecuniam esse. crimen, periculum, omnia
potius toleraturum, quam veterem ac domi partam digna-
10 tionem subitae felicitati submitteret.

43. Nec deerant qui haec isdem verbis aut versa in
deterius Senecae deferrent. repertique accusatores direptos
socios, cum Suillius provinciam Asiam regeret, ac publicae
pecuniae peculatum detulerunt. mox, quia inquisitionem
15 annuam impetraverant, brevius visum urbana crimina incipi, quorum obvii testes erant. ii acerbitate accusationis
Q. Pomponium ad necessitatem belli civilis detrusum,
Iuliam Drusi filiam Sabinamque Poppaeam ad mortem
actas et Valerium Asiaticum, Lusium Saturninum, Corne-
20 lium Lupum circumventos; iam equitum Romanorum
agmina damnata omnemque Claudii saevitiam Suillio ob-
iectabant. ille nihil ex his sponte susceptum, sed principi
paruisse defendebat, donec eam orationem Caesar cohibuit,
compertum sibi referens ex commentariis patris sui nullam
25 cuiusquam accusationem ab eo coactam. tum iussa Messalinae praetendi et labare defensio : cur enim neminem
alium delectum qui saevienti impudicae vocem praeberet?
puniendos rerum atrocium ministros, ubi pretia scelerum
adepti scelera ipsa aliis delegent. igitur adempta bonorum
30 parte (nam filio et nepti pars concedebatur eximebanturque

2 extimandum *M* 9 ac domi *Iac. Gronovius* : acdō *M* : ac diu
Pichena : agendo *Döderlein* : ac dicendo *Spengel* 10 submitteret
Lipsius : submittere *M* 15 urbana *Ernesti* : sub urbana *M* 26
protendi *M*

CORNELII TACITI

etiam quae testamento matris aut aviae acceperant) in
insulas Balearis pellitur, non in ipso discrimine, non post
damnationem fractus animo ; ferebaturque copiosa et molli
vita secretum illud toleravisse. filium eius Nerullinum
adgressis accusatoribus per invidiam patris et crimina 5
repetundarum intercessit princeps tamquam satis expleta
ultione.

44. Per idem tempus Octavius Sagitta plebei tribunus,
Pontiae mulieris nuptae amore vaecors, ingentibus donis
adulterium et mox ut omitteret maritum emercatur, suum 10
matrimonium promittens ac nuptias eius pactus. sed ubi
mulier vacua fuit, nectere moras, adversam patris volun-
tatem causari repertaque spe ditioris coniugis promissa
exuere. Octavius contra modo conqueri, modo minitari,
famam perditam, pecuniam exhaustam obtestans, denique 15
salutem, quae sola reliqua esset, arbitrio eius permittens.
ac postquam spernebatur, noctem unam ad solacium poscit,
qua delenitus modum in posterum adhiberet. statuitur
nox, et Pontia consciae ancillae custodiam cubiculi mandat.
ille uno cum liberto ferrum veste occultum infert. tum, ut 20
adsolet in amore et ira, iurgia preces, exprobratio satisfactio;
et pars tenebrarum libidini seposita ; ex qua quasi incensus
nihil metuentem ferro transverberat et adcurrentem ancillam
vulnere absterret cubiculoque prorumpit. postera die manifesta caedes, haud ambiguus percussor; quippe mansitasse 25
una convincebatur. sed libertus suum illud facinus profiteri,
se patroni iniurias ultum esse ; commoveratque quosdam
magnitudine exempli, donec ancilla ex vulnere refecta
verum aperuit. postulatusque apud consules a patre inter-
fectae, postquam tribunatu abierat, sententia patrum et lege 30
de sicariis condemnatur.

---

1 aviae *Freinsheim* : avia *M* : avi *dett.*   2 insulā *M*   18
in postremum *M*   22 libidini *Rhenanus* : libidine *M*   ex qua
quasi incensus *Halm* : et quastim census *M* : et quasi incensus *Iac.*
Gronovius : ex qua incensus *Bekker*   27 isse *Wölfflin*

294

45. Non minus insignis eo anno impudicitia magnorum rei publicae malorum initium fecit. erat in civitate Sabina Poppaea, T. Ollio patre genita, sed nomen avi materni sumpserat, inlustri memoria Poppaei Sabini, consulari et 5 triumphali decore praefulgentis; nam Ollium honoribus nondum functum amicitia Seiani pervertit. huic mulieri cuncta alia fuere praeter honestum animum. quippe mater eius, aetatis suae feminas pulchritudine supergressa, gloriam pariter et formam dederat; opes claritudini generis sufficie- 10 bant. sermo comis nec absurdum ingenium : modestiam praeferre et lascivia uti. rarus in publicum egressus, idque velata parte oris, ne satiaret aspectum, vel quia sic decebat. famae numquam pepercit, maritos et adulteros non distinguens; neque adfectui suo aut alieno obnoxia, unde 15 utilitas ostenderetur, illuc libidinem transferebat. igitur agentem eam in matrimonio Rufri Crispini equitis Romani, ex quo filium genuerat, Otho pellexit iuventa ac luxu et quia flagrantissimus in amicitia Neronis habebatur : nec mora quin adulterio matrimonium iungeretur.

20 **46.** Otho sive amore incautus laudare formam elegantiamque uxoris apud principem, sive ut accenderet ac, si eadem femina potirentur, id quoque vinculum potentiam ei adiceret. saepe auditus est consurgens e convivio Caesaris, se quidem ire ad illam, sibi concessam dictitans nobilitatem 25 pulchritudinem, vota omnium et gaudia felicium. his atque talibus inritamentis non longa cunctatio interponitur, sed accepto aditu Poppaea primum per blandimenta et artes valescere, imparem cupidini se et forma Neronis captam simulans; mox acri iam principis amore ad superbiam 30 vertens, si ultra unam alteramque noctem attineretur,

---

4 consulari et triumphali *Puteolanus* : consularis et triumphalis *M*
16 Crispini *Lipsius* : crispi‖ *M*   22 poterentur *alii*   ea diceret
M   24 se quidem *Weissenborn* : seq; *M* : se *dett.* : sese *Nipperdey*
sibi *Lipsius* : ubi *M*   28 cupidinis et *M* : cupidini et *M*

nuptam esse se dictitans nec posse matrimonium amittere, devinctam Othoni per genus vitae quod nemo adaequaret : illum animo et cultu magnificum ; ibi se summa fortuna digna visere : at Neronem, paelice ancilla et adsuetudine Actes devinctum, nihil e contubernio servili nisi abiectum 5 et sordidum traxisse. deicitur familiaritate sueta, post congressu et comitatu Otho, et ad postremum, ne in urbe aemulatus ageret, provinciae Lusitaniae praeficitur ; ubi usque ad civilia arma non ex priore infamia, sed integre sancteque egit, procax otii et potestatis temperantior. 10

47. Hactenus Nero flagitiis et sceleribus velamenta quaesivit. suspectabat maxime Cornelium Sullam, socors ingenium eius in contrarium trahens callidumque et simula-torem interpretando. quem metum Graptus ex libertis Caesaris, usu et senecta Tiberio abusque domum principum 15 edoctus, tali mendacio intendit. pons Mulvius in eo tempore celebris nocturnis inlecebris erat ; ventitabatque illuc Nero quo solutius urbem extra lasciviret. igitur regredienti per viam Flaminiam compositas insidias fatoque evitatas, quoniam diverso itinere Sallustianos in hortos remeaverit, 20 auctoremque eius doli Sullam ementitur, quia forte redeunti-bus ministris principis quidam per iuvenilem licentiam, quae tunc passim exercebatur, inanem metum fecerant. neque servorum quisquam neque clientium Sullae adgnitus, maximeque despecta et nullius ausi capax natura eius a 25 crimine abhorrebat : proinde tamen quasi convictus esset cedere patria et Massiliensium moenibus coerceri iubetur.

48. Isdem consulibus auditae Puteolanorum legationes quas diversas ordo plebs ad senatum miserant, illi vim

---

1 omittere *Agricola*   4 pelicē ancillā et adsuetudinē *M* : per pelicem ancillam et adsuetudinem *Weissenborn*   10 otio *Ritter*   15 abusque *Lipsius* : avo usque *M*   17 ventabatque *M*   19 Flaminiam *Puteolanus* : flammineam *M*   fato quievit‖ atas *M*   22 iuenalem (*rasura inter litteras* u *et* e) *M*   26 perinde *alii*   29 plebsque *manu recentiore*

multitudinis, hi magistratuum et primi cuiusque avaritiam
increpantes. eaque seditio ad saxa et minas ignium progressa ne caedem et arma proliceret, C. Cassius adhibendo
remedio delectus. quia severitatem eius non tolerabant,
5 precante ipso ad Scribonios fratres ea cura transfertur, data
cohorte praetoria cuius terrore et paucorum supplicio rediit
oppidanis concordia.

49. Non referrem vulgarissimum senatus consultum quo
civitati Syracusanorum egredi numerum edendis gladiato-
10 ribus finitum permittebatur, nisi Paetus Thrasea contra
dixisset praebuissetque materiem obtrectatoribus arguendae
sententiae. cur enim, si rem publicam egere libertate senatoria crederet, tam levia consectaretur? quin de bello aut
pace, de vectigalibus et legibus, quibusque aliis *res* Romana
15 contineretur, suaderet dissuaderetve? licere patribus, quoties
ius dicendae sententiae accepissent, quae vellent expromere
relationemque in ea postulare. an solum emendatione
dignum, ne Syracusis spectacula largius ederentur : cetera
per omnis imperii partis perinde egregia quam si non Nero
20 sed Thrasea regimen eorum teneret? quod si summa dissimulatione transmitterentur, quanto magis inanibus absti-
nendum? Thrasea contra, rationem poscentibus amicis,
non praesentium ignarum respondebat eius modi consulta
corrigere, sed patrum honori dare, ut manifestum fieret
25 magnarum rerum curam non dissimulaturos qui animum
etiam levissimis adverterent.

50. Eodem anno crebris populi flagitationibus immodestiam publicanorum arguentis dubitavit Nero an cuncta
vectigalia omitti iuberet idque pulcherrimum donum generi
30 mortalium daret. sed impetum eius, multum prius laudata

3 ne caedem *Nipperdey* : necem *M* : ne necem *Walther* 8 vulgarissimum *Haase* : vulgatissimum *M* 14 res *add. Lipsius*,
vis *Becher* 15 contineretur *Bud.* : continentur *M* : continetur
Lipsius suaderet dissuaderetve *Lipsius* : suadere dissuadereve *M*
27 inmodestia *M*

magnitudine animi, attinuere senatores, dissolutionem imperii docendo, si fructus quibus res publica sustineretur
deminuerentur : quippe sublatis portoriis sequens ut tributorum abolitio expostularetur. plerasque vectigalium socie-
tates a consulibus et tribunis plebei constitutas acri etiam 5
tum populi Romani libertate; reliqua mox ita provisa ut
ratio quaestuum et necessitas erogationum inter se congrueret. temperandas plane publicanorum cupidines, ne per
tot annos sine querela tolerata novis acerbitatibus ad
invidiam verterent. 10

51. Ergo edixit princeps ut leges cuiusque publici,
occultae ad id tempus, proscriberentur; omissas petitiones
non ultra annum resumerent; Romae praetor, per provincias
qui pro praetore aut consule essent iura adversus publicanos
extra ordinem redderent; militibus immunitas servaretur, 15
nisi in iis quae veno exercerent; aliaque admodum aequa
quae brevi servata dein frustra habita sunt. manet tamen
abolitio quadragesimae quinquagesimaeque et quae alia exactionibus inlicitis nomina publicani invenerant. temperata
apud transmarinas provincias frumenti subvectio, et ne 20
censibus negotiatorum naves adscriberentur tributumque pro
illis penderent constitutum.

52. Reos ex provincia Africa, qui proconsulare imperium illic habuerant, Sulpicium Camerinum et Pompeium
Silvanum absolvit Caesar, Camerinum adversus privatos et 25
paucos, saevitiae magis quam captarum pecuniarum crimina
obicientis : Silvanum magna vis accusatorum circumsteterat
poscebatque tempus evocandorum testium; reus ilico defendi postulabat, valuitque pecuniosa orbitate et senecta
quam ultra vitam eorum produxit quorum ambitu evaserat. 30

1 seniores *Lipsius*   5 plebei *Ritter* : plebis *M*   6 tum populi
R. *Muretus* : p. R. tum *M*   7 congrueret *Halm* : congruere *M* :
congruerent *dett.*   16 his *M*   18 quadragesimae *Puteolanus* :
quadringentesimae *M*   exactionibus *Rhenanus* : exauctionibus *M*
24 habuerant *Rhenanus* : habuerunt *M*   supplicium camelinum *M*
Pompeium *Lipsius* : pomponium *M*

53. Quietae ad id tempus res in Germania fuerant,
ingenio ducum, qui pervulgatis triumphi insignibus maius
ex eo decus sperabant si pacem continuavissent. Paulinus
Pompeius et L. Vetus ea tempestate exercitui praeerant.
5 ne tamen segnem militem attinerent, ille inchoatum ante
tres et sexaginta annos a Druso aggerem coercendo Rheno
absolvit, Vetus Mosellam atque *Ararim* facta inter utrumque
fossa conectere parabat, ut copiae per mare, dein Rhodano
et Arare subvectae per eam fossam, mox fluvio Mosella in
10 Rhenum, exim Oceanum decurrerent, sublatisque itineris
difficultatibus navigabilia inter se Occidentis Septentrionis-
que litora fierent. invidit operi Aelius Gracilis Belgicae
legatus, deterrendo Veterem ne legiones alienae provinciae
inferret studiaque Galliarum adfectaret, formidolosum id
15 imperatori dictitans, quo plerumque prohibentur conatus
honesti.

54. Ceterum continuo exercituum otio fama incessit
ereptum ius legatis ducendi in hostem. eoque Frisii
iuventutem saltibus aut paludibus, imbellem aetatem per
20 lacus admovere ripae agrosque vacuos et militum usui
sepositos insedere, auctore Verrito et Malorige, qui
nationem eam regebant in quantum Germani regnantur.
iamque fixerant domos, semina arvis intulerant utque
patrium solum exercebant, cum Dubius Avitus, accepta
25 a Paulino provincia, minitando vim Romanam nisi abscederent Frisii veteres in locos aut novam sedem a Caesare
impetrarent, perpulit Verritum et Malorigem preces suscipere. profectique Romam dum aliis curis intentum
Neronem opperiuntur, inter ea quae barbaris ostentantur
30 intravere Pompei theatrum, quo magnitudinem populi

2 pervulgatis *Puteolanus* : pervulgati|| *M*   7 Ararim *add. Puteola-*
nus   14 studiaque *Rhenanus* : in studiaque *M*   21 malorige
M² : maloric *M*   quia *M*   27 mallorigem *M*

viscrent. illic per otium (neque enim ludicris ignari oblectabantur) dum consessum caveae, discrimina ordinum, quis eques, ubi senatus percontantur, advertere quosdam cultu externo in sedibus senatorum ; et quinam forent rogitantes, postquam audiverant earum gentium 5 legatis id honoris datum quae virtute et amicitia Romana praecellerent, nullos mortalium armis aut fide ante Germanos esse exclamant degrediunturque et inter patres considunt. quod comiter a visentibus exceptum, quasi impetus antiqui et bona aemulatio. Nero civitate Romana 10 ambos donavit, Frisios decedere agris iussit. atque illis aspernantibus auxiliaris eques repente immissus necessitatem attulit, captis caesisve qui pervicacius restiterant.

55. Eosdem agros Ampsivarii occupavere, validior gens non modo sua copia, sed adiacentium populorum misera- 15 tione, quia pulsi a Chaucis et sedis inopes tutum exilium orabant. aderatque iis clarus per illas gentis et nobis quoque fidus nomine Boiocalus, vinctum se rebellione Cherusca iussu Arminii referens, mox Tiberio, Germanico ducibus stipendia meruisse, et quinquaginta annorum obse- 20 quio id quoque adiungere quod gentem suam dicioni nostrae subiceret. quo tantam partem campi iacere in quam pecora et armenta militum aliquando transmitterentur ? servarent sane receptus gregibus inter hominum famem, modo ne vastitatem et solitudinem mallent quam 25 amicos populos. Chamavorum quondam ea arva, mox Tubantum et post Vsiporum fuisse. sicuti caelum deis, ita terras generi mortalium datas ; quaeque vacuae eas publicas esse. solem inde suspiciens et cetera sidera vocans

6 legum‖ (um *in rasura*) id M   8 partes M   10 aemulatio *Rhenanus* : emulatione M   18 boiocalus M¹ : boicalus M   19 et Germanico *dett.*   20 et om. *dett.*   22 quo tantam *Lipsius* : quotam‖ M : quotam p. c. [iacere] *Nipperdey*   23 qua M   24 receptus . . . famem *Agricola* : receptos . . . famam M   29 suspiciens *Heinsius* : despiciens M

quasi coram interrogabat vellentne contueri inane solum :
potius mare superfunderent adversus terrarum ereptores.

56. Et commotus his Avitus : patienda meliorum imperia ; id dis quos implorarent placitum, ut arbitrium penes
5 Romanos maneret quid darent quid adimerent, neque
alios iudices quam se ipsos paterentur. haec in publicum
Ampsivariis respondit, ipsi Boiocalo ob memoriam amicitiae
daturum agros. quod ille ut proditionis pretium aspernatus
addidit 'deesse nobis terra in vitam, in qua moriamur, non
10 potest' : atque ita infensis utrimque animis discessum. illi
Bructeros, Tencteros, ulteriores etiam nationes socias bello
vocabant : Avitus scripto ad Curtilium Manciam superioris
exercitus legatum, ut Rhenum transgressus arma a tergo
ostenderet, ipse legiones in agrum Tencterum induxit,
15 excidium minitans ni causam suam dissociarent. igitur
absistentibus his pari metu exterriti Bructeri ; et ceteris
quoque aliena pericula deserentibus sola Ampsivariorum
gens retro ad Vsipos et Tubantes concessit. quorum terris
exacti cum Chattos, dein Cheruscos petissent, errore longo
20 hospites, egeni, hostes in alieno quod iuventutis erat caeduntur, imbellis aetas in praedam divisa est.

57. Eadem aestate inter Hermunduros Chattosque certatum magno proelio, dum flumen gignendo sale fecundum
et conterminum vi trahunt, super libidinem cuncta armis
25 agendi religione insita, eos maxime locos propinquare caelo
precesque mortalium a deis nusquam propius audiri. inde
indulgentia numinum illo in amne illisque silvis salem provenire, non ut alias apud gentis eluvie maris arescente unda,

---

1 velletne *M*   2 superfunderent *Rhenanus* : superfundere *M*
3 habitus *M*   4 id] ait *Lipsius* : ita *Wurm*   9 terra in vitam
Iac. Gronovius : terram vivam *M* : terra in qua vivamus *Agricola*
mori‖ amor *M*   14 Tencterum *Beroaldus* : tenerum *M*   16
absistentibus *Rhenanus* : asistentibus *M*   17 deserentibus *Rhenanus* :
defendentibus *M*   20 in a‖lio *M*   24 libidinem *Rhenanus* :
libidine *M*   27 salem *Puteolanus* : item *M*

CORNELII TACITI

sed super ardentem arborum struem fusa ex contrariis inter
se elementis, igne atque aquis, concretum. sed bellum
Hermunduris prosperum, Chattis exitiosius fuit, quia
victores diversam aciem Marti ac Mercurio sacravere, quo
voto equi viri, cuncta [victa] occidioni dantur. et minae 5
quidem hostiles in ipsos vertebant. sed civitas Vbiorum
socia nobis malo improviso adflicta est. nam ignes terra
editi villas arva vicos passim corripiebant ferebanturque in
ipsa conditae nuper coloniae moenia. neque extingui
poterant, non si imbres caderent, non fluvialibus aquis aut 10
quo alio humore, donec inopia remedii et ira cladis
agrestes quidam eminus saxa iacere, dein resistentibus
flammis propius suggressi ictu fustium aliisque verberibus
ut feras absterrebant : postremo tegmina corpori derepta
iniciunt, quanto magis profana et usu polluta, tanto magis 15
oppressura ignis.

58. Eodem anno Ruminalem arborem in comitio, quae
octingentos et triginta ante annos Remi Romulique infantiam texerat, mortuis ramalibus et arescente trunco de-
minutam prodigii loco habitum est, donec in novos fetus 20
revivesceret.

LIBER XIV

1. Gaio Vipstano C. Fonteio consulibus diu meditatum
scelus non ultra Nero distulit, vetustate imperii coalita
audacia et flagrantior in dies amore Poppaeae, quae sibi

1 ardentem *Rhenanus* : arentem *M*   2 alimentis *M*   concretum *Lipsius* : concreta *M*   5 victa *secl. Becher, om. Agricola* :
viva *Danesius*   6 ubiorum *Heinsius* : vibonum *M*   10 non
fluvialibus *Pichena* : non si fl. *M*   11 remedii *M¹* : remedio *M* :
remediorum *vulgo*   12 agrestis *M*   14 derepta *Agricola* :
direpta *M*   15 magis *secl Acidalius*   18 octingentos *Val.* :
septingentos *M*   triginta *Lipsius* : quadraginta *M*   21 re-
vivisceret *dett. Nipperdey*   22 Vipstano *Ursinus* : vipsano *M*
C. *add. Ritter*

302

matrimonium et discidium Octaviae incolumi Agrippina
haud sperans crebris criminationibus, aliquando per facetias
incusaret principem et pupillum vocaret, qui iussis alienis
obnoxius non modo imperii sed libertatis etiam indigeret.
5 cur enim differri nuptias suas? formam scilicet displicere et
triumphalis avos. an fecunditatem et verum animum? timeri
ne uxor saltem iniurias patrum, iram populi adversus superbiam avaritiamque matris aperiat. quod si nurum Agrippina
non nisi filio infestam ferre posset, redderetur ipsa Othonis
10 coniugio: ituram quoquo terrarum, ubi audiret potius contumelias imperatoris quam viseret periculis eius immixta.
haec atque talia lacrimis et arte adulterae penetrantia nemo
prohibebat, cupientibus cunctis infringi potentiam matris
et credente nullo usque ad caedem eius duratura filii
15 odia.
   2. Tradit Cluvius ardore retinendae Agrippinam potentiae eo usque provectam ut medio diei, cum id temporis
Nero per vinum et epulas incalesceret, offerret se saepius
temulento comptam et incesto paratam; iamque lasciva
20 oscula et praenuntias flagitii blanditias adnotantibus proximis, Senecam contra muliebris inlecebras subsidium a
femina petivisse, immissamque Acten libertam quae simul
suo periculo et infamia Neronis anxia deferret pervulgatum
esse incestum gloriante matre, nec toleraturos milites pro-
25 fani principis imperium. Fabius Rusticus non Agrippinae
sed Neroni cupitum id memorat eiusdemque libertae astu
disiectum. sed quae Cluvius eadem ceteri quoque auctores
prodidere, et fama huc inclinat, seu concepit animo tantum
immanitatis Agrippina, seu credibilior novae libidinis medi-
30 tatio in ea visa est quae puellaribus annis stuprum cum
Lepido spe dominationis admiserat, pari cupidine usque ad

3 incusare . . . vocare *Lipsius*   9 redderetur *Acidalius*: redditur *M*   18 offerre saepius *M*   20 flagitii *Rhenanus*:
flagitiis *M*   31 **M**. Lepido *Nipperdey*

libita Pallantis provoluta et exercita ad omne flagitium patrui nuptiis.

3. Igitur Nero vitare secretos eius congressus, absce-dentem in hortos aut Tusculanum vel Antiatem in agrum laudare quod otium capesseret. postremo, ubicumque 5 haberetur, praegravem ratus interficere constituit, hactenus consultans, veneno an ferro vel qua alia vi. placuitque primo venenum. sed inter epulas principis si daretur, re-ferri ad casum non poterat tali iam Britannici exitio; et ministros temptare arduum videbatur mulieris usu scelerum 10 adversus insidias intentae; atque ipsa praesumendo remedia munierat corpus. ferrum et caedes quonam modo occulta-retur nemo reperiebat; et ne quis illi tanto facinori delectus iussa sperneret metuebat. obtulit ingenium Anicetus liber-tus, classi apud Misenum praefectus et pueritiae Neronis 15 educator ac mutuis odiis Agrippinae invisus. ergo navem posse componi docet cuius pars ipso in mari per artem soluta effunderet ignaram: nihil tam capax fortuitorum quam mare; et si naufragio intercepta sit, quem adeo iniquum ut sceleri adsignet quod venti et fluctus delique- 20 rint? additurum principem defunctae templum et aras et cetera ostentandae pietati.

4. Placuit sollertia, tempore etiam iuta, quando Quin-quatruum festos dies apud Baias frequentabat. illuc matrem elicit, ferendas parentium iracundias et placandum animum 25 dictitans quo rumorem reconciliationis efficeret acciperet-que Agrippina facili feminarum credulitate ad gaudia. venientem dehinc obvius in litora (nam Antio adventabat) excepit manu et complexu ducitque Baulos. id villae nomen est quae promunturium Misenum inter et Baianum 30 lacum flexo mari adluitur. stabat inter alias navis ornatior,

---

tamquam id quoque honori matris daretur : quippe sueverat
triremi et classiariorum remigio vehi. ac tum invitata ad
epulas erat ut occultando facinori nox adhiberetur. satis
constitit extitisse proditorem et Agrippinam auditis insidiis,
5 an crederet ambiguam, gestamine sellae Baias pervectam.
ibi blandimentum sublevavit metum : comiter excepta
superque ipsum conlocata. iam pluribus sermonibus modo
familiaritate iuvenili Nero et rursus adductus, quasi seria
consociaret, tracto in longum convictu, prosequitur abeun-
10 tem, artius oculis et pectori haerens, sive explenda simulatione, seu periturae matris supremus aspectus quamvis
ferum animum retinebat.

5. Noctem sideribus inlustrem et placido mari quietam
quasi convincendum ad scelus dii praebuere. nec multum
15 erat progressa navis, duobus e numero familiarium Agrippinam comitantibus, ex quis Crepereius Gallus haud procul
gubernaculis adstabat, Acerronia super pedes cubitantis
reclinis paenitentiam filii et reciperatam matris gratiam per
gaudium memorabat, cum dato signo ruere tectum loci
20 multo plumbo grave, pressusque Crepereius et statim exanimatus est : Agrippina et Acerronia eminentibus lecti parietibus ac forte validioribus quam ut oneri cederent protectae
sunt. nec dissolutio navigii sequebatur, turbatis omnibus
et quod plerique ignari etiam conscios impediebant. visum
25 dehinc remigibus unum in latus inclinare atque ita navem
submergere : sed neque ipsis promptus in rem subitam con-
sensus, et alii contra nitentes dedere facultatem lenioris in
mare iactus. verum Acerronia, imprudentia dum se Agrippinam esse utque subveniretur matri principis clamitat,
30 contis et remis et quae fors obtulerat navalibus telis con-
ficitur : Agrippina silens eoque minus adgnita (unum tamen

1 matris *ed. Froben. et Lipsius* : matri *M*   5 Baias *Puteolanus* :
baulos *M*   6 blandimento *Agricola*   7 iam *Heinsius* : nam *M*
22 quam ut *Pichena* : quamvis *M*   31 agnita, unum . . . excepit :
nando, . . . vecta, . . . infertur *alii*

vulnus umero excepit) nando, deinde occursu lenunculorum
Lucrinum in lacum vecta villae suae infertur.

6. Illic reputans ideo se fallacibus litteris accitam et
honore praecipuo habitam, quodque litus iuxta non ventis
acta, non saxis impulsa navis summa sui parte veluti terrestre 5
machinamentum concidisset; observans etiam Acerroniae
necem, simul suum vulnus aspiciens, solum insidiarum
remedium esse, si non intellegerentur; misitque libertum
Agerinum qui nuntiaret filio benignitate deum et fortuna
eius evasisse gravem casum; orare ut quamvis periculo 10
matris exterritus visendi curam differret; sibi ad praesens
quiete opus. atque interim securitate simulata medicamina
vulneri et fomenta corpori adhibet; testamentum Acerroniae
requiri bonaque obsignari iubet, id tantum non per simulationem. 15

7. At Neroni nuntios patrati facinoris opperienti adfertur
evasisse ictu levi sauciam et hactenus adito discrimine ne
auctor dubitaretur. tum pavore exanimis et iam iamque
adfore obtestans vindictae properam, sive servitia armaret
vel militem accenderet, sive ad senatum et populum perva- 20
deret, naufragium et vulnus et interfectos amicos obiciendo:
quod contra subsidium sibi? nisi quid Burrus et Seneca;
quos expergens statim acciverat, incertum an et ante gnaros.
igitur longum utriusque silentium, ne inriti dissuaderent,
an eo descensum credebant *ut*, nisi praeveniretur Agrippina, 25
pereundum Neroni esset. post Seneca hactenus promptius
ut respiceret Burrum ac sciscitaretur an militi imperanda
caedes esset. ille praetorianos toti Caesarum domui obstrictos memoresque Germanici nihil adversus progeniem

8 sensit *post* esse *add. Bezzenberger*   17 discrimine ne auctor
dubitaretur *G* : discrimine auctor dubitaret‖ *M*   23 quos expergens
Pfitzner : expergens quos *M* : expergens *in* experiens *corr. post* incertum *transtulit Wölfflin* : *in* aperiens *corr. post* an *transtulit Nipperdey*
gnaros *in margine ed. Gryphianae* : ignaros *M* (*probante Nipperdey*)
25 ut *om. M*   27 ut *add. Döderlein*   acsiscitaretur *M*

eius atrox ausuros respondit: perpetraret Anicetus promissa.
qui nihil cunctatus poscit summam sceleris. ad eam vocem
Nero illo sibi die dari imperium auctoremque tanti muneris
libertum profitetur: iret propere duceretque promptissimos
5 ad iussa. ipse audito venisse missu Agrippinae nuntium
Agerinum, scaenam ultro criminis parat gladiumque, dum
mandata perfert, abicit inter pedes eius, tum quasi depre-
henso vincla inici iubet, ut exitium principis molitam matrem
et pudore deprehensi sceleris sponte mortem sumpsisse
10 confingeret.

8. Interim vulgato Agrippinae periculo, quasi casu evenisset, ut quisque acceperat, decurrere ad litus. hi molium
obiectus, hi proximas scaphas scandere; alii quantum corpus sinebat vadere in mare; quidam manus protendere;
15 questibus, votis, clamore diversa rogitantium aut incerta
respondentium omnis ora compleri; adfluere ingens multitudo cum luminibus, atque ubi incolumem esse pernotuit, ut
ad gratandum sese expedire, donec aspectu armati et mini-
tantis agminis disiecti sunt. Anicetus villam statione cir-
20 cumdat refractaque ianua obvios servorum abripit, donec ad
foris cubiculi veniret; cui pauci adstabant, ceteris terrore
inrumpentium exterritis. cubiculo modicum lumen inerat
et ancillarum una, magis ac magis anxia Agrippina quod
nemo a filio ac ne Agerinus quidem: aliam fore laetae rei
25 faciem; nunc solitudinem ac repentinos strepitus et extremi
mali indicia. abeunte dehinc ancilla 'tu quoque me deseris'
prolocuta respicit Anicetum trierarcho Herculeio et Obarito
centurione classiario comitatum: ac, si ad visendum venisset,
refotam nuntiaret, sin facinus patraturus, nihil se de filio
30 credere; non imperatum parricidium. circumsistunt lectum

2 cunctati *M*   3 illo sibi die *Rhenanus*: illos inbidie *M*   8
exitum *M*   15 votis *Rhenanus*: vocis *M*   17 ut *secl. Urlichs*
19 delecti *M*   20 retractaque *M*   24 laetae rei *Bezzenberger*:
lataeret *M*

307

percussores et prior trierarchus fusti caput eius adflixit. iam
in mortem centurioni ferrum destringenti protendens uterum
'ventrem feri' exclamavit multisque vulneribus confecta est.

9. Haec consensu produntur. aspexeritne matrem exanimem Nero et formam corporis eius laudaverit, sunt qui 5
tradiderint, sunt qui abnuant. cremata est nocte eadem con-
vivali lecto et exequiis vilibus ; neque, dum Nero rerum potiebatur, congesta aut clausa humus. mox domesticorum
cura levem tumulum accepit, viam Miseni propter et villam
Caesaris dictatoris quae subiectos sinus editissima prospectat. 10
accenso rogo libertus eius cognomento Mnester *se* ipse ferro
transegit, incertum caritate in patronam an metu exitii.
hunc sui finem multos ante annos crediderat Agrippina
contempseratque. nam consulenti super Nerone respon-
derunt Chaldaei fore ut imperaret matremque occideret; 15
atque illa 'occidat' inquit, 'dum imperet.'

10. Sed a Caesare perfecto demum scelere magnitudo
eius intellecta est. reliquo noctis modo per silentium
defixus, saepius pavore exsurgens et mentis inops lucem
opperiebatur tamquam exitium adlaturam. atque eum 20
auctore Burro prima centurionum tribunorumque adulatio
ad spem firmavit, prensantium manum gratantiumque quod
discrimen improvisum et matris facinus evasisset. amici
dehinc adire templa et coepto exemplo proxima Campaniae
municipia victimis et legationibus laetitiam testari : ipse 25
diversa simulatione maestus et quasi incolumitati suae
infensus ac morti parentis inlacrimans. quia tamen non, ut
hominum vultus, ita locorum facies mutantur, obversaba-
turque maris illius et litorum gravis aspectus (et erant qui
crederent sonitum tubae collibus circum editis planctusque 30

---

1 iam *Faernus* : nam *M*   2 morte *M* (in *supra M²*)   11 se
hic add. Nipperdey, post ipse *Ernesti*   22 prensantium *Ernesti* :
pressantium *M*   27 morti *Lipsius* : morte *M*

tumulo matris audiri), Neapolim concessit litterasque ad
senatum misit quarum summa erat repertum cum ferro
percussorem Agerinum, ex intimis Agrippinae libertis, et
luisse eam poenas conscientia quasi scelus paravisset.

5   11. Adiciebat crimina longius repetita, quod consortium
imperii iuraturasque in feminae verba praetorias cohortis
idemque dedecus senatus et populi speravisset, ac postquam
frustra habita sit, infensa militi patribusque et plebi dissua-
sisset donativum et congiarium periculaque viris inlustribus
10 struxisset. quanto suo labore perpetratum ne inrumperet
curiam, ne gentibus externis responsa daret. temporum
quoque Claudianorum obliqua insectatione cuncta eius
dominationis flagitia in matrem transtulit, publica fortuna
extinctam referens. namque et naufragium narrabat : quod
15 fortuitum fuisse quis adeo hebes inveniretur ut crederet?
aut a muliere naufraga missum cum telo unum qui cohortis
et classis imperatoris perfringeret ? ergo non iam Nero, cuius
immanitas omnium questus antibat, sed Seneca adverso
rumore erat quod oratione tali confessionem scripsisset.

20   12. Miro tamen certamine procerum decernuntur supplicationes apud omnia pulvinaria, utque Quinquatrus quibus
apertae insidiae essent ludis annuis celebrarentur ; aureum
Minervae simulacrum in curia et iuxta principis imago statuerentur ; dies natalis Agrippinae inter nefastos esset.
25 Thrasea Paetus silentio vel brevi adsensu priores adulationes
transmittere solitus exiit tum senatu ac sibi causam periculi
fecit, ceteris libertatis initium non praebuit. prodigia quoque
crebra et inrita intercessere : anguem enixa mulier et alia in
concubitu mariti fulmine exanimata ; iam sol repente obscu-

1 e *ante* tumulo *add. Orelli*   4 poenas *Nipperdey* : poenam *M*
quasi scelus *Halm* : quascelus *M*   5 adiciebat *M*   8 habita
Muretus : ablata *M*   10 struxisset *Ritter* : instruxisset *M*   12
obliqua *Agricola* : oblita *M*   15 fuisse *Rhenanus* : fuisset *M*
21 quinquatrus *Lipsius* : quinquatruus *M*   26 exiit tum senatu
Lipsius : exitium senatui *M*

ratus et tactae de caelo quattuordecim urbis regiones. quae
adeo sine cura deum eveniebant ut multos post annos Nero
imperium et scelera continuaverit. ceterum quo gravaret
invidiam matris eaque demota auctam lenitatem suam testi-
ficaretur, feminas inlustris Iuniam et Calpurniam, praetura 5
functos Valerium Capitonem et Licinium Gabolum sedibus
patriis reddidit, ab Agrippina olim pulsos. etiam Lolliae
Paulinae cineres reportari sepulcrumque extrui permisit;
quosque ipse nuper relegaverat, Iturium et Calvisium poena
exolvit. nam Silana fato functa erat, longinquo ab exilio 10
Tarentum regressa labante iam Agrippina, cuius inimicitiis
conciderat, vel mitigata.

13. Tamen cunctari in oppidis Campaniae, quonam modo
urbem ingrederetur, an obsequium senatus, an studia plebis
reperiret anxius : contra deterrimus quisque, quorum non 15
alia regia fecundior extitit, invisum Agrippinae nomen et
morte eius accensum populi favorem disserunt : iret intrepidus et venerationem sui coram experiretur ; simul praegredi
exposcunt. et promptiora quam promiserant inveniunt,
obvias tribus, festo cultu senatum, coniugum ac liberorum 20
agmina per sexum et aetatem disposita, extructos, qua incederet, spectaculorum gradus, quo modo triumphi visuntur.
hinc superbus ac publici servitii victor Capitolium adiit,
grates exolvit seque in omnis libidines effudit quas male
coercitas qualiscumque matris reverentia tardaverat.   25

14. Vetus illi cupido erat curriculo quadrigarum insistere
nec minus foedum studium cithara ludicrum in modum canere. concertare equis regium et antiquis ducibus factitatum
memorabat idque vatum laudibus celebre et deorum honori

---

1 tactas *M*   5 praetura *Vertranius* : praefectura *M*   9
Iturium *Rhenanus* : tyturium *M*   12 mitigata . Tamen *Halm* :
tamen mitigata *M* : tandem mitigata *Bekker*   13 At Nero cunctari
Baiter   20 senatu *M*   26 cupido *Lipsius* : copia *M* : cura
Puteolanus   28 concertare equis *Halm* : cum celaret (cenaret
M²) quis *M* : cum cenaret, quod is *Walther*   29 memorat *M*

datum. enimvero cantus Apollini sacros, talique ornatu ad-
stare non modo Graecis in urbibus sed Romana apud
templa numen praecipuum et praescium. nec iam sisti
poterat, cum Senecae ac Burro visum ne utraque pervinceret
5 alterum concedere. clausumque valle Vaticana spatium in
quo equos regeret haud promisco spectaculo : mox ultro
vocari populus Romanus laudibusque extollere, ut est vulgus
cupiens voluptatum et, si eodem princeps trahat, laetum.
ceterum evulgatus pudor non satietatem, ut rebantur, sed
10 incitamentum attulit. ratusque dedecus molliri, si pluris
foedasset, nobilium familiarum posteros egestate venalis in
scaenam deduxit; quos fato perfunctos ne nominatim tradam,
maioribus eorum tribuendum puto. nam et eius flagitium
est qui pecuniam ob delicta potius dedit quam ne delinque-
15 rent. notos quoque equites Romanos operas arenae pro-
mittere subegit donis ingentibus, nisi quod merces ab eo qui
iubere potest vim necessitatis adfert.

15. Ne tamen adhuc publico theatro dehonestaretur,
instituit ludos Iuvenalium vocabulo, in quos passim nomina
20 data. non nobilitas cuiquam, non aetas aut acti honores
impedimento, quo minus Graeci Latinive histrionis artem
exercerent usque ad gestus modosque haud virilis. quin et
feminae inlustres deformia meditari ; extructaque apud
nemus, quod navali stagno circumposuit Augustus, conventi-
25 cula et cauponae et posita veno inritamenta luxui. daban-
turque stipes quas boni necessitate, intemperantes gloria
consumerent. inde gliscere flagitia et infamia, nec ulla
moribus olim corruptis plus libidinum circumdedit quam
illa conluvies. vix artibus honestis pudor retinetur, nedum
30 inter certamina vitiorum pudicitia aut modestia aut quicquam
probi moris reservaretur. postremus ipse scaenam incedit,

---

3 numen *Rhenanus* : nomen *M*   19 Iuvenalium *Puteolanus* :
iuvenilium *M*   31 postremus *M*[1] : postremum *M et vulgo*
scenas *M*[1]

multa cura temptans citharam et praemeditans adsistentibus
phonascis. accesserat cohors militum, centuriones tribunique
et maerens Burrus ac laudans. tuncque primum conscripti
sunt equites Romani cognomento Augustianorum, aetate ac
robore conspicui et pars ingenio procaces, alii in spem 5
potentiae. ii dies ac noctes plausibus personare, formam
principis vocemque deum vocabulis appellantes ; quasi per
virtutem clari honoratique agere.

16. Ne tamen ludicrae tantum imperatoris artes notescerent, carminum quoque studium adfectavit, contractis quibus 10
aliqua pangendi facultas necdum insignis erat. hi cenati
considere simul et adlatos vel ibidem repertos versus
conectere atque ipsius verba quoquo modo prolata supplere,
quod species ipsa carminum docet, non impetu et instinctu
nec ore uno fluens. etiam sapientiae doctoribus tempus 15
impertiebat post epulas, utque contraria adseverantium
discordia frueretur. nec deerant qui ore vultuque tristi
inter oblectamenta regia spectari cuperent.

17. Sub idem tempus levi initio atrox caedes orta inter
colonos Nucerinos Pompeianosque gladiatorio spectaculo 20
quod Livineius Regulus, quem motum senatu rettuli, edebat.
quippe oppidana lascivia in vicem incessentes probra, dein
saxa, postremo ferrum sumpsere, validiore Pompeianorum
plebe, apud quos spectaculum edebatur. ergo deportati sunt
in urbem multi e Nucerinis trunco per vulnera corpore, ac 25
plerique liberorum aut parentum mortis deflebant. cuius
rei iudicium princeps senatui, senatus consulibus permisit.

2 phonascis *Muretus* : facies *M*   adcesserat *Lipsius* : absces-
serat *M*   4 cognomento *Puteolanus* : ‖cognomentum *M* : in cognomentum *Wurm*   Augustianorum *Nipperdey* : augusttanorum *M*
5 in spem *Acidalius* : in spe‖ *M* : spe *Muretus*   11 erat. hi
cenati *Halm* (erat hi *coni. Muretus*, cenati *Haase*) : aetatis nati *M* :
claritas. Hi *Nipperdey*   12 ablatos *M*   16 utque] ut *Rhenanus*
adseverantium *Puteolanus* : adseverant. tum *M*   17 discordia
frueretur *Bezzenberger* : discordiae‖ rueretur *M*   19 initio *Ernesti* :
intentio *M*   21 Livineius *Lipsius* : libidineius *M*, *item infra*   22
incessentes *Lipsius* : incessente *M*

et rursus re ad patres relata, prohibiti publice in decem
annos eius modi coetu Pompeiani collegiaque quae contra
leges instituerant dissoluta ; Livineius et qui alii seditionem
conciverant exilio multati sunt.

5 **18.** Motus senatu et Pedius Blaesus, accusantibus Cyre-
nensibus violatum ab eo thesaurum Aesculapii dilectumque
militarem pretio et ambitione corruptum. idem Cyrenenses
reum agebant Acilium Strabonem, praetoria potestate usum
et missum disceptatorem a Claudio agrorum, quos regis
10 Apionis quondam avitos et populo Romano cum regno
relictos proximus quisque possessor invaserant, diutinaque
licentia et iniuria quasi iure et aequo nitebantur. igitur
abiudicatis agris orta adversus iudicem invidia ; et senatus
ignota sibi esse mandata Claudii et consulendum principem
15 respondit. Nero probata Strabonis sententia se nihilo minus
subvenire sociis et usurpata concedere scripsit.

19. Sequuntur virorum inlustrium mortes, Domitii Afri
et M. Servilii, qui summis honoribus et multa eloquentia
viguerant, ille orando causas, Servilius diu foro, mox tradendis
20 rebus Romanis celebris et elegantia vitae quam clariorem
effecit, ut par ingenio, ita morum diversus.

20. Nerone quartum Cornelio Cosso consulibus quinquennale ludicrum Romae institutum est ad morem Graeci certa-
minis, varia fama, ut cuncta ferme nova. quippe erant qui
25 Gn. quoque Pompeium incusatum a senioribus ferrent quod
mansuram theatri sedem posuisset. nam antea subitariis
gradibus et scaena in tempus structa ludos edi solitos, vel
si vetustiora repetas, stantem populum spectavisse, ne, si
consideret theatro, dies totos ignavia continuaret. specta-
30 culorum quidem antiquitas servaretur, quoties praetores

---

10 avitos *Heinsius* : habitos *M*   15 Nero *Pichena* : ne *M*   16
rescripsit *Haase*   22 quartum *Puteolanus* : quarto *M*   28
ne si consideret *Agricola* : ne *post* continuaret *habet Med.* : ne, si
consideret. theatro *interpunxit Nipperdey*   30 praetores ederent
Lipsius : praetor sederet *M*

L·

ederent, nulla cuiquam civium necessitate certandi. ceterum
abolitos paulatim patrios mores funditus everti per accitam
lasciviam, ut quod usquam corrumpi et corrumpere queat in
urbe visatur, degeneretque studiis externis iuventus, gymnasia
et otia et turpis amores exercendo, principe et senatu auctori- 5
bus, qui non modo licentiam vitiis permiserint, sed vim
adhibeant *ut* proceres Romani specie orationum et carminum
scaena polluantur. quid superesse nisi ut corpora quoque
nudent et caestus adsumant easque pugnas pro militia et
armis meditentur ? an iustitiam auctum iri et decurias 10
equitum egregium iudicandi munus expleturos, si fractos
sonos et dulcedinem vocum perite audissent ? noctes quoque
dedecori adiectas ne quod tempus pudori relinquatur, sed
coetu promisco, quod perditissimus quisque per diem con-
cupiverit, per tenebras audeat. 15

21. Pluribus ipsa licentia placebat, ac tamen honesta
nomina praetendebant. maiores quoque non abhorruisse
spectaculorum oblectamentis pro fortuna quae tum erat,
eoque a Tuscis accitos histriones, a Thuriis equorum certamina ; et possessa Achaia Asiaque ludos curatius editos, nec 20
quemquam Romae honesto loco ortum ad theatralis artes
degeneravisse, ducentis iam annis a L. Mummii triumpho
qui primus id genus spectaculi in urbe praebuerit. sed et
consultum parsimoniae quod perpetua sedes theatro locata
sit potius quam immenso sumptu singulos per annos con- 25
surgeret ac destrueretur. nec perinde magistratus rem
familiarem exhausturos aut populo efflagitandi Graeca certamina *a* magistratibus causam fore, cum eo sumptu res publica fungatur. oratorum ac vatum victorias incitamentum
ingeniis adlaturas ; nec cuiquam iudici grave auris studiis 30

---

7 ut *add. Acidalius* 8 quis *M* 10 iustitiam auctum iri
Madvig: ius titia ||augurii *M* 11 egregius *Madvig* melius *ante*
expleturos *add. Prammer* expleturas *Seyffert* 26 destrueretur
Nodell ex libro quodam : strueretur *M* 28 a *add. Rhenanus*

honestis et voluptatibus concessis impertire. laetitiae magis
quam lasciviae dari paucas totius quinquennii noctes, quibus
tanta luce ignium nihil inlicitum occultari queat. sane nullo
insigni dehonestamento id spectaculum transiit; ac ne
5 modica quidem studia plebis exarsere, quia redditi quamquam
scaenae pantomimi certaminibus sacris prohibebantur.
eloquentiae primas nemo tulit, sed victorem esse Caesarem
pronuntiatum. Graeci amictus quis per eos dies plerique
incesserant tum exoleverunt.

10 **22.** Inter quae sidus cometes effulsit; de quo vulgi opinio
est tamquam mutationem regis portendat. igitur quasi iam
depulso Nerone, quisnam deligeretur anquirebant; et om·
nium ore Rubellius Plautus celebratur, cui nobilitas per
matrem ex Iulia familia. ipse placita maiorum colebat,
15 habitu severo, casta et secreta domo, quantoque metu
occultior, tanto plus famae adeptus. auxit rumorem pari
vanitate orta interpretatio fulguris. nam quia discumbentis
Neronis apud Simbruina stagna *in villa* cui Sublaqueum
nomen est ictae dapes mensaque disiecta erat idque finibus
20 Tiburtum acciderat, unde paterna Plauto origo, hunc illum
numine deum destinari credebant, fovebantque multi quibus
nova et ancipitia praecolere avida et plerumque fallax
ambitio est. ergo permotus his Nero componit ad Plautum
litteras, consuleret quieti urbis seque prava diffamantibus
25 subtraheret: esse illi per Asiam avitos agros in quibus tuta
et inturbida iuventa frueretur. ita illuc cum coniuge Antistia
et paucis familiarium concessit.

Isdem diebus nimia luxus cupido infamiam et periculum
Neroni tulit, quia fontem aquae Marciae ad urbem deductae

2 totius *Lipsius*: potius *M*   4 transiit *Lipsius*: transit *M*   8
quis *Groslotius*: quo *M*   9 exoleverunt *Heinsius*: exoleverant *M*
10 interque sidus *M*[1]: interque et sidus *M et vulgo*   11 regnis
Bentley   17 interra. et atio *M*   18 in villa *add. Bezzenberger*
cui Sublaqueum nomen est *secl. Ritter*   24 quieti urbis *Pichena*:
qui e turbis *M*   29 Neroni *Puteolanus*: neronis *M*   Marciae
Puteolanus: margio *M*

nando incesserat ; videbaturque potus sacros et caerimoniam
loci corpore loto polluisse. secutaque anceps valetudo iram
deum adfirmavit.

23. At Corbulo post deleta Artaxata utendum recenti
terrore ratus ad occupanda Tigranocerta, quibus excisis 5
metum hostium intenderet vel, si pepercisset, clementiae
famam adipisceretur, illuc pergit, non infenso exercitu ne
spem veniae auferret, neque tamen remissa cura, gnarus
facilem mutatu gentem, ut segnem ad pericula ita infidam
ad occasiones. barbari, pro ingenio quisque, alii preces 10
offerre, quidam deserere vicos et in avia digredi ; ac fuere
qui se speluncis et carissima secum abderent. igitur dux
Romanus diversis artibus, misericordia adversum supplices,
celeritate adversus profugos, immitis iis qui latebras insederant
ora et exitus specuum sarmentis virgultisque completos igni 15
exurit. atque illum finis suos praegredientem incursavere
Mardi, latrociniis exerciti contraque inrumpentem montibus
defensi ; quos Corbulo immissis Hiberis vastavit hostilemque
audaciam externo sanguine ultus est.

24. Ipse exercitusque ut nullis ex proelio damnis ita 20
per inopiam et labores fatiscebant, carne pecudum propulsare famem adacti ; ad hoc penuria aquae, fervida aestas,
longinqua itinera sola ducis patientia mitigabantur, eadem
pluraque gregario milite tolerantis. ventum dehinc in locos
cultos demessaeque segetes, et ex duobus castellis in quae 25
confugerant Armenii alterum impetu captum ; qui primam
vim depulerant, obsidione coguntur. unde in regionem
Tauraunitium transgressus improvisum periculum vitavit.
nam haud procul tentorio eius non ignobilis barbarus cum
telo repertus ordinem insidiarum seque auctorem et socios 30
per tormenta edidit, convictique et puniti sunt qui specie

2 loto *Lipsius* : toto *M*   6 intendere *M*   11 afferre *Nipperdey-
Andresen*   13 adversus *vulgo*   24 pluraque *Jacob* : plura quam
M   tolerantis *Ernesti* : toleranti *M*

amicitiae dolum parabant. nec multo post legati Tigranocerta missi patere moenia adferunt, intentos popularis ad
iussa : simul hospitale donum, coronam auream, tradebant.
accepitque cum honore, nec quicquam urbi detractum quo
5 promptius obsequium integri retinerent.

25. At praesidium Legerda quod ferox iuventus clauserat
non sine certamine expugnatum est : nam et proelium pro
muris ausi erant et pulsi intra munimenta aggeri demum
et inrumpentium armis cessere. quae facilius proveniebant,
10 quia Parthi Hyrcano bello distinebantur. miserantque Hyrcani ad principem Romanum societatem oratum, attineri
a se Vologesen pro pignore amicitiae ostentantes. eos
regredientis Corbulo, ne Euphraten transgressi hostium
custodiis circumvenirentur, dato praesidio ad litora maris
15 rubri deduxit, unde vitatis Parthorum finibus patrias in
sedes remeavere.

26. Quin et Tiridaten per Medos extrema Armeniae
intrantem praemisso cum auxiliis Verulano legato atque
ipse legionibus citis abire procul ac spem belli amittere
20 subegit ; quosque nobis aversos animis cognoverat, caedibus
et incendiis perpopulatus possessionem Armeniae usurpabat,
cum advenit Tigranes a Nerone ad capessendum imperium
delectus, Cappadocum ex nobilitate, regis Archelai nepos,
sed quod diu obses apud urbem fuerat, usque ad servilem
25 patientiam demissus. nec consensu acceptus, durante apud
quosdam favore Arsacidarum : at plerique superbiam Parthorum perosi datum a Romanis regem malebant. additum
et praesidium mille legionarii, tres sociorum cohortes duae-

---

6 Legerda *Bezzenberger* : legerat *M*   8 aggeri *Bötticher* : aggeris
M : aggeribus *Ryck*   12 vologese . . . ostentante *M*   17 quin
et] quieti *Madvig*   19 omittere *Agricola*   20 aversos animis
Bekker : ab re (rege *M*¹ *ut videtur*) ani||nis *M* : alienos animis *Agri-
cola* : adversantis *Nipperdey*   23 pronepos *Nipperdey*   25 nec
Puteolanus : ne *M*   26 plerisque superbia *M*   28 et] ei
Heinsius

CORNELII TACITI

que equitum alae, et quo facilius novum regnum tueretur,
pars Armeniae, ut cuique finitima, Pharasmani Polemonique
et Aristobulo atque Antiocho parere iussae sunt. Corbulo
in Syriam abscessit, morte Vmmidii legati vacuam ac sibi
permissam. 5

27. Eodem anno ex inlustribus Asiae urbibus Laodicea
tremore terrae prolapsa nullo *a* nobis remedio propriis
opibus revaluit. at in Italia vetus oppidum Puteoli ius
coloniae et cognomentum a Nerone apiscuntur. veterani
Tarentum et Antium adscripti non tamen infrequentiae 10
locorum subvenere, dilapsis pluribus in provincias in quibus
stipendia expleverant; neque coniugiis suscipiendis neque
alendis liberis sueti orbas sine posteris domos relinquebant.
non enim, ut olim, universae legiones deducebantur cum
tribunis et centurionibus et sui cuiusque ordinis militibus ut 15
consensu et caritate rem publicam efficerent, sed ignoti
inter se, diversis manipulis, sine rectore, sine adfectibus
mutuis, quasi ex alio genere mortalium repente in unum
collecti, numerus magis quam colonia.

28. Comitia praetorum arbitrio senatus haberi solita, 20
quod acriore ambitu exarserant, princeps composuit, tres
qui supra numerum petebant legioni praeficiendo. auxitque patrum honorem statuendo ut, qui a privatis iudicibus
ad senatum provocavissent, eiusdem pecuniae periculum
facerent cuius si qui imperatorem appellarent; nam antea 25
vacuum id solutumque poena fuerat. fine anni Vibius
Secundus eques Romanus accusantibus Mauris repetundarum damnatur atque Italia exigitur, ne graviore poena
adficeretur Vibii Crispi fratris opibus enisus.

2 pars] partes *Halm*   Armeniae ut *Puteolanus* : armenia eunt *M*
Pharasmani Polemonique *Io. Fr Gronovius* : pars‖ nipulique *M* :
Pharasmani *Madvig*   4 abscessit *Lipsius* : accessit *M*   7 a
om. M   17 e diversis manipulis *Becher*   21 quod *Puteolanus* : quo *M* : quoniam *Haase*   25 si *Halm* : is *M* : ii *G, Nipperdey* : is *secl. Baiter*   appellarent *Madvig* : appellavere *M*   29
frisoribus *M*

318

29. Caesennio Paeto et Petronio Turpiliano consulibus gravis clades in Britannia accepta ; in qua neque A. Didius legatus, ut memoravi, nisi parta retinuerat, et successor Veranius modicis excursibus Siluras populatus, quin ultra
5 bellum proferret, morte prohibitus est, magna, dum vixit, severitatis fama, supremis testamenti verbis ambitionis manifestus : quippe multa in Neronem adulatione addidit subiecturum ei provinciam fuisse, si biennio proximo vixisset. sed tum Paulinus Suetonius obtinebat Britannos, scientia
10 militiae et rumore populi qui neminem sine aemulo sinit, Corbulonis concertator, receptaeque Armeniae decus aequare domitis perduellibus cupiens. igitur Monam insulam, incolis validam et receptaculum perfugarum, adgredi parat, navisque fabricatur plano alveo adversus breve et incertum.
15 sic pedes : equites vado secuti aut altiores inter undas adnantes equis tramisere.

30. Stabat pro litore diversa acies, densa armis virisque, intercursantibus feminis ; in modum Furiarum veste ferali, crinibus deiectis faces praeferebant ; Druidaeque circum,
20 preces diras sublatis ad caelum manibus fundentes, novitate aspectus perculere militem ut quasi haerentibus membris immobile corpus vulneribus praeberent. dein cohortationibus ducis et se ipsi stimulantes ne muliebre et fanaticum agmen pavescerent, inferunt signa sternuntque obvios et
25 igni suo involvunt. praesidium posthac impositum victis excisique luci saevis superstitionibus sacri : nam cruore captivo adolere aras et hominum fibris consulere deos fas habebant. haec agenti Suetonio repentina defectio provinciae nuntiatur.

30 **31.** Rex Icenorum Prasutagus, longa opulentia clarus,

---

1 Caesennio *Nippcrdey* : cesonio *M*   2 A. Didius *Lipsius* :
havitus *M* : Didius *Nipperdey*   4 Siluras *Lipsius* : silvas *M*   8
provinciam *Lipsius* : provincias *M*   15 vado *M*¹ : vados *M* :
vada *Io. Fr. Gronovius*   19 facies *M*   24 strenuuntque *M*
30 Icenorum *Rhenanus* : igenorum *M* (*item infra*)

Caesarem heredem duasque filias scripserat, tali obsequio
ratus regnumque et domum suam procul iniuria fore. quod
contra vertit, adeo ut regnum per centuriones, domus per
servos velut capta vastarentur. iam primum uxor eius Boudicca verberibus adfecta et filiae stupro violatae sunt : prae- 5
cipui quique Icenorum, quasi cunctam regionem muneri
accepissent, avitis bonis exuuntur, et propinqui regis inter
mancipia habebantur. qua contumelia et metu graviorum,
quando in formam provinciae cesserant, rapiunt arma, commotis ad rebellationem Trinobantibus et qui alii nondum 10
servitio fracti resumere libertatem occultis coniurationibus
pepigerant, acerrimo in veteranos odio. quippe in coloniam
Camulodunum recens deducti pellebant domibus, exturba-
bant agris, captivos, servos appellando, foventibus impotentiam veteranorum militibus similitudine vitae et spe 15
eiusdem licentiae. ad hoc templum divo Claudio constitutum quasi arx aeternae dominationis aspiciebatur, delectique
sacerdotes specie religionis omnis fortunas effundebant.
nec arduum videbatur excindere coloniam nullis munimentis
saeptam ; quod ducibus nostris parum provisum erat, dum 20
amoenitati prius quam usui consulitur.

32. Inter quae nulla palam causa delapsum Camuloduni
simulacrum Victoriae ac retro conversum quasi cederet
hostibus. et feminae in furorem turbatae adesse exitium
canebant, externosque fremitus in curia eorum auditos ; 25
consonuisse ululatibus theatrum visamque speciem in ae-
stuario Tamesae subversae coloniae : iam Oceanus cruento
aspectu, dilabente aestu humanorum corporum effigies
relictae, ut Britannis ad spem, ita veteranis ad metum

4 Boudicca *Haase* (*ut Med.* 37): boodicia *M*   6 quasi . . .
accepissent *secl. Nipperdey*   10 trinovantibus *M*   11 fracti
Agricola : facti *M*   24 furorem *Faernus* : furore *M*   28
dilabente *Lipsius* : sic labente *M*   29 Britannis . . . veteranis *Iac.
Gronovius* : brittanni . . . veterani *M*

trahebantur. sed quia procul Suetonius aberat, petivere
a Cato Deciano procuratore auxilium. ille haud amplius
quam ducentos sine iustis armis misit ; et inerat modica
militum manus. tutela templi freti et impedientibus qui
5 occulti rebellionis conscii consilia turbabant, neque fossam
aut vallum praeduxerunt, neque motis senibus et feminis
iuventus sola restitit : quasi media pace incauti multitudine
barbarorum circumveniuntur. et cetera quidem impetu
direpta aut incensa sunt : templum in quo se miles conglo-
10 baverat biduo obsessum expugnatumque. et victor Bri-
tannus Petilio Ceriali, legato legionis nonae, in subsidium
adventanti obvius fudit legionem et quod peditum interfecit :
Cerialis cum equitibus evasit in castra et munimentis
defensus est. qua clade et odiis provinciae quam avaritia
15 eius in bellum egerat trepidus procurator Catus in Galliam
transiit.

33. At Suetonius mira constantia medios inter hostis
Londinium perrexit, cognomento quidem coloniae non
insigne, sed copia negotiatorum et commeatuum maxime
20 celebre. ibi ambiguus an illam sedem bello deligeret, cir-
cumspecta infrequentia militis, satisque magnis documentis
temeritatem Petilii coercitam, unius oppidi damno servare
universa statuit. neque fletu et lacrimis auxilium eius
orantium flexus est quin daret profectionis signum et comi-
25 tantis in partem agminis acciperet : si quos imbellis sexus
aut fessa aetas vel loci dulcedo attinuerat ab hoste oppressi
sunt. eadem clades municipio Verulamio fuit, quia barbari
omissis castellis praesidiisque militarium, quod uberrimum
spolianti et defendentibus intutum, laeti praeda et laborum
30 segnes petebant. ad septuaginta milia civium et sociorum

11 Petilio *Lipsius* : petio *M*   14 avaritia eius *Ritter* : avaritiae
M : avaritia *dett.*   28 militaribus *Pichena* : militare horreum
Mudvig   29 spolianti *Mercerus* : spoliant *M* : spoliatu *Iac. Gronovius* : spoliantibus *Acidalius*   laborum *Lipsius* : aliorum *M*   30
segnes *Mercerus* : insignes *M*

CORNELII TACITI

iis quae memoravi locis cecidisse constitit. neque enim
capere aut venundare aliudve quod belli commercium, sed
caedes patibula ignes cruces, tamquam reddituri supplicium
at praerepta interim ultione, festinabant.

34. Iam Suetonio quarta decima legio cum vexillariis 5
vicesimanis et *e* proximis auxiliares, decem ferme milia
armatorum erant, cum omittere cunctationem et congredi
acie parat. deligitque locum artis faucibus et a tergo silva
clausum, satis cognito nihil hostium nisi in fronte et aper-
tam planitiem esse sine metu insidiarum. igitur legionarius 10
frequens ordinibus, levis circum armatura, conglobatus pro
cornibus eques adstitit. at Britannorum copiae passim per
catervas et turmas exultabant, quanta non alias multitudo,
et animo adeo feroci ut coniuges quoque testis victoriae
secum traherent plaustrisque imponerent quae super extre- 15
mum ambitum campi posuerant.

35. Boudicca curru filias prae se vehens, ut quamque
nationem accesserat, solitum quidem Britannis feminarum
ductu bellare testabatur, sed tunc non ut tantis maioribus
ortam regnum et opes, verum ut unam e vulgo libertatem 20
amissam, confectum verberibus corpus, contrectatam filia-
rum pudicitiam ulcisci. eo provectas Romanorum cupidines ut non corpora, ne senectam quidem aut virginitatem
impollutam relinquant. adesse tamen deos iustae vindictae:
cecidisse legionem quae proelium ausa sit; ceteros castris 25
occultari aut fugam circumspicere. ne strepitum quidem et
clamorem tot milium, nedum impetus et manus perlaturos :
si copias armatorum, si causas belli secum expenderent, vin-
cendum illa acie vel cadendum esse. id mulieri destinatum :
viverent viri et servirent. 30

---

4 at *M ut videtur*: ac *vulgo*   6 vicesimanis *Acidalius*: vicesi-
mariis *M*   et e *Puteolanus* : et *M* : ex *Ritter*: et proximi *Becher*
14 feroci *Döderlein* : fero *M*   17 bouducca *M*, *vide c.* 31
19 dictu *M*   23 ne *Ernesti* : nec *M*   27 milium *ed. Froben.*
et Lipsius : militum *M*

322

36. Ne Suetonius quidem in tanto discrimine silebat :
quamquam confideret virtuti, tamen exhortationes et preces
miscebat ut spernerent sonores barbarorum et inanis minas :
plus illic feminarum quam iuventutis aspici. imbellis, inermis
5 cessuros statim ubi ferrum virtutemque vincentium toties
fusi adgnovissent. etiam in multis legionibus paucos qui
proelia profligarent; gloriaeque eorum accessurum quod
modica manus universi exercitus famam adipiscerentur.
conferti tantum et pilis emissis post umbonibus et gladiis
10 stragem caedemque continuarent, praedae immemores : parta
victoria cuncta ipsis cessura. is ardor verba ducis sequebatur, ita se ad intorquenda pila expedierat vetus miles et
multa proeliorum experientia ut certus eventus Suetonius
daret pugnae signum.

15 **37.** Ac primum legio gradu immota et angustias loci pro
munimento retinens, postquam in propius suggressos hostis
certo iactu tela exhauserat, velut cuneo erupit. idem auxiliarium impetus; et eques protentis hastis perfringit quod
obvium et validum erat. ceteri terga praebuere, difficili
20 effugio, quia circumiecta vehicula saepserant abitus. et
miles ne mulierum quidem neci temperabat, confixaque
telis etiam iumenta corporum cumulum auxerant. clara et
antiquis victoriis par ea die laus parta : quippe sunt qui
paulo minus quam octoginta milia Britannorum cecidisse
25 tradant, militum quadringentis ferme interfectis nec multo
amplius vulneratis. Boudicca vitam veneno finivit. et
Poenius Postumus, praefectus castrorum secundae legionis,
cognitis quartadecimanorum vicesimanorumque prosperis
rebus, quia pari gloria legionem suam fraudaverat abnue-

2 quam *M*   12 expedierant *M*   13 eventus *Rhenanus* : eventu
M   16 postquam in propius suggressos *Döderlein* : postquam pro-
pius suggressus *M*   20 effugium *M*   22 teli *M*   24 octingenta
M : octo *coni. Nipperdey*   28 quartadecim Ianorum *M*

ratque contra ritum militiae iussa ducis, se ipse gladio transegit.

38. Contractus deinde omnis exercitus sub pellibus habitus est ad reliqua belli perpetranda. auxitque copias Caesar missis ex Germania duobus legionariorum milibus, 5 octo auxiliarium cohortibus ac mille equitibus; quorum adventu nonani legionario milite suppleti sunt, cohortes alaeque novis hibernaculis locatae quodque nationum ambiguum aut adversum fuerat igni atque ferro vastatum. sed nihil aeque quam fames adfligebat serendis frugibus 10 incuriosos, et omni aetate ad bellum versa, dum nostros commeatus sibi destinant. gentesque praeferoces tardius ad pacem inclinabant, quia Iulius Classicianus, successor Cato missus et Suetonio discors, bonum publicum privatis simultatibus impediebat disperseratque novum legatum 15 opperiendum esse, sine hostili ira et superbia victoris clementer deditis consulturum. simul in urbem mandabat, nullum proeliorum finem expectarent, nisi succederetur Suetonio, cuius adversa pravitati ipsius, prospera ad fortunam referebat. 20

39. Igitur ad spectandum Britanniae statum missus est e libertis Polyclitus, magna Neronis spe posse auctoritate eius non modo inter legatum procuratoremque concordiam gigni, sed et rebellis barbarum animos pace componi. nec defuit Polyclitus quo minus ingenti agmine Italiae Galliaeque 25 gravis, postquam Oceanum transmiserat, militibus quoque nostris terribilis incederet. sed hostibus inrisui fuit apud quos flagrante etiam tum libertate nondum cognita libertinorum potentia erat; mirabanturque quod dux et exercitus

---

1 ipse *Ruperti*: ipsum *M*   9 vastatum *Ernesti*: vastatur *M*
12 destinat *M. post* destinant *Nipperdey signum lacunae posuit*   13
inclinabant *Acidalius*: inclinant *M*   14 Suetonio] suetior *M*   17
urbem *Rhenanus*: urbe *M*   18 proeliorum *Lipsius*: proelio *M*
19 fortunam *Ernesti*: fortunam ipsius *M*   24 barbarorum *M²*

tanti belli confector servitiis oboedirent. cuncta tamen ad
imperatorem in mollius relata ; detentusque rebus gerundis
Suetonius, quod postea paucas navis in litore remigiumque
in iis amiserat, tamquam durante bello tradere exercitum
5 Petronio Turpiliano qui iam consulatu abierat iubetur. is
non inritato hoste neque lacessitus honestum pacis nomen
segni otio imposuit.

40. Eodem anno Romae insignia scelera, alterum senatoris, servili alterum audacia, admissa sunt. Domitius
10 Balbus erat praetorius, simul longa senecta, simul orbitate
et pecunia insidiis obnoxius. ei propinquus Valerius
Fabianus, capessendis honoribus destinatus, subdidit testamentum adscitis Vinicio Rufino et Terentio Lentino equitibus Romanis. illi Antonium Primum et Asinium Marcellum
15 sociaverant. Antonius audacia promptus, Marcellus Asinio
Pollione proavo clarus neque morum spernendus habebatur
nisi quod paupertatem praecipuum malorum credebat.
igitur Fabianus tabulas sociis quos memoravi et aliis minus
inlustribus obsignat. quod apud patres convictum et
20 Fabianus Antoniusque cum Rufino et Terentio lege
Cornelia damnantur. Marcellum memoria maiorum et
preces Caesaris poenae magis quam infamiae exemere.

41. Perculit is dies Pompeium quoque Aelianum, iuvenem quaestorium, tamquam flagitiorum Fabiani gnarum,
25 eique Italia et Hispania in qua ortus erat interdictum est.
pari ignominia Valerius Ponticus adficitur quod reos ne
apud praefectum urbis arguerentur ad praetorem detulisset,
interim specie legum, mox praevaricando ultionem elusurus.
additur senatus consulto, qui talem operam emptitasset
30 vendidissetve perinde poena teneretur ac publico iudicio
calumniae condemnatus.

3 postea *Halm* : post‖ *M (cum rasura)*   11 ei *Rhenanus* : et
M   13 Vinicio *Rhenanus* : vincio *M*   15 promptu *M* : ' *an*
prompta ' *Halm*   18 sociis *Nipperdey* : iis (*in rasura*) *M* : ascitis
Kiessling   30 ac] *add. si supra versum m. vetus*

42. Haud multo post praefectum urbis Pedanium Secundum servus ipsius interfecit, seu negata libertate cui
pretium pepigerat sive amore exoleti incensus et dominum
aemulum non tolerans. ceterum cum vetere ex more
familiam omnem quae sub eodem tecto mansitaverat ad 5
supplicium agi oporteret, concursu plebis quae tot innoxios
protegebat usque ad seditionem ventum est senatusque
obsessus, in quo ipso erant studia nimiam severitatem
aspernantium, pluribus nihil mutandum censentibus. ex
quis C. Cassius sententiae loco in hunc modum disseruit : 10

43. 'Saepe numero, patres conscripti, in hoc ordine
interfui, cum contra instituta et leges maiorum nova senatus
decreta postularentur ; neque sum adversatus, non quia du-
bitarem super omnibus negotiis melius atque rectius olim
provisum et quae converterentur *in* deterius mutari, sed ne 15
nimio amore antiqui moris studium meum extollere viderer.
simul quidquid hoc in nobis auctoritatis est crebris contra-
dictionibus destruendum non existimabam, ut maneret integrum si quando res publica consiliis eguisset. quod hodie
venit consulari viro domi suae interfecto per insidias servilis, 20
quas nemo prohibuit aut prodidit quamvis nondum concusso
senatus consulto quod supplicium toti familiae minitabatur.
decernite hercule impunitatem : at quem dignitas sua
defendet, cum praefecto urbis non profuerit ? quem numerus
servorum tuebitur, cum Pedanium Secundum quadringenti 25
non protexerint ? cui familia opem feret, quae ne in metu
quidem pericula nostra advertit ? an, ut quidam fingere non
erubescunt, iniurias suas ultus est interfector, quia de paterna

---

3 incensus *Pichena* : infensus *M*   8 obsessus *add. Jacob*
senatuque in ipso *Lipsius*   15 in *om.* *M*   20 evenit *G*,
Halm   21 prodidit *M*² : prodiit *M*   23 at . . . defendet
Puteolanus : ut . . . defendat *M*   24 cum . . . profuerit *Puteolanus* :
cui . . . profuit *M*   praefecto *Andresen* : praefectus *M* : praefectura *Puteolanus*   26 feret *Puteolanus* : ferat *M* : ut . . . defendat . . . tueatur . . . ferat *Nipperdey*

pecunia transegerat aut avitum mancipium detrahebatur?
pronuntiemus ultro dominum iure caesum videri.

44. Libet argumenta conquirere in eo quod sapientioribus
deliberatum est? sed et si nunc primum statuendum habe-
5 remus, creditisne servum interficiendi domini animum
sumpsisse ut non vox minax excideret, nihil per temeritatem
proloqueretur? sane consilium occultavit, telum inter ignaros
paravit: num excubias transire, cubiculi foris recludere,
lumen inferre, caedem patrare *poterat* omnibus nesciis?
10 multa sceleris indicia praeveniunt: servi si prodant possumus
singuli inter pluris, tuti inter anxios, postremo, si pereundum
sit, non inulti inter nocentis agere. suspecta maioribus nostris
fuerunt ingenia servorum etiam cum in agris aut domibus
isdem nascerentur caritatemque dominorum statim acciperent.
15 postquam vero nationes in familiis habemus, quibus diversi
ritus, externa sacra aut nulla sunt, conluviem istam non nisi
metu coercueris. at quidam insontes peribunt. nam et ex
fuso exercitu cum decimus quisque fusti feritur, etiam
strenui sortiuntur. habet aliquid ex iniquo omne magnum
20 exemplum quod contra singulos utilitate publica rependitur.'

45. Sententiae Cassii ut nemo unus contra ire ausus est,
ita dissonae voces respondebant numerum aut aetatem aut
sexum ac plurimorum indubiam innocentiam miserantium :
praevaluit tamen pars quae supplicium decernebat. sed ob-
25 temperari non poterat, conglobata multitudine et saxa ac
faces minante. tum Caesar populum edicto increpuit atque
omne iter quo damnati ad poenam ducebantur militaribus
praesidiis saepsit. censuerat Cingonius Varro ut liberti quoque qui sub eodem tecto fuissent Italia deportarentur. id a

---

6 sumpsisse *Bud.* : insumpsisse *M*   minas *M*   7 occul vit
addidit ta *in spatio vacuo sec. man.* : occulvit *alii*   8 transiret . . .
recluderet . . . inferret . . . patraret *corr. m. rec. et vulgo*   9
poterat *addidit Halm*   10 si] ni *Madvig* : servis si pereundum
sit (*l.* 11) ni prodant *Nipperdey*   14 idem *M* (*item c.* 46. 1)   28
Cingonius Varro *Rhenanus* : cingontus barro *M*

principe prohibitum est ne mos antiquus quem misericordia
non minuerat per saevitiam intenderetur.

46. Damnatus isdem consulibus Tarquitius Priscus repetundarum Bithynis interrogantibus, magno patrum gaudio
quia accusatum ab eo Statilium Taurum pro consule ipsius 5
meminerant. census per Gallias a Q. Volusio et Sextio
Africano Trebellioque Maximo acti sunt, aemulis inter se per
nobilitatem Volusio atque Africano : Trebellium dum uterque
dedignatur, supra tulere.

47. Eo anno mortem obiit Memmius Regulus, auctoritate 10
constantia fama, in quantum praeumbrante imperatoris
fastigio datur, clarus, adeo ut Nero aeger valetudine et adu-
lantibus circum, qui finem imperio adesse dicebant, si quid
fato pateretur, responderit habere subsidium rem publicam.
rogantibus dehinc in quo potissimum, addiderat in Memmio 15
Regulo. vixit tamen post haec Regulus quiete defensus et
quia nova generis claritudine neque invidiosis opibus erat.
gymnasium eo anno dedicatum a Nerone praebitumque
oleum equiti ac senatui Graeca facilitate.

48. P. Mario L. Afinio consulibus Antistius praetor, 20
quem in tribunatu plebis licenter egisse memoravi, probrosa
adversus principem carmina factitavit vulgavitque celebri
convivio dum apud Ostorium Scapulam epulatur. exim a
Cossutiano Capitone, qui nuper senatorium ordinem precibus Tigellini soceri sui receperat, maiestatis delatus est. tum 25
primum revocata ea lex; credebaturque haud perinde exitium
Antistio quam imperatori gloriam quaeri, ut condemnatum
a senatu intercessione tribunicia morti eximeret. et cum
Ostorius nihil audivisse pro testimonio dixisset, adversis

2 intenderetur *Rhenanus*: incenderetur *M*   5 quia] qui *Lipsius*
10 obit *M*   20 Afinio *Borghesi*: asinio *M*   25 tigellani *M*,
litteram i *supra addidit manus recentior*   26 credebaturque *Acidalius*: credebatur quae *M*   27 quaeri ut *inter alias emendationes
Acidalius*: quaesivit *M*   condemnatum *Ritter*: condemnatus *M* :
condemnatus . . . eximeretur *G*

testibus creditum ; censuitque Iunius Marullus consul designatus adimendam reo praeturam necandumque more
maiorum. ceteris inde adsentientibus Paetus Thrasea, multo
cum honore Caesaris et acerrime increpito Antistio, non
5 quidquid nocens reus pati mereretur, id egregio sub principe
et nulla necessitate obstricto senatui statuendum disseruit :
carnificem et laqueum pridem abolita et esse poenas legibus
constitutas quibus sine iudicum saevitia et temporum infamia
supplicia decernerentur. quin in insula publicatis bonis quo
10 longius sontem vitam traxisset, eo privatim miseriorem et
publicae clementiae maximum exemplum futurum.

   49. Libertas Thraseae servitium aliorum rupit et postquam discessionem consul permiserat, pedibus in sententiam
eius iere, paucis exceptis, in quibus adulatione promptissimus
15 fuit A. Vitellius, optimum quemque iurgio lacessens et
respondenti reticens, ut pavida ingenia solent. at consules
perficere decretum senatus non ausi de consensu scripsere
Caesari. ille inter pudorem et iram cunctatus, postremo rescripsit nulla iniuria provocatum Antistium gravissimas in
20 principem contumelias dixisse ; earum ultionem a patribus
postulatam et pro magnitudine delicti poenam statui par
fuisse. ceterum se, qui severitatem decernentium impeditu-
rus fuerit, moderationem non prohibere : statuerent ut vellent, datam et absolvendi licentiam. his atque talibus
25 recitatis et offensione manifesta, non ideo aut consules
mutavere relationem aut Thrasea decessit sententia ceterive
quae probaverant deseruere, pars, ne principem obiecisse
invidiae viderentur, plures numero tuti, Thrasea sueta
firmitudine animi et ne gloria intercideret.

30   50. Haud dispari crimine Fabricius Veiento conflictatus
est, quod multa et probrosa in patres et sacerdotes compo-

   9 quil| *M*   10 traxisset *Puteolanus* : transisset *M*   miseriorem
Lipsius : miserior *M*   14 exceptis *Pichena* : exeptis *M* : exemptis
alii   30 Veiento *Puteolanus* : vegento *M* (*item infra* vegentone)

suisset iis libris quibus nomen codicillorum dederat. adiciebat Tullius Geminus accusator venditata ab eo munera
principis et adipiscendorum honorum ius. quae causa Neroni fuit suscipiendi iudicii, convictumque Veientonem Italia
depulit et libros exuri iussit, conquisitos lectitatosque donec 5
cum periculo parabantur : mox licentia habendi oblivionem
attulit.

51. Sed gravescentibus in dies publicis malis subsidia
minuebantur, concessitque vita Burrus, incertum valetudine
an veneno. valetudo ex eo coniectabatur quod in se tu- 10
mescentibus paulatim faucibus et impedito meatu spiritum
finiebat. plures iussu Neronis, quasi remedium adhiberetur,
inlitum palatum eius noxio medicamine adseverabant, et
Burrum intellecto scelere, cum ad visendum eum princeps
venisset, aspectum eius aversatum sciscitanti hactenus re- 15
spondisse : 'ego me bene habeo.' civitati grande desiderium
eius mansit per memoriam virtutis et successorum alterius
segnem innocentiam, alterius flagrantissima flagitia. quippe
Caesar duos praetoriis cohortibus imposuerat, Faenium Rufum ex vulgi favore, quia rem frumentariam sine quaestu 20
tractabat, Sofonium Tigellinum, veterem impudicitiam atque
infamiam in eo secutus. atque illi pro cognitis moribus
fuere, validior Tigellinus in animo principis et intimis
libidinibus adsumptus, prospera populi et militum fama
Rufus, quod apud Neronem adversum experiebatur. 25

52. Mors Burri infregit Senecae potentiam quia nec bonis
artibus idem virium erat altero velut duce amoto et Nero ad
deteriores inclinabat. hi variis criminationibus Senecam
adoriuntur, tamquam ingentis et privatum modum evectas
opes adhuc augeret, quodque studia civium in se verteret, 30

2 Tullius *Borghesi* : talius *M*   3 neronum *M*   10 an
Rhenanus : aut *M*   quod intumescentibus *Muretus*   15 aversatum *Puteolanus* : adversatum *M*   18 flagitia *Orelli* : flagitia :
adulteria *M* : flagitia et adulteria *G*   21 Sofonium *Vertranius* :
ofonium *M*   tigillinum *M* (*et c.* 57. 3 tigyllinus)   22 cognatis *M*

330

hortorum quoque amoenitate et villarum magnificentia quasi
principem supergrederetur. obiciebant etiam eloquentiae
laudem uni sibi adsciscere et carmina crebrius factitare,
postquam Neroni amor eorum venisset. nam oblectamentis
5 principis palam iniquum detrectare vim eius equos regentis,
inludere voces, quoties caneret. quem ad finem nihil in re
publica clarum fore quod non ab illo reperiri credatur?
certe finitam Neronis pueritiam et robur iuventae adesse:
exueret magistrum satis amplis doctoribus instructus maiori-
10 bus suis.

53. At Seneca criminantium non ignarus, prodentibus iis
quibus aliqua honesti cura et familiaritatem eius magis
aspernante Caesare, tempus sermoni orat et accepto ita incipit: 'quartus decimus annus est, Caesar, ex quo spei tuae
15 admotus sum, octavus ut imperium obtines: medio temporis
tantum honorum atque opum in me cumulasti ut nihil
felicitati meae desit nisi moderatio eius. utar magnis exemplis
nec meae fortunae sed tuae. abavus tuus Augustus
Marco Agrippae Mytilenense secretum, C. Maecenati urbe in
20 ipsa velut peregrinum otium permisit; quorum alter bellorum
socius, alter Romae pluribus laboribus iactatus ampla quidem sed pro ingentibus meritis praemia acceperant. ego
quid aliud munificentiae tuae adhibere potui quam studia, ut
sic dixerim, in umbra educata, et quibus claritudo venit, quod
25 iuventae tuae rudimentis adfuisse videor, grande huius rei
pretium. at tu gratiam immensam, innumeram pecuniam
circumdedisti adeo ut plerumque intra me ipse volvam:
egone equestri et provinciali loco ortus proceribus civitatis
adnumeror? inter nobilis et longa decora praeferentis
30 novitas mea enituit? ubi est animus ille modicis contentus?
talis hortos extruit et per haec suburbana incedit et tantis

---

4 venisset *Lipsius*: evenisset *M*   18 nec] ne *M*   abavus
Lipsius: atavus *M*   23 tuae *om. M*   29 decora] cura *M*

CORNELII TACITI

agrorum spatiis, tam lato faenore exuberat? una defensio
occurrit quod muneribus tuis obniti non debui.

54. Sed uterque mensuram implevimus, et *tu*, quantum
princeps tribuere amico posset, et ego, quantum amicus a
principe accipere : cetera invidiam augent. quae quidem, ut 5
omnia mortalia, infra tuam magnitudinem iacet, sed mihi
incumbit, mihi subveniendum est. quo modo in militia aut
via fessus adminiculum orarem, ita in hoc itinere vitae senex
et levissimis quoque curis impar, cum opes meas ultra
sustinere non possim, praesidium peto. iube rem per pro- 10
curatores tuos administrari, in tuam fortunam recipi. nec
me in paupertatem ipse detrudam, sed traditis quorum
fulgore praestringor, quod temporis hortorum aut villarum
curae seponitur in animum revocabo. superest tibi robur et
tot per annos visum *summi* fastigii regimen : possumus 15
seniores amici quietem reposcere. hoc quoque in tuam
gloriam cedet, eos ad summa vexisse qui et modica tolerarent.'

55. Ad quae Nero sic ferme respondit : ' quod meditatae orationi tuae statim occurram id primum tui muneris 20
habeo, qui me non tantum praevisa sed subita expedire
docuisti. abavus meus Augustus Agrippae et Maecenati
usurpare otium post labores concessit, sed in ea ipse aetate
cuius auctoritas tueretur quidquid illud et qualecumque
tribuisset ; ac tamen neutrum datis a se praemiis exuit. 25
bello et periculis meruerant ; in iis enim iuventa Augusti
versata est : nec mihi tela et manus tuae defuissent in armis
agenti ; sed quod praesens condicio poscebat, ratione consilio

3 tu *om. M*   5 agent *M*   6 iacet *Lipsius* : iacent *M*   7
incumbunt *M*   10 iube rem *Baiter* : iubere *M¹*, (*fortasse*) iuvere
M   per *supra add. M²*   13 praestringor *Cannegieter* : per-
stringor *M*   15 visum summi *Halm* : visum *M* : nosti summi
Madvig   16 reposcere *Halm* : respondere *M*   19 quod
Lipsius : et|| quod *M* : ei : quod *Spengel*   22 abavus *Lipsius* :
avus *M*   23 ipse *Agricola* : ipsa *M*

332

praeceptis pueritiam, dein iuventam meam fovisti. et tua
quidem erga me munera, dum vita suppetet, aeterna erunt :
quae a me habes, horti et faenus et villae, casibus obnoxia
sunt. ac licet multa videantur, plerique haudquaquam
5 artibus tuis pares plura tenuerunt. pudet referre libertinos
qui ditiores spectantur : unde etiam mihi rubori est quod
praecipuus caritate nondum omnis fortuna antecellis.

56. Verum et tibi valida aetas rebusque et fructui rerum
sufficiens, et nos prima imperii spatia ingredimur, nisi forte
10 aut te Vitellio ter consuli aut me Claudio postponis et
quantum Volusio longa parsimonia quaesivit, tantum in
te mea liberalitas explere non potest. quin, si qua in parte
lubricum adulescentiae nostrae declinat, revocas ornatumque
robur subsidio impensius regis ? non tua moderatio, si
15 reddideris pecuniam, nec quies, si reliqueris principem, sed
mea avaritia, meae crudelitatis metus in ore omnium versa-
bitur. quod si maxime continentia tua laudetur, non tamen
sapienti viro decorum fuerit unde amico infamiam paret
inde gloriam sibi recipere.' his adicit complexum et oscula,
20 factus natura et consuetudine exercitus velare odium fallacibus blanditiis. Seneca, qui finis omnium cum dominante
sermonum, grates agit : sed instituta prioris potentiae commu-
tat, prohibet coetus salutantium, vitat comitantis, rarus per
urbem, quasi valetudine infensa aut sapientiae studiis domi
25 attineretur.

57. Perculso Seneca promptum fuit Rufum Faenium im-
minuere Agrippinae amicitiam in eo criminantibus. validior-
que in dies Tigellinus et malas artes, quibus solis pollebat,
gratiores ratus si principem societate scelerum obstringeret,
30 metus eius rimatur ; compertoque Plautum et Sullam maxime
timeri, Plautum in Asiam, Sullam in Galliam Narbonensem
nuper amotos, nobilitatem eorum et propinquos huic Orientis,

10 et *Andalus* : set M   11 in me M   12 libertas M

illi Germaniae exercitus commemorat. non se, ut Burrum, diversas spes sed solam incolumitatem Neronis spectare ; cui caveri utcumque ab urbanis insidiis praesenti opera : longinquos motus quonam modo comprimi posse ? erectas Gallias ad nomen dictatorium nec minus suspensos Asiae 5 populos claritudine avi Drusi. Sullam inopem, unde prae-cipuam audaciam, et simulatorem segnitiae dum temeritati locum reperiret. Plautum magnis opibus ne fingere quidem cupidinem otii sed veterum Romanorum imitamenta prae-ferre, adsumpta etiam Stoicorum adrogantia sectaque quae 10 turbidos et negotiorum adpetentis faciat. nec ultra mora. Sulla sexto die pervectis Massiliam percussoribus ante metum et rumorem interficitur cum epulandi causa discumberet. relatum caput eius inlusit Nero tamquam praematura canitie deforme. 15

58. Plauto parari necem non perinde occultum fuit, quia pluribus salus eius curabatur et spatium itineris ac maris tempusque interiectum moverat famam ; vulgoque fingebant petitum ab eo Corbulonem, magnis tum exercitibus praesi-dentem et, clari atque insontes *si* interficerentur, praecipuum 20 ad pericula. quin et Asiam favore iuvenis arma cepisse, nec milites ad scelus missos aut numero validos aut animo promptos, postquam iussa efficere nequiverint, ad spes novas transisse. vana haec more famae credentium otio auge-bantur ; ceterum libertus Plauti celeritate ventorum prae- 25 venit centurionem et mandata L. Antistii soceri attulit : effugeret segnem mortem, dum suffugium esset : magni nominis miseratione reperturum bonos, consociaturum au-

---

3 praesenti opera *Lipsius* : praesentiora *M* : praesenti cura *Agri-cola* : praesentia (*s*. ipsius Neronis) *Puteolanus* : praesenti copia *Haase*   5 suspensos *Lipsius* : suspectos *M*   14 prelatum (*linea per* p *ducta*) *M* : perlatum *Agricola* : at *cf.* 59. 18   20 si *hic add. Bezzenberger, ante* clari *Ernesti*   24 transissent *M*   vana *Boxhorn* : una *M*   otio *ex* otiu *corr. M* : odio *Io. Fr. Gronovius* augebantur *Modius* : agebantur *M*   27 effugere *M*   dum suffugium esset *Andresen* : otium suffugium et *M* : obvium suffugium et *Orelli*   28 miserationem *M*

dacis: nullum interim subsidium aspernandum. si sexaginta
milites (tot enim adveniebant) propulisset, dum refertur
nuntius Neroni, dum manus alia permeat, multa secutura
quae adusque bellum evalescerent. denique aut salutem
5 tali consilio quaeri, aut nihil gravius audenti quam ignavo
patiendum esse.

59. Sed Plautum ea non movere, sive nullam opem providebat inermis atque exul, seu taedio ambiguae spei, an
amore coniugis et liberorum, quibus placabiliorem fore
10 principem rebatur nulla sollicitudine turbatum. sunt qui
alios a socero nuntios venisse ferant, tamquam nihil atrox
immineret; doctoresque sapientiae, Coeranum Graeci,
Musonium Tusci generis, constantiam opperiendae mortis
pro incerta et trepida vita suasisse. repertus est certe per
15 medium diei nudus exercitando corpori. talem eum centurio
trucidavit coram Pelagone spadone quem Nero centurioni
et manipulo, quasi satellitibus ministrum regium, praeposuerat. caput interfecti relatum ; cuius aspectu (ipsa principis
verba referam) 'cur', inquit, 'Nero * * * et posito metu nu-
20 ptias Poppaeae ob eius modi terrores dilatas maturare parat
Octaviamque coniugem amoliri, quamvis modeste ageret,
nomine patris et studiis populi gravem. sed ad senatum
litteras misit de caede Sullae Plautique haud confessus,
verum utriusque turbidum ingenium esse et sibi incolumita-
25 tem rei publicae magna cura haberi. decretae eo nomine
supplicationes utque Sulla et Plautus senatu moverentur,
gravioribus iam ludibriis quam malis.

60. Igitur accepto patrum consulto, postquam cuncta
scelerum suorum pro egregiis accipi videt, exturbat Octaviam,
30 sterilem dictitans ; exim Poppaeae coniungitur. ea diu

---

1 aspernandum *Puteolanus*: aspernantium *M*   5 audi‖enti
M   18 aspectum *M*   19 referam *Puteolanus*: referebam *M*
lacunam quam notavit Walther ex Dione (62. 14) *cum Halmio
supplere possis* 'cur,' inquit, 'Nero, hominem nasutum timuisti?'
27 iam *Agricola*: tam *M*: tamen *G*: tum *Halm*

paelex et adulteri Neronis, mox mariti potens, quendam ex
ministris Octaviae impulit servilem ei amorem obicere. de-
stinaturque reus cognomento Eucaerus, natione Alexandrinus, canere tibiis doctus. actae ob id de ancillis quaestiones
et vi tormentorum victis quibusdam ut falsa adnuerent, 5
plures perstitere sanctitatem dominae tueri ; ex quibus una
instanti Tigellino castiora esse muliebria Octaviae respondit
quam os eius. movetur tamen primo civilis discidii specie
domumque Burri, praedia Plauti, infausta dona accipit :
mox in Campaniam pulsa est addita militari custodia. inde 10
crebri questus nec occulti per vulgum, cui minor sapientia
et ex mediocritate fortunae pauciora pericula sunt. his
. . . tamquam Nero paenitentia flagitii coniugem revocarit
Octaviam.

61. Exim laeti Capitolium scandunt deosque tandem 15
venerantur. effigies Poppaeae proruunt, Octaviae imagines
gestant umeris, spargunt floribus foroque ac templis statuunt.
† itur etiam in principis laudes repetitum venerantium †.
iamque et Palatium multitudine et clamoribus complebant,
cum emissi militum globi verberibus et intento ferro turbatos 20
disiecere. mutataque quae per seditionem verterant et
Poppaeae honos repositus est. quae semper odio, tum et
metu atrox ne aut vulgi acrior vis ingrueret aut Nero
inclinatione populi mutaretur, provoluta genibus eius, non
eo loci res suas agi ut de matrimonio certet, quamquam id 25
sibi vita potius, sed vitam ipsam in extremum adductam a

---

3 Alexandrinus *Lipsius* : alexandrina *M*   4 per tybias *M* (*pro-*
bante Orellio) : puer tibiis *Ritter*   5 victi *M*   ut *Puteolanus* :
si *M*   10 Campaniam *Puteolanus* : campania *M*   12 et ex
Puteolanus : et *in* ex *corr. M*   his . . . tamquam Nero p. f. c. revocarit *Nipperdey* : his quanquam‖ nero p. f. c. revocavit *M* : his Nero,
tamquam p. f. c. revocavit *Bud*, *Halm* : his Nero nequaquam p. f. c.
revocavit *Oberlin*   18 *obelo locum notavit Halm*   repetitum
venerantium *secl. Acidalius* : strepitu venerantium *Andresen*   21
mutataque quae *Puteolanus* : mutata quaeque *M*   25 agi] ait
B zzenberger : agi ait *Ritter*

clientelis et servitiis Octaviae quae plebis sibi nomen
indiderint, ea in pace ausi quae vix bello evenirent. arma
illa adversus principem sumpta ; ducem tantum defuisse qui
motis rebus facile reperiretur, omitteret modo Campaniam
5 et in urbem ipsa pergeret ad cuius nutum absentis tumultus
cierentur. quod alioquin suum delictum ? quam cuiusquam
offensionem ? an quia veram progeniem penatibus Caesarum
datura sit ? malle populum Romanum tibicinis Aegyptii
subolem imperatorio fastigio induci ? denique, si id rebus
10 conducat, libens quam coactus acciret dominam, vel consuleret securitati. iusta ultione et modicis remediis primos
motus consedisse : at si desperent uxorem Neronis fore
Octaviam, illi maritum daturos.

62. Varius sermo et ad metum atque iram accommodatus
15 terruit simul audientem et accendit. sed parum valebat
suspicio in servo et quaestionibus ancillarum elusa erat.
ergo confessionem alicuius quaeri placet cui rerum quoque
novarum crimen adfingeretur. et visus idoneus maternae
necis patrator Anicetus, classi apud Misenum, ut memoravi,
20 praefectus, levi post admissum scelus gratia, dein graviore
odio, quia malorum facinorum ministri quasi exprobrantes
aspiciuntur. igitur accitum eum Caesar operae prioris
admonet : solum incolumitati principis adversus insidiantem
matrem subvenisse ; locum haud minoris gratiae instare si
25 coniugem infensam depelleret. nec manu aut telo opus :
fateretur Octaviae adulterium. occulta quidem ad praesens
sed magna ei praemia et secessus amoenos promittit, vel, si
negavisset, necem intentat. ille insita vaecordia et facilitate
priorum flagitiorum plura etiam quam iussum erat fingit
30 fateturque apud amicos quos velut consilio adhibuerat

2 ausis *Lipsius*   5 ipsa *Bötticher* : ipsam *M*   8 malle
Puteolanus : mallet *M*   10 *sic interpunxit Andresen* : consuleret
securitati iusta ultione.   et *vulgo*   16 elusa erat *Faernus* : eluserat *M*   25 manus *M*

CORNELII TACITI

princeps. tum in Sardiniam pellitur ubi non inops exilium
toleravit et fato obiit.

63. At Nero praefectum in spem sociandae classis corruptum et incusatae paulo ante sterilitatis oblitus, abactos
partus conscientia libidinum, eaque sibi comperta edicto 5
memorat insulaque Pandateria Octaviam claudit. non
alia exul visentium oculos maiore misericordia adfecit.
meminerant adhuc quidam Agrippinae a Tiberio, recentior
Iuliae memoria obversabatur a Claudio pulsae : sed illis
robur aetatis adfuerat ; laeta aliqua viderant et praesentem 10
saevitiam melioris olim fortunae recordatione adlevabant.
huic primum nuptiarum dies loco funeris fuit, deductae in
domum in qua nihil nisi luctuosum haberet, erepto per
venenum patre et statim fratre ; tum ancilla domina validior
et Poppaea non nisi in perniciem uxoris nupta, postremo 15
crimen omni exitio gravius.

64. Ac puella vicesimo aetatis anno inter centuriones
et milites, praesagio malorum iam vitae exempta, nondum
tamen morte adquiescebat. paucis dehinc interiectis diebus
mori iubetur, cum iam viduam se et tantum sororem 20
testaretur communisque Germanicos et postremo Agrippinae
nomen cieret, qua incolumi infelix quidem matrimonium
sed sine exitio pertulisset. restringitur vinclis venaeque
eius per omnis artus exolvuntur ; et quia pressus pavore
sanguis tardius labebatur, praefervidi balnei vapore enecatur. 25
additurque atrocior saevitia quod caput amputatum latum-
que in urbem Poppaea vidit. dona ob haec templis decreta
quem ad finem memorabimus ? quicumque casus temporum
illorum nobis vel aliis auctoribus noscent, praesumptum

---

1 Sardiniam *Puteolanus* : sardinia *M*   3 sociandae *M*[1] :
socianda *M*   12 primus *Lipsius*   17 at puella *cum Puteolano*
mavult Halm   duoetvicesimo *mavult Nipperdey*   18 vitae *Hein-*
sius : vita *M*   27 decreta quem *Döderlein* : decretaque *M*   29
nossent *M*

habeant, quoties fugas et caedes iussit princeps, toties
grates deis actas, quaeque rerum secundarum olim, tum
publicae cladis insignia fuisse. neque tamen silebimus si
quod senatus consultum adulatione novum aut patientia
5 postremum fuit.

65. Eodem anno libertorum potissimos veneno inter-
fecisse creditus est, Doryphorum quasi adversatum nuptiis
Poppaeae, Pallantem, quod immensam pecuniam longa
senecta detineret. Romanus secretis criminationibus incusa-
10 verat Senecam ut C. Pisonis socium, sed validius a Seneca
eodem crimine perculsus est. unde Pisoni timor et orta
insidiarum in Neronem magna moles et improspera.

LIBER XV

1. Interea rex Parthorum Vologeses cognitis Corbulonis
rebus regemque alienigenam Tigranen Armeniae impositum,
15 simul fratre Tiridate pulso spretum Arsacidarum fastigium
ire ultum volens, magnitudine rursum Romana et continui
foederis reverentia diversas ad curas trahebatur, cunctator
ingenio et defectione Hyrcanorum, gentis validae, multisque
ex eo bellis inligatus. atque illum ambiguum novus insuper
20 nuntius contumeliae extimulat: quippe egressus Armenia
Tigranes Adiabenos, conterminam nationem, latius ac
diutius quam per latrocinia vastaverat, idque primores
gentium aegre tolerabant: eo contemptionis descensum ut
ne duce quidem Romano incursarentur, sed temeritate
25 obsidis tot per annos inter mancipia habiti. accendebat
dolorem eorum Monobazus, quem penes Adiabenum regimen, quod praesidium aut unde peteret rogitans. iam de
Armenia concessum, proxima trahi; et nisi defendant

CORNELII TACITI

Parthi, levius servitium apud Romanos deditis quam captis esse. Tiridates quoque regni profugus per silentium aut modice querendo gravior erat: non enim ignavia magna imperia contineri; virorum armorumque faciendum certamen; id in summa fortuna aequius quod validius, et sua 5 retinere privatae domus, de alienis certare regiam laudem esse.

2. Igitur commotus his Vologeses concilium vocat et proximum sibi Tiridaten constituit atque ita orditur: 'hunc ego eodem mecum patre genitum, cum mihi per aetatem 10 summo nomine concessisset, in possessionem Armeniae deduxi, qui tertius potentiae gradus habetur: nam Medos Pacorus ante ceperat. videbarque contra vetera fratrum odia et certamina familiae nostrae penatis rite composuisse. prohibent Romani et pacem numquam ipsis prospere 15 lacessitam nunc quoque in exitium suum abrumpunt. non ibo infitias: aequitate quam sanguine, causa quam armis retinere parta maioribus malueram. si cunctatione deliqui, virtute corrigam. vestra quidem vis et gloria *in* integro est, addita modestiae fama quae neque summis mortalium 20 spernenda est et a dis aestimatur.' simul diademate caput Tiridatis evinxit, promptam equitum manum, quae regem ex more sectatur, Monaesi nobili viro tradidit, adiectis Adiabenorum auxiliis, mandavitque Tigranen Armenia exturbare, dum ipse positis adversus Hyrcanos discordiis viris 25 intimas molemque belli ciet, provinciis Romanis minitans.

3. Quae ubi Corbuloni certis nuntiis audita sunt, legiones duas cum Verulano Severo et Vettio Bolano subsidium Tigrani mittit occulto praecepto compositius cuncta quam

2 aut *Beroaldus*: haud *M*   14 certamina *Rhenanus*: certam in *M*   16 absitium *M*   19 in *om. M*   23 monaesi *hic Med.* (*c.* 4 moneses, *c.* 5 monesen)   24 exturbare *Ernesti*: exturba *M*: exturbari *dett.*: exturbandum *Becher*   29 cuncta con festinantius *M*

festinantius agerent : quippe bellum habere quam gerere
malebat ; scripseratque Caesari proprio duce opus esse
qui Armeniam defenderet : Syriam ingruente Vologese
acriore in discrimine esse. atque interim reliquas legiones
5 pro ripa Euphratis locat, tumultuariam provincialium manum
armat, hostilis ingressus praesidiis intercipit. et quia egena
aquarum regio est castella fontibus imposita ; quosdam
rivos congestu harenae abdidit.

4. Ea dum a Corbulone tuendae Syriae parantur, acto
10 raptim agmine Monaeses ut famam sui praeiret, non ideo
nescium aut incautum Tigranen offendit. occupaverat
Tigranocertam, urbem copia defensorum et magnitudine
moenium validam. ad hoc Nicephorius amnis haud spernenda latitudine partem murorum ambit ; et ducta ingens
15 fossa qua fluvio diffidebatur. inerantque milites et provisi
ante commeatus, quorum subvectu pauci avidius progressi
et repentinis hostibus circumventi ira magis quam metu
ceteros accenderant. sed Partho ad exequendas obsidiones
nulla comminus audacia : raris sagittis neque clausos
20 exterret et semet frustratur. Adiabeni cum promovere
scalas et machinamenta inciperent, facile detrusi, mox
erumpentibus nostris caeduntur.

5. Corbulo tamen, quamvis secundis rebus suis, mode-
randum fortunae ratus misit ad Vologesen qui expostularent
25 vim provinciae inlatam : socium amicumque regem, cohortis
Romanas circumsideri. omitteret potius obsidionem, aut
se quoque in agro hostili castra positurum. Casperius
centurio in eam legationem delectus apud oppidum Nisibin,
septem et triginta milibus passuum a Tigranocerta distan-
30 tem, adit regem et mandata ferociter edidit. Vologesi
vetus et penitus infixum erat arma Romana vitandi, nec

2 malebant *M*   5 Tummulti varia *M*   12 Tigranocerta *alii*
(*item* Tigranocertis, Tigranocerta *c.* 5)   14 ambiit *M*   26
circumsideri *Agricola* : circumsedere *M*   28 legio‖nem *M*   30
adiit *G²*, *Halm*

341

praesentia prospere fluebant. inritum obsidium, tutus manu
et copiis Tigranes, fugati qui expugnationem sumpserant,
missae in Armeniam legiones, et aliae pro Syria paratae
ultro inrumpere ; sibi imbecillum equitem pabuli inopia :
nam exorta vis locustarum ambederat quidquid herbidum 5
aut frondosum. igitur metu abstruso mitiora obtendens,
missurum ad imperatorem Romanum legatos super pe-
tenda Armenia et firmanda pace respondet : Monaesen
omittere Tigranocertam iubet, ipse retro concedit.

6. Haec plures ut formidine regis et Corbulonis minis 10
patrata ac magnifica extollebant : alii occulte pepigisse
interpretabantur ut omisso utrimque bello et abeunte
Vologese Tigranes quoque Armenia abscederet. cur enim
exercitum Romanum a Tigranocertis deductum? cur deserta per otium quae bello defenderant? an melius hiberna- 15
visse in extrema Cappadocia, raptim erectis tuguriis, quam
in sede regni modo retenti? dilata prorsus arma ut Vologeses cum alio quam cum Corbulone certaret, Corbulo
meritae tot per annos gloriae non ultra periculum faceret.
nam, ut rettuli, proprium ducem tuendae Armeniae popo- 20
scerat, et adventare Caesennius Paetus audiebatur. iamque
aderat, copiis ita divisis ut quarta et duodecima legiones
addita quinta, quae recens e Moesis excita erat, simul
Pontica et Galatarum Cappadocumque auxilia Paeto oboedirent, tertia et sexta et decima legiones priorque Syriae 25
miles apud Corbulonem manerent ; cetera ex rerum usu
sociarent partirenturve. sed neque Corbulo aemuli patiens,
et Paetus, cui satis ad gloriam erat si proximus haberetur,
despiciebat gesta, nihil caedis aut praedae, usurpatas
nomine tenus urbium expugnationes dictitans : se tributa 30
ac leges et pro umbra regis Romanum ius victis imposi-
turum.

7. Sub idem tempus legati Vologesis, quos ad principem
missos memoravi, revertere inriti bellumque propalam
sumptum a Parthis. nec Paetus detrectavit, sed duabus
legionibus, quarum quartam Funisulanus Vettonianus eo in
5 tempore, duodecimam Calavius Sabinus regebant, Armeniam
intrat tristi omine. nam in transgressu Euphratis, quem
ponte tramittebant, nulla palam causa turbatus equus qui
consularia insignia gestabat retro evasit; hostiaque quae
muniebantur hibernaculis adsistens semifacta opera fuga
10 perrupit seque vallo extulit; et pila militum arsere, magis
insigni prodigio quia Parthus hostis missilibus telis decertat.
8. Ceterum Paetus spretis ominibus necdum satis firmatis
hibernaculis, nullo rei frumentariae provisu, rapit exercitum
trans montem Taurum reciperandis, ut ferebat, Tigrano-
15 certis vastandisque regionibus quas Corbulo integras omisisset. et capta quaedam castella gloriaeque et praedae
nonnihil partum, si aut gloriam cum modo aut praedam
cum cura habuisset. longinquis itineribus percursando
quae obtineri nequibant, corrupto qui captus erat commeatu
20 et instante iam hieme, reduxit exercitum composuitque ad
Caesarem litteras quasi confecto bello, verbis magnificis,
rerum vacuas.
9. Interim Corbulo numquam neglectam Euphratis ripam
crebrioribus praesidiis insedit; et ne ponti iniciendo impedi-
25 mentum hostiles turmae adferrent (iam enim subiectis
campis magna specie volitabant), navis magnitudine prae-
stantis et conexas trabibus ac turribus auctas agit per
amnem catapultisque et ballistis proturbat barbaros, in
quos saxa et hastae longius permeabant quam ut contrario
30 sagittarum iactu adaequarentur. dein pons continuatus
collesque adversi per socias cohortis, post legionum castris

6 tristionē *M*   8 consiliaria *M*   hostiaqne quae *Puteolanus* :
‖ostia quaeque *M*   18 set *ante* longinquıs *add. Becher*   28
balistis *M, at cf.* xii. 56   29 quos *Puteolanus* : quo *M*   permane-
bant *M*

343

occupantur, tanta celeritate et ostentatione virium ut Parthi
omisso paratu invadendae Syriae spem omnem in Armeniam
verterent, ubi Paetus imminentium nescius quintam legionem procul in Ponto habebat, reliquas promiscis militum
commeatibus infirmaverat, donec adventare Vologesen 5
magno et infenso agmine auditum.

10. Accitur legio duodecima et unde famam aucti exercitus speraverat, prodita infrequentia : qua tamen retineri
castra et eludi Parthus tractu belli poterat, si Paeto aut in suis
aut in alienis consiliis constantia fuisset : verum ubi a viris 10
militaribus adversus urgentis casus firmatus erat, rursus ne
alienae sententiae indigens videretur in diversa ac deteriora
transibat. et tunc relictis hibernis non fossam neque vallum
sibi sed corpora et arma in hostem data clamitans, duxit
legiones quasi proelio certaturus. deinde amisso centurione 15
et paucis militibus quos visendis hostium copiis praemiserat
trepidus remeavit. et quia minus acriter Vologeses insti-
terat, vana rursus fiducia tria milia delecti peditis proximo
Tauri iugo imposuit quo transitum regis arcerent ; alaris
quoque Pannonios, robur equitatus, in parte campi locat. 20
coniunx ac filius castello, cui Arsamosata nomen est, abditi,
data in praesidium cohorte ac disperso milite qui in uno
habitus vagum hostem promptius sustentavisset. aegre
compulsum ferunt ut instantem Corbuloni fateretur. nec
a Corbulone properatum quo gliscentibus periculis etiam 25
subsidii laus augeretur. expediri tamen itineri singula milia
ex tribus legionibus et alarios octingentos, parem numerum
e cohortibus iussit.

11. At Vologeses, quamvis obsessa a Paeto itinera hinc
peditatu inde equite accepisset, nihil mutato consilio, sed vi 30
ac minis alaris exterruit, legionarios obtrivit, uno tantum

---

7 fama *M*   18 peditis *Pichena* : pedites *M*   23 sustentavisset et‖ (*imperfecta littera* t) egre *M*   26 subsidii *Puteolanus* :
subsidiis *M*

centurione Tarquitio Crescente turrim, in qua praesidium
agitabat, defendere auso factaque saepius eruptione et caesis
qui barbarorum propius suggrediebantur, donec ignium
iactu circumveniretur. peditum si quis integer longinqua
5 et avia, vulnerati castra repetivere, virtutem regis, saevitiam
et copias gentium, cuncta metu extollentes, facili credulitate
eorum qui eadem pavebant. ne dux quidem obniti adversis,
sed cuncta militiae munia deseruerat, missis iterum ad
Corbulonem precibus, veniret propere, signa et aquilas et
10 nomen reliquum infelicis exercitus tueretur: se fidem
interim, donec vita suppeditet, retenturos.

12. Ille interritus et parte copiarum apud Syriam relicta,
ut munimenta Euphrati imposita retinerentur, qua proximum et commeatibus non egenum, regionem Commagenam,
15 exim Cappadociam, inde Armenios petivit. comitabantur
exercitum praeter alia sueta bello magna vis camelorum
onusta frumenti ut simul hostem famemque depelleret.
primum e perculsis Paccium primi pili centurionem obvium
habuit, dein plerosque militum; quos diversas fugae causas
20 obtendentis redire ad signa et clementiam Paeti experiri
monebat: se nisi victoribus immitem esse. simul suas
legiones adire, hortari, priorum admonere, novam gloriam
ostendere. non vicos aut oppida Armeniorum, sed castra
Romana duasque in iis legiones pretium laboris peti. si
25 singulis manipularibus praecipua servati civis corona imperatoria manu tribueretur, quod illud et quantum decus, ubi
par eorum numerus aspiceretur qui adtulissent salutem et
qui accepissent! his atque talibus in commune alacres (et
erant quos pericula fratrum aut propinquorum propriis
30 stimulis incenderent) continuum diu noctuque iter propera-
bant.

13. Eoque intentius Vologeses premere obsessos, modo

vallum legionum, modo castellum, quo imbellis aetas
defendebatur, adpugnare, propius incedens quam mos
Parthis, si ea temeritate hostem in proelium eliceret. at
illi vix contuberniis extracti, nec aliud quam munimenta
propugnabant, pars iussu ducis, et alii propria ignavia aut 5
Corbulonem opperientes, ac vis *si* ingrueret, provisis
exemplis *cladis* Caudinae Numantinaeque; neque eandem
vim Samnitibus, Italico populo, ac Parthis, Romani imperii
aemulis. validam quoque et laudatam antiquitatem, quoties
fortuna contra daret, saluti consuluisse. qua desperatione 10
exercitus dux subactus primas tamen litteras ad Vologesen
non supplices, sed in modum querentis composuit, quod
pro Armeniis semper Romanae dicionis aut subiectis regi
quem imperator delegisset hostilia faceret : pacem ex aequo
utilem ; ne praesentia tantum spectaret ; ipsum adversus 15
duas legiones totis regni viribus advenisse ; at Romanis
orbem terrarum reliquum quo bellum iuvarent.

14. Ad ea Vologeses nihil pro causa sed opperiendos
sibi fratres Pacorum ac Tiridaten rescripsit ; illum locum
tempusque consilio destinatum quid de Armenia cernerent ; 20
adiecisse deos dignum Arsacidarum, simul ut de legionibus
Romanis statuerent. missi posthac Paeto nuntii et regis
conloquium petitum, qui Vasacen praefectum equitatus ire
iussit. tum Paetus Lucullos Pompeios et si qua Caesares
obtinendae donandaeve Armeniae egerant, Vasaces imagi- 25
nem retinendi largiendive penes nos, vim penes Parthos
memorat. et multum in vicem disceptato, Monobazus

4 extrahi *Nipperdey*   6 si *hic add. Walther* : ac si vis *alii*   7
cladis *hic add. Bezzenberger* : pacis *post* Numantinaeque *add. Madvig,
ante* Caudinae *Andresen*   caudi nemun‖ antineque eandem *M*   8
ac Parthis *Halm* : aut (*cum rasura ante litteram* a, *an* sicut ?) paenis
M : aut Hispanis quam Parthis *Io. Fr. Gronovius* : aut Hispanis ut
Freinsheim   13 rei *M*   21 ut *Ursinus et Vertranius* : et *M*   22
post a *ed. Spir.* : posthac a *Haase*   24 qua Caesares *Pichena* :
qua ces *cum spatio quattuor litterarum M*

Adiabenus in diem posterum testis iis quae pepigissent
adhibetur. placuitque liberari obsidio legiones et decedere
omnem militem finibus Armeniorum castellaque et commeatus Parthis tradi; quibus perpetratis copia Vologesi
5 fieret mittendi ad Neronem legatos.

15. Interim flumini Arsaniae (is castra praefluebat) pontem
imposuit, specie sibi illud iter expedientis, sed Parthi quasi
documentum victoriae iusserant; namque iis usui fuit;
nostri per diversum iere. addidit rumor sub iugum missas
10 legiones et alia ex rebus infaustis quorum simulacrum ab
Armeniis usurpatum est. namque et munimenta ingressi
sunt, antequam agmen Romanum excederet, et circumste-
tere vias captiva olim mancipia aut iumenta adgnoscentes
abstrahentesque: raptae etiam vestes, retenta arma, pavido
15 milite et concedente ne qua proelii causa existeret. Vologeses armis et corporibus caesorum aggeratis quo cladem
nostram testaretur, visu fugientium legionum abstinuit:
fama moderationis quaerebatur, postquam superbiam exple-
verat. flumen Arsaniam elephanto insidens, proximus
20 quisque regem vi equorum perrupere, quia rumor incesserat
pontem cessurum oneri dolo fabricantium: sed qui ingredi
ausi sunt validum et fidum intellexere.

16. Ceterum obsessis adeo suppeditavisse rem frumentariam constitit ut horreis ignem inicerent, contraque pro-
25 diderit Corbulo Parthos inopes copiarum et pabulo attrito
relicturos oppugnationem, neque se plus tridui itinere
afuisse. adicit iure iurando Paeti cautum apud signa,
adstantibus iis quos testificando rex misisset, neminem
Romanum Armeniam ingressurum donec referrentur litterae
30 Neronis an paci adnueret. quae ut augendae infamiae
composita, sic reliqua non in obscuro habentur, una die

6 Arsaniae *Acidalius*: arsanieti *M*: Arsaniae etenim *Lipsius*   7
experientis *M*   16 aggeratis *Heinsius*: aggregatis *M*   27
affuisse *M*

CORNELII TACITI

quadraginta milium spatium emensum esse Paetum, de-
sertis passim sauciis, neque minus deformem illam fugientium trepidationem quam si terga in acie vertissent.
Corbulo cum suis copiis apud ripam Euphratis obvius non
eam speciem insignium et armorum praetulit ut diversi- 5
tatem exprobraret. maesti manipuli ac vicem commilitonum miserantes ne lacrimis quidem temperare; vix prae
fletu usurpata consalutatio. decesserat certamen virtutis et
ambitio gloriae, felicium hominum adfectus: sola misericordia valebat et apud minores magis.   10

17. Ducum inter se brevis sermo secutus est, hoc conquerente inritum laborem, potuisse bellum fuga Parthorum
finiri: ille integra utrique cuncta respondit: converterent
aquilas et iuncti invaderent Armeniam abscessu Vologesis
infirmatam. non ea imperatoris habere mandata Corbulo: 15
periculo legionum commotum e provincia egressum; quando
in incerto habeantur Parthorum conatus, Syriam repetiturum:
sic quoque optimam fortunam orandam, ut pedes confectus
spatiis itinerum alacrem et facilitate camporum praevenien-
tem equitem adsequeretur. exim Paetus per Cappadociam 20
hibernavit: at Vologesis ad Corbulonem missi nuntii, detraheret castella trans Euphraten amnemque, ut olim, medium
faceret; ille Armeniam quoque diversis praesidiis vacuam
fieri expostulabat. et postremo concessit rex; dirutaque
quae Euphraten ultra communiverat Corbulo et Armenii 25
sine arbitro relicti sunt.

18. At Romae tropaea de Parthis arcusque medio Capitolini montis sistebantur, decreta ab senatu integro adhuc
bello neque tum omissa, dum aspectui consulitur spreta con-

---

7 tempera‖re *M* : temperavere *alii*   11 conquerente *Faernus* :
conquerentium *M* : conquerente iam *malebat Walther*   14 vologeses *M*   21 Vologesis *Puteolanus* : vologeses *M* (vologese *fort.*
*M*¹) : Vologesi *Andresen*   24 dirutaque quae *Puteolanus* : diruta
quaeque *M*   25 communiverat *Bekker* : comminiuerat *M* : commu-
nierat *Puteolanus*   29 spreto *M*

348

scientia. quin et dissimulandis rerum externarum curis Nero
frumentum plebis vetustate corruptum in Tiberim iecit quo
securitatem annonae sustentaret. cuius pretio nihil additum
est, quamvis ducentas ferme navis portu in ipso violentia
5 tempestatis et centum alias Tiberi subvectas fortuitus ignis
absumpsisset. tres dein consularis, L. Pisonem, Ducenium
Geminum, Pompeium Paulinum vectigalibus publicis praeposuit, cum insectatione priorum principum qui gravitate
sumptuum iustos reditus antissent: se annuum sexcenties
10 sestertium rei publicae largiri.

19. Percrebuerat ea tempestate pravus mos, cum
propinquis comitiis aut sorte provinciarum plerique orbi
fictis adoptionibus adsciscerent filios, praeturasque et provincias inter patres sortiti statim emitterent manu quos
15 adoptaverant. . . . magna cum invidia senatum adeunt, ius
naturae, labores educandi adversus fraudem et artes et
brevitatem adoptionis enumerant. satis pretii esse orbis
quod multa securitate, nullis oneribus gratiam honores
cuncta prompta et obvia haberent. sibi promissa legum diu
20 expectata in ludibrium verti, quando quis sine sollicitudine
parens, sine luctu orbus longa patrum vota repente adaequaret. factum ex eo senatus consultum ne simulata adoptio
in ulla parte muneris publici iuvaret ac ne usurpandis quidem
hereditatibus prodesset.

25 20. Exim Claudius Timarchus Cretensis reus agitur, ceteris criminibus ut solent praevalidi provincialium et opibus
nimiis ad iniurias minorum elati: una vox eius usque ad
contumeliam senatus penetraverat, quod dictitasset in sua
potestate situm an pro consulibus qui Cretam obtinuissent

3 ostentaret *Agricola*   5 tyberī *M*   6 assumpsisset *M*   11
pravissi‖mos *M eadem manu in* pravus mos *corr.* : pravissimus mos
vulgo   14 patre *M*   15 *post* adoptaverant *signum lacunae posuit
Nipperdey*: qui *supplet Puteolanus*, at patres *Dräger*   adeunt ius
Rhenanus : adeuntibus *M*   28 contumelia *M*

grates agerentur. quam occasionem Paetus Thrasea ad bonum publicum vertens, postquam de reo censuerat provincia Creta depellendum, haec addidit : 'usu probatum est, patres conscripti, leges egregias, exempla honesta apud bonos ex delictis aliorum gigni. sic oratorum licentia ₅ Cinciam rogationem, candidatorum ambitus Iulias leges, magistratuum avaritia Calpurnia scita pepererunt; nam culpa quam poena tempore prior, emendari quam peccare posterius est. ergo adversus novam provincialium superbiam dignum fide constantiaque Romana capiamus consilium, quo tutelae ₁₀ sociorum nihil derogetur, nobis opinio decedat, qualis quisque habeatur, alibi quam in civium iudicio esse.

21. Olim quidem non modo praetor aut consul sed privati etiam mittebantur qui provincias viserent et quid de cuiusque obsequio videretur referrent ; trepidabantque gentes de ₁₅ aestimatione singulorum : at nunc colimus externos et adulamur, et quo modo ad nutum alicuius grates, ita promptius accusatio decernitur. decernaturque et maneat provincialibus potentiam suam tali modo ostentandi : sed laus falsa et precibus expressa perinde cohibeatur quam malitia, quam cru- ₂₀ delitas. plura saepe peccantur, dum demeremur quam dum offendimus. quaedam immo virtutes odio sunt, severitas obstinata, invictus adversum gratiam animus. inde initia magistratuum nostrorum meliora ferme et finis inclinat, dum in modum candidatorum suffragia conquirimus : quae si ₂₅ arceantur, aequabilius atque constantius provinciae regentur. nam ut metu repetundarum infracta avaritia est, ita vetita gratiarum actione ambitio cohibebitur.'

22. Magno adsensu celebrata sententia. non tamen senatus consultum perfici potuit, abnuentibus consulibus ea de re ₃₀

9 provincialium *Faernus* : provinciarium *M* : provinciarum *dett.*
16 estimatione *M* : existimatione *Ernesti*   19 ius potentiam
Schmidt : potestas sententiam *Madvig*   20 cohibeantur *M*   26
aequabilius *Agricola* : aequaⵏlibus *M*   28 cohibebitur *Lipsius* :
cohibetur *M*

relatum. mox auctore principe sanxere ne quis ad concilium
sociorum referret agendas apud senatum pro praetoribus
prove consulibus grates, neu quis ea legatione fungeretur.

Isdem consulibus gymnasium ictu fulminis conflagravit
5 effigiesque in eo Neronis ad informe aes liquefacta. et motu
terrae celebre Campaniae oppidum Pompei magna ex parte
proruit ; defunctaque virgo Vestalis Laelia, in cuius locum
Cornelia ex familia Cossorum capta est.

23. Memmio Regulo et Verginio Rufo consulibus natam
10 sibi ex Poppaea filiam Nero ultra mortale gaudium accepit
appellavitque Augustam dato et Poppaeae eodem cognomento. locus puerperio colonia Antium fuit, ubi ipse gene-
ratus erat. iam senatus uterum Poppaeae commendaverat
dis votaque publice susceperat, quae multiplicata exoluta-
15 que. et additae supplicationes templumque fecunditatis et
certamen ad exemplar Actiacae religionis decretum, utque
Fortunarum effigies aureae in solio Capitolini Iovis locaren-
tur, ludicrum circense, ut Iuliae genti apud Bovillas, ita
Claudiae Domitiaeque apud Antium ederetur. quae fluxa
20 fuere, quartum intra mensem defuncta infante. rursusque
exortae adulationes censentium honorem divae et pulvinar
aedemque et sacerdotem. atque ipse ut laetitiae, ita maeroris
immodicus egit. adnotatum est, omni senatu Antium sub
recentem partum effuso, Thraseam prohibitum immoto animo
25 praenuntiam imminentis caedis contumeliam excepisse.
secutam dehinc vocem Caesaris ferunt qua reconciliatum se
Thraseae apud Senecam iactaverit ac Senecam Caesari gra-
tulatum : unde gloria egregiis viris et pericula gliscebant.

24. Inter quae veris principio legati Parthorum mandata
30 regis Vologesis litterasque in eandem formam attulere : se
priora et toties iactata super optinenda Armenia nunc omit-

---

5 effigiesque *Puteolanus* : effigies‖ usque *M*   9 virginio *M*
consule *M*   15 fecunditatis *M* (*evanida littera* s) : Fecunditati *vulgo*
31 committere *M*

tere, quoniam dii, quamvis potentium populorum arbitri, possessionem Parthis non sine ignominia Romana tradidissent.
nuper clausum Tigranen ; post Paetum legionesque, cum opprimere posset, incolumis dimisisse. satis adprobatam vim ;
datum et lenitatis experimentum. nec recusaturum Tiridaten 5
accipiendo diademati in urbem venire nisi sacerdotii religione
attineretur. iturum ad signa et effigies principis ubi legionibus coram regnum auspicaretur.

25. Talibus Vologesis litteris, quia Paetus diversa tamquam rebus integris scribebat, interrogatus centurio, qui 10
cum legatis advenerat, quo in statu Armenia esset, omnis
inde Romanos excessisse respondit. tum intellecto barbarum inrisu qui peterent quod eripuerant, consuluit inter
primores civitatis Nero bellum anceps an pax inhonesta
placeret. nec dubitatum de bello. et Corbulo militum 15
atque hostium tot per annos gnarus gerendae rei praeficitur,
ne cuius alterius inscitia rursum peccaretur, quia Paeti
piguerat. igitur inriti remittuntur, cum donis tamen, unde
spes fieret non frustra eadem oraturum Tiridaten, si preces
ipse attulisset. Syriaeque executio C. Cestio, copiae mili- 20
tares Corbuloni permissae ; et quinta decima legio ducente
Mario Celso e Pannonia adiecta est. scribitur tetrarchis ac
regibus praefectisque et procuratoribus et qui praetorum
finitimas provincias regebant iussis Corbulonis obsequi, in
tantum ferme modum aucta potestate quem populus Roma- 25
nus Cn. Pompeio bellum piraticum gesturo dederat. regressum Paetum, cum graviora metueret, facetiis insectari
satis habuit Caesar, his ferme verbis : ignoscere se statim,
ne tam promptus in pavorem longiore sollicitudine aegre-
sceret. 30

26. At Corbulo quarta et duodecima legionibus quae

12 barbarorum *alii* (*cf.* xiv. 39) : barba‖rum *M*   14 inhonesta
Victorius : inhosta *M*   20 C. *add. Nipperdey*   Cestio *Pighius* :
citio *M*

fortissimo quoque amisso et ceteris exterritis parum habiles
proelio videbantur in Syriam translatis, sextam inde ac
tertiam legiones, integrum militem et crebris ac prosperis
laboribus exercitum, in Armeniam ducit; addiditque legio-
5 nem quintam, quae per Pontum agens expers cladis fuerat,
simul quintadecimanos recens adductos et vexilla delectorum
ex Illyrico et Aegypto, quodque alarum cohortiumque, et
auxilia regum in unum conducta apud Melitenen, qua tra-
mittere Euphraten parabat. tum lustratum rite exercitum
10 ad contionem vocat orditurque magnifica de auspiciis imperatoris rebusque a se gestis, adversa in inscitiam Paeti
declinans, multa auctoritate, quae viro militari pro facundia
erat.

27. Mox iter L. Lucullo quondam penetratum, apertis
15 quae vetustas obsaepserat, pergit. et venientis Tiridatis
Vologesisque de pace legatos haud aspernatus, adiungit iis
centuriones cum mandatis non immitibus: nec enim adhuc
eo ventum ut certamine extremo opus esset. multa Romanis
secunda, quaedam Parthis evenisse, documento adversus
20 superbiam. proinde et Tiridati conducere intactum vasta-
tionibus regnum dono accipere et Vologesen melius societate
Romana quam damnis mutuis genti Parthorum consulturum.
scire quantum intus discordiarum quamque indomitas et
praeferocis nationes regeret: contra imperatori suo immo-
25 tam ubique pacem et unum id bellum esse. simul consilio
terrorem adicere et megistanas Armenios, qui primi a nobis
defecerant, pellit sedibus, castella eorum excindit, plana
edita, validos invalidosque pari metu complet.

28. Non infensum nec cum hostili odio Corbulonis
30 nomen etiam barbaris habebatur eoque consilium eius
fidum credebant. ergo Vologeses neque atrox in summam
et quibusdam praefecturis indutias petit: Tiridates locum

CORNELII TACITI

diemque conloquio poscit. tempus propinquum, locus in quo
nuper obsessae cum Paeto legiones erant barbaris delectus
est ob memoriam laetioris ibi rei, Corbuloni non vitatus
ut dissimilitudo fortunae gloriam augeret. neque infamia
Paeti angebatur, quod eo maxime patuit quia filio eius 5
tribuno ducere manipulos atque operire reliquias malae
pugnae imperavit. die pacta Tiberius Alexander, inlustris
eques Romanus, minister bello datus, et Vinicianus Annius,
gener Corbulonis, nondum senatoria aetate et pro legato
quintae legioni impositus, in castra Tiridatis venere, honori 10
eius ac ne metueret insidias tali pignore; viceni dehinc
equites adsumpti. et viso Corbulone rex prior equo
desiluit; nec cunctatus Corbulo, sed pedes uterque dexte-
ras miscuere.

29. Exim Romanus laudat iuvenem omissis praecipitibus 15
tuta et salutaria capessentem: ille de nobilitate generis
multum praefatus, cetera temperanter adiungit: iturum
quippe Romam laturumque novum Caesari decus, non
adversis Parthorum rebus supplicem Arsaciden. tum
placuit Tiridaten ponere apud effigiem Caesaris insigne 20
regium nec nisi manu Neronis resumere; et conloquium
osculo finitum. dein paucis diebus interiectis magna
utrimque specie inde eques compositus per turmas et
insignibus patriis, hinc agmina legionum stetere fulgentibus
aquilis signisque et simulacris deum in modum templi: 25
medio tribunal sedem curulem et sedes effigiem Neronis
sustinebat. ad quam progressus Tiridates, caesis ex more
victimis, sublatum capiti diadema imagini subiecit, magnis

---

2 barbaris *Döderlein* : cum barbaris *M* : cum barbaris delectus esset
G, Halm 3 laetiori sibi (*i. e.* laetioris ibi) *M*[1] : laetioris sibi *M
et vulgo* Corbuloni non vitatus *Agricola* : corbulo non vitatus *M* :
Corbulo non vitavit *Bekker* 8 Vinicianus *Ryck* : vinianus *M, cf.*
vi. 9 9 aetate et *M*[1] : aetates et *M* : aetate set *vulgo* 10
honori *Lipsius* : honor *M* : honore *dett.* 17 multum *Puteolanus* :
militum *M* 28 sublati *M* capite *Rhenanus*

apud cunctos animorum motibus, quos augebat insita adhuc
oculis exercituum Romanorum caedes aut obsidio : at nunc
versos casus ; iturum Tiridaten ostentui gentibus quanto
minus quam captivum ?

5 **30.** Addidit gloriae Corbulo comitatem epulasque ; et
rogitante rege causas, quoties novum aliquid adverterat,
ut initia vigiliarum per centurionem nuntiari, convivium
bucina dimitti et structam ante augurale aram subdita face
accendi, cuncta in maius attollens admiratione prisci moris
10 adfecit. postero die spatium oravit quo tantum itineris
aditurus fratres ante matremque viseret ; obsidem interea
filiam tradit litterasque supplices ad Neronem.

31. Et digressus Pacorum apud Medos, Vologesen Ecba-
tanis repperit non incuriosum fratris : quippe et propriis
15 nuntiis a Corbulone petierat ne quam imaginem servitii Tiridates perferret neu ferrum traderet aut complexu
provincias obtinentium arceretur foribusve eorum adsisteret,
tantusque ei Romae quantus consulibus honor esset.
scilicet externae superbiae sueto non inerat notitia nostri
20 apud quos vis imperii valet, inania tramittuntur.

32. Eodem anno Caesar nationes Alpium maritimarum
in ius Latii transtulit. equitum Romanorum locos sedilibus
plebis anteposuit apud circum ; namque ad eam diem indis-
creti inibant, quia lex Roscia nihil nisi de quattuordecim
25 ordinibus sanxit. spectacula gladiatorum idem annus
habuit pari magnificentia ac priora ; sed feminarum inlustrium senatorumque plures per arenam foedati sunt.

33. C. Laecanio M. Licinio consulibus acriore in dies
cupidine adigebatur Nero promiscas scaenas frequentandi :
30 nam adhuc per domum aut hortos cecinerat Iuvenalibus
ludis, quos ut parum celebris et tantae voci angustos sperne-
bat. non tamen Romae incipere ausus Neapolim quasi

Graecam urbem delegit : inde initium fore ut transgressus
in Achaiam insignisque et antiquitus sacras coronas adeptus
maiore fama studia civium eliceret. ergo contractum oppidanorum vulgus, et quos e proximis coloniis et municipiis
eius rei fama acciverat, quique Caesarem per honorem aut 5
varios usus sectantur, etiam militum manipuli, theatrum
Neapolitanorum complent.

34. Illic, plerique ut arbitrabantur, triste, ut ipse, providum potius et secundis numinibus evenit : nam egresso
qui adfuerat populo vacuum et sine ullius noxa theatrum 10
conlapsum est. ergo per compositos cantus grates dis atque
ipsam recentis casus fortunam celebrans petiturusque maris
Hadriae traiectus apud Beneventum interim consedit, ubi
gladiatorium munus a Vatinio celebre edebatur. Vatinius
inter foedissima eius aulae ostenta fuit, sutrinae tabernae 15
alumnus, corpore detorto, facetiis scurrilibus ; primo in
contumelias adsumptus, dehinc optimi cuiusque crimina-
tione eo usque valuit ut gratia pecunia vi nocendi etiam
malos praemineret.

35. Eius munus frequentanti Neroni ne inter voluptates 20
quidem a sceleribus cessabatur. isdem quippe illis diebus
Torquatus Silanus mori adigitur, quia super Iuniae familiae
claritudinem divum Augustum abavum ferebat. iussi accusatores obicere prodigum largitionibus, neque aliam spem
quam in rebus novis esse : quin inter libertos habere 25
quos ab epistulis et libellis et rationibus appellet, nomina
summae curae et meditamenta. tum intimus quisque
libertorum vincti abreptique ; et cum damnatio instaret,
brachiorum venas Torquatus interscidit ; secutaque Neronis oratio ex more, quamvis sontem et defensioni merito 30

1 transgressis *M*   5 acciverat *Bud.*: civerat *M*   8 arbitrabantur
Rhenanus: arbitrantur *M*   23 abavum *Rupertus*: atavum *M*
iussis *M*   25 quin inter libertos *Andresen*: quine ‖ innobiles *M*:
quin eum inter (*sine* 'inter' *ed. Bip.*) libertos *Halm*: quin immo viles
Rhenanus: quin eum ignobiles *Ruperti*   29 intercidit *Zumpt*

diffisum victurum tamen fuisse si clementiam iudicis ex-
pectasset.

36. Nec multo post omissa in praesens Achaia (causae
in incerto fuere) urbem revisit, provincias Orientis, maxime
5 Aegyptum, secretis imaginationibus agitans. dehinc edicto
testificatus non longam sui absentiam et cuncta in re publica
perinde immota ac prospera fore, super ea profectione adiit
Capitolium. illic veneratus deos, cum Vestae quoque templum inisset, repente cunctos per artus tremens, seu numine
10 exterrente, seu facinorum recordatione numquam timore
vacuus, deseruit inceptum, cunctas sibi curas amore patriae
leviores dictitans. vidisse maestos civium vultus, audire
secretas querimonias, quod tantum *itineris* aditurus esset,
cuius ne modicos quidem egressus tolerarent, sueti adversum
15 fortuita aspectu principis refoveri. ergo ut in privatis
necessitudinibus proxima pignora praevalerent, ita populum
Romanum vim plurimam habere parendumque retinenti.
haec atque talia plebi volentia fuere, voluptatum cupidine
et, quae praecipua cura est, rei frumentariae angustias, si
20 abesset, metuenti. senatus et primores in incerto erant
procul an coram atrocior haberetur: dehinc, quae natura
magnis timoribus, deterius credebant quod evenerat.

37. Ipse quo fidem adquireret nihil usquam perinde laetum sibi, publicis locis struere convivia totaque urbe quasi
25 domo uti. et celeberrimae luxu famaque epulae fuere quas
a Tigellino paratas ut exemplum referam, ne saepius eadem
prodigentia narranda sit. igitur in stagno Agrippae fabri-
catus est ratem cui superpositum convivium navium aliarum
tractu moveretur. naves auro et ebore distinctae, remiges-

---

5 edicto *Rhenanus*: dicto *M*   6 in re publica perinde *Pichena*:
in rep‖ periende *M*   7 prospere *M*   13 itineris *hic addidit
Halm, post* esset *Heinsius*   tantum iter *G*   auditurus *M*   16
post ita *supplevit* in re publica *Wurm,* apud se *ex Halmii priore
coniectura Andresen*   26 tigellino *M*   exemplā *M*: exemplar
Pichena

que exoleti per aetates et scientiam libidinum compone-
bantur. volucris et feras diversis e terris et animalia maris
Oceano abusque petiverat. crepidinibus stagni lupanaria
adstabant inlustribus feminis completa et contra scorta visebantur nudis corporibus. iam gestus motusque obsceni; et 5
postquam tenebrae incedebant, quantum iuxta nemoris et
circumiecta tecta consonare cantu et luminibus clarescere.
ipse per licita atque inlicita foedatus nihil flagitii reliquerat
quo corruptior ageret, nisi paucos post dies uni ex illo con-
taminatorum grege (nomen Pythagorae fuit) in modum 10
sollemnium coniugiorum denupsisset. inditum imperatori
flammeum, missi auspices, dos et genialis torus et faces
nuptiales, cuncta denique spectata quae etiam in femina
nox operit.

38. Sequitur clades, forte an dolo principis incertum 15
(nam utrumque auctores prodidere), sed omnibus quae huic
urbi per violentiam ignium acciderunt gravior atque atrocior.
initium in ea parte circi ortum quae Palatino Caelioque
montibus contigua est, ubi per tabernas, quibus id merci-
monium inerat quo flamma alitur, simul coeptus ignis et 20
statim validus ac vento citus longitudinem circi corripuit.
neque enim domus munimentis saeptae vel templa muris
cincta aut quid aliud morae interiacebat. impetu perva-
gatum incendium plana primum, deinde in edita adsurgens
et rursus inferiora populando, antiit remedia velocitate mali 25
et obnoxia urbe artis itineribus hucque et illuc flexis atque
enormibus vicis, qualis vetus Roma fuit. ad hoc lamenta
paventium feminarum, fessa aetate aut rudis pueritiae
[aetas], quique sibi quique aliis consulebant, dum trahunt
invalidos aut opperiuntur, pars mora, pars festinans, cuncta 30
impediebant. et saepe dum in tergum respectant lateribus
aut fronte circumveniebantur, vel si in proxima evaserant,

12 missi *ed. Froben.* : misit *M* : visi *Rhenanus* : missi et *Döderlein*
26 hicque *M* 28 aetate *secl. Lipsius* 29 aetas *secl. Iac. Gronovius*

ıllis quoque igni correptis, etiam quae longinqua crediderant
in eodem casu reperiebant. postremo, quid vitarent quid
peterent ambigui, complere vias, sterni per agros; quidam
amissis omnibus fortunis, diurni quoque victus, alii caritate
5 suorum, quos eripere nequiverant, quamvis patente effugio
interiere. nec quisquam defendere audebat, crebris multorum minis restinguere prohibentium, et quia alii palam faces
iaciebant atque esse sibi auctorem vociferabantur, sive ut
raptus licentius exercerent seu iussu.

10 **39.** Eo in tempore Nero Antii agens non ante in urbem
regressus est quam domui eius, qua Palatium et Maecenatis
hortos continuaverat, ignis propinquaret. neque tamen sisti
potuit quin et Palatium et domus et cuncta circum hauri-
rentur. sed solacium populo exturbato ac profugo campum
15 Martis ac monumenta Agrippae, hortos quin etiam suos
patefecit et subitaria aedificia extruxit quae multitudinem
inopem acciperent; subvectaque utensilia ab Ostia et propinquis municipiis pretiumque frumenti minutum usque ad
ternos nummos. quae quamquam popularia in inritum cade-
20 bant, quia pervaserat rumor ipso tempore flagrantis urbis
inisse eum domesticam scaenam et cecinisse Troianum
excidium, praesentia mala vetustis cladibus adsimulantem.

40. Sexto demum die apud imas Esquilias finis incendio
factus, prorutis per immensum aedificiis ut continuae vio-
25 lentiae campus et velut vacuum caelum occurreret. necdum
positus metus aut redierat plebi spes: rursum grassatus
ignis patulis magis urbis locis; eoque strages hominum
minor, delubra deum et porticus amoenitati dicatae latius

---

1 ignis *M*   2 reperiebant *Io. Fr. Gronovius*: repperiebantur *M*
4 diurno quoque victu *Brotier*: copia *post* victus *supplevit Nipperdey*
20 rumori *M*: rumor in *Ernesti*   24 prorutis *Io. Fr. Gronovius*:
proruptis *M*   26 positus metus *Iacob*: post metus *M*   aut
redierat plebi spes *Madvig*: aut rediebat lebis ... (*spatio vacuo trium
litterarum*) *M*: et rediit haut levius *Halm* ,levius *coni. Lipsius*)

procidere. plusque infamiae id incendium habuit quia praediis Tigellini Aemilianis proruperat videbaturque Nero condendae urbis novae et cognomento suo appellandae gloriam quaerere. quippe in regiones quattuordecim Roma dividitur, quarum quattuor integrae manebant, tres solo 5 tenus deiectae : septem reliquis pauca tectorum vestigia supererant, lacera et semusta.

41. Domuum et insularum et templorum quae amissa sunt numerum inire haud promptum fuerit : sed vetustissima religione, quod Servius Tullius Lunae et magna ara 10 fanumque quae praesenti Herculi Arcas Evander sacraverat, aedesque Statoris Iovis vota Romulo Numaeque regia et delubrum Vestae cum Penatibus populi Romani exusta ; iam opes tot victoriis quaesitae et Graecarum artium decora, exim monumenta ingeniorum antiqua et incorrupta, 15 *ut* quamvis in tanta resurgentis urbis pulchritudine multa seniores meminerint quae reparari nequibant. fuere qui adnotarent XIIII Kal. Sextilis principium incendii huius ortum, et quo Senones captam urbem inflammaverint. alii eo usque cura progressi sunt ut totidem annos mensisque 20 et dies inter utraque incendia numerent.

42. Ceterum Nero usus est patriae ruinis extruxitque domum in qua haud proinde gemmae et aurum miraculo essent, solita pridem et luxu vulgata, quam arva et stagna et in modum solitudinum hinc silvae inde aperta spatia et 25 prospectus, magistris et machinatoribus Severo et Celere, quibus ingenium et audacia erat etiam quae natura denegavisset per artem temptare et viribus principis inludere. namque ab lacu Averno navigabilem fossam usque ad ostia Tiberina depressuros promiserant squalenti litore aut per 30 montis adversos. neque enim aliud umidum gignendis

16 ut *add. Halm* : decora ; exim . . . . . . incorrupta quamvis . . . . .
meminerint (*id est* meminisse possunt) *Orelli* 17 meminerant
Rhenanus 19 quo et *Rhenanus* 28 temperare *M*

aquis occurrit quam Pomptinae paludes : cetera abrupta
aut arentia ac, si perrumpi possent, intolerandus labor nec
satis causae. Nero tamen, ut erat incredibilium cupitor,
effodere proxima Averno iuga conisus est ; manentque
5 vestigia inritae spei.

43. Ceterum urbis quae domui supererant non, ut post
Gallica incendia, nulla distinctione nec passim erecta, sed
dimensis vicorum ordinibus et latis viarum spatiis cohibita-
que aedificiorum altitudine ac patefactis areis additisque
10 porticibus quae frontem insularum protegerent. eas porticus
Nero sua pecunia extructurum purgatasque areas dominis
traditurum pollicitus est. addidit praemia pro cuiusque
ordine et rei familiaris copiis finivitque tempus intra quod
effectis domibus aut insulis apiscerentur. ruderi accipiendo
15 Ostiensis paludes destinabat utique naves quae frumentum
Tiberi subvectassent onustae rudere decurrerent ; aedificia-
que ipsa certa sui parte sine trabibus saxo Gabino Albanove
solidarentur, quod is lapis ignibus impervius est ; iam aqua
privatorum licentia intercepta quo largior et pluribus locis
20 in publicum flueret, custodes ; et subsidia reprimendis ignibus in propatulo quisque haberet ; nec communione parie-
tum, sed propriis quaeque muris ambirentur. ea ex utilitate
accepta decorem quoque novae urbi attulere. erant tamen
qui crederent veterem illam formam salubritati magis
25 conduxisse, quoniam angustiae itinerum et altitudo tectorum
non perinde solis vapore perrumperentur : at nunc patulam
latitudinem et nulla umbra defensam graviore aestu
ardescere.

44. Et haec quidem humanis consiliis providebantur.
30 mox petita dis piacula aditique Sibyllae libri, ex quibus

---

5 irrita *M*   6 domus perierant *Lipsius* : domus supererant
Puteolanus   7 erectae *Lipsius*   16 subvecta essent *M* :
subvectavissent *Halm*   19 largitior *M*   20 custodes essent
Madvig   21 nec comm. . . . ambirentur *Nipperdey ante* iam (*l.* 18)
posuit   30 dis *Io. Fr. Gronovius* : a dis *M*

CORNELII TACITI

supplicatum Vulcano et Cereri Proserpinaeque ac propitiata
Iuno per matronas, primum in Capitolio, deinde apud proximum mare, unde hausta aqua templum et simulacrum
deae perspersum est ; et sellisternia ac pervigilia celebra-
vere feminae quibus mariti erant. sed non ope humana, 5
non largitionibus principis aut deum placamentis decedebat
infamia quin iussum incendium crederetur. ergo abolendo
rumori Nero subdidit reos et quaesitissimis poenis adfecit
quos per flagitia invisos vulgus Christianos appellabat.
auctor nominis eius Christus Tiberio imperitante per 10
procuratorem Pontium Pilatum supplicio adfectus erat ;
repressaque in praesens exitiabilis superstitio rursum
erumpebat, non modo per Iudaeam, originem eius mali,
sed per urbem etiam quo cuncta undique atrocia aut
pudenda confluunt celebranturque. igitur primum correpti 15
qui fatebantur, deinde indicio eorum multitudo ingens
haud proinde in crimine incendii quam odio humani
generis convicti sunt. et pereuntibus addita ludibria, ut
ferarum tergis contecti laniatu canum interirent, aut crucibus adfixi aut flammandi, atque ubi defecisset dies in 20
usum nocturni luminis urerentur. hortos suos ei spectaculo
Nero obtulerat et circense ludicrum edebat, habitu aurigae
permixtus plebi vel curriculo insistens. unde quamquam
adversus sontis et novissima exempla meritos miseratio
oriebatur, tamquam non utilitate publica sed in saevitiam 25
unius absumerentur.

45. Interea conferendis pecuniis pervastata Italia, provinciae eversae sociique populi et quae civitatium liberae
vocantur. inque eam praedam etiam dii cessere, spoliatis
in urbe templis egestoque auro quod triumphis, quod votis 30

17 in *del. Faernus*   18 convicti] coniuncti *M*   19 aut . . . . .
atque] multi crucibus adfixi aut flamma usti. aliique *ex Sulpicio
Severo* ii. 29 *correxit Halm* : aut crucibus affixi aut flammati *secl.*
Nipperdey-Andresen   20 flammati *Agricola*   21 usu *M*   23
curriculo *Agricola* : circulo *M*

362

omnis populi Romani aetas prospere aut in metu sacraverat.
enimvero per Asiam atque Achaiam non dona tantum sed
simulacra numinum abripiebantur, missis in eas provincias
Acrato ac Secundo Carrinate. ille libertus cuicumque
5 flagitio promptus, hic Graeca doctrina ore tenus exercitus
animum bonis artibus non induerat. ferebatur Seneca quo
invidiam sacrilegii a semet averteret longinqui ruris secessum
oravisse et, postquam non concedebatur, ficta valetudine
quasi aeger nervis cubiculum non egressus. tradidere qui-
10 dam venenum ei per libertum ipsius, cui nomen Cleonicus,
paratum iussu Neronis vitatumque a Seneca proditione
liberti seu propria formidine, dum persimplici victu et agre-
stibus pomis ac, si sitis admoneret, profluente aqua vitam
tolerat.

15 **46.** Per idem tempus gladiatores apud oppidum Prae-
neste temptata eruptione praesidio militis, qui custos adesset,
coerciti sunt, iam Spartacum et vetera mala rumoribus
ferente populo, ut est novarum rerum cupiens pavidusque.
nec multo post clades rei navalis accipitur, non bello
20 (quippe haud alias tam immota pax), sed certum ad diem in
Campaniam redire classem Nero iusserat, non exceptis
maris casibus. ergo gubernatores, quamvis saeviente
pelago, a Formiis movere; et gravi Africo, dum promunturium Miseni superare contendunt, Cumanis litoribus
25 impacti triremium plerasque et minora navigia passim
amiserunt.

47. Fine anni vulgantur prodigia imminentium malorum
nuntia: vis fulgurum non alias crebrior et sidus cometes,
sanguine inlustri semper Neroni expiatum; bicipites homi-
30 num aliorumve animalium partus abiecti in publicum aut in
sacrificiis, quibus gravidas hostias immolare mos est, reperti.

---

4 Carrinate *Nipperdey*: caprinatae *M*: Carinate *Puteolanus*   6
imbuerat *Lipsius*   9 egressus *M¹*: egressum *M*   12 per sim-
plicem victum *Halm*   16 adest *Nipperdey*

et in agro Placentino viam propter natus vitulus cui caput
in crure esset; secutaque haruspicum interpretatio, parari
rerum humanarum aliud caput, sed non fore validum neque
occultum, quia in utero repressum aut iter iuxta editum sit.

48. Ineunt deinde consulatum Silius Nerva et Atticus 5
Vestinus, coepta simul et aucta coniuratione in quam certatim nomina dederant senatores eques miles, feminae etiam,
cum odio Neronis tum favore in C. Pisonem. is Calpurnio
genere ortus ac multas insignisque familias paterna nobilitate complexus, claro apud vulgum rumore erat per virtutem 10
aut species virtutibus similis. namque facundiam tuendis
civibus exercebat, largitionem adversum amicos, et ignotis
quoque comi sermone et congressu; aderant etiam fortuita,
corpus procerum, decora facies: sed procul gravitas morum
aut voluptatum parsimonia; levitati ac magnificentiae et ali- 15
quando luxu indulgebat, idque pluribus probabatur qui in
tanta vitiorum dulcedine summum imperium non restrictum
nec perseverum volunt.

49. Initium coniurationi non a cupidine ipsius fuit: nec
tamen facile memoraverim quis primus auctor, cuius in- 20
stinctu concitum sit quod tam multi sumpserunt. promptissimos Subrium Flavum tribunum praetoriae cohortis et
Sulpicium Asprum centurionem extitisse constantia exitus
docuit; et Lucanus Annaeus Plautiusque Lateranus vivida
odia intulere. Lucanum propriae causae accendebant, 25
quod famam carminum eius premebat Nero prohibuerat-
que ostentare, vanus adsimulatione: Lateranum consulem
designatum nulla iniuria sed amor rei publicae sociavit.
at Flavius Scaevinus et Afranius Quintianus, uterque senatorii ordinis, contra famam sui principium tanti facinoris 30

4 aut] et *Ernesti*   12 in ignotis *Becher*   15 levitati *Ernesti* :
lenitati *M*   22 Flavum *Bekker* : flavium *M* (*item c.* 65)   24
Lateranus *Bekker* : lateranus consul designatus *M*   27 aemulatione
Lipsius   consulem designatum *secl. Ritter* ; *idem in l.* 24 consul
designatus *tuetur*   28 amore rei p. *M*

capessivere : nam Scaevino dissoluta luxu mens et proinde
vita somno languida ; Quintianus mollitia corporis infamis
et a Nerone probroso carmine diffamatus contumeliam
ultum ibat.

5   **50.** Ergo dum scelera principis et finem adesse imperio
deligendumque qui fessis rebus succurreret inter se aut inter
amicos iaciunt, adgregavere Claudium Senecionem, Cerva-
rium Proculum, Vulcacium Araricum, Iulium Augurinum,
Munatium Gratum, Antonium Natalem, Marcium Festum,
10 equites Romanos ; ex quibus Senecio, e praecipua familiaritate Neronis, speciem amicitiae etiam tum retinens eo
pluribus periculis conflictabatur : Natalis particeps ad omne
secretum Pisoni erat ; ceteris spes ex novis rebus petebatur.
adscitae sunt super Subrium et Sulpicium, de quibus rettuli,
15 militares manus Gavius Silvanus et Statius Proxumus tribuni cohortium praetoriarum, Maximus Scaurus et Venetus
Paulus centuriones. sed summum robur in Faenio Rufo
praefecto videbatur, quem vita famaque laudatum per saevitiam impudicitiamque Tigellinus in animo principis anti-
20 bat fatigabatque criminationibus ac saepe in metum addu-
xerat quasi adulterum Agrippinae et desiderio eius ultioni
intentum. igitur ubi coniuratis praefectum quoque praetorii in partis descendisse crebro ipsius sermone facta fides,
promptius iam de tempore ac loco caedis agitabant. et
25 cepisse impetum Subrius Flavus ferebatur in scaena
canentem Neronem adgrediendi, aut cum ardente domo
per noctem huc illuc cursaret incustoditus. hic occasio
solitudinis, ibi ipsa frequentia tanti decoris testis pul-

---

3 contumelias multum *in* contumelia multum *eadem manu corr.* **M** :
contumelias *vulgo*   6 deligendumque qui *Puteolanus* : deligendum
quique *M*   7 Claudium *Ritter* : tullium *M*   8 Vulcacium *An-*
dresen : vulgacium *M* (*vide* xvi. 8) *ex Hist.* iv. 9   Tugurinum *olim*
edd.   15 Proxumus *Andresen* : proximus *M* (*vide c.* 71)   23
sermonis *M*   26 ardente domo] *locum suspicatur Madvig*   28
pulcherrima *Urlichs* : pulcherrimum *M*

cherrima animum extimulaverant, nisi impunitatis cupido
retinuisset, magnis semper conatibus adversa.

51. Interim cunctantibus prolatantibusque spem ac metum Epicharis quaedam, incertum quonam modo sciscitata
(neque illi ante ulla rerum honestarum cura fuerat), accen- 5
dere et arguere coniuratos, ac postremum lentitudinis
eorum pertaesa et in Campania agens primores classiariorum Misenensium labefacere et conscientia inligare conisa
est tali initio. erat nauarchus in ea classe Volusius Proculus, occidendae matris Neroni inter ministros, non ex 10
magnitudine sceleris provectus, ut rebatur. is mulieri olim
cognitus, seu recens orta amicitia, dum merita erga Neronem sua et quam in inritum cecidissent aperit adicitque
questus et destinationem vindictae, si facultas oreretur,
spem dedit posse impelli et pluris conciliare: nec leve 15
auxilium in classe, crebras occasiones, quia Nero multo
apud Puteolos et Misenum maris usu laetabatur. ergo
Epicharis plura; et omnia scelera principis orditur, neque
senatui quidquam manere. sed provisum quonam modo
poenas eversae rei publicae daret: accingeretur modo 20
navare operam et militum acerrimos ducere in partis, ac
digna pretia expectaret; nomina tamen coniuratorum
reticuit. unde Proculi indicium inritum fuit, quamvis ea
quae audierat ad Neronem detulisset. accita quippe Epicharis et cum indice composita nullis testibus innisum facile 25
confutavit. sed ipsa in custodia retenta est, suspectante
Nerone haud falsa esse etiam quae vera non probabantur.

52. Coniuratis tamen metu proditionis permotis placitum
maturare caedem apud Baias in villa Pisonis, cuius amoeni-

---

1 extimulaverant *M*¹: extimulaverat *M*   incolumitatis *Nipperdey-*
Andresen   6 urguere *Pluygers, Halm*   9 erant ‖ uarchus *M*
10 Neroni *Heinsius*: neronis *M*   18 neque populo *ante* neque
senatui *addidit Madvig, post* senatui *Halm*   19 senatui] sancti
Thomas   quidquam *Madvig*: quod *M*: neque sancti quidquam
Nipperdey-Andresen   21 multum *M*

tate captus Caesar crebro ventitabat balneasque et epulas
inibat omissis excubiis et fortunae suae mole. sed abnuit
Piso invidiam praetendens, si sacra mensae diique hospi-
tales caede qualiscumque principis cruentarentur : melius
5 apud urbem in illa invisa et spoliis civium extructa domo
vel in publico patraturos quod pro re publica suscepissent.
haec in commune, ceterum timore occulto ne L. Silanus
eximia nobilitate disciplinaque C. Cassii, apud quem educatus erat, ad omnem claritudinem sublatus imperium
10 invaderet, prompte daturis qui a coniuratione integri essent
quique miserarentur Neronem tamquam per scelus interfectum. plerique Vestini quoque consulis acre ingenium
vitavisse Pisonem crediderunt, ne ad libertatem oreretur
vel delecto imperatore alio sui muneris rem publicam
15 faceret. etenim expers coniurationis erat, quamvis super
eo crimine Nero vetus adversum insontem odium exple-
verit.

53. Tandem statuere circensium ludorum die, qui Cereri
celebratur, exequi destinata, quia Caesar rarus egressu domo-
20 que aut hortis clausus ad ludicra circi ventitabat promptio-
resque aditus erant laetitia spectaculi. ordinem insidiis
composuerant, ut Lateranus, quasi subsidium rei familiari
oraret, deprecabundus et genibus principis accidens pro-
sterneret incautum premeretque, animi validus et corpore
25 ingens ; tum iacentem et impeditum tribuni et centuriones
et ceterorum, ut quisque audentiae habuisset, adcurrerent
trucidarentque, primas sibi partis expostulante Scaevino,
qui pugionem templo Salutis [in Etruria] sive, ut alii
tradidere, Fortunae Ferentino in oppido detraxerat gesta-
30 batque velut magno operi sacrum. interim Piso apud

12 ingentum *M*   13 libertatem oreretur *Pichena* : libertate moreretur *M*   23 accidens *Rhenanus* : accedens *M*   26 audientiae *M*
27 expostulanti *M*   28 in etruria *secl. Ernesti*   29 Ferentino
Cluverius : frentano *M*   30 operi *Pichena* : operis *M*

aedem Cereris opperiretur, unde eum praefectus Faenius
et ceteri accitum ferrent in castra, comitante Antonia,
Claudii Caesaris filia, ad eliciendum vulgi favorem, quod
C. Plinius memorat. nobis quoquo modo traditum non
occultare in animo fuit, quamvis absurdum videretur aut 5
inanem ad spem Antoniam nomen et periculum commoda-
visse aut Pisonem notum amore uxoris alii matrimonio
se obstrinxisse, nisi si cupido dominandi cunctis adfectibus
flagrantior est.

54. Sed mirum quam inter diversi generis ordinis, aetatis 10
sexus, ditis pauperes taciturnitate omnia cohibita sint,
donec proditio coepit e domo Scaevini ; qui pridie insidiarum multo sermone cum Antonio Natale, dein regressus
domum testamentum obsignavit, promptum vagina pugionem, de quo supra rettuli, vetustate obtusum increpans 15
asperari saxo et in mucronem ardescere iussit eamque
curam liberto Milicho mandavit. simul adfluentius solito
convivium initum, servorum carissimi libertate et alii pecunia donati ; atque ipse maestus et magnae cogitationis
manifestus erat, quamvis laetitiam vagis sermonibus simu- 20
laret. postremo vulneribus ligamenta quibusque sistitur
sanguis parare eundem Milichum monet, sive gnarum coniurationis et illuc usque fidum, seu nescium et tunc primum
arreptis suspicionibus, ut plerique tradidere [de consequenti-
bus]. nam cum secum servilis animus praemia perfidiae 25
reputavit simulque immensa pecunia et potentia obversa-
bantur, cessit fas et salus patroni et acceptae libertatis
memoria. etenim uxoris quoque consilium adsumpserat
muliebre ac deterius : quippe ultro metum intentabat,

6 inanem ad *Pichena* : inane aut *M* (ad *margo m. vet.*)   16 aspernari
M   22 parare *Puteolanus* : partiebatq; *M* : paret ematque
Madvig : parari iubet idque *Nipperdey-Andresen*   24 de consequentibus *secl. Heinsius* : de consequentibus consentitur *Müller*   28
ut enim *M*

multosque adstitisse libertos ac servos qui eadem viderint :
nihil profuturum unius silentium, at praemia penes unum
fore qui indicio praevenisset.

55. Igitur coepta luce Milichus in hortos Servilianos
5 pergit ; et cum foribus arceretur, magna et atrocia adferre
dictitans deductusque ab ianitoribus ad libertum Neronis
Epaphroditum, mox ab eo ad Neronem, urgens periculum,
gravis coniuratos et cetera quae audiverat coniectaverat
docet. telum quoque in necem eius paratum ostendit acci-
10 rique reum iussit. is raptus per milites et defensionem
orsus, ferrum cuius argueretur olim religione patria cultum
et in cubiculo habitum ac fraude liberti subreptum respondit. tabulas testamenti saepius a se et incustodita
dierum observatione signatas. pecunias et libertates servis
15 et ante dono datas, sed ideo tunc largius quia tenui iam re
familiari et instantibus creditoribus testamento diffideret.
enimvero liberalis semper epulas struxisse, vitam amoenam
et duris iudicibus parum probatam. fomenta vulneribus
nulla iussu suo sed, quia cetera palam vana obiecisset,
20 adiungere crimen cuius se pariter indicem et testem faceret.
adicit dictis constantiam ; incusat ultro intestabilem et
consceleratum tanta vocis ac vultus securitate ut labaret
indicium, nisi Milichum uxor admonuisset Antonium Natalem multa cum Scaevino ac secreta conlocutum et esse
25 utrosque C. Pisonis intimos.

56. Ergo accitur Natalis et diversi interrogantur quisnam
is sermo, qua de re fuisset. tum exorta suspicio, quia non
congruentia responderant, inditaque vincla. et tormentorum aspectum ac minas non tulere : prior tamen Natalis,
30 totius conspirationis magis gnarus, simul arguendi peritior,

7 et aphroditum *M*   8 aut *post* audiverat *add. Wurm*   17
struxisse diffideret enimvero (*repet. ex l.* 16) vitam *M*   20
cuius se *Acidalius* : I;sisse *M*   ut sese *Agricola*   27 quae *M*

de Pisone primum fatetur, deinde adicit Annaeum Senecam,
sive internuntius inter eum Pisonemque fuit, sive ut Neronis
gratiam pararet, qui infensus Senecae omnis ad eum opprimendum artes conquirebat. tum cognito Natalis indicio
Scaevinus quoque pari imbecillitate, an cuncta iam pate- 5
facta credens nec ullum silentii emolumentum, edidit
ceteros. ex quibus Lucanus Quintianusque et Senecio diu
abnuere : post promissa impunitate corrupti, quo tarditatem
excusarent, Lucanus Aciliam matrem suam, Quintianus
Glitium Gallum, Senecio Annium Pollionem, amicorum 10
praecipuos, nominavere.

57. Atque interim Nero recordatus Volusii Proculi indicio Epicharin attineri ratusque muliebre corpus impar
dolori tormentis dilacerari iubet. at illam non verbera,
non ignes, non ira eo acrius torquentium ne a femina 15
spernerentur, pervicere quin obiecta denegaret. sic primus
quaestionis dies contemptus. postero cum ad eosdem
cruciatus retraheretur gestamine sellae (nam dissolutis
membris insistere nequibat), vinclo fasciae, quam pectori
detraxerat, in modum laquei ad arcum sellae restricto indi- 20
dit cervicem et corporis pondere conisa tenuem iam
spiritum expressit, clariore exemplo libertina mulier in
tanta necessitate alienos ac prope ignotos protegendo, cum
ingenui et viri et equites Romani senatoresque intacti tormentis carissima suorum quisque pignorum proderent. non 25
enim omittebant Lucanus quoque et Senecio et Quintianus
passim conscios edere, magis magisque pavido Nerone,
quamquam multiplicatis excubiis semet saepsisset.

58. Quin et urbem per manipulos occupatis moenibus,
insesso etiam mari et amne, velut in custodiam dedit. voli- 30

7 Quintianusque (*cf. c.* 49) *Lipsius et sic deinceps* : quintilienusque
M   9 Aciliam *Puteolanus* (*ex c.* 71) : atillam *M*   quintilianus *M*
11 praecipuae *M*   13 Epicharin *Bekker* : apichari *M* (*cum rasura*) :
Epicharim *Puteolanus*   19 fascae *M*   24 intactis *M*   28
sepisset *M*

370

tabantque per fora, per domos, rura quoque et proxima
municipiorum pedites equitesque, permixti Germanis, quibus fidebat princeps quasi externis. continua hinc et
vincta agmina trahi ac foribus hortorum adiacere. atque
5 ubi dicendam ad causam introissent, laetatum erga coniuratos et fortuitus sermo et subiti occursus, si convivium,
si spectaculum simul inissent, pro crimine accipi, cum super
Neronis ac Tigellini saevas percontationes Faenius quoque
Rufus violenter urgeret, nondum ab indicibus nominatus,
10 et quo fidem inscitiae pararet, atrox adversus socios. idem
Subrio Flavo adsistenti adnuentique an inter ipsam cognitionem destringeret gladium caedemque patraret, rennuit
infregitque impetum iam manum ad capulum referentis.

59. Fuere qui prodita coniuratione, dum auditur Mili-
15 chus, dum dubitat Scaevinus, hortarentur Pisonem pergere
in castra aut rostra escendere studiaque militum et populi
temptare. si conatibus eius conscii adgregarentur, secuturos etiam integros; magnamque motae rei famam, quae
plurimum in novis consiliis valeret. nihil adversum haec
20 Neroni provisum. etiam fortis viros subitis terreri, nedum
ille scaenicus, Tigellino scilicet cum paelicibus suis comitante, arma contra cieret. multa experiendo confieri quae
segnibus ardua videantur. frustra silentium et fidem in tot
consciorum animis et corporibus sperare : cruciatui aut
25 praemio cuncta pervia esse. venturos qui ipsum quoque
vincirent, postremo indigna nece adficerent. quanto lauda-
bilius periturum, dum amplectitur rem publicam, dum
auxilia libertati invocat. miles potius deesset et plebes
desereret, dum ipse maioribus, dum posteris, si vita prae-
30 riperetur, mortem adprobaret. immotus his et paululum in
publico versatus, post domi secretus, animum adversum

5 laetatum *dett.* : latatum *M* : clam actum *Halm et alii alia*   6
et fortuitus *Walther* : set fortuitus *M* : fortuitus *Nipperdey*   10
et *Acidalius* : set *M*   24 sperari *alii*   26 vincerent *M*

suprema firmabat, donec manus militum adveniret quos
Nero tirones aut stipendiis recentis delegerat : nam vetus
miles timebatur tamquam favore imbutus. obiit abruptis
brachiorum venis. testamentum foedis adversus Neronem
adulationibus amori uxoris dedit, quam degenerem et sola 5
corporis forma commendatam amici matrimonio abstulerat.
nomen mulieri Satria Galla, priori marito Domitius Silus :
hic patientia, illa impudicitia Pisonis infamiam propagavere.

60. Proximam necem Plautii Laterani consulis designati
Nero adiungit, adeo propere ut non complecti liberos, non 10
illud breve mortis arbitrium permitteret. raptus in locum
servilibus poenis sepositum manu Statii tribuni trucidatur,
plenus constantis silentii nec tribuno obiciens eandem conscientiam.

Sequitur caedes Annaei Senecae, laetissima principi, 15
non quia coniurationis manifestum compererat, sed ut ferro
grassaretur, quando venenum non processerat. solus quippe
Natalis et hactenus prompsit missum se ad aegrotum Senecam uti viseret conquerereturque cur Pisonem aditu arceret :
melius fore si amicitiam familiari congressu exercuissent ; 20
et respondisse Senecam sermones mutuos et crebra conloquia neutri conducere ; ceterum salutem suam incolumitate
Pisonis inniti. haec ferre Gavius Silvanus tribunus praetoriae cohortis et an dicta Natalis suaque responsa nosceret
percontari Senecam iubetur. is forte an prudens ad eum 25
diem ex Campania remeaverat quartumque apud lapidem
suburbano rure substiterat. illo propinqua vespera tribunus
venit et villam globis militum saepsit ; tum ipsi cum Pompeia
Paulina uxore et amicis duobus epulanti mandata imperatoris edidit.
30

61. Seneca missum ad se Natalem conquestumque no-

---

1 quis *M*   3 tamquam *Rhenanus* : quanquam *M*   7 mulieri
Satria *Andresen* : mulieris atria *M* : mulieris Atria *vulgo*   23
Gavius *Bekker* : gravius *M*   28 globos *M* : globus *Puteolanus*

mine Pisonis quod a visendo eo prohiberetur, seque rationem valetudinis et amorem quietis excusavisse respondit.
cur salutem privati hominis incolumitati suae anteferret
causam non habuisse; nec sibi promptum in adulationes
5 ingenium. idque nulli magis gnarum quam Neroni, qui
saepius libertatem Senecae quam servitium expertus esset.
ubi haec a tribuno relata sunt Poppaea et Tigellino coram,
quod erat saevienti principi intimum consiliorum, interrogat
an Seneca voluntariam mortem pararet. tum tribunus nulla
10 pavoris signa, nihil triste in verbis eius aut vultu deprensum
confirmavit. ergo regredi et indicere mortem iubetur. tradit
Fabius Rusticus non eo quo venerat itinere reditum sed
flexisse ad Faenium praefectum, et expositis Caesaris iussis
an obtemperaret interrogavisse, monitumque ab eo ut exe-
15 queretur, fatali omnium ignavia. nam et Silvanus inter
coniuratos erat augebatque scelera in quorum ultionem
consenserat. voci tamen et aspectui pepercit intromisitque
ad Senecam unum ex centurionibus qui necessitatem
ultimam denuntiaret.

20 **62.** Ille interritus poscit testamenti tabulas; ac dene-
gante centurione conversus ad amicos, quando meritis
eorum referre gratiam prohiberetur, quod unum iam et
tamen pulcherrimum habeat, imaginem vitae suae relin-
quere testatur, cuius si memores essent, bonarum artium
25 famam fructum constantis amicitiae laturos. simul lacrimas
eorum modo sermone, modo intentior in modum coercentis
ad firmitudinem revocat, rogitans ubi praecepta sapientiae,
ubi tot per annos meditata ratio adversum imminentia? cui
enim ignaram fuisse saevitiam Neronis? neque aliud super-
30 esse post matrem fratremque interfectos quam ut educa-
toris praeceptorisque necem adiceret.

12 reditum] redisse tribunum *Halm*   25 fructum *Halm* : tam *M* :
tum *Muretus*   pretium *post* amicitiae *add. Nipperdey*   30 post]
quam *M*   fratresque *Nipperdey*

63. Vbi haec atque talia velut in commune disseruit,
complectitur uxorem et paululum adversus praesentem
fortitudinem mollitus rogat oratque temperaret dolori neu
aeternum susciperet, sed in contemplatione vitae per virtutem actae desiderium mariti solaciis honestis toleraret. illa 5
contra sibi quoque destinatam mortem adseverat manumque
percussoris exposcit. tum Seneca gloriae eius non adversus,
simul amore, ne sibi unice dilectam ad iniurias relinqueret,
'vitae' inquit 'delenimenta monstraveram tibi, tu mortis
decus mavis : non invidebo exemplo. sit huius tam fortis 10
exitus constantia penes utrosque par, claritudinis plus in
tuo fine.' post quae eodem ictu brachia ferro exolvunt.
Seneca, quoniam senile corpus et parco victu tenuatum
lenta effugia sanguini praebebat, crurum quoque et poplitum
venas abrumpit ; saevisque cruciatibus defessus, ne dolore 15
suo animum uxoris infringeret atque ipse visendo eius
tormenta ad impatientiam delaberetur, suadet in aliud
cubiculum abscedere. et novissimo quoque momento
suppeditante eloquentia advocatis scriptoribus pleraque
tradidit, quae in vulgus edita eius verbis invertere super- 20
sedeo.

64. At Nero nullo in Paulinam proprio odio, ac ne
glisceret invidia crudelitatis, *iubet* inhiberi mortem. hortantibus militibus servi libertique obligant brachia, premunt
sanguinem, incertum an ignarae. nam ut est vulgus ad 25
deteriora promptum, non defuere qui crederent, donec
implacabilem Neronem timuerit, famam sociatae cum marito
mortis petivisse, deinde oblata mitiore spe blandimentis
vitae evictam ; cui addidit paucos postea annos, laudabili

1 velut] ultro *G* : *om. alii*   3 formidinem *dett.*, *Nipperdey* : fortunam *Haase*   molitus *Agricola*   dolori neu *Heinsius* : doloriem
M : dolori ne *Agricola* : dolorem aet. suscipere *Io. Fr. Gronovius*
23 iubet *add. Heinsius*   27 famam sociatae *Puteolanus* : fama
societatem *M*

in maritum memoria et ore ac membris in eum pallorem
albentibus ut ostentui esset multum vitalis spiritus egestum.
Seneca interim, durante tractu et lentitudine mortis, Statium
Annaeum, diu sibi amicitiae fide et arte medicinae proba-
5 tum, orat provisum pridem venenum quo damnati publico
Atheniensium iudicio extinguerentur promeret; adlatumque
hausit frustra, frigidus iam artus et cluso corpore adversum
vim veneni. postremo stagnum calidae aquae introiit,
respergens proximos servorum addita voce libare se liquorem
10 illum Iovi liberatori. exim balneo inlatus et vapore eius
exanimatus sine ullo funeris sollemni crematur. ita codicillis praescripserat, cum etiam tum praedives et praepotens
supremis suis consuleret.

65. Fama fuit Subrium Flavum cum centurionibus occulto
15 consilio neque tamen ignorante Seneca destinavisse ut post
occisum opera Pisonis Neronem Piso quoque interficeretur tradereturque imperium Senecae, quasi insontibus claritudine virtutum ad summum fastigium delecto. quin et
verba Flavi vulgabantur, non referre dedecori si citharoedus
20 demoveretur et tragoedus succederet, quia ut Nero cithara,
ita Piso tragico ornatu canebat.

66. Ceterum militaris quoque conspiratio non ultra fefellit, accensis indicibus ad prodendum Faenium Rufum,
quem eundem conscium et inquisitorem non tolerabant.
25 ergo instanti minitantique renidens Scaevinus neminem ait
plura scire quam ipsum, hortaturque ultro redderet tam
bono principi vicem. non vox adversum ea Faenio, non
silentium, sed verba sua praepediens et pavoris manifestus,
ceterisque ac maxime Cervario Proculo equite Romano ad
30 convincendum eum conisis, iussu imperatoris a Cassio milite,
qui ob insigne corporis robur adstabat, corripitur vinciturque.

---

5 quod anti *M*   14 Flavum *Bekker*: flavium *M* (*item l.* 19 flavii\
17 in sontibus *Jansen*   19 dedecoris *Heinsius*   23 accensis
Lipsius: accensis quoque *M*   27 faenius *M* : *secl. Ritter*   29
ac] et *Halm tacite*   equite Ro. *Orelli* : equiter *M*

67. Mox eorundem indicio Subrius Flavus tribunus pervertitur, primo dissimilitudinem morum ad defensionem trahens, neque se armatum cum inermibus et effeminatis tantum facinus consociaturum; dein, postquam urgebatur, confessionis gloriam amplexus. interrogatusque a Nerone 5 quibus causis ad oblivionem sacramenti processisset, 'oderam te' inquit, 'nec quisquam tibi fidelior militum fuit, dum amari meruisti. odisse coepi, postquam parricida matris et uxoris, auriga et histrio et incendiarius extitisti.' ipsa rettuli verba, quia non, ut Senecae, vulgata erant, nec 10 minus nosci decebat militaris viri sensus incomptos et validos. nihil in illa coniuratione gravius auribus Neronis accidisse constitit, qui ut faciendis sceleribus promptus, ita audiendi quae faceret insolens erat. poena Flavi Veianio Nigro tribuno mandatur. is proximo in agro scrobem 15 effodi iussit, quam Flavus ut humilem et angustam increpans, circumstantibus militibus, 'ne hoc quidem' inquit 'ex disciplina.' admonitusque fortiter protendere cervicem, 'utinam' ait 'tu tam fortiter ferias!' et ille multum tremens, cum vix duobus ictibus caput amputavisset, saevi- 20 tiam apud Neronem iactavit, sesquiplaga interfectum a se dicendo.

68. Proximum constantiae exemplum Sulpicius Asper centurio praebuit, percontanti Neroni cur in caedem suam conspiravisset breviter respondens non aliter tot flagitiis 25 eius subveniri potuisse: tum iussam poenam subiit. nec ceteri centuriones in perpetiendis suppliciis degeneravere: at non Faenio Rufo par animus, sed lamentationes suas etiam in testamentum contulit.

Opperiebatur Nero ut Vestinus quoque consul in 30 crimen traheretur, violentum et infensum ratus: sed ex

---

16 quam *Pichena* : quamvis *M* : quam visam *Walther*   31
atraheretur (*paene erasa littera* a) *M* : attraheretur *Orelli* : crimina
traheretur *Ritter*

coniuratis consilia cum Vestino non miscuerant, quidam
vetustis in eum simultatibus, plures quia praecipitem et
insociabilem credebant. ceterum Neroni odium adversus
Vestinum ex intima sodalitate coeperat, dum hic ignaviam
5 principis penitus cognitam despicit, ille ferociam amici
metuit, saepe asperis facetiis inlusus, quae ubi multum ex
vero traxere, acrem sui memoriam relinquunt. accesserat
repens causa quod Vestinus Statiliam Messalinam matrimonio sibi iunxerat, haud nescius inter adulteros eius et
10 Caesarem esse.

69. Igitur non crimine, non accusatore existente, quia
speciem iudicis induere non poterat, ad vim dominationis
conversus Gerellanum tribunum cum cohorte militum immittit iubetque praevenire conatus consulis, occupare velut
15 arcem eius, opprimere delectam iuventutem, quia Vestinus
imminentis foro aedis decoraque servitia et pari aetate
habebat. cuncta eo die munia consulis impleverat convi-
viumque celebrabat, nihil metuens an dissimulando metu,
cum ingressi milites vocari eum a tribuno dixere. ille nihil
20 demoratus exsurgit et omnia simul properantur: clauditur
cubiculo, praesto est medicus, abscinduntur venae, vigens
adhuc balneo infertur, calida aqua mersatur, nulla edita
voce qua semet miseraretur. circumdati interim custodia
qui simul discubuerant, nec nisi provecta nocte omissi sunt,
25 postquam pavorem eorum, ex mensa exitium opperientium,
et imaginatus et inridens Nero satis supplicii luisse ait pro
epulis consularibus.

70. Exim Annaei Lucani caedem imperat. is profluente
sanguine ubi frigescere pedes manusque et paulatim ab
30 extremis cedere spiritum fervido adhuc et compote mentis

8 recens *Lipsius*   12 ispeciem indiciis *M* : ipse speciem iudicis
Ritter   14 occupare *Puteolanus* : occuparet *M*   18 celebrat *M*
22 aqua ūsa‖ mersatur *M* (ūsa *punctis notatur*)   25 ex mensa *Fr.*
Medici : et mensae *M*   28 Annaei *Ritter* : mane‖ na et (*partim
corr. M¹*) *M* : M. Annaei *Rhenanus*

Nᵇ

pectore intellegit, recordatus carmen a se compositum quo
vulneratum militem per eius modi mortis imaginem obisse
tradiderat, versus ipsos rettulit eaque illi suprema vox fuit.
Senecio posthac et Quintianus et Scaevinus non ex priore
vitae mollitia, mox reliqui coniuratorum periere, nullo facto 5
dictove memorando.

71. Sed compleri interim urbs funeribus, Capitolium
victimis; alius filio, fratre alius aut propinquo aut amico
interfectis, agere grates deis, ornare lauru domum, genua
ipsius advolvi et dextram osculis fatigare. atque ille gau- 10
dium id credens Antonii Natalis et Cervarii Proculi festinata
indicia impunitate remuneratur. Milichus praemiis ditatus
conservatoris sibi nomen, Graeco eius rei vocabulo, adsumpsit. e tribunis Gavius Silvanus quamvis absolutus sua
manu cecidit; Statius Proxumus veniam quam ab impera- 15
tore acceperat vanitate exitus corrupit. exuti dehinc
tribunatu * * Pompeius, Cornelius Martialis, Flavius Nepos
Statius Domitius, quasi principem non quidem odissent sed
tamen existimarentur. Novio Prisco per amicitiam Senecae
et Glitio Gallo atque Annio Pollioni infamatis magis quam 20
convictis data exilia. Priscum Artoria Flaccilla coniunx
comitata est, Gallum Egnatia Maximilla, magnis primum et
integris opibus, post ademptis; quae utraque gloriam eius
auxere. pellitur et Rufrius Crispinus occasione coniurationis, sed Neroni invisus quod Poppaeam quondam matri- 25
monio tenuerat. Verginium *Flavum et Musonium* Rufum
claritudo nominis expulit: nam Verginius studia iuvenum
eloquentia, Musonius praeceptis sapientiae fovebat. Cluvi-
dieno Quieto, Iulio Agrippae, Blitio Catulino, Petronio
Prisco, Iulio Altino velut in agmen et numerum, Aegaei 30

---

10 osculis *Puteolanus* : oculis oculis *M*   15 proxumus *M* (*vide*
c. 50)   17 *lacunam notavit Ritter*   19 existimarentur *Rhenanus* :
extimarentur *M*   22 et gnatia *M*   26 Flavum et Musonium
add. Walther

maris insulae permittuntur. at Caedicia uxor Scaevini et Caesennius Maximus Italia prohibentur, reos fuisse se tantum poena experti. Acilia mater Annaei Lucani sine absolutione, sine supplicio dissimulata.

5 72. Quibus perpetratis Nero et contione militum habita bina nummum milia viritim manipularibus divisit addiditque sine pretio frumentum, quo ante ex modo annonae utebantur. tum quasi gesta bello expositurus vocat senatum et triumphale decus Petronio Turpiliano consulari, Cocceio
10 Nervae praetori designato, Tigellino praefecto praetorii tribuit, Tigellinum et Nervam ita extollens ut super triumphalis in foro imagines apud Palatium quoque effigies eorum sisteret. consularia insignia Nymphidio * * * quia nunc primum oblatus est, pauca repetam : nam et ipse
15 pars Romanarum cladium erit. igitur matre libertina ortus quae corpus decorum inter servos libertosque principum vulgaverat, ex G. Caesare se genitum ferebat, quoniam forte quadam habitu procerus et torvo vultu erat, sive G. Caesar, scortorum quoque cupiens, etiam matri eius inlusit * * *

20 73. Sed Nero vocato senatu, oratione inter patres habita, edictum apud populum et conlata in libros indicia confessionesque damnatorum adiunxit. etenim crebro vulgi rumore lacerabatur, tamquam viros *claros* et insontis ob invidiam aut metum extinxisset. ceterum coeptam adultam-
25 que et revictam coniurationem neque tunc dubitavere quibus verum noscendi cura erat, et fatentur qui post interitum Neronis in urbem regressi sunt. at in senatu cunctis, ut cuique plurimum maeroris, in adulationem demissis, Iunium Gallionem, Senecae fratris morte pavidum

1 Caedicia *Orelli* : cadicia *M*   2 Caesonius *Lipsius*   9 Turpiliano *Vertranius* : turpiano *M*   13 *lacunam notavit Ritter*   qui quia nunc *Weissenborn* : de quo quia nunc *alii* : quannc̄ *M*   14 ipsa *M*   19 *lacunam indicavit Wurm*   20 *verba* vocato senatu abundare Ernestio videbantur : *secl. Nipperdey*   23 claros *add. Freinsheim*   29 demissis *Puteolanus* : dimissis *M*

379

et pro sua incolumitate supplicem, increpuit Salienus Clemens, hostem et parricidam vocans, donec consensu patrum deterritus est, ne publicis malis abuti ad occasionem privati odii videretur, neu composita aut oblitterata mansuetudine principis novam ad saevitiam retraheret. 5

74. Tum [decreta] dona et grates deis decernuntur, propriusque honos Soli, cui est vetus aedes apud circum in quo facinus parabatur, qui occulta coniurationis numine retexisset; utque circensium Cerealium ludicrum pluribus equorum cursibus celebraretur mensisque Aprilis Neronis 10 cognomentum acciperet; templum Saluti extrueretur eo loci * * * ex quo Scaevinus ferrum prompserat. ipse eum pugionem apud Capitolium sacravit inscripsitque Iovi Vindici: in praesens haud animadversum; post arma Iulii Vindicis ad auspicium et praesagium futurae ultionis trahebatur. reperio 15 in commentariis senatus Cerialem Anicium consulem designatum pro sententia dixisse ut templum divo Neroni quam maturrime publica pecunia poneretur. quod quidem ille decernebat tamquam mortale fastigium egresso et venerationem hominum merito, *sed ipse prohibuit, ne* 20 *interpretatione* quorundam ad omen malum sui exitus verteretur: nam deum honor principi non ante habetur quam agere inter homines desierit.

4 composita aut oblitterata mansuetudine *Lipsius* : compositam aut oblitteratam mansuetudinem *M*   6 decreta *secl. Io. Fr. Grono-vius* : decernuntur *secl. Lipsius* : indiscreta *Bezzenberger, cf.* 1. 35 11 *post* loci *signum lacunae posuit Nipperdey*   20 venerationem *Rhenanus* : veneratio item *M*   sed . . . interpretatione *supplevit Halm*   21 ad omen malum *Halm* : ad omnia dolum *M* (*locus nullis emendationibus sanabilis*)

LIBER XVI

1. INLVSIT dehinc Neroni fortuna per vanitatem ipsius et
promissa Caeselli Bassi, qui origine Poenus, mente turbida,
nocturnae quietis imaginem ad spem haud dubiae rei traxit,
vectusque Romam, principis aditum emercatus, expromit
5 repertum in agro suo specum altitudine immensa, quo
magna vis auri contineretur, non in formam pecuniae sed
rudi et antiquo pondere. lateres quippe praegravis iacere,
adstantibus parte alia columnis; quae per tantum aevi
occulta augendis praesentibus bonis. ceterum, ut conie-
10 ctura demonstrabat, Dido Phoenissam Tyro profugam con-
dita Carthagine illas opes abdidisse, ne novus populus
nimia pecunia lasciviret aut reges Numidarum, et alias
infensi, cupidine auri ad bellum accenderentur.

2. Igitur Nero, non auctoris, non ipsius negotii fide satis
15 spectata nec missis per quos nosceret an vera adferrentur,
auget ultro rumorem mittitque qui velut paratam praedam
adveherent. dantur triremes et delectum remigium iuvandae
festinationi. nec aliud per illos dies populus credulitate,
prudentes diversa fama tulere. ac forte quinquennale ludi-
20 crum secundo lustro celebrabatur, ab oratoribusque praecipua materia in laudem principis adsumpta est. non enim
solitas tantum fruges nec confusum metallis aurum gigni,
sed nova ubertate provenire terram et obvias opes deferre
deos, quaeque alia summa facundia nec minore adulatione
25 servilia fingebant, securi de facilitate credentis.

---

1 Neronis *M*   2 plenus *M*   3 dubiae rei traxit *Döderlein* :
dubie retraxit *M*   9 occultata *Nipperdey*   10 demonstrabat *Halm* :
demonstrat *M*   15 missis *Ernesti* : missis visoribus *M*   16
paratam *Acidalius* : partam *M*   17 remigium *Boxhorn* : navigium
M   19 prudentes *Boxhorn* : prodentis *M*   20 celebrabatur
Puteolanus : celebratur *M*   ab oratoribusque *Baiter* : avaratoribus
oratoribusque *M* : [ab oratoribus] oratoribusque *Ritter*   22 metallis
aliis *Nipperdey*   24 minores *M*

3. Gliscebat interim luxuria spe inani consumebanturque
veteres opes quasi oblatis quas multos per annos prodigeret.
quin et inde iam largiebatur; et divitiarum expectatio inter
causas paupertatis publicae erat. nam Bassus effosso agro
suo latisque circum arvis, dum hunc vel illum locum pro- 5
missi specus adseverat, sequunturque non modo milites
sed populus agrestium efficiendo operi adsumptus, tandem
posita vaecordia, non falsa antea somnia sua seque tunc
primum elusum admirans, pudorem et metum morte volun-
taria effugit. quidam vinctum ac mox dimissum tradidere 10
ademptis bonis in locum regiae gazae.

4. Interea senatus propinquo iam lustrali certamine, ut
dedecus averteret, offert imperatori victoriam cantus adicitque facundiae coronam qua ludicra deformitas velaretur.
sed Nero nihil ambitu nec potestate senatus opus esse 15
dictitans, se aequum adversum aemulos et religione iudicum
meritam laudem adsecuturum, primo carmen in scaena
recitat; mox flagitante vulgo ut omnia studia sua publicaret
(haec enim verba dixere) ingreditur theatrum, cunctis citha-
rae legibus obtemperans, ne fessus resideret, ne sudorem 20
nisi ea quam indutui gerebat veste detergeret, ut nulla oris
aut narium excrementa viserentur. postremo flexus genu
et coetum illum manu veneratus sententias iudicum opperiebatur ficto pavore. et plebs quidem urbis, histrionum
quoque gestus iuvare solita, personabat certis modis plau- 25
suque composito. crederes laetari, ac fortasse laetabantur
per incuriam publici flagitii.

5. Sed qui remotis e municipiis severaque adhuc et
antiqui moris retinente Italia, quique per longinquas provincias lascivia inexperti officio legationum aut privata 30

9 ammirans *M* : affirmans *Nipperdey*   22 viserent *M*   27
incuriam *Acidalius* : iniuriam *M*   28 severaque . . . retinente
Italia *Agricola* : severamque . . . retinentes Italiam *M*   29 longinquas *Muretus* : lonquas *M*   30 lascivia inexperti *Otto* : lasciviā
experti *M*

utilitate advenerant, neque aspectum illum tolerare neque
labori inhonesto sufficere, cum manibus nesciis fatiscerent,
turbarent gnaros ac saepe a militibus verberarentur, qui
per cuneos stabant ne quod temporis momentum impari
5 clamore aut silentio segni praeteriret. constitit plerosque
equitum, dum per angustias aditus et ingruentem multitudinem enituntur, obtritos, et alios, dum diem noctemque
sedilibus continuant, morbo exitiabili correptos. quippe
gravior inerat metus, si spectaculo defuissent, multis palam
10 et pluribus occultis, ut nomina ac vultus, alacritatem tristi-
tiamque coeuntium scrutarentur. unde tenuioribus statim
inrogata supplicia, adversum inlustris dissimulatum ad praesens et mox redditum odium. ferebantque Vespasianum,
tamquam somno coniveret, a Phoebo liberto increpitum
15 aegreque meliorum precibus obtectum, mox imminentem
perniciem maiore fato effugisse.

6. Post finem ludicri Poppaea mortem obiit, fortuita
mariti iracundia, a quo gravida ictu calcis adflicta est.
neque enim venenum crediderim, quamvis quidam scri-
20 ptores tradant, odio magis quam ex fide : quippe liberorum
cupiens et amori uxoris obnoxius erat. corpus non igni
abolitum, ut Romanus mos, sed regum externorum consuetudine differtum odoribus conditur tumuloque Iuliorum
infertur. ductae tamen publicae exequiae laudavitque ipse
25 apud rostra formam eius et quod divinae infantis parens
fuisset aliaque fortunae munera pro virtutibus.

7. Mortem Poppaeae ut palam tristem, ita recordantibus
laetam ob impudicitiam eius saevitiamque, nova insuper
invidia Nero complevit prohibendo C. Cassium officio exe-
30 quiarum, quod primum indicium mali. neque in longum
dilatum est, sed Silanus additur, nullo crimine nisi quod

2 labori *Rhenanus* : labore (*in rasura*) *M*   5 consistit *M*   22
Romanis *Agricola*   31 dilatus *Acidalius*

Cassius opibus vetustis et gravitate morum, Silanus claritudine generis et modesta iuventa praecellebant. igitur
missa ad senatum oratione removendos a re publica utrosque disseruit, obiectavitque Cassio quod inter imagines
maiorum etiam C. Cassi effigiem coluisset, ita inscriptam 5
'duci partium': quippe semina belli civilis et defectionem
a domo Caesarum quaesitam; ac *ne* memoria tantum infensi nominis ad discordias uteretur, adsumpsisse L. Silanum,
iuvenem genere nobilem, animo praeruptum, quem novis
rebus ostentaret.   10

8. Ipsum dehinc Silanum increpuit isdem quibus patruum
eius Torquatum, tamquam disponeret iam imperii curas
praeficeretque rationibus et libellis et epistulis libertos,
inania simul et falsa: nam Silanus intentior metu et exitio
patrui ad praecavendum exterritus erat. inducti posthac 15
vocabulo indicum qui in Lepidam, Cassii uxorem, Silani
amitam, incestum cum fratris filio et diros sacrorum ritus
confingerent. trahebantur ut conscii Vulcacius Tullinus ac
Marcellus Cornelius senatores et Calpurnius Fabatus eques
Romanus; qui appellato principe instantem damnationem 20
frustrati, mox Neronem circa summa scelera distentum
quasi minores evasere.

9. Tunc consulto senatus Cassio et Silano exilia decernuntur: de Lepida Caesar statueret. deportatusque in
insulam Sardiniam Cassius, et senectus eius expectabatur. 25
Silanus tamquam Naxum deveheretur Ostiam amotus, post
municipio Apuliae, cui nomen Barium est, clauditur. illic
indignissimum casum sapienter tolerans a centurione ad
caedem misso corripitur; suadentique venas abrumpere

7 ne *add. Faernus*   14 intetior metu et etio *M*   exitio *sine*
et *Becher*   15 inducti *Ferrettus* : inducit *M*   18 volcacius *M* :·
cf. c. 50   Tertullinus *coni. Lipsius ex H.* iv. 9   23 senatu *M*
25 senectus *Fr. Medices* : senatus *M*   26 Ostiam *Lipsius* : ostia *M*

animum quidem morti destinatum ait, sed non remittere
percussori gloriam ministerii. at centurio quamvis inermem,
praevalidum tamen et irae quam timori propiorem cernens
premi a militibus iubet. nec omisit Silanus obniti et in-
5 tendere ictus, quantum manibus nudis valebat, donec a
centurione vulneribus adversis tamquam in pugna caderet.

10. Haud minus prompte L. Vetus socrusque eius Sextia et Pollitta filia necem subiere, invisi principi tamquam
vivendo exprobrarent interfectum esse Rubellium Plautum,
10 generum Luci Veteris. sed initium detegendae saevitiae
praebuit interversis patroni rebus ad accusandum transgre-
diens Fortunatus libertus, adscito Claudio Demiano, quem
ob flagitia vinctum a Vetere Asiae pro consule exolvit Nero
in praemium accusationis. quod ubi cognitum reo seque
15 et libertum pari sorte componi, Formianos in agros digredi-
tur : illic eum milites occulta custodia circumdant. aderat
filia, super ingruens periculum longo dolore atrox, ex quo
percussores Plauti mariti sui viderat ; cruentamque cervicem
eius amplexa servabat sanguinem et vestis respersas, vidua
20 inpexa luctu continuo nec ullis alimentis nisi quae mortem
arcerent. tum hortante patre Neapolim pergit ; et quia
aditu Neronis prohibebatur, egressus obsidens, audiret insontem neve consulatus sui quondam collegam dederet
liberto, modo muliebri eiulatu, aliquando sexum egressa
25 voce infensa clamitabat, donec princeps immobilem se
precibus et invidiae iuxta ostendit.

11. Ergo nuntiat patri abicere spem et uti necessitate :
simul adfertur parari cognitionem senatus et trucem sententiam. nec defuere qui monerent magna ex parte heredem
30 Caesarem nuncupare atque ita nepotibus de reliquo consu-

1 remittere *ex* peremittere *corr. eadem manu* M   8 Pollitta *Nipperdey* : poliitia *M*   invisit *M*   9 vivendo *Puteolanus* : vincendo
M   13 avertere *M*   20 inpexa *Petavius* : inplexa *M* : *del.*
Acidalius e repetitione vocis amplexa (*l.* 19) *ortum suspicatus*   24
mulieri heIulatu *M*

385

lere. quod aspernatus, ne vitam proxime libertatem actam novissimo servitio foedaret, largitur in servos quantum aderat pecuniae; et si qua asportari possent, sibi quemque deducere, tres modo lectulos ad suprema retineri iubet. tunc eodem in cubiculo, eodem ferro abscindunt venas, 5 properique et singulis vestibus ad verecundiam velati balineis inferuntur, pater filiam, avia neptem, illa utrosque intuens, et certatim precantes labenti animae celerem exitum, ut relinquerent suos superstites et morituros. servavitque ordinem fortuna, ac seniores prius, tum cui prima 10 aetas extinguuntur. accusati post sepulturam decretumque ut more maiorum punirentur, et Nero intercessit, mortem sine arbitro permittens: ea caedibus peractis ludibria adiciebantur.

12. Publius Gallus eques Romanus, quod Faenio Rufo 15 intimus et Veteri non alienus fuerat, aqua atque igni prohibitus est. liberto et accusatori praemium operae locus in theatro inter viatores tribunicios datur. et menses, qui Aprilem eundemque Neroneum sequebantur, Maius Claudii, Iunius Germanici vocabulis mutantur, testificante Cornelio 20 Orfito, qui id censuerat, ideo Iunium mensem transmissum, quia duo iam Torquati ob scelera interfecti infaustum nomen Iunium fecissent.

13. Tot facinoribus foedum annum etiam dii tempestatibus et morbis insignivere. vastata Campania turbine ven- 25 torum, qui villas arbusta fruges passim disiecit pertulitque violentiam ad vicina urbi; in qua omne mortalium genus vis pestilentiae depopulabatur, nulla caeli intemperie quae occurreret oculis. sed domus corporibus exanimis, itinera funeribus complebantur; non sexus, non aetas periculo 30

9 relinqueret *M*   10 seniores *Acidalius*: seniore *M*: senior prius, tum cui proxima *altera coniectura Acidalius*   12 et] at *Halm* 18 menses . . . sequebantur *Nipperdey*: mensis . . . sequebatur *M* 20 Iulius *Lipsius, Halm*   21 Iunium *Lipsius*: iunctum *M*   29 occurret *M*

vacua; servitia perinde et ingenua plebes raptim extingui,
inter coniugum et liberorum lamenta, qui dum adsident,
dum deflent, saepe eodem rogo cremabantur. equitum
senatorumque interitus quamvis promisci minus flebiles
5 erant, tamquam communi mortalitate saevitiam principis
praevenirent.

Eodem anno dilectus per Galliam Narbonensem Africam-
que et Asiam habiti sunt supplendis Illyrici legionibus, ex
quibus aetate aut valetudine fessi sacramento solvebantur.
10 cladem Lugdunensem quadragies sestertio solatus est princeps, ut amissa urbi reponerent; quam pecuniam Lugdu-
nenses ante obtulerant urbis casibus.

14. C. Suetonio Luccio Telesino consulibus Antistius
Sosianus, factitatis in Neronem carminibus probrosis exilio,
15 ut dixi, multatus, postquam id honoris indicibus tamque
promptum ad caedes principem accepit, inquies animo et
occasionum haud segnis Pammenem, eiusdem loci exulem
et Chaldaeorum arte famosum eoque multorum amicitiis
innexum, similitudine fortunae sibi conciliat, ventitare ad
20 eum nuntios et consultationes non frustra ratus; simul
annuam pecuniam a P. Anteio ministrari cognoscit. neque
nescium habebat Anteium caritate Agrippinae invisum
Neroni opesque eius praecipuas ad eliciendam cupidinem
eamque causam multis exitio esse. igitur interceptis Antei
25 litteris, furatus etiam libellos, quibus dies genitalis eius et
eventura secretis Pammenis occultabantur, simul repertis
quae de ortu vitaque Ostorii Scapulae composita erant,
scribit ad principem magna se et quae incolumitati eius
conducerent adlaturum, si brevem exilii veniam impetra-
30 visset: quippe Anteium et Ostorium imminere rebus et sua

---

8 illiricis *in* illirici *eadem manu corr.* M   10 *post* Lugdunensem
lacunam notavit Nipperdey   12 urbis *Furia* : turbis M   13 Luccio
Chr. A. Rupertus : L. M   15 tamque] tanquam M   19 innexum *Freinsheim* : innixum M

Caesarisque fata scrutari. exim missae liburnicae advehi-
turque propere Sosianus. ac vulgato eius indicio inter
damnatos magis quam inter reos Anteius Ostoriusque habebantur, adeo ut testamentum Antei nemo obsignaret,
nisi Tigellinus auctor extitisset monito prius Anteio ne 5
supremas tabulas moraretur. atque ille hausto veneno,
tarditatem eius perosus intercisis venis mortem adprope-
ravit.

15. Ostorius longinquis in agris apud finem Ligurum id
temporis erat: eo missus centurio qui caedem eius matu- 10
raret. causa festinandi ex eo oriebatur quod Ostorius
multa militari fama et civicam coronam apud Britanniam
meritus, ingenti corpore armorumque scientia metum Neroni fecerat ne invaderet pavidum semper et reperta nuper
coniuratione magis exterritum. igitur centurio, ubi effugia 15
villae clausit, iussa imperatoris Ostorio aperit. is fortitudinem saepe adversum hostis spectatam in se vertit; et
quia venae quamquam interruptae parum sanguinis effundebant, hactenus manu servi usus ut immotum pugionem
extolleret, adpressit dextram eius iuguloque occurrit. 20

16. Etiam si bella externa et obitas pro re publica mortis
tanta casuum similitudine memorarem, meque ipsum satias
cepisset aliorumque taedium expectarem, quamvis honestos
civium exitus, tristis tamen et continuos aspernantium: at
nunc patientia servilis tantumque sanguinis domi perditum 25
fatigant animum et maestitia restringunt. neque aliam
defensionem ab iis quibus ista noscentur exegerim, quam
ne oderim tam segniter pereuntis. ira illa numinum in
res Romanas fuit, quam non, ut in cladibus exercituum
aut captivitate urbium, semel edito transire licet. detur 30

5 monito *Agricola* (*teste Heinsio, cum silentio Ryckii*) : monitus *M*
13 ingenti corporis ‖ corporis *M* (*supra litteras* is *in priore* corporis
littera e *eadem manu scripta est*): corporis robore *Beroaldus*   16
imperatoris *Beroaldus* : in p̄. *M*   24 continuo *M*   26 re-
stinguunt *Madvig*   27 his *M*   28 oderint *Agricola*

hoc inlustrium virorum posteritati, ut quo modo exequiis
a promisca sepultura separantur, ita in traditione supremo-
rum accipiant habeantque propriam memoriam.

17. Paucos quippe intra dies eodem agmine Annaeus
5 Mela, Cerialis Anicius, Rufrius Crispinus, C. Petronius cecidere, Mela et Crispinus equites Romani dignitate senatoria.
nam hic quondam praefectus praetorii et consularibus insignibus donatus ac nuper crimine coniurationis in Sardiniam
exactus accepto iussae mortis nuntio semet interfecit.
10 Mela, quibus Gallio et Seneca parentibus natus, petitione
honorum abstinuerat per ambitionem praeposteram ut
eques Romanus consularibus potentia aequaretur ; simul
adquirendae pecuniae brevius iter credebat per procura-
tiones administrandis principis negotiis. idem Annaeum
15 Lucanum genuerat, grande adiumentum claritudinis. quo
interfecto dum rem familiarem eius acriter requirit, accusatorem concivit Fabium Romanum, ex intimis Lucani amicis.
mixta inter patrem filiumque coniurationis scientia fingitur,
adsimilatis Lucani litteris : quas inspectas Nero ferri ad
20 eum iussit, opibus eius inhians. at Mela, quae tum prom-
ptissima mortis via, exolvit venas, scriptis codicillis quibus
grandem pecuniam in Tigellinum generumque eius Cossutianum Capitonem erogabat quo cetera manerent. additur
codicillis, tamquam de iniquitate exitii querens ita scri-
25 psisset, se quidem mori nullis supplicii causis, Rufrium
autem Crispinum et Anicium Cerialem vita frui infensos
principi. quae composita credebantur de Crispino, quia
interfectus erat, de Ceriale, ut interficeretur. neque enim
multo post vim sibi attulit, minore quam ceteri misera-
30 tione, quia proditam G. Caesari coniurationem ab eo meminerant.

5 Rufrius *Halm* : rufus *M*   C. *Wesenberg* : ac *M* : ac C. *Rhenanus* : ac T. *Nipperdey, cf. c.* 18. 1   18 fingitur *Puteolanus* :
finguntur *M*   24 scripsisse *dett. nonnulli, Nipperdey*

CORNELII TACITI

18. De C. Petronio pauca supra repetenda sunt. nam illi dies per somnum, nox officiis et oblectamentis vitae transigebatur; utque alios industria, ita hunc ignavia ad famam protulerat, habebaturque non ganeo et profligator, ut plerique sua haurientium, sed erudito luxu. ac dicta 5 factaque eius quanto solutiora et quandam sui neglegentiam praeferentia, tanto gratius in speciem simplicitatis accipie-bantur. proconsul tamen Bithyniae et mox consul vi-gentem se ac parem negotiis ostendit. dein revolutus ad vitia seu vitiorum imitatione inter paucos familiarium 10 Neroni adsumptus est, elegantiae arbiter, dum nihil amoe-num et molle adfluentia putat, nisi quod ei Petronius adprobavisset. unde invidia Tigellini quasi adversus aemu-lum et scientia voluptatum potiorem. ergo crudelitatem principis, cui ceterae libidines cedebant, adgreditur, ami- 15 citiam Scaevini Petronio obiectans, corrupto ad indicium servo ademptaque defensione et maiore parte familiae in vincla rapta.

19. Forte illis diebus Campaniam petiverat Caesar, et Cumas usque progressus Petronius illic attinebatur; nec 20 tulit ultra timoris aut spei moras. neque tamen praeceps vitam expulit, sed incisas venas, ut libitum, obligatas aperire rursum et adloqui amicos, non per seria aut quibus gloriam constantiae peteret. audiebatque referentis nihil de im-mortalitate animae et sapientium placitis, sed levia carmina 25 et faciles versus. servorum alios largitione, quosdam ver-beribus adfecit. iniit epulas, somno indulsit, ut quamquam coacta mors fortuitae similis esset. ne codicillis quidem, quod plerique pereuntium, Neronem aut Tigellinum aut quem alium potentium adulatus est, sed flagitia principis 30 sub nominibus exoletorum feminarumque et novitatem

---

1 C. *del. Nipperdey*   2 somnium *M*   8 proconsule *tacite Halm*
27 epulas *Menagius* : et vias *M* : et epulas *Halm*   quamquam *Rhena-nus* : quam *M*   31 novitatem *Neue* : novitate *M*

390

cuiusque stupri perscripsit atque obsignata misit Neroni.
fregitque anulum ne mox usui esset ad facienda pericula.

20. Ambigenti Neroni quonam modo noctium suarum ingenia notescerent, offertur Silia, matrimonio senatoris haud
5 ignota et ipsi ad omnem libidinem adscita ac Petronio perquam familiaris. agitur in exilium tamquam non siluisset
quae viderat pertuleratque, proprio odio. at Minucium
Thermum praetura functum Tigellini simultatibus dedit,
quia libertus Thermi quaedam de Tigellino criminose de-
10 tulerat, quae cruciatibus tormentorum ipse, patronus eius
nece immerita luere.

21. Trucidatis tot insignibus viris ad postremum Nero
virtutem ipsam excindere concupivit interfecto Thrasea
Paeto et Barea Sorano, olim utrisque infensus et acce-
15 dentibus causis in Thraseam, quod senatu egressus est
cum de Agrippina referretur, ut memoravi, quodque Iuvenalium ludicro parum spectabilem operam praebuerat; eaque offensio altius penetrabat, quia idem Thrasea Patavi,
unde ortus erat, ludis † cetastis † a Troiano Antenore insti-
20 tutis habitu tragico cecinerat. die quoque quo praetor
Antistius ob probra in Neronem composita ad mortem
damnabatur, mitiora censuit obtinuitque; et cum deum
honores Poppaeae decernuntur sponte absens, funeri non
interfuerat. quae oblitterari non sinebat Capito Cossutia-
25 nus, praeter animum ad flagitia praecipitem iniquus Thraseae quod auctoritate eius concidisset, iuvantis Cilicum
legatos dum Capitonem repetundarum interrogant.

22. Quin et illa obiectabat, principio anni vitare Thraseam sollemne ius iurandum; nuncupationibus votorum

---

7 Minucium *Ryck* : municium *M*   8 dedit *Rhenanus*: deditum
M   11 luere *Acidalius* : lueret *M*   16 ferretur *M*   17
spectabilem *Agricola* : et expectabilem *M* : exspectabilem *dett.*   19
cetastis *M* (*sed de prima littera* c *dubito*) : caestatis *Döderlein* : cetariis
Nipperdey   traiano *M*   23 decernerentur *Agricola*   24
interfuerit *M*

non adesse, quamvis quindecimvirali sacerdotio praeditum ;
numquam pro salute principis aut caelesti voce immola-
visse ; adsiduum olim et indefessum, qui vulgaribus quoque
patrum consultis semet fautorem aut adversarium ostenderet, triennio non introisse curiam ; nuperrimeque, cum 5
ad coercendos Silanum et Veterem certatim concurreretur,
privatis potius clientium negotiis vacavisse. secessionem
iam id et partis et, si idem multi audeant, bellum esse.
'ut quondam C. Caesarem' inquit 'et M. Catonem, ita
nunc te, Nero, et Thraseam avida discordiarum civitas 10
loquitur. et habet sectatores vel potius satellites, qui nondum contumaciam sententiarum, sed habitum vultumque
eius sectantur, rigidi et tristes, quo tibi lasciviam expro-
brent. huic uni incolumitas tua sine *cura*, artes sine
honore. prospera principis respuit : etiamne luctibus et do- 15
loribus non satiatur ? eiusdem animi est Poppaeam divam
non credere, cuius in acta divi Augusti et divi Iuli non
iurare. spernit religiones, abrogat leges. diurna populi
Romani per provincias, per exercitus curatius leguntur, ut
noscatur quid Thrasea non fecerit. aut transeamus ad illa 20
instituta, si potiora sunt, aut nova cupientibus auferatur
dux et auctor. ista secta Tuberones et Favonios, veteri
quoque rei publicae ingrata nomina, genuit. ut imperium
evertant libertatem praeferunt : si perverterint, libertatem
ipsam adgredientur. frustra Cassium amovisti, si gliscere 25
et vigere Brutorum aemulos passurus es. denique nihil
ipse de Thrasea scripseris : disceptatorem senatum nobis
relinque.' extollit ira promptum Cossutiani animum Nero
adicitque Marcellum Eprium acri eloquentia.

1 adesse *M*[1] : adesset *M* (*sic item* introisset, *l.* 5)   10 te Nero
et *Puteolanus* : tenebo *M*   13 quo tibi *Rhenanus* : quod ibi *M*
14 cura *add. Lipsius*   15 respuit (*per* respnit) *scripsi* : respernit
M : spernit *Andresen* : prosperas p. res spernit *vulgo*   18 legiones
M, cf. xiii. 7   24 everterant *M*   25 admovisti *M*

23. At Baream Soranum iam sibi Ostorius Sabinus eques Romanus poposcerat reum ex proconsulatu Asiae, in quo offensiones principis auxit iustitia atque industria, et quia portui Ephesiorum aperiendo curam insumpserat vimque
5 civitatis Pergamenae prohibentis Acratum, Caesaris libertum, statuas et picturas evehere inultam omiserat. sed crimini dabatur amicitia Plauti et ambitio conciliandae provinciae ad spes novas. tempus damnationi delectum, quo Tiridates accipiendo Armeniae regno adventabat, ut ad externa rumo-
10 ribus intestinum scelus obscuraretur, an ut magnitudinem imperatoriam caede insignium virorum quasi regio facinore ostentaret.

24. Igitur omni civitate ad excipiendum principem spectandumque regem effusa, Thrasea occursu prohibitus non
15 demisit animum, sed codicillos ad Neronem composuit, requirens obiecta et expurgaturum adseverans, si notitiam criminum et copiam diluendi habuisset. eos codicillos Nero properanter accepit, spe exterritum Thraseam scripsisse, per quae claritudinem principis extolleret suamque
20 famam dehonestaret. quod ubi non evenit vultumque et spiritus et libertatem insontis ultro extimuit, vocari patres iubet.

25. Tum Thrasea inter proximos consultavit, temptaretne defensionem an sperneret. diversa consilia adferebantur.
25 quibus intrari curiam placebat, securos esse de constantia eius disserunt ; nihil dicturum nisi quo gloriam augeret. segnis et pavidos supremis suis secretum circumdare : aspiceret populus virum morti obvium, audiret senatus voces

---

1 Ostorius *Lipsius* : torius *M* (*sic item c.* 30)   savinus *M* (*sic item c.* 30)   2 quo *Nipperdey* : qua *M*   6 evehere *P. Victorius* : se vehere *M* : avehere *G, Nipperdey*   9 accipiendae *M*   ut versis ad e. *Acidalius, Nipperdey-Andresen*   15 demisit *Rhenanus* : dimisit *M*   20 quod ubi non evenit *Rhenanus* : quo dubie non venit *M*   24 an sperneret] asperneret *M*   26 disserunt *Haase* : dixerunt *M*   gloria *M*

O

quasi ex aliquo numine supra humanas: posse ipso miraculo etiam Neronem permoveri: sin crudelitati insisteret,
distingui certe apud posteros memoriam honesti exitus ab
ignavia per silentium pereuntium.

26. Contra qui opperiendum domi censebant, de ipso 5
Thrasea eadem, sed ludibria et contumelias imminere: subtraheret auris conviciis et probris. non solum Cossutianum
aut Eprium ad scelus promptos: superesse qui forsitan
manus ictusque per immanitatem ausuri sint; etiam bonos
metu sequi. detraheret potius senatui quem perornavisset 10
infamiam tanti flagitii et relinqueret incertum quid viso
Thrasea reo decreturi patres fuerint. ut Neronem flagitiorum pudor caperet inrita spe agitari; multoque magis
timendum ne in coniugem, in filiam, in cetera pignora eius
saeviret. proinde intemeratus, impollutus, quorum vestigiis 15
et studiis vitam duxerit, eorum gloria peteret finem. aderat
consilio Rusticus Arulenus, flagrans iuvenis, et cupidine
laudis offerebat se intercessurum senatus consulto: nam
plebei tribunus erat. cohibuit spiritus eius Thrasea ne
vana et reo non profutura, intercessori exitiosa inciperet. 20
sibi actam aetatem, et tot per annos continuum vitae ordinem non deserendum: illi initium magistratuum et integra
quae supersint. multum ante secum expenderet quod tali
in tempore capessendae rei publicae iter ingrederetur. ceterum ipse an venire in senatum deceret meditationi suae 25
reliquit.

27. At postera luce duae praetoriae cohortes armatae
templum Genetricis Veneris insedere; aditum senatus globus togatorum obsederat non occultis gladiis, dispersique

---

1 humanos *M*   2 si in *M*   6 subtraheret *Puteolanus* : sub-
trahere *M*   9 ausuri sint *Acidalius* : augusti *M* : ingesturi
Heinsius : ausuri *Boxhorn*   10 detrahere *M*   semper ornavisset
Lipsius, Halm   11 infamia *M*   14 filiam *Nipperdey* : familiam
M   16 gloriam peteret fine *Madvig*   19 plebei *Ritter* : plebi *M*
28 insedere *Puteolanus* (*cf.* iii. 61) : insidere *M*

per fora ac basilicas cunei militares. inter quorum aspectus
et minas ingressi curiam senatores, et oratio principis per
quaestorem eius audita est : nemine nominatim compellato
patres arguebat quod publica munia desererent eorumque
5 exemplo equites Romani ad segnitiam verterentur : etenim
quid mirum e longinquis provinciis haud veniri, cum plerique adepti consulatum et sacerdotia hortorum potius amoenitati inservirent. quod velut telum corripuere accusatores.

28. Et initium faciente Cossutiano, maiore vi Marcellus
10 summam rem publicam agi clamitabat ; contumacia infe-
riorum lenitatem imperitantis deminui. nimium mitis ad
eam diem patres, qui Thraseam desciscentem, qui generum
eius Helvidium Priscum in isdem furoribus, simul Paconium
Agrippinum, paterni in principes odii heredem, et Curtium
15 Montanum detestanda carmina factitantem eludere impune
sinerent. requirere se in senatu consularem, in votis sacerdotem, in iure iurando civem, nisi contra instituta et caerimonias maiorum proditorem palam et hostem Thrasea induisset. denique agere senatorem et principis obtrectatores
20 protegere solitus veniret, censeret quid corrigi aut mutari
vellet : facilius perlaturos singula increpantem quam nunc
silentium perferrent omnia damnantis. pacem illi per orbem
terrae, an victorias sine damno exercituum displicere ? ne
hominem bonis publicis maestum, et qui fora theatra templa
25 pro solitudine haberet, qui minitaretur exilium suum, ambitionis pravae compotem facerent. non illi consulta haec,
non magistratus aut Romanam urbem videri. abrumperet
vitam ab ea civitate cuius caritatem olim, nunc et aspectum
exuisset.

30 29. Cum per haec atque talia Marcellus, ut erat torvus

---

5 uterentur *M*   6 haud veniri *Lipsius* : had ‖ veniri *M* : haud
adveniri *Acidalius*   13 Paconium *Rhenanus* : ragonium *M*   19
ageret *Agricola*   21 increpantem *G* : increpatium *M* : increpantis
vocem *Madvig, Halm*   30 ut erat *Pichena* : uteret *M*

ac minax, voce vultu oculis ardesceret, non illa nota et
celebritate periculorum sueta iam senatus maestitia, sed
novus et altior pavor manus et tela militum cernentibus.
simul ipsius Thraseae venerabilis species obversabatur ; et
erant qui Helvidium quoque miserarentur, innoxiae adfini- 5
tatis poenas daturum. quid Agrippino obiectum nisi tristem
patris fortunam, quando et ille perinde innocens Tiberii
saevitia concidisset. enimvero Montanum probae iuventae
neque famosi carminis, quia protulerit ingenium, extor-
rem agi.   10

30. Atque interim Ostorius Sabinus, Sorani accusator,
ingreditur orditurque de amicitia Rubelli Plauti, quodque
proconsulatum Asiae Soranus pro claritate sibi potius accommodatum quam ex utilitate communi egisset, alendo
seditiones civitatium. vetera haec : sed recens et quo dis- 15
crimini patris filiam conectebat, quod pecuniam magis dilargita esset. acciderat sane pietate Serviliae (id enim
nomen puellae fuit), quae caritate erga parentem, simul
imprudentia aetatis, non tamen aliud consultaverat quam
de incolumitate domus, et an placabilis Nero, an cognitio 20
senatus nihil atrox adferret. igitur accita est in senatum,
steteruntque diversi ante tribunal consulum grandis aevo
parens, contra filia intra vicesimum aetatis annum, nuper
marito Annio Pollione in exilium pulso viduata desolataque,
ac ne patrem quidem intuens cuius onerasse pericula vide- 25
batur.

31. Tum interrogante accusatore an cultus dotalis, an
detractum cervici monile venum dedisset, quo pecuniam
faciendis magicis sacris contraheret, primum strata humi
longoque fletu et silentio, post altaria et aram complexa 30

2 crebritate *Rhenanus, Nipperdey-Andresen*   13 proconsulatum
Lipsius : procos. *M*   pro claritate] popularitate *Nipperdey-Andresen*
15 quo *Iac. Gronovius* : quot *M* : quod *Agricola*   24 exilium *M*[1] :
exilio *M*

'nullos' inquit 'impios deos, nullas devotiones, nec aliud
infelicibus precibus invocavi quam ut hunc optimum patrem
tu, Caesar, vos, patres, servaretis incolumem. sic gemmas
et vestis et dignitatis insignia dedi, quo modo si sanguinem
5 et vitam poposcissent. viderint isti, antehac mihi ignoti,
quo nomine sint, quas artes exerceant : nulla mihi principis
mentio nisi inter numina fuit. nescit tamen miserrimus
pater et, si crimen est, sola deliqui.'

   32. Loquentis adhuc verba excipit Soranus proclamat-
10 que non illam in provinciam secum profectam, non Plauto
per aetatem nosci potuisse, non criminibus mariti conexam :
nimiae tantum pietatis ream separarent, atque ipse quam-
cumque sortem subiret. simul in amplexus occurrentis
filiae ruebat, nisi interiecti lictores utrisque obstitissent.
15 mox datus testibus locus ; et quantum misericordiae saevitia
accusationis permoverat, tantum irae P. Egnatius testis
concivit. cliens hic Sorani et tunc emptus ad opprimendum amicum auctoritatem Stoicae sectae praeferebat, habitu et ore ad exprimendam imaginem honesti exercitus,
20 ceterum animo perfidiosus, subdolus, avaritiam ac libidinem
occultans ; quae postquam pecunia reclusa sunt, dedit exemplum praecavendi, quo modo fraudibus involutos aut
flagitiis commaculatos, sic specie bonarum artium falsos et
amicitiae fallacis.

25   **33.** Idem tamen dies et honestum exemplum tulit Cassii
Asclepiodoti, qui magnitudine opum praecipuus inter Bithy-
nos, quo obsequio florentem Soranum celebraverat, labantem
non deseruit, exulusque omnibus fortunis et in exilium
actus, aequitate deum erga bona malaque documenta.
30 Thraseae Soranoque et Serviliae datur mortis arbitrium ;

---

4 dedi *M*¹ : dedit *M*   10 plautio *M*   14 interiecti *M*¹ :
interiectis *M*   19 exercitus *Agricola* : et exerciti *M* (*loco evanido*)
27 labantem *M*¹ : labentem *M et vulgo*

Helvidius et Paconius Italia depelluntur; Montanus patri concessus est, praedicto ne in re publica haberetur. accusatoribus Eprio et Cossutiano quinquagies sestertium singulis, Ostorio duodecies et quaestoria insignia tribuuntur.

34. Tum ad Thraseam in hortis agentem quaestor consulis missus vesperascente iam die. inlustrium virorum feminarumque coetus frequentis egerat, maxime intentus Demetrio Cynicae institutionis doctori, cum quo, ut coniectare erat intentione vultus et auditis, si qua clarius proloquebantur, de natura animae et dissociatione spiritus corporisque inquirebat, donec advenit Domitius Caecilianus ex intimis amicis et ei quid senatus censuisset exposuit. igitur flentis queritantisque qui aderant facessere propere Thrasea neu pericula sua miscere cum sorte damnati hortatur, Arriamque temptantem mariti suprema et exemplum Arriae matris sequi monet retinere vitam filiaeque communi subsidium unicum non adimere.

35. Tum progressus in porticum illic a quaestore reperitur, laetitiae propior, quia Helvidium generum suum Italia tantum arceri cognoverat. accepto dehinc senatus consulto Helvidium et Demetrium in cubiculum inducit; porrectisque utriusque brachii venis, postquam cruorem effudit, humum super spargens, propius vocato quaestore 'libamus' inquit 'Iovi liberatori. specta, iuvenis; et omen quidem dii prohibeant, ceterum in ea tempora natus es quibus firmare animum expediat constantibus exemplis.' post lentitudine exitus gravis cruciatus adferente, obversis in Demetrium ***

---

1 ae paconius *M* : ac Paconius *suspicatur Andresen*   5 ad] a *M*
7 coetus frequentes *M*[1] : coetus frequenter *M* : coetum frequentem
Ritter, Halm   10 naturae *M*   14 neu] nec *Nipperdey-*
Andresen   hortantur *M*

INDEX NOMINVM

INDEX NOMINVM

INDEX NOMINVM

INDEX NOMINVM

Camulodunum, xii 32 ; xiv 31, 32.
Caninius, v. Gallus, Rebilus.
Canninefates, iv 73 ; xi 18.
Canopus, ii 60.
Capito, Ateius, i 76. 79 ; iii 70, 75.
— Cossutianus, xi 6 ; xiii 33; xiv 48 ; xvi 17, 21, 22, 26, 28, 33.
— Fonteius, iv 36.
— C. Fonteius, cos., xiv 1.
— Insteius, xiii 9, 39.
— Lucilius, iv 15.
— Valerius, xiv 12.
Capitolinus mons, xv 18.
Capitolium, iii 36 ; vi 12 ; xi 23 ; xii 24, 42, 43, 64 ; xiv 13. 61 ; xv 36, 44, 71, 74.
Cappadocia, Cappadoces, ii 42, 56, 60; vi 41 ; xii 49 ; xiii 8, 35 ; xiv 26 ; xv 6, 12, 17.
Capreae insula, iv 67 ; vi 1, 2, 10, 20.
Capua, iv 57 ; xiii 31.
Caratacus, xii 33, 34, 35, 36, 38, 40.
Carenes, xii 12, 13, 14.
Carmanii, vi 36.
Carrinas, v. Celer, Secundus.
Carsidius, v. Sacerdos.
Carthago, xvi 1.
Cartimandua, xii 36, 40.
Casperius, centurio, xii 45, 46 ; xv 5.
Caspia via, vi 33.
Cassia familia, xii 12.
— lex, xi 25.
Cassii, vi 2.
Cassius, v. Asclepiodotus, Chaerea, Severus.
— C., Caesaris interfector, i 2, 10 ; ii 43 ; iii 76 ; iv 34, 35 ; xvi 7.
— C., legatus Syriae, xii 11, 12 ; xiii 41, 48 ; xiv 42, 45 ; xv 52 ; xvi 7, 8, 9, 22.
— L., Longinus, vi 15, 45.
— mimus, i 73.
— miles, xv 66.
Cato censor, iii 66 ; iv 56.
— M. (iunior), iii 76 ; iv 34 ; xvi 22.

Cato, Porcius. iv 68.
Catonius, v. Iustus.
Catualda, ii 62, 63.
Catulinus, Blitius, xv 71.
Catullus, iv 34.
Catus, Decianus, xiv 32, 38.
— Firmius, ii 27, 30 ; iv 31.
Caudina clades, xv 13.
Cecrops, xi 14.
Celenderis castellum, ii 80.
Celer, Carrinas, xiii 10.
— Domitius, ii 77, 78, 79.
— Propertius, i 75.
— P., xiii 1, 33.
— machinator Neronis, xv 42.
Celsus, eques, vi 14.
— Iulius, vi 9, 14.
— Marius, xv 25.
Cenchreus amnis, iii 61.
Cercina insula, i 53 ; iv 13.
Cereales circenses, xv 74.
Ceres, ii 49 ; xv 44, 53.
Cerialis, Anicius, xv 74 ; xvi 17.
— Petilius, xiv 32, 33.
Cervarius, v. Proculus.
Cestius, C., iii 36 ; vi 7, 31.
— C. Gallus, xv 25.
— Proculus, xiii 30.
Cethegus, Cornelius, iv 17.
— Labeo, iv 73.
Chaerea, Cassius, i 32.
Chalcedonii, xii 63.
Chaldaei, ii 27 ; iii 22 ; vi 20 ; xii 22, 52, 68 ; xiv 9 ; xvi 14.
Chamavi, xiii 55.
Charicles medicus, vi 50.
Chariovalda, ii 11.
Chatti, i 55, 56 ; ii 7, 25, 41, 88 ; xi 16 ; xii 27, 28 ; xiii 56, 57.
Chauci, i 38, 60 ; ii 17, 24 ; xi 18, 19 ; xiii 55.
Cheruscae res, xi 17.
Cherusci, i 56, 59, 60, 64 ; ii 9. 11, 16, 17, 19, 26, 41, 44, 45, 46 ; xi 16 ; xii 28 ; xiii 55, 56.
Christiani, xv 44.
Christus, xv 44.
Cibyratica civitas, iv 13.
Cicero, M., iv 34.
Cilicia, Cilices, ii 42, 58, 78, 80 ;

INDEX NOMINVM

INDEX NOMINVM

INDEX NOMINVM

Marcianus, Granius, vi 38.
Marcius, v. Festus, Numa.
— P., ii 32.
Marcomani, ii 46, 62.
Mardi, xiv 23.
Marinus, Iulius, vi 10.
Marius, C., i 9 ; xii 60.
— P., cos., xiv 48.
— Sextus, iv 36 ; vi 19.
··· v. Celsus, Nepos.
Maroboduus, Sueborum rex, ii
  26, 44, 45, 46, 62, 63, 88 ; iii 11.
Mars, ii 22, 32 ; xiii 57.
— Vltor, ii 64 ; iii 18 ; xiii 8.
Marsi, i 50, 56 ; ii 25.
Marsus, Vibius, ii 74, 79 ; iv 56 ;
  vi 47, 48 ; xi 10.
Martiales flamines, iii 58.
Martialis, Cornelius, xv 71.
Martina venefica, ii 74 ; iii 7.
Martis campus, i 8 ; iii 4 ; xiii 17,
  31 ; xv 39.
Marullus, Iunius, xiv 48.
Marus fl., ii 63
Massilia, Massilienses, iv 43, 44 ;
  xiii 47 ; xiv 57.
Mater Deum, iv 64.
Matii, xii 60.
Mattiacus ager, xi 20.
Mattium oppidam, i 56.
Mauri, ii 52 ; iv 5, 23, 24 ; xiv 28.
Maximilla, Egnatia, xv 71.
Maximus, Caesennius, xv 71.
— Fabius, i 5.
— Sanquinius vi 4, 7 ; xi 18.
— Scaurus, xv 50.
— Trebellius, xiv 46.
Mazippa, ii 52.
Medea, vi 34.
Medi, ii 60.
Medi, Media, ii 4, 56 ; vi 34 ; xii
  14 ; xiii 41 ; xiv 26 ; xv 2, 31.
Megaleses ludi, iii 6.
Meherdates, xi 10 ; xii 10, 11, 12,
  13, 14.
Mela, Annaeus, xvi 17.
Melitene, xv 26.
Memmius, v. Regulus.
Memnon, ii 61.
Menelaus, ii 60.

Mercurius, xiii 57.
Merula, Apidius, iv 42.
— Cornelius, iii 58.
Mesopotamia, vi 36, 37, 44 ; xii 12.
Messala, Corvinus, iii 34 ; iv 34 ;
  vi 11 ; xi 6, 7 ; xiii 34.
— Valerius, xiii 34.
— Volesus, iii 68.
Messalina (Valeria), Claudii con-
  iunx, xi 1, 12, 26, 28, 29, 30, 31,
  32, 34, 35, 36, 37. 38 ; xii 1, 7,
  9, 42. 65 ; xiii 11, 19, 32, 43.
— Statilia, xv 68.
Messalinus, v. Cotta.
— (vel Messala) Valerius, i 8 ; iii
  18, 34.
Messenii, iv 43.
Metellus, L., iii 71.
Miletus, Milesii, ii 54 ; iii 63 ; iv
  43, 55.
Milichus, libertus, xv 54, 55, 59, 71.
Minerva, xiii 24 ; xiv 12.
Minos, iii 26.
Minucius, v. Thermus.
Misenum, iv 5 ; vi 50 ; xiv 3, 4 ;
  9, 62 ; xv 46, 51.
Mithridates, ii 55 ; iii 62, 73, iv
  14. 36.
— Hiberus, vi 32, 33 ; xi 8, 9 ;
  xii 44, 45, 46, 47, 48.
— Bosporanus, xii 15·21.
Mnester, mimus, xi 4, 36.
— libertus, xiv 9.
Moesia, Moesi, i 80 ; ii 66 ; iv
  5, 47 ; vi 29 ; xv 6.
Mona insula, xiv 29.
Monaeses, xv 2, 4, 5.
Monobazus, xv 1, 14.
Montanus, Curtius, xvi 28, 29, 33.
— Iulius, xiii 25.
—Traulus, xi 36.
— Votienus, iv 42.
Mosa fl., ii 6 ; xi 20.
Moschi, xiii 37.
Moschus, Vulcacius, iv 43.
Mosella fl., xiii 53
Mosteni, ii 47.
Mulvius pons, xiii 47.
Mummius, L., iv 43 ; xiv 21.
Munatius, v. Gratus, Plancus.

INDEX NOMINVM

Musa, Aemilia, ii 48.
Musonius, v. Rufus.
Musulamii, ii 52 ; iv 24.
Mutilia, v. Prisca.
Mutilus, Papius, ii 32.
Myrina, ii 47.
Mytilene, vi 18 ; xiv 53.

Nabataei, ii 57.
Nar fl., i 79 ; iii 9.
Narcissus, Claudii libertus, xi 29,
  30, 33, 34, 35, 37, 38 ; xii 1, 2,
  57, 65 ; xiii 1.
Narnia, iii 9.
Nasica, Caesius, xii 40.
Naso, Valerius, iv 56.
Natalis, Antonius, xv 50, 54, 55,
  56, 60, 61, 71.
Natta, Pinarius, iv 34.
Nauportus, i 20.
Naxus, xvi 9.
Neapolis, xiv 10; xv 33 ; xvi 10.
Nemetes, xii 27.
Nepos, Flavius, xv 71.
— Marius, ii 48.
Neptunus, iii 63.
Nero, Tiberius Claudius, i 8 ; v 1 ;
  vi 51.
— v. Tiberius.
Nero Caesar, Germanici f., ii 43 ;
  iii 29 ; iv 4, 8, 15, 17, 59, 60,
  67, 70 ; v 3. 4 ; vi 27.
— Claudius Caesar, i 1 : iv 53;
  vi 22 ; xi 11 ; xii 3, 8, 9, 25,
  26, 41, 58, 64, 65, 68, 69 ; xiii
  1, 2, 3, 5, 7, 9, 10, 11, 12, 13,
  14, 15, 16, 17, 18, 19, 20, 21, 22,
  25, 27, 29, 31, 33, 34, 37, 41,
  42, 45, 46, 47, 49, 50, 52, 54 ;
  xiv 1, 2, 3, 4, 7, 9, 10, 11, 12,
  18, 21, 22, 26, 27, 29, 31, 38,
  39, 40, 45, 47, 48, 49, 50, 51,
  52, 53, 55, 57, 58, 59, 60, 61,
  62, 63, 65 ; xv 3, 8, 14, 16, 18,
  22, 23, 25, 29, 30, 32, 33, 35,
  39, 40, 42, 43, 44, 45, 46, 47,
  48, 49, 50, 51, 52, 53, 55, 56,
  57, 58, 59, 60, 61, 62, 64, 65,
  67, 68, 69, 71, 72, 73, 74 ; xvi
  1, 2, 4, 7, 8, 9, 10, 11, 14, 15,

17, 18, 19, 20, 21, 22, 23, 24,
  25, 26, 30, 31.
Nerones, xi 35.
Neroneus mensis, xvi 12.
Nerullinus, M. Suillius, xii 25 ;
  xiii 43.
Nerva, Cocceius, iv 58 ; vi 26.
— Cocceius, xv 72.
— Silius, cos., iv 68.
— xv 48.
Nicephorium urbs, vi 41.
Nicephorius fl., xv 4.
Nicopolis, ii 53 ; v 10.
Niger, v. Bruttedius.
— Veianius, xv 67.
Nilus fl., ii 60, 61.
Ninos, xii 13.
Nisibis, xv 5.
Nola, i 5, 9 ; iv 57.
Nonius, Cn., eques, xi 22.
Norbanus, C., cos., i 55.
— L., cos., ii 59.
Noricum, ii 63.
Novius, v. Priscus.
Nuceria, colonia, xiii 31.
Nucerini, xiv 17.
Numa, iii 26 ; xv 41.
— Marcius, vi 11.
Numantina, iv 22.
— clades, xv 13.
Numidae, Numidia, ii 51, 52 ; iii
  21 ; iv 23, 24, 25 ; xvi 1.
Nymphidius, v. Sabinus.

Obaritus, centurio, xiv 8.
Obultronius, v. Sabinus.
Occia, Vestalis, ii 86.
Occidens, iii 34 ; xiii 53.
Oceanus, i 63 ; ii 6, 8, 15, 23, 24 ;
  iv 72 ; xi 20 ; xiii 53 ; xiv 32,
  39 ; xv 37.
Octavia, Augusti soror, iv 44, 75.
— Claudii f., xi 32, 34 ; xii 2, 3,
  9, 58, 68 ; xiii 12, 16, 18, 19 ;
  xiv 1, 59, 60, 61, 62, 63.
Octavianus, v. Augustus.
Octavii, iv 44.
Octavius, Augusti pater, i 9.
— v. Fronto, Sagitta.
Odrusae, iii 38.

413

415

INDEX NOMINVM

INDEX NOMINVM

INDEX NOMINVM

Silana, Iunia, xi 12 ; xiii 19, 21,
22 ; xiv 12.
Silani, vi 2 ; xiii 14.
Silanus, Creticus, ii 4, 43.
— Appius Iunius, iv 68; vi 9; xi 29.
— C., iii 66, 67, 68, 69 ; iv 15.
— D. Iunius, iii 24.
— D. Iunius Torquatus, xii 58 ;
xv 35 ; xvi 8, 12.
— L. Iunius, xii 3, 4, 8.
— L., Cassii discipulus, xv 52 ;
xvi 7, 8, 9, 12, 22.
— M., ii 59.
— M., iii 24, 57 ; v 10 ; vi 20.
— M., xiii 1.
Silia, xvi 20.
Silius, C., legatus, i 31, 72 ; ii 6,
7, 25 ; iii 42, 43, 45, 46 ; iv
18, 19 ; xi 35.
— C., xi 5, 6, 12, 26, 29, 30, 31,
32, 34, 35, 36 ; xii 65.
— v. Nerva.
Silus, Domitius, xv 59.
Silures, xii 32, 33, 38, 39, 40 ;
xiv 29.
Silvanus, Gavius, xv 50, 60, 61, 71.
— v. Plautius.
— Pompeius, xiii 52.
Simbruina stagna, xiv 22.
Simbruini colles, xi 13.
Simonides, xi 14.
Sindes fl., xi 10.
Sinnaces, vi 31, 32, 36, 37.
Sinuessa, xii 66.
Sipylus, ii 47.
Siraci, xii 15, 16.
Sirpicus, centurio, i 23.
Sisenna, v. Taurus.
Sofonius, v. Tigellinus.
Sohaemus, Ituraeorum rex, xii 23
— Sophenes rex, xiii 7.
Sol, vi 28 ; xv 74.
Solo, Atheniensis, iii 26.
Sophene, xiii 7.
Soranus, v. Barea.
Sosia, v. Galla.
Sosianus, Antistius, xiii 28 ; xiv
48, 49 ; xvi 14, 21.
Sosibius, xi 1, 4.
Soza oppidum, xii 16.

Spartacus, iii 73 ; xv 46.
Spartani, ii 60 ; iii 26.
Spelunca, iv 59.
Staius, iv 27.
Statilia, v. Messalina.
Statilius, v. Taurus.
Statius, Annaeus, xv 64.
— Domitius, xv 71.
Stator, v. Iuppiter.
Stertinius, L., i 60, 71 ; ii 8, 10,
11, 17, 22.
Stoica secta, xvi 32.
Stoici, xiv 57.
Strabo, Acilius, xiv 18.
— Seius, i 7, 24 ; iv 1.
Stratonicenses, iii 62.
Stratonicis, v. Venus.
Sublaqueum, xiv 22.
Subrius, v. Flavus.
Suebi, i 44 ; ii 26, 44, 45, 62, 63 ;
xii 29.
Suetonius, v. Paulinus.
Sugambra cohors, iv 47.
Sugambri, ii 26 ; xii 39.
Suillius, M., cos., xii 25.
— P. (Rufus), iv 31 ; xi 1, 2, 4,
5, 6 ; xiii 42, 43.
— v. Caesoninus, Nerullinus.
Sulla, Faustus, xii 52 ; xiii 23,
47 ; xiv 57, 59.
— L. Cornelius, Dictator, i 1 ; ii.
48, 55 ; iii 22, 27, 62 ; iv 56 ;
vi 46 ; xi 22 ; xii 23, 60, 62.
— L., iii 31 ; vi 15.
Sullanus centurio, iii 75.
Sulpicii, iii 48.
Sulpicius, v. Asper, Camerinus,
Galba, Quirinius, Rufus.
Surena, vi 42.
Surrentum, iv 67 ; vi 1.
Syene, ii 61.
Syphax, xii 38.
Syria, Sures, i 42 ; ii 4, 42, 43,
55, 58, 60, 69, 70, 74, 77, 78,
79, 81, 82, 83 ; iii 16; iv 5 ; v
10 ; vi 27, 31, 32, 37, 41, 44 ; xi
10 ; xii 11, 23, 45, 49, 54, 55 ;
xiii 8, 22, 35 ; xiv 26 ; xv 3,
4, 5, 6, 9, 12, 17, 25, 26.
Syracusani, xiii 49.

419

INDEX NOMINVM

INDEX NOMINVM